比翼の象徴　明仁・美智子伝

㊤戦争と新生日本

比翼の象徴
明仁・美智子伝

㊤戦争と新生日本

井上亮

岩波書店

天に在りては願わくは比翼の鳥と作(な)り
地に在りては願わくは連理の枝と為らん

白楽天「長恨歌」より

ともに平成を見送った師・半藤一利氏と同僚・稲澤計典君へ

序

日本国憲法は第一条で天皇は「日本国の象徴であり日本国民統合の象徴」としている。象徴とは、抽象的な観念などを理解しやすいように具体的な形で表したものである。憲法は日本という国柄と、人々が「日本国民」としてまとまっている様の表象として、天皇という「人間」を規定した。ただ、「国民統合」のための天皇の能動的役割は期待されていない。

大日本帝国憲法で「万世一系ノ天皇之ヲ統治ス」とされた天皇は主権者であり、国民を統合する装置であった。しかし、天皇無答責（政治的責任を負わない）の立場から、国政は輔弼する各大臣、部局の責任で運営された。その制度の陥穽を軍に利用され、日本は破滅的な戦争へ突入し、帝国は滅びた。この反省からつくられた日本国憲法は大日本帝国憲法のアンチテーゼであり、主権在民を基軸にしている。

大日本帝国憲法の基軸であった天皇制を存続するため、日本国憲法には接ぎ木のように第一条から八条までの「天皇条項」が設けられた。旧憲法と新憲法の「主権」が同居する形になり、これを融和させるために生み出された概念が「象徴」といってもよいのではないか。そのため、「旧主権」である象徴天皇はけっして国民主権を侵すものではないという「くびき」を設けた（第四条「天皇は、この憲法の定める国事に関する行為のみを行ひ、国政に関する権能を有しない」）。

虚心坦懐に読めば、憲法は天皇に国事行為以外の公的な活動を禁じている。その国事行為（第七条）も天皇の意思ではなく、内閣の助言と承認において行われる。法律、政令などの公布、国会の召集、衆議院の解散、国務大臣などの任免、栄典の授与、外国大公使の接受などの形式的行為である。ここに「日本国」と「日本国民統合」の象徴としての役割や形は見出せない。憲法は天皇を象徴としたが、象徴としての活動は行わず、飾りとして存在せよ、と要請しているのだ。事実、日本国憲法施行間もない時期の憲法学では天皇の活動を国事行為に限定する考えが主流であり、象徴としての役割と活動を明示した論はほとんどなかった。

しかし、天皇とて生身の人間である。国事行為以外は皇居のなかで逼塞（ひっそく）しているわけにはいかなかった。昭和天皇が戦後に行った全国各地への巡幸、植樹祭や国体開会式など各種式典への出席、そこで読む「お言葉」等々、天皇に求められる役割と活動は自然発生的に拡大していった。これら国事行為以外の活動は、憲法を字面通り解釈すれば違憲になる。そこで案出されたのが「象徴としての公的行為」という概念だった。あとづけではあるが、象徴的行為として天皇の様々な活動を正当化することができた。

昭和時代、天皇には戦争責任問題がつきまとったがゆえに活動は抑制的だった。そのため、象徴的行為が深く論じられることは少なかった。明仁皇太子が天皇として即位した平成時代になって、その活動の領域が大幅に拡大したことから、象徴的行為の内容について初めて本格的に注目されるようになったといってもいい。そして、象徴的行為は憲法、法律で何ら規定されていないことから、各時代の天皇の意思と社会状況によって内容が設定され、変化するものであることも明らかになった。象徴天皇のあり方はきわめて属人的なのだ。

明仁天皇時代に「創設された」象徴的行為、象徴天皇のあり方の基本項目をあげると次のようなものになろう。

○障害者やハンセン病患者など社会の片隅に置かれ、ときに差別された社会的弱者に寄り添い、その存在に光を当てる
○自然災害の被災地を見舞い、困難な状況にある人々をいたわり、励ます
○戦争の歴史に向き合い、昭和から積み残された対外的な「負の遺産」を清算し、戦跡地で戦没者を慰霊する
○戦争でとりわけ被害の大きかった沖縄に特別な思いを寄せる
○昭和とは比較にならないほど数多くの記者会見や文書発表など情報発信に努め、国民に象徴天皇としてのあり方への理解を求める
○全国各地、辺境といわれる地域や離島にも足を運び、市井の人々と交流する

象徴的行為ではないが、美智子皇后を伴侶とした家庭のあり方は、従来の皇室にはない人間的なものだった。「マイホーム主義」と批判的に論じられることもあったが、核家族化が進んだ昭和三十年代以降の社会状況に合致しており、国民の親近感が増した。皇室と国民との距離を縮めたのも明仁天皇、美智子皇后の功績であろう。

明仁天皇は、権力者であった古代の天皇や近代以降の統治権の総攬（そうらん）者よりも、象徴天皇こそが本来の天皇の姿だという考えを何度も述べている。それゆえ、象徴天皇の法的基盤である日本国憲法の順

守を明言した。天皇のあり方から「外れた」大日本帝国憲法体制に疑義を示し、日本国憲法の恩恵である平和と戦後民主主義を高く評価した。その姿勢は「リベラル」とも受け止められ、戦前の天皇のあり方を志向する一部の保守派からは批判されたが、国民の大多数から支持された。

皇太子・明仁親王は、のちの信条とは真逆の時代に生まれ育った。皇太子が誕生した一九三三(昭和八)年は満州事変の二年後。大正期の軍縮で退潮にあった軍の権威は、昭和に入って張作霖(ちょうさくりん)爆殺事件、山東出兵に続く中国大陸での「乱」である事変により、急速に回復しつつあった。同時に軍は総力戦に備え、天皇の神格化を進めることで、「股肱(ここう)」である自らの権力の増進を図った。そんな時期に生まれながらの皇太子として育った明仁皇太子は、史上類を見ない神格化された「神の子」だった。

時代の風潮から軍国少年として育った明仁皇太子は、十一歳のとき疎開先の奥日光で父・昭和天皇の「玉音放送」を聴き、日本の敗戦を知る。日光から東京に戻った際に見た一面焼け野原の光景は、強烈な戦争体験として皇太子の心に刻み込まれた。敗戦翌年、昭和天皇は自身の神格を否定する「人間宣言」を公表。それは同時に明仁皇太子が「神の子」ではなくなったことを意味した。

軍国から民主主義へ。急激な価値観の転換はこの時代の多感な青少年を戸惑わせた。明仁皇太子もその一人だった。少年から青年へと成長する時期、明仁皇太子は戦争責任のつきまとう昭和天皇に代わって「新生日本のホープ」として期待されるが、世襲として天皇になる自身の運命に実存的な煩悶(はんもん)を抱く。師の小泉信三、エリザベス・グレイ・バイニングから象徴天皇としての生き方、民主主義の精神を学ぶが、青年期の明仁皇太子の心は荒れていた。

転機は十九歳での欧米への旅だった。エリザベス女王の戴冠式が行われた英国など十四カ国への訪問は、戦後日本の外交デビューでもあった。国運を担った旅の成功で、明仁皇太子は自信を得るとともに、将来の象徴天皇としての責任を自覚し、大人へと成長していく。ただ、次に越えるべき大きな壁が控えていた。結婚である。連綿と続く皇位の継承が天皇の本質の一面とするならば、明仁皇太子にとって人生最大のミッションともいえた。

しかし、結婚へはいばらの道が続いていた。従来、皇室への配偶者の供給源だった旧皇族・華族の各家庭は皇太子妃として子女を差し出すことを拒んだ。戦後民主主義の自由な空気を吸い、古い慣習の残る窮屈な皇室に入ろうとする気持ちが薄れていたのだ。明仁皇太子は「一生結婚できないのではないか」との怖れにとらわれた。それは皇統が断絶することへの怖れというよりも、家庭を持つという人間的生活を享受できないかもしれないことへの絶望だった。

そこに奇跡ともいえる出会いがあった。正田（しょうだ）美智子の登場である。明仁皇太子は美智子に伴侶となり、皇室へ入ることを求めた。大企業の社長令嬢とはいえ、旧皇族・華族ではない「平民」からの皇太子妃は前例がなく、美智子と正田家は逡巡（しゅんじゅん）した。明仁皇太子に直感するものがあったのか、「人生を懸ける」といってもよいほどの覚悟で説得を続けた。その熱意に美智子は申し出を受け入れた。

この結婚では宮内庁も同時並行で正田家にアプローチを続けていたが、最後は明仁皇太子の強い意思が決め手となった。自らの能動的な働きかけで事が成就した経験は、幼少期から常に受動的立場に置かれていた明仁皇太子にとって大きな自信となり、この成功体験が人生の礎になったともいえる。そして、その後の皇太子妃、皇后としての美智子の存在の大きさを考えると、明仁皇太子の人生のみならず、象徴天皇制にとっても巨大な出来事であった。

国民は「テニスコートで実った恋」という物語に歓喜した。当時は見合い結婚が主流で、恋愛結婚は少数だった。旧特権階級ではない「平民」から皇太子妃を選んだ明仁皇太子は旧習を打破したと受け取られ、「美しい革命」とも呼ばれた。「ミッチー・ブーム」といわれた熱狂とともに、古き絶対天皇制から大衆天皇制へ移行した、という分析もあった。

しかし、「革命」には反動がつきものである。宮中とその周辺には「古き天皇制」こそ本道と考える旧勢力が残存していた。二人の結婚が新憲法と戦後民主主義を象徴するものと称えられたことは、「米国に押し付けられた」戦後体制にルサンチマンを抱く守旧勢力の反発を買った。彼らの怒りは「平民」の美智子妃に向けられた。宮内庁のサポートも十分ではなく、美智子妃は精神的に追い詰められ、その消耗は長く続くことになる。

そのような状況でも、美智子妃の存在は皇室のあり方に大きな変化をもたらしていた。明仁皇太子と美智子妃がそろって国民に接する姿勢である。旧来のように男性から一歩も二歩も下がって付き添うのではなく、かといって前に出るのでもない。皇太子と皇太子妃が両輪で活動するあり方。高みから見下ろすのではなく、人々に近い位置に目線を合わせて触れ合う。「平民」出身ゆえに、美智子妃の姿勢は自然とそうなっていった。それに皇太子も感化されていく。

皇太子夫妻は障害者など社会的弱者の施設に積極的に足を運んだ。困難な境遇にある人々をいたわる活動は、女性的な優しさが不可欠であった。美智子妃の存在は、ともすれば国民の共同体からはじき出され、日の当たらない場所にいる人々に慰めと励ましを与えた。皇室は仰ぎ見る存在から、痛みと傷の共感の回路となった。「平民」皇太子妃を迎え入れたときには予想もされなかった「革命」であった。

さらに皇太子夫妻の活動の場は海外に広がる。夫妻は昭和天皇の名代として、数多くの外国を訪問した。皇太子夫妻時代に訪問した国は四十二カ国に及んだ。それまでの皇室にはないことだった。訪問国でもっとも注目されたのは美智子妃だった。訪問の際の着物姿がエキゾチックな関心を呼んだのも確かだが、国内と変わらない優しい物腰と流暢（りゅうちょう）な英語で意思を伝え、ときおり見せるユーモアは絶賛された。皇太子夫妻の訪問は毎回、「大成功」といわれ、日本の外国親善の大きな力になった。美智子妃は皇室にとって欠くことのできない「ソフトパワー」になっていく。

美智子妃の精神的な危機は皇室に入ってから十年近くも続いたが、次第に健康を取り戻していく。浩宮徳仁（ひろのみやなるひと）親王、礼宮文仁（あやのみやふみひと）親王、紀宮清子（のりのみやさやこ）内親王の三人の子供に恵まれ、明仁皇太子とともに築いた家庭が支えとなった。それは皇太子にとっても同様だった。家庭を大切にする姿勢は、「マイホーム主義」「家族と遊んでばかり」といういわれなき批判も受ける。ときに昭和天皇との比較で「威厳がない」「将来の天皇として不安」とのそしりもあった。それは、明仁皇太子が記者会見などで発信する過去の戦争への反省や憲法と戦後民主主義への賞賛に対して、反対の意見を持つ勢力の不満の噴出でもあった。

昭和天皇は一九八九年一月七日、百日以上の闘病の末に死去し、激動の昭和が終わった。明仁皇太子と美智子妃は大いなる助走を経て天皇、皇后となり、平成の時代が始まる。明仁天皇は即位にあたって平易な言葉で「皆さんとともに憲法を守る」と発言し、記者会見では言論の自由の大切さを訴えた。美智子皇后とともに社会的弱者を訪ねる活動も続けた。これらは皇太子夫妻時代の継続であったが、国民には天皇、皇后としての「あり方の革命」と映り、皇室新時代を予感させた。

その新たなあり方は「平成流」と呼ばれた。キーワードは、先に列挙した「社会的弱者」「自然災害」「戦没者」「沖縄」「情報発信」「全国への旅」などだが、とりわけ「平成流」の代名詞のように受け止められたのが災害被災地訪問だった。平成は長崎県の雲仙・普賢岳噴火に始まり、阪神・淡路大震災、新潟県中越地震、そして東日本大震災と、大災害に見舞われた時代だった。膝をついて、同じ目線で被災者を慰める天皇、皇后の姿は、皇太子夫妻時代と変わらないものだったが、国民に新鮮な驚きと感動を与えた。

東日本大震災では、七週連続で被災者見舞いを続けた。八十歳近い天皇、皇后が被災地を巡る姿は、ときに苦行のようにも見えた。筆舌に尽くしがたい経験をした人々に寄り添い、その苦しみと悲しみを共有する。国民は象徴のあり方のひとつの形を見た。

社会的弱者への接し方も同じだった。明仁天皇と美智子皇后は全国のハンセン病療養施設を訪れた。病気ゆえに差別され、社会から疎外されてきた患者らの手を握り、悲しみの声を聞いた。その振る舞いは、ハンセン病への偏見を払拭することに大きく寄与したと同時に、苦しみを背負い続けてきた人々に生き直す力を与えた。

「平成流」が国民目線へと下降すればするほど、バックラッシュ（反動）も激しかった。皇太子時代と同じく、守旧派からは「天皇らしくない」「もっと超然とすべき」との批判を浴びた。天皇の形代（かたしろ）のごとく、美智子皇后は猛烈なバッシングを受け、一時は声を失うまで疲弊した。しかし、「平成流」の歩みは止まらなかった。多くの国民の支持があったからだ。明仁天皇と美智子皇后の活動は、傷つき苦しむ人々の存在を認知させ、ある意味、日本人の精神性を高めたともいえる。

「歴史のトゲを抜く」営みも重要な仕事だった。戦争責任の十字架を背負った昭和天皇が果たし得なかった、日本による戦争で被害を受けた国々への訪問を実行し、和解に努めた。外国との関係は政治的制約もあったが、でき得る限りの謝罪を表明した。その真摯な姿勢は被害国の国民に通じ、日本への信頼を回復することに寄与した。

内なる「被害国」沖縄への思いも同じ地平にあった。皇太子夫妻時代、火炎瓶を投げつけられる事件があったが、ひるまず慰霊の訪問を重ねた。皇室が負った〝原罪〟であるかのように沖縄にこだわり続け、その傷を慰撫し続けた。戦後、天皇、皇室に厳しい目を向けていた沖縄県民は、次第に明仁天皇と美智子皇后の心を理解し、複雑な感情は解きほぐされていった。

平成では戦後五十年、六十年、七十年と節目の年があった。明仁天皇と美智子皇后は「慰霊の旅」として、被爆地の広島、長崎や沖縄を訪れたほか、東京大空襲の犠牲者を慰霊することを慣例化した。そして、太平洋の激戦地、サイパン、ペリリューやフィリピンなど海外での戦没者慰霊も実現した。昭和では考えられないことだった。これら慰霊の旅は、戦没者を追悼するだけではなく、「忘れられた戦争、戦没者」の記憶を喚起し、戦争を知らない世代に過去の事実を周知する効果があった。忘却されるという「二度目の死」から、死者の魂を救済したともいえた。天皇、皇后しかなし得ないことだった。

情報発信という面では、史上、明仁天皇と美智子皇后ほど大量の言葉を国民に伝えた天皇、皇族はいなかった。皇太子夫妻時代からの記者会見録や折々に発表した「お言葉」をまとめると数冊の本ができあがる。明仁天皇は「天皇が象徴であると共に、国民統合の象徴としての役割を果たすためには、天皇が国民に、天皇という象徴の立場への理解を求める」(「象徴としてのお務めについての天皇陛下のおことば」二〇一六年八月八日)ことが必要だと述べている。カリスマ性ではなく、言葉と活動で国民との紐帯を結ぼうとした初めての天皇だった。

発信で大きな役割を果たしたのが美智子皇后である。誕生日にあわせて発表される文書や様々な行事でのスピーチなどは、皇后の豊富な読書量と人生経験を反映した滋味あふれるもので、「文学の域に達している」という評価もあった。国民に向けた天皇のメッセージを補完し、ときには代弁する形で、平和・文化・寛容・真摯さなど平成の象徴天皇が持つ良き面をアピールした。それは図らずも平成の象徴天皇の「報道官」の役割をはたした。

そして、平成の象徴天皇の心柱ともいえるのが、全国各地への旅だった。明仁天皇は美智子皇后とともに行ってきた旅が「その地域を愛し、その共同体を地道に支える市井の人々のあることを私に認識させ、私がこの認識をもって、天皇として大切な、国民を思い、国民のために祈るという務めを、人々への深い信頼と敬愛をもってなし得た」(前掲「象徴としてのお務めについての――」)と語った。

その旅で「時として人々の傍らに立ち、その声に耳を傾け、思いに寄り添う」(同)ことを実践してきた。これが明仁天皇の考える象徴天皇の真髄であろう。傷ついた人々の声、日の当たらない弱者の声、死者の声――。そうした声なき声と失われようとしている記憶を受け止める容器となった。

かつて、著名な憲法学者は戦前の反省を込めて天皇を「虚器」と見なした。大日本帝国憲法下の神格化された天皇も自発的な活動を期待されていない虚器といえた。明仁天皇はそのような天皇像を覆し、国民に寄り添い、国民のため活動する象徴天皇像を創始した。

それゆえ、高齢による体力の衰えで活動が難しくなったとき、退位という道を選ぶのは必然だった。江戸時代の光格天皇以来約二百年ぶりに実現した退位は、平成につくり上げた象徴像の総仕上げだった。それは美智子皇后という伴走者なしではなし得なかっただろう。

一目一翼で雄と雌が助け合って飛ぶ中国の伝説の比翼の鳥のように、明仁天皇と美智子皇后はお互いを支え合い、一体となって象徴天皇という仕事をまっとうした。平成は「比翼の象徴」の時代だったといえる。

＊　＊　＊

本書の記述はすべて筆者による取材と信頼を置ける資料に基づいており、想像、憶測に基づいたものはない。そのため、煩雑ではあるが文中の引用にはできるだけ出典を明らかにする注を付記した。引用文は原則、原資料を修正、改変せず、旧漢字、旧仮名遣いもそのままにしている。引用文中の（　）は原資料のまま。〔　〕は筆者による補足である。なお、引用した資料には、現代の視点から見ると差別的な言葉など不適切な表現も見られるが、歴史資料としての意義を尊重して、そのままとしている。

目次

写真提供：毎日新聞社（第1章章扉、第2章章扉左）、共同通信社（第2章章扉右、第3章・第4章・第5章章扉）

中巻◉大衆の天皇制

下巻◉平成の革命

第1章
万世一系と「神の子」

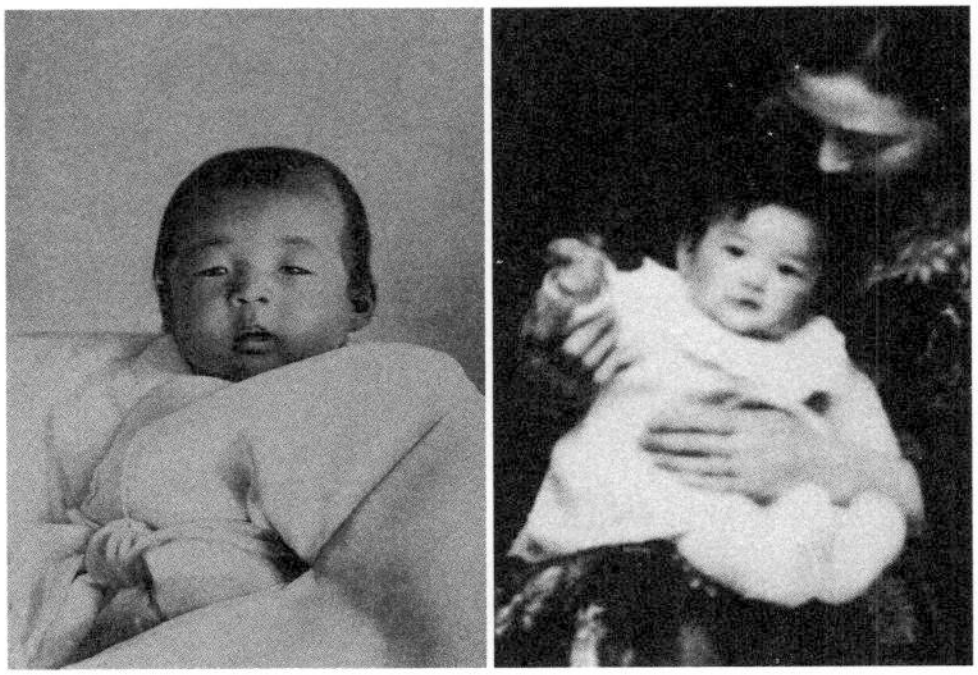

右：正田富美子と美智子
左：誕生間もない明仁皇太子（宮内庁提供）

〈昭和8年〉天皇家の顕教と密教

万邦無比——。

世界のどの国も比べることのできないほどすばらしい。昭和初期、大日本帝国憲法体制下の日本では、自国の国体（国柄）をこう自画自賛していた。明治維新後にアジアでは抜きん出た早さで近代化をとげた。日清・日露の戦争を勝ち抜き、第一次世界大戦では戦勝国に名を連ね、米英伊仏と並んで「五大国」と称された。

たしかに世界が驚嘆する進展ぶりだが、欧米列強から見れば東アジアの片隅の新興国である。それが世界一とは、たとえ政治的スローガンだとしても、ずいぶんと背伸びをしていた。

しかし、昭和戦前期までの日本人は、多少のたてまえはあったとしても、万邦無比神話を信じていた。それは欧米に対する劣等感の裏返しでもあった。国でも個人でも、己が一番と吹聴する品格はいかがなものかと思われるが、日本人はそれを自省する民度には到達していない時代だった。

「われこそ一番」のよりどころは軍事力や現在のＧＤＰで表される経済力ではなかった。神々からはじまる子々孫々が一本の糸のように途切れることなく、現在の天皇につながっている。その天皇が治める日本。

万世一系——。

それこそが世界に類のない国柄であり、その国の民は上下とも世界一の民族なのである、と。

大日本帝国憲法第一条は「大日本帝国ハ万世一系ノ天皇之ヲ統治ス」であった。この条文から「万世一系」が抜け落ちたらどうなるか。世界のどこにでもある凡百の王国と同じではないか。万邦無比の国柄とその国民である誇りは消し飛んでしまう。

ゆえに、この第一条では「万世一系」は「天皇」よりも重要であったのかもしれない。万世一系以外の言葉は何にでも差し替え可能だったからだ。昭和の一部の軍人たちが意識の底で天皇よりも万世一系を上に置いていたことは、のちの二・二六事件や太平洋戦争末期に、意の通りに動かぬ天皇の「差し替え」を主張したことでも明らかだ。

七―八世紀の天智、天武系、南北朝の大覚寺統、持明院統の確執をはじめ、歴史上の皇統の争いは数多い。そこに見えるのは一系ではなく直系重視の思想だ。親戚のなかの誰かが天皇になればよいとする一系思想が至高の観念ならば、皇統の争奪戦など起こりようがない。

近代の天皇は十八世紀後半に即位した光格天皇以降、仁孝、孝明、明治、大正と直系で継承され、昭和に至っていた。万世一系の「顕教」理念とは別に、天皇家には直系継承という「密教」理念があった。

ただ、それはクモの糸のようにか細く危うい。明治、大正の両天皇は先代天皇の十数人いた子女のなかで唯一成人した男子だった。このため明治期に、系統上は室町時代に天皇家と枝分かれした伏見宮系の宮家を多数創設し、万が一のときの「スペア」としていた。

顕教上は盤石といえたが、密教としては何の解決策にもなっていなかった。ただ、もっとも切れやすい糸と危ぶまれていた大正天皇は予想外に四人もの男子に恵まれ、直系の糸も盤石のように思われた。

しかし、昭和期に入り、にわかに暗雲がたちこめる。裕仁天皇と良子皇后は生涯に五人の女子、二人の男子の計七人をもうけた子沢山であったが、一九二五（大正十四）年に照宮成子、二七（昭和二）年に久宮祐子（夭折）、二九（同四）年に孝宮和子、三一（同六）年に順宮厚子と、当初生まれた四人の子はいずれも内親王、つまり女子だった。

良子皇后は二年ごとの出産という奮闘だったが、万世一系は男系のみの「専用通路」である。このまま男子が誕生せず、一系の糸が切れてしまうのでは、という不安が宮中にも国民の間にもただよいはじめる。

三女の和子内親王が誕生した二九年九月三十日、内大臣の牧野伸顕は日記に「極めて御安産にて御母子共に御順調と承はり大に安心せり」と記しながらも、「只側近に於ては此度は世嗣ぎの君を拝する事を期待したる事として、何となく物足らぬ空気の大奥を蔽へる事は左もあるべき事ながら、是非なき事なり」と落胆の気持ちを書いている[1]。

この日、皇子誕生はサイレンとラジオで一般に知らされることになっていた。親王なら三十秒ずつ三回、内親王なら二回サイレンを鳴らし、ラジオで臨時ニュースを流す。内親王が誕生した早朝、サイレンは取り決め通り二回鳴ったが、ラジオ放送で「男子ご誕生」と大誤報をやってしまった。親王誕生を待ち望むあまりの勇み足だった。

のちに皇室記者を六十年務めることになる東京日日新聞の藤樫準二は「こんどこそは」と皇太子誕生を期待して号外用、朝夕刊用の予定稿を整えて待機していた。知らせを聞いて「なんだ、また内親王か」とがっかりし、「側近たちも張りあいぬけの体でもあった」と書いている[2]。

四女の厚子内親王誕生のときは周囲の反応も露骨になる。四人も女子が続いたことで、「皇后は女腹」という評が定着し、もう男子は望めないのではないかという不安が周囲に広がった。しかし、厚子内親王を産んだとき、皇后はまだ二十八歳。今後、男子誕生の可能性は十分あったにもかかわらず、にわかに持ち上がったのが側室論といわれている。

幕末の土佐勤王党の志士で宮内大臣を務めたことがある長老の伯爵・田中光顕(みつあき)が宮内省に対して側室制度を復活するよう猛烈に働きかけたとされている。田中は十八歳から二十五歳までの名門の令嬢を物色し、最終的には三人に絞り込んだ、と書く文献もある。

側室であっても必ず男子を産む保証はないし、国際的には「日本の皇室は前近代に退化したか」と嘲笑されるのが落ちである。皇太子時代の欧州見聞で感化され、女官制度などの近代化を進めた裕仁天皇が承諾するはずもない。時代錯誤の老人による滑稽譚として昭和史のなかで語られることが多いが、事実かどうかきわめて怪しい。

田中が側室設置を具体的に働きかけていたなら、当時の側近や政治家が何らかのことを書き残しているはずだ。しかし、内大臣の牧野や内大臣秘書官長の木戸幸一の日記、宮中情報が満載されている元老・西園寺公望(きんもち)の口述記の『西園寺公と政局』など、同時期の名だたる史料に田中の側室運動に関する記述はいっさい出てこない。他にも裏付ける史料はない。西園寺こそが側室を勧めたとする文献もあるが、それを実証する一次史料はない。藤樫は「噂として聞いていた」と書き残しているが、俗説の可能性が高い(3)。

しかし、女子続きによる世間の落胆を感じ取り、裕仁天皇が悩んでいたことは事実だった。そこで天皇が検討したのが、側室ではなく養子だった。厚子内親王が誕生して間もない三一年三月二十四日、天皇は静岡県興津の西園寺邸を訪問する予定であった当時の宮内大臣一木喜徳郎(いちききとくろう)に、皇室典範を改正して養子制度を導入することの可否を尋ねるよう言い渡している。これに対し、西園寺は後日、養子制度の必要はないと答えた(4)。まだ若い天皇、皇后には時期尚早であり、「密教」である直系神話を破壊する提案でもあった。

史上初、「生まれながらの皇太子」

二年ごとに子をなしていた裕仁天皇、良子皇后に、厚子内親王誕生からやはり二年後に吉報がもたらされた。一九三三(昭和八)年六月三十日、宮内省は皇后に「御吉慶と思われる御兆候」があることを非公式に発表した。八月十二日、皇后は妊娠五カ月で経過は順調だと湯浅倉平(くらへい)宮内大臣から天皇に報告があり、宮内大臣謹話とともに発表された。

五人連続で女子が生まれる確率は三十二分の一。「こんどこそ皇太子」との期待はいやが上にも高まった。懐妊後、良子皇后は大きな男の子の人形を手元に置いていたという。何ものかに願いを託す気持ちが強かったのか。吉報を望む世間の重圧は、世相の暗さの裏返しだったのかもしれない。

一九三〇年代は三一年に陸軍のクーデター未遂事件「三月事件」に始まり、九月には関東軍による満州事変が勃発。十月には未遂に終わったものの、またも陸軍内でクーデターの策動があった(十月事件)。翌三二年一月には上海で日中の武力衝突(第一次上海事変)が起きる。これは満州から世界の目をそらすための陸軍の謀略だった。三月に傀儡(かいらい)国家・満州国が建国を宣言した。

世論はこぞって陸軍の満州国支配を支持し、この成功体験により、「国家内国家」として軍の暴走は制御不能となっていった。五月には海軍士官らにより首相の犬養毅らが殺害される五・一五事件が起きた。二九年からの世界恐慌の大波は日本も飲み込み、昭和恐慌といわれる大不況のさなかだった。

無策の政党政治に国民の怨嗟が募り、クーデターや暗殺などの暴挙も「世直しの義挙」として軍が称賛される時代だった。

そして三三年三月、国際連盟の場で反対多数で満州国が承認されなかった日本は脱退を通告、世界の孤児となる。国内では社会主義、共産主義への弾圧が強まっていた。二月、プロレタリア作家の小林多喜二が特高警察に逮捕され、拷問の末に殺害された。刑法学者の滝川幸辰(ゆきとき)京都帝国大学教授の著書が危険思想だと問題にされ、五月には滝川は休職処分となった。これに抗議した同大の教授らも免官となり、滝川の著書は発禁となった。

不況、軍国主義、世界からの孤立、そしてもの言えぬ社会。皇后が期待の第五子を身ごもったのは、日本にこのような黒雲が広がりつつある時期だった。

この年の八月九日から三日間、戦時国民総動員体制への地ならしともいえる関東防空演習が実施されている。天皇、皇后が静養のため滞在していた葉山御用邸では灯火管制を含む「非常時御動座訓練」が行われた。

しかし、帝都上空に敵機を迎え撃つ想定はそもそも負け戦ではないか――。信濃毎日新聞主筆の桐生悠々が社説「関東防空大演習を嗤う」で鋭く指摘したのは皇后の懐妊発表の前日だった。軍は演習が実戦には役立たずとも、国民に非常時意識を植え付けるのに役立ったとほくそ笑んでいた。「国民が意識せぬうちに「破局の時代」の幕があけはじめていた」(5)のが一九三三年という年だった。

良子皇后の出産は「十二月二十八日ごろ」と発表され、新皇子誕生を控えて乳人(めのと)の選考や祝賀行事の準備が進められた。しかし、それより五日早い十二月二十三日、土曜日の明け方前、午前五時十六分ごろに皇后の陣痛が始まった。

宮内省御用掛で、当時の産科医の第一人者だった磐瀬雄一東京帝国大学教授による診察のあと、皇后は白羽二重の産衣に着替え、女官に付き添われて午前六時二十分に産殿に入った。

当時、宮城（皇居）の宮殿は明治期に建てられた明治宮殿（太平洋戦争で焼失）で、天皇が執務や儀式などを行う公的スペースの表宮殿と天皇、皇后の居住スペースである奥宮殿に分かれていた。奥宮殿北側に廊下でつながった静養室があり、ここが産殿になっていた。コンクリート造りの平屋で、病室（産室）や手術室、控室などがあったという。

産殿には磐瀬御用掛、佐藤恒丸侍医頭、塚原伊勢松ら侍医と看護婦、助産婦が待機していた。次室には午前五時半ごろに皇后宮職から連絡を受けて駆けつけた湯浅倉平宮内大臣、牧野伸顕内大臣、鈴木貫太郎侍従長、広幡忠隆皇后宮大夫（侍従次長兼務）がそのときを待っていた。

良子皇后が産殿に入るとともに、皇宮警察は宮城の坂下門、乾門などの各部署で厳重警備態勢をとり、政府高官や宮内省関係者以外の宮城前広場の通行を禁止した。これまでの内親王誕生の際にはなされなかった措置で、騒然たる世情の反映だったのか。

午前六時三十九分、産殿に元気な産声が響き渡った。丸々と太っており、皮膚の色がやや黒めの元気な男の子だった。赤ん坊を取り上げた助産婦の梅林寺こうは思わず「ああ、親王様だ！」と大声を出し、男子と聞いた皇后が「本当ですか」と言ったという話も伝わっている。[6]

裕仁天皇三十二歳、良子皇后三十歳。二人の、そして日本国民待望の男子、皇太子だった。生まれた瞬間に皇太子と呼ばれるのは歴史上初めてのことだった。

近世以前は天皇の長男である皇長子が皇太子になるとは限らず、何人かの親王のなかから選ばれ、立太子の礼を経てはじめて皇太子とされていた。一八八九（明治二十二）年に制定された旧皇室典範で

「皇位は皇長子に伝ふ」「儲嗣（ちょし＝世継ぎ）たる皇子を皇太子とす」とされ、天皇の長男は皇太子となることが法的に定められた。その初例だった。

皇太子の誕生時の身長は五十・七センチ、体重三千二百六十グラム。親王を取り上げた助産婦は梅林寺と坂田アキである。梅林寺は五十二歳。東京帝国大学付属産婆養成所を卒業し、同大学付属病院産婦人科看護長を務めていた。坂田は六十歳。やはり東京帝大復習科を卒業しており、二人とも助産婦界の選りすぐりだった(7)。

梅林寺と坂田は産室の隣の部屋で手際よく皇太子をヒノキのたらいの産湯につかわせた。このとき侍医と見届け役の宮内大臣らが立ち会った。坂田は内親王誕生の際も助産婦を務めており、非常に落ち着いた仕事ぶりだったという。

「牧野（内大臣）さんや湯浅（宮内大臣）さんが老眼を益々細くして初湯（ママ）を使つていらつしやる皇太子様の裸身を幾度も幾度も拝見し感嘆措く能はずといつた恰好で御初湯の御部屋を暫くは立ち去りかねた様子」であったと侍医の佐藤久（ひさし）が述懐している(8)。

皇太子は産湯をつかったのち、ガーゼの肌着と白羽二重の下着と産着につつまれた。安産だったという。

「宙ヲ飛ビテ」奏上

裕仁天皇は宮殿の御座所で知らせを待っていた。この「一大吉事」を電話で伝えるようなことはできない。直接伝達する役目の人間がいた。天皇の御学友で、侍従兼皇后宮職事務官を務めていた永積（ながづみ）寅彦（とらひこ）である。

永積は産殿の控室にいた。男子誕生を確認した産室の塚原侍医がすぐさま「午前六時三十九分、親王御誕生」と万年筆で走り書きした紙を永積に手渡した。永積は用意してあったカードを持って表宮殿の御座所へ走った。カードは「皇男子ご誕生、御母子ともにご健在にあらせらる」や「女子ご誕生」など、様々なケースを想定して用意されていた(9)。永積は次のようにメモに書き残している。

「余ハ聖上ニ御報告申上グル最モ光栄アル役ナリ。宙ヲ飛ビテ表御座所ニ政務御允裁中ニテ在ラセラレシ天皇ニ奏上。御顔色動ゼサセ給ワズトイエドモ御心ノ内ノ御満悦ノ程拝察ニ余リアリ、臣下一同欣喜雀躍(10)」

裕仁天皇は午前五時過ぎには起きて待っていた。宙を飛ぶように息せき切って駆けつけ、御座所の扉をノックして入った永積に対して、天皇は「なんだ！」と立ち上がって近づいてきた。永積は「皇太子殿下ご誕生でございます」と言って、カードの内容を読み上げた。天皇は「そうか、それはよかった」とあまり表情を変えずに答えた。しかし、長年御学友だった永積には天皇の喜びの気持ちがよくわかったという(11)。

天皇への第一報については有名な逸話がある。最初に天皇に報告したのは侍従長の鈴木貫太郎で、「ただいま親王さまがご誕生あそばされました」と言う鈴木に対して、天皇が「本当か？」と念を押したので、「はっ、たしかに(男子の)おしるしを拝しました」と答えたという話だ。

のちに太平洋戦争終戦時の首相となる鈴木の茫洋たるイメージ通りの微笑ましいやりとりだが、これはやや俗説くさい。永積の報告後、午前七時過ぎに見届け役である鈴木ら産殿伺候者の祝詞の言上があり、そこでのやりとりに尾ひれがついたものとみられる。

午前七時三十分、天皇は陸軍通常礼装に着替えて産殿に隣接する皇子室を訪れた。十畳ほどの洋間のベッドで眠る皇太子を満足げに眺めたあと、八時十分過ぎに表御座所に戻り、集まった秩父宮夫妻、皇后の母の久邇宮俔子妃、明治天皇の娘で裕仁天皇の叔母である昌子、房子、聡子内親王ら皇族、側近奉仕者らから祝賀を受けた。

明治天皇にはもう一人の娘、朝香宮妃允子内親王がいたのだが、皇太子誕生の前月の十一月三日（明治天皇の誕生日）に四十二歳の若さで亡くなっていた。天皇、皇族はこの日から九十日の服喪に入っていた。皇太子誕生の祝賀行事のために除喪の措置がとられる。

皇太子は予定日の二十八日より五日早く生まれたのだが、もう少し遅れて十二月二十五日だったら大正天皇の命日と重なっていた。そうなっていたら、その後の皇室行事、祭祀に支障が出ていただろう。

『昭和天皇実録』によると、裕仁天皇は皇族、側近奉仕者の祝賀を受けてシャンパンで乾杯したあとに産殿の良子皇后を見舞っている。皇子室の皇太子を見に行った際に皇后にも会ってよさそうなものだが、そこが一般とは違う宮中の堅苦しさなのかもしれない。

鳴った、鳴った、サイレン

国民に向けた皇太子誕生の知らせはやはりサイレンだった。午前七時ごろ、東京市内十八カ所でサイレンが約一分間鳴り、しばらく間を置いてもう一度鳴った。今回、サイレンは一度なら内親王、二度なら親王、つまり皇太子とされていた。のちに奉祝歌「皇太子さまお生れなつた」（北原白秋作詞、中山晋平作曲）が作られた。

日の出だ　日の出に　鳴つた鳴つた　ポーオ　ポー
サイレン　サイレン　ランラン　チンゴン
夜明けの鐘まで
天皇陛下お喜び　みんなみんなかしは手
うれしいな母さん　皇太子さまお生れなつた

駐日米国大使のジョセフ・C・グルーは「きっちり七時、アリスが「サイレンですよ」といって私を起した。まったくサイレンが、皇室の赤ちゃんが生れたことを報じて鳴っている。女の子ならば一分間、男の子ならば十秒の間隔をおいて二分間というのである。私はその十秒間を、心から熱心に待ち、そして二度目のサイレンが鳴りひびいた時、われわれは幸福だった。日本に住む者だけが、これが何を意味するか理解できるからである(12)」と日記に記した。

サイレンは全国各地でも鳴らされ、当時の人びとに強烈な印象を残した。二〇〇九(平成二十一)年の秋の園遊会に招かれた女優の森光子は、十三歳だったときに住んでいた京都でサイレンを聞いた思い出を明仁天皇に語り、「鳴った、鳴った、サイレン――」と歌を目の前で披露している。

このサイレンは日本本土だけではなく、樺太、台湾、朝鮮半島、中国関東州など、大日本帝国の支配地でも鳴らされた。

皇太子誕生はラジオでも全国に通知され、湯浅宮相がマイクの前に立った。新聞は「同じ佳き朝幸運の赤ちゃん(13)」の見出しで、この日午前零時以降に渋谷の赤十字病院で産まれた男児三人を写真付きで紹介した。

内大臣秘書官長の木戸幸一は日記に書いた。

「午前六時五十分、床中に於て役所よりの電話を聴く、皇太子殿下御誕生あらせらると。やがてサイレンの二声を聴く。遂に国民の熱心なる希望は満されたり。大問題は解決せられたり。感無量、涙を禁ずる能はず」(14)

木戸の上司であり、見届け役の内大臣・牧野伸顕の日記。

「親王御誕生の通知あり、我々一同歓極まる次第、言葉も用を為さず、只胸の塞がるを覚ゆるのみなりき。〔略〕始めて御泣声を拝したる時は、実に何共申し様なき難有味を覚へたり。今度はと申す心からの祈願は恐乍ら三陛下を始奉り、同朋全部の普偏〔遍〕的に共有したるところなりければ、此御慶事の影響如何を考慮する時は、真に多難事の天恵なりと痛切に感得したり。

是迄皇位継承問題に付ては万一の場合を慮ぱかり種々の臆測被行、政治的には別して兎角の横議抔も提出せられ、人心不安の一大原因をなしつゝありたるに、今はすべての此種の禍根は解決せられたる分けにて、御上御一人の御慰安拝察に余りあり」(15)

「多難事の天恵」にこの時代の空気が読み取れる。男子が生まれず、皇位継承に不安が続くことは政治的にも問題を生じかねず、「人心不安の一大原因」であり、「禍根」であった。その暗雲がこの日の朝の青空のようにいっきに晴れたように思われた。新聞も次のように書いた。

「大氣清朗天地ほのぐ〵と明けわたる晨〔あした=早朝〕、國をあげてお待ち申し上げてゐた慶祝の日は遂に來た」(十二月二十四日付け朝日新聞夕刊)

そして「萬世一系の皇位を繼がせらるべき皇太子殿下の御誕生に大内山〔宮中〕は瑞氣あふれ――」と国体の神髄である「万世一系」を書き入れることを忘れなかった。

当時の宮内省の庁舎は関東大震災で破損して改築中だったため、本丸の倉庫（現・東御苑の宮内庁病院あたり）が仮庁舎になっていた。「皇后の出産近し」と社内に泊まり込んでいた皇室記者たちは、未明の「皇后、産殿に入御」の電話にバネ仕掛けのようにはね起き、仮庁舎へ駆けつけた。

夜が白々と明けるころ、総務課で町村金五書記官（戦後、北海道知事など歴任）が掛け軸式の紙に「皇后陛下本日午前六時三九分御分娩親王御誕生アラセラル」と筆書きの発表文を広げた。

その場にいた三十数名の記者から歓声が上がり、「細い階段に殺到して転がる者、合言葉でどなっている者、階段ごとに口頭リレーなどたいへんな騒ぎ」で、一分一秒を争う〝暁の号外合戦〟が始まった。宮中ではシャンパンが祝賀花火のようにポンポン抜かれ、記者室にもふんだんに「おすそわけ」があったという。(16) 酔った侍従が腰を抜かしたというエピソードもある。

奉祝提灯行列の光の波

午後十時から最初の儀式である「御剣を賜ふの儀」が行われた。天皇が守り刀を授ける儀式で、鈴木侍従長が勅使として天皇から受け取って皇后御殿に運び、広幡皇后宮大夫に手渡す。大夫から竹屋志計子（しげこ）女官長に渡り、女官長が皇子室の皇太子の枕元に置いた。

御剣は名匠月山貞勝作で、菊花紋章付き。白鞘の長さ八寸五分。赤地錦の袋に収められていた。

この日、産殿には侍医や助産婦らのほかに、皇太子養育の重要な役職と位置づけられた若い女性二人が控えていた。二十二歳の野口善子と二十四歳の進藤はなであった。皇太子に乳を与える乳人である。

乳人は皇后の懐妊が確認された直後から内務省の手配で候補者選定が行われ、家系に精神病患者、遺伝性疾患患者、犯罪者、とくに思想犯がいないこと、皇太子誕生予定の十二月以降に母乳が十分に出る肉体条件を備えた女性であることが条件とされた。(17)

埼玉県内の有力者である野口家に乳人の打診があったのはこの年の九月ごろ。ことの重大さに辞退を申し出たが、県知事に県の名誉だから受けるようにと説得される。地元では歓送会が催され、大宮御所(皇太后の住居)に候補の五人とともに上がった。身体検査が行われ、十二月に野口が正乳人、進藤が予備の副乳人として選ばれた。

「無位無官」の人間に皇太子への乳を提供させるわけにはいかないとして、二人は女官中で二番目の地位に相当する判任官待遇とされ、宮城内の女官官舎近くに新築された五部屋で庭付きの「乳人官舎」で過ごすことになる。(18)

ただ、皇太子への授乳は皇后が行うことになった。前例のないことだった。「無上の光栄」とされていたものの、外界から隔絶された慣れない宮中生活のため、進藤は就任二カ月で鬱状態となり、乳が止まったため解職となっている。

午後一時半になると、皇太子の祖母である節子(さだこ)皇太后(のちの貞明皇后)が宮城に参内し、裕仁天皇とともに皇子室で皇太子と対面、産室の良子皇后にねぎらいの言葉をかけた。

また、もう一人の祖母、皇后の母親の久邇宮俔子妃は午前中に参内し、娘の皇后と皇太子に対面している。母方の祖母が一足早く孫に会っていた。久邇宮大妃殿下と呼ばれていた俔子妃は満面の笑みを浮かべて宮殿に到着。その姿を新聞社のカメラマンが撮影し、翌日の新聞に大きく掲載された。当時、皇族が公に「スマイル」を披露することは〝ご法度〟であったが、皇后に向けられた「女腹」との陰湿な批判は生家の久邇宮家にも及んでおり、その重圧から解放された喜びがそうさせたのだろう。

裕仁天皇の二番目の弟の高松宮宣仁(のぶひと)親王は海軍の軍艦「扶桑」の分隊長として広島・呉で勤務していた。高松宮はこの日の午前七時過ぎに電話で皇太子誕生を知らされた。天皇、皇后へ祝賀の電報を打ったあと、「まことに私も重荷のおりた様なうれしさを、考へて見ればおかしな話ながら、感じてやます」と日記に記している。

そして「おのつから涙わきけり　うれしさは　日つきの御子のうまれましたる」など皇太子誕生を寿(ことほ)ぐ歌四首を詠んだ(19)。

「重荷」「涙わき」という言葉に万世一系の尋常ならざる重圧を弟宮も感じていたことをうかがわせる。もし天皇に男子が生まれなければ、その重荷は皇位継承順位一位で三十一歳の秩父宮、二位で二十八歳の高松宮が負うことになっていた。結果的に二人の弟宮は子供に恵まれなかったため、高松宮の安堵感はより深い意味を感じさせる。

内閣総理大臣の斎藤実(まこと)以下の閣僚ら「顕官」も続々と祝賀に参内し、宮殿の車寄せは黒塗りの車であふれかえった。「天地清朗の晨〔あした＝早朝〕瑞氣漲る大内山」との見出しが朝日新聞一面に踊ったように、宮殿内は歓喜の渦であったが、宮城の外の熱気はそれをはるかに上回っていた。

皇太子誕生がサイレンで知らされた直後から、日の丸の小旗を持つ人びとが続々と宮城前広場に集まり、二重橋（皇居正門鉄橋）前で何度も万歳を叫んだ。夜には提灯を持った群衆が歓呼の声を上げ続けた。各地で旗行列、提灯行列が催されたため、旗屋と提灯屋に注文が殺到。提灯の需要は東京市内で五百万個を超えたといわれ、四―五銭だった相場が正午過ぎから十銭を超えた。日の丸の紙小旗も四百万近く作られ、一つ一銭五厘―二銭の値段が四割近く上がった。

魚河岸でもタイ、エビなど祝魚の値段がはね上がり、株式市場は奉祝相場で高騰した。銀座の街頭では爆竹が鳴らされた。東京の上空では千葉県下志津の陸軍下志津飛行学校を発進した皇太子誕生奉祝編隊三十機によるデモンストレーション飛行が行われた。

松竹少女歌劇団では二十三日昼から、用意していた奉祝レビュー「吾が日の御子」を上演した。二重橋から丸の内までは日暮れから夜十時過ぎまで奉祝提灯行列の光の波が続いた。銀座の繁華街は奉祝提灯、日の丸、ネオンサインと歳末セール、しめ飾りが一緒になって不夜城の観を呈した。明治神宮は夜遅くなっても参拝の人が絶えなかった。

これら熱狂の奉祝のさまは十二月二十四日付け朝日新聞が報じているものだが、同紙上では歌人の佐佐木信綱が「ひむがしのうみにたゞさす天つ日の日の大皇子はあれましつ今日」、与謝野晶子が「大ぞらと大地に満つる光をばこの暁にもたらせる御子」と奉祝歌を披露した。

喜びの爆発は「全日本に偉大なる「活」を入れて、ものみなは一ときに明るく、朗らかに生き〳〵と新たなるスタートを始めた、止まっていた針も思はずはづんで健康な針音と共に動き出すかと思はれるばかり、あらゆるものが、明るい」(同日付け朝日新聞夕刊)と表現された。

二年前の満州事変以来、勢いづいた軍国主義と戦争への歩武は国民の間に重苦しい空気を生んでいた。皇太子誕生は妖雲の間から差し込む一筋の光明であった。いうなれば巨大なガス抜きである。

この日、国家が与える「アメ」である恩赦の検討も始まった。警視庁は奉祝関連の行事に対する取り締まりはできる限り寛大に取り計らうと表明した。午後十一時までとされていたカフェ、バーの営業時間は午前二時までの延長が許可され、〝奉祝無礼講〟の観を呈した。

英国、デンマーク、イタリアなどの国王や各国大統領からも祝電が寄せられた。米国のフランクリン・ルーズベルト大統領から「皇太子殿下御降誕に際してアメリカ全國民を代表して恭しく祝賀し奉ることは私の一大欣幸とするところであります」と打電されたと伝えられた。八年後の太平洋戦争開戦後に日本国民最大の敵とされた人物からの奉祝電報だった。

前年に建国された満州国の奉天市では日本国内と同時刻の午前七時過ぎにサイレン、ラジオで全市に皇太子誕生が知らされた。同日の朝日新聞特派員電は「豫て待望の御慶事とて市民は一斉に國旗を掲揚して遥かに東天を拝し奉天神社の社前には皇國の御慶事を壽ぎ熱誠をこめて額く人波は引きも切らず」と伝えている。

ここでいう「市民」「国旗」が同地駐在の日本人、日の丸のことなのか、それとも「満州国民」のことなのかははっきりしない。ともかく、対外的には〝独立国〟である満州国もこぞって皇太子誕生を祝うのは当然という記事である。

日本全国民が欣喜雀躍の一日だったが、醒めた目で素通りする人たちも少なからずいた。作家の野上弥生子は日記に「皇太子の誕生で大さわぎをしてゐる[20]」と一行、突き放すように書くだけだった。永井荷風の日記『断腸亭日乗』には、これだけ世間が沸騰状態であるにもかかわらず、皇太子誕生については何も書かれていない。

名は「明仁」、称号は「継宮」

誕生第七日の十二月二十九日は重要行事の日であった。まず、午前七時に「御胞衣埋納の儀」があった。胞衣(胎盤)を素焼きの壺に納め、恵方の土中に埋める儀式で、健やかな成長を願う意味があった。皇太子の胞衣は赤坂離宮南の寒香亭側に埋められた。奉仕したのは永積寅彦で、側に小さな松を植えたという。

午前九時から皇子室で「浴湯の儀」が行われた。皇太子は皇子御用掛の小倉満子、竹屋女官長、梅林寺、坂田助産婦らの奉仕で産湯をつかい、その後に昌運と文武隆盛を祈る「読書鳴弦の儀」に移った。読書役は東洋史の大家・市村瓚次郎で、『日本書紀』の巻第五・崇神天皇の四道将軍差遣の一節を五分間朗読した。そして明治神宮宮司の有馬良橘、貴族院議員の大給近孝が大弓を引き絞って鳴らし、「オー」と発声。これが三回繰り返され、儀式は三十分ほどで終わった。

次は皇太子誕生関連の中でももっとも重要な儀式「命名の儀」が行われる。将来の天皇の名前を決定する儀式である。午前十時半、奥宮殿に参内した鈴木侍従長は、天皇が皇太子の名を毛筆でしたためた三つ折りの大判の檀紙と湯浅宮相が称号を謹記した奉書を受け取った。これらは蒔絵の文箱に納められ、さらに柳筥に入れられていた。それを菊花紋章を白抜きにした紫のふくさに包んだ。

鈴木侍従長は柳筥を皇后御殿まで運び、広幡皇后宮大夫に手渡す。さらに大夫から受け取った竹屋女官長が皇子室に入り、白木の三方に載せて午前十一時に皇太子の枕元に置いて儀式は終わった。

皇太子の名は明仁（あきひと）、称号は継宮（つぐのみや）。身の回り品に印す印章は「榮（えい）」とされた。

儀式終了後、フロックコートに威儀を正した湯浅宮相と渡部信図書頭が「万世一系」の皇統譜に「御名」「御称号」を謹記した。

名と称号は一八七〇（明治三）年一月三日に明治天皇が神道の布教を命じた「大教宣布の詔」を典拠とした。

「朕恭惟天神天祖、立極垂統、列皇相承、継之述之、祭政一致、億兆同心、治教明于上、風俗美于下」（朕うやうやしく天神天祖をかえりみるに、極を立て統を垂れ列皇相うけ、之を継ぎ之を述べ、祭政一致、億兆心を同じくし治教上に明らかに風俗下に美し）の部分から「継」と「明」の字をとった。また、中国周代の「周易」の「明両作離、大人以継明、照于四方」も典拠とされた。

選定にあたったのは「読書鳴弦の儀」で読書役を務めた市村瓚次郎と、同じく東洋史学者の三上参次、宮内省御用掛の吉田増蔵、同省図書寮編修課長の芝葛盛（かずもり）の四人。吉田は元号「昭和」の考案者でもあった。

「大教宣布の詔」は天皇と神道を中心とした神がかり的な祭政一致国家を宣言したものだが、廃仏毀釈やキリスト教弾圧など大混乱を招き、仏教界や欧米各国から猛烈な批判を浴びて事実上撤回された。その〝古証文〟を皇太子命名の典拠として引っ張り出してきたところに、天皇の神格化と軍国主義がセットになって覆いかぶさってきた時代の空気が読み取れる。

のちに天皇に即位した明仁皇太子は、明治体制下の神格化された天皇は長い歴史の中では異端であり、本来の天皇の姿ではないと明言することになる。自らが否定する天皇像の宣言書からその名がとられたことに複雑な感情を持っていたのかもしれない。

「命名の儀」当日は皇太子誕生の日と同様、快晴に近い晴天だった。この日の奉祝行事は誕生当日とはけた違いのものになった。

品川沖には宮城に向かって海軍の軍艦三艦（巡洋艦鳥海、木曾、五十鈴）が横一列に並び、「命名の儀」の時刻に合わせて二十一発の皇礼砲をとどろかせた。陸軍も同時刻、市谷台の士官学校校庭から近衛師団野砲連隊が野砲四門で同数の皇礼砲を放った。これを合図に「水の満艦船飾、地の花電車」「赤誠の爆發」（十二月二十日付け朝日新聞朝刊）の一日が始まった。

東京上空では各新聞社の複葉機三十機が「奉祝」の垂れ幕をなびかせて乱舞した。午前から飛び立つ予定が強風のためしばらく待機。午後三時半過ぎからの奉祝飛行となった。地上では慶祝の文字を飾り立てた花電車が走った。

宮城前広場では白エプロンにたすき、日の丸の小旗を持った国防婦人会約三百人が午前九時半に到着したのを皮切りに続々と旗行列の群衆が押し寄せ、夜の提灯行列まで人の波が途切れることがなく、その数は約六十万人に及んだ。

注目を浴びたのが大日本相撲協会の全力士約七百人の大行進。この日朝、両国国技館に集合した力士たちが二重橋前まで練り歩き、沿道は見物人の黒山ができた。昼過ぎには陸海軍軍楽隊を先頭に各学校、青少年団の楽団が上野公園を出発、宮城を目指した。

東京市の社会局は「江東方面のルンペン四萬人」に食糧券を配布。原宿の警察署に「ニコニコ顔」の小学生八人が七円五十銭を寄付。「楽しいお正月を楽しく暮らせない貧しい子供達にこのお金で何か買つてやつて下さい。私達はけふ皇太子殿下の佳日を奉祝しさうして小學校最後の冬休みを有意義に過さう」と思ったとの趣意書が添えられていた(十二月三十日付け朝日新聞夕刊)。

奉祝の熱狂のさなか、悲劇も起きた。同日午後三時ごろ、日本橋区の浜町公園で若い夫妻が奉祝花火を見物中、花火の中から飛び出した小旗が近くの電線に引っかかった。「縁起がいいから」と妻にせがまれた夫が電柱に登り、手を伸ばしたところ高圧線に触れて感電死した。

東京以外の全国各都市も熱狂の渦に包まれた。大阪では午前十一時から天王寺公園で大阪府、市、商工会議所合同の大奉祝会が号砲三発の合図で始まり、「君が代」の大合唱、名物市長の関一の発声による万歳三唱が行われた。京都では午前十時から京都御所建礼門前で奉祝式を開催。午後は市内の小学、女子中等学校生徒十三万五千人による旗行列が挙行された。名古屋でも児童、生徒らによる全市を練り歩く旗行列などが行われている。

日が沈んだあとも大ページェントは続いた。品川の第六台場では午後六時から奉祝大かがり火が焚かれた。底面積六畳敷き、高さ三間のやぐらを組み、材木をぎっしり詰めたものが二基。帝都の空を日の出のように赤く染めた。

午後七時前からは夜間奉祝飛行が行われた。空には一片の雲もなく、月と星が輝いていた。飛行機に同乗した朝日新聞記者が夜の東京の光の波の情景を描写している。

「羽田飛行場を離陸するともう大東京の光の海が眼下に展開した（略）銀座付近の上空にくれば四丁目交叉點邊（あたり）から數寄屋橋――日比谷にかけて全市中もつとも明かるく輝き映え（略）、日本劇場その他の電飾は空から見てもまばゆいばかり、宮城前広場に集まつた奉祝行列の提燈はつゝじの原か満開のれんげ草の廣野でも見るかの如く日比谷公園の通りから、神田方面から、日本橋方面からこの宮城前へと進み行く提燈行列は燈の流れとなって續き――」

東京に呼応して横浜市でも十万人の提灯行列が行われた。この日の夜の日本各地は「御大典（昭和天皇即位）以來の興奮と感激」に包まれた。「カフエも軒並超満員、今日ばかりはいくら酔つぱらつたつて、親父からも女房からも文句は出まい、とのんでかゝつた紳士、青年達が愉快さうにあふれてゐる」（十二月二十日付け朝日新聞夕刊）。

この狂喜乱舞の様子を裕仁天皇も見たくなったのか。午後七時ごろ、二重橋鉄橋から三十分ほど提灯行列を見物したという。天皇も手にした提灯を打ち振り、「君が代」と万歳三唱にこたえた。

国民あげての大ページェントの模様は『皇太子殿下御誕生奉祝実況』として映画にまとめられ、翌年二月に裕仁天皇、良子皇后も見ている。一人の人間の誕生がこれほどの熱狂を呼び起こしたことは空前にして絶後であった。

〈昭和9年〉「御親子分離は御三才位が可なるべし」

命名の日の熱狂から三日、一九三四(昭和九)年の元日を迎えた。当時は数え年で年齢を表記していたため、新聞には「皇太子殿下には早くも御二歳の新春を迎へさせられる」と書かれている。そして「御降誕後日一日と御健やかに、お肥立ち殊の外勝れさせられて」として、養育について記している。

「皇太子殿下の御事については皇后宮職において掌(つかさど)る旨すでに皇室令を以(もっ)て公布せられたが、なほ殿下の御傅育(ふいく)に關しては伊地知女官が主任の光栄を承はり、小倉御養育掛以下各女官が御世話を申上げ、御健康については田中、小山、神戸、佐藤の四小児科侍医が拝診申上げてゐる」(一月一日付け中外商業新報朝刊)

かつての宮中は乳幼児には不適切な環境で、夭折する皇子が相次いだ。それだけに皇太子の養育には万全の体制がとられた。侍医のほか、養育にあたる女性が高等官の女官三人、保母の経験がある「出仕」三人、その下に洗濯・掃除など身の回りの世話をする「雑仕(ざっし)」三―四人。女官のトップは伊地知ミキ。日露戦争の旅順攻囲戦で第三軍司令官・乃木希典(まれすけ)の参謀長を務めた陸軍中将伊地知幸介の未亡人である。

順調に育ちつつあるが、乳母日傘(おんばひがさ)どころか、乳人と侍医が十重二十重に囲む環境である。明仁皇太子は実の父母の天皇、皇后の子供ではなく、大日本帝国もしくは国体「万世一系」の「公器」といえた。

誕生後一カ月しかたっていない一月末、皇太子を親子がともに暮らす人間本来の生活から引き離し、「公器」として育てる話が持ち上がった。

一月二十六日朝、内大臣秘書官長の木戸幸一は静岡県興津の元老西園寺公望を訪ねた。西園寺は「〔鈴木貫太郎〕侍従長より話をりたる東宮御養育問題に就ては、御親子分離は御三才位が可なるべし」[21]と語っている。

裕仁天皇は誕生後二カ月余りで海軍中将・川村純義のもとに里子に出された。親子別居は皇室の伝統、帝王教育の一環のように誤解されているが、このときは父母の皇太子夫妻（のちの大正天皇、貞明皇后）が二十一歳、十六歳の若さで、東宮職にも育児経験のある人間がいなかったためだとされている。幼子を親元から引き離す風習は貴族、武家社会にはあったが、天皇家にはない。

しかし、宮中では皇太子誕生以前から早い時期の親子別居は必然という考えがあった。それは裕仁天皇の長女、照宮成子内親王が六歳まで両親と同居したことでわがままに育ったという認識があったためだ。

照宮の養育掛だった藤井種太郎は、照宮が君側の姫君として育ったため、すべての人間は自分に頭を下げるのが当然であり、自分は尊いものだという観念を「生得的に」持っていたと述懐している。将来の天皇がそういう育ち方をしては弊害が大きい。

皇后宮大夫を務めた河井弥八は別の観点から親子同居を否定した。一九三一（昭和六）年に提出した「内親王殿下ノ御教養ニ関スル意見書」で、皇室は国家の中枢であり、国民に仰ぎ見られることは日星のごとくであることから、特別の教育が必要であるとしている。そして幼年以上の皇子の教育の任は「之ヲ臣下ニ委ネラルベク、両陛下ノ御親ラ為サセ給ハザルヲ可トス」という。

なぜなら、天皇、皇后であるということは、国家、国民のために精励すべき天職であるからだと。そのため「自ラ寸隙ヲ剰シ給フコト難シ」(私的なことに少しの時間も割くことは難しい)として、「御親ラ皇子殿下ノ御教養ニ当ラセ給フコトハ殆不可能ナリ」とする。[22] ここでいう教養は養育と同義である。

高松宮も照宮教育の「失敗」を念頭に親子別居は必然と考えていた。

「新宮が御誕生になつて皆大よろこびだ。併しお兄様も御仝感の様だが、やはり御教育方法が心配になる。〔略〕全く新宮の御養育御教導こそ重大なる問題はあるまい。すでに照宮その他の方々の御養育で経験もある通り、早くその方策を決定し計画を立て、かゝらねば、失敗するであらう。そして、これは一般論ではいけないので現実に即し今日に適した特殊の方法でなくてはならぬ[23]」

一般の家庭のような親子同居ではなく、「特殊の方法」が必要なのは裕仁天皇、良子皇后の性格への懸念もあるという。

「両陛下は共に極めて御やさしい。おそらくほんとに御叱りになることはあるまい。〔略〕しかも二方とも大して御強壮な身体の方でない場合、そこに生れるお子は気丈な方でない方が普通であらう。してその上に育て方が弱々しくされることによつては男さんについてはたしてどうであらうか[24]」

自身も幼少時、兄の天皇と同じく親と引き離されて育った高松宮がこのような根拠不確かな養育観を持っていたのは、尚武の時代の空気によるものだろうか。

しかし、裕仁天皇はこの慣例に疑義を呈し、皇太子を手元で育てたいと望んでいた。皇太子時代、結婚前の一九二二(大正十一)年一月二十八日、牧野伸顕宮相に「子供も出来るとすれば此までの如く他へ預ける事は不賛成なり、自分は奥にて一処に育てる方相当と考ふ[25]」と語っている。

この前年、裕仁天皇は欧州を巡遊し、日本と比べてはるかに自由で合理的な英国王室のあり方に魅了されていた。後年、「渡英のとき、Prince of Wales〔英国皇太子〕から毎日両陛下に逢わるるかと尋ねられて困った」[26]「英国皇室に於ては宮中にて皇子傅育をしてゐるが、日本では何故出来ぬか」[27]と側近に話している。

自身の幼少期、両親とともに暮らしていなかったため、親子の親しみも薄かったことも寂しげに語っていた。皇太子誕生後、毎日皇子室に足を運び、いとし子の顔をながめていた。

しかし、裕仁天皇の人間としての情を理解する側近はほとんどいなかった。侍従の永積は「宮内庁〔省〕の当時の一般の空気としては、別々にご生活になったほうがよいということだったんですね」「両陛下に対して臣下は非常に丁寧に申し上げる、それをお傍で見ていらっしゃると、教育上よくないのではないかということのようですね」[28]と語っている。

別居生活が始まって以降のことだが、東宮傅育官が皇太子に自分のことは自分でできるようにしつけたいのに、皇太子が天皇に会いに御所に出かけて帰ってくると、人を使いたがる様子が見られたという。側近らは親子の情よりも将来天皇となる皇太子の自立心を涵養（かんよう）することを重視していた。皇太后も親子別居を強く望んでおり、このころ「大宮さまのご意向」として天皇にも伝えられていた。

二月十一日の紀元節、皇太子誕生についての恩赦の詔書が発せられ、減刑令、復権令をはじめとする勅令、軍令、皇室令が公布され、即日施行された。恩赦の該当者は約四万千人。そのなかには浜口雄幸首相狙撃で死刑判決を受けていた佐郷屋留雄、五・一五事件の橘孝三郎、大川周明やマルクス主義者の河上肇らがいた[29]。

三月十三日、恩賜財団愛育会が発足する。皇太子誕生記念としての七十五万円の下賜金をもとに児童の保育養護と教化に関する調査研究指導を行う目的で設立された。のちに三笠宮百合子妃、秋篠宮紀子妃が総裁を務め、同会の愛育病院（東京都港区）で明仁皇太子の孫の悠仁（ひさひと）親王が誕生することになる。

皇太子誕生に関わる奉祝行事は四月になっても行われた。三日、宮城前広場で全国小学校教員精神作興大会が天皇臨席で行われた。皇太子誕生を奉祝するとともに教職員の精神高揚を図るもので、冷たい細雨の降る中、三万五千人以上が参列した。天皇から次のような勅語が下賜された。

「国民道徳ヲ振作シ以テ国運ノ隆昌ヲ致スハ其ノ淵源スル所実ニ小学教育ニ在リ事ニ其ノ局ニ当ルモノ夙夜（しゅくや）奮励努力セヨ」[30]

関東大震災から間もない一九二三（大正十二）年十一月十日、社会の混乱を沈静化する目的で「国民精神作興ニ関スル詔書」が発せられた。社会主義、個人主義、民主主義思想の広がりに対抗し、「教育勅語」に表された臣民意識、国体観念を徹底させるものだった。「精神作興」にはそのような意味がある。

共産主義思想に対する弾圧の嵐が吹いていたこの時代、皇太子誕生の数年前からプロレタリア思想の影響を受けた「赤化教員」の検挙事件も相次いでいた。教員の思想を統制することは、彼らから学ぶ子供たちすべての思想を一つの方向に導く効果があった。

宮城での全国小学校教員精神作興大会のあと、各道府県で教員の「精神作興大会」が開かれ、六月からは各地に国民精神文化講習所が新設された。ここで皇国史観を徹底させるため小学校教員の集中研修が行われた。この研修を受けないと教頭、校長になれなかったという。[31]

親の思う通りに子供を教育できない

四月五日、明仁皇太子の「賢所皇霊殿神殿に謁するの儀」が行われた。広幡忠隆皇后宮大夫に抱かれた皇太子は宮中三殿の初参拝をはたした。一般のお宮参りである。広幡にとってはもちろん初体験。慣れない衣冠束帯姿、しかも皇太子の産着はつるつるした綸子なので、抱いているとズルズルとすべる。もし皇太子を落としたら大変なことになると、儀式の間脂汗を流していたという(32)。

この日の新聞朝刊に明仁皇太子の近影が掲載された。国民が初めて目にする皇太子の姿だった。三月二十三日に撮影され、新聞掲載前日に宮内省から貸し下げられた写真の皇太子は、菊花紋の入った純白の産着に包まれ、髪はふさふさ、目はぱっちりと見開いている。丸々とした顔は健康優良児そのものである。

四月十七日、明仁皇太子は赤坂の大宮御所に祖母の皇太后を訪ねた。皇太子にとって初めての外出である。伊地知養育掛に抱かれた皇太子が乗る黒塗りの御料車を沿道で市民が迎えた。初めての奉迎でもあった。

「御道筋には市内各小學校、女學生を初め一般市民等兩側に堵列し御可愛らしいうちにも御氣高き御尊顔をはじめて拜する光榮に感激して奉拜した」(四月十八日付け中外商業新報夕刊)

天皇、皇族をまじまじと見つめることなど許されない時代である。庶民が頭を下げている間に御料車は過ぎ去ったであろう。

二十三日は「箸初めの儀」が行われた。生後百二十日前後に行う民間のお食い初めにあたる儀式だ。五月五日は初節句。これに合わせて皇宮警察は皇太子御誕生奉祝武道大会を宮城内の武道館「済寧館」で開催している。奉祝とあわせて全国民の武道精神を作興することが趣旨とされた。またも皇太子誕生奉祝が「精神作興」行事開催とセットになっていた。

九日、元老の西園寺公望が御機嫌奉伺として参内し、裕仁天皇、良子皇后に拝謁。明仁皇太子にも謁した。このあと天皇は執務室である御学問所に西園寺を招き、約十五分間話を聞いた。西園寺の秘書の原田熊雄が後日、西園寺から聞き取ったところ、次のような話だったという。

「宮内大臣とか、皇后宮大夫なども、皇子方の御教育については勿論御心配申上げてゐるのは當然でございますが、同時に陛下も、常に皇太子方の御教養については、時勢と背馳せぬやうにお考へになつて、教育のことは御自身で御心配なさらなければなりません。内親王方も、必ずしも將來皇族にのみお嫁しになるといふわけでもございますまいから、或は御降嫁になる場合もお考へになつて、御兩親の愛に溺れることを御注意になると同時に、またあまりに他人にばかりお委せになることはよくございません。で、結局いかなる所に御降嫁にならうとも、立派に人として處して行かれるやうな御教育がないといけません。

またこれは、まだ行先長い話でございますが、皇太子殿下に至つては、何かの天分をおもちのことと思ひますから、よくその御性質を見極められて、それに適應した御教養をお與(あた)へになって、將來立派な御世繼として、また天皇として御徳の高い方におなりになるやうに、充分お考へ戴きたい。今日、よく親が子供を自分の思ふ通りに、わけも判らずに教育しようと思ふことは非常な間違で、人おの〳〵の天性といふものがございますから、それをよく見極めて、その特徴を伸ばしていくことにお氣をつけにならなければなりません[33]」

何かとりとめのない教育論だが、「子供の教育は時勢と背馳しないように」「親の思う通りに子供を教育するのは間違い」とくぎを刺している。英国王室にならって家族が同じ屋根の下で過ごしたいという天皇の人間的願いを否定している。

五月二十日の日曜日、裕仁天皇と良子皇后は吹上御苑内の洋館「花蔭亭」で明仁皇太子と成子、和子、厚子内親王の三人の娘らと昼食をとった。このとき長女の成子内親王はまだ八歳だったが、二年前から皇居・東御苑の本丸付近にあった呉竹寮に入っており、週に一度程度しか親子が顔を合わせることがなった。

呉竹寮は一九三二（昭和七）年に建てられた和風木造平屋二棟（四百七十九坪）で、明治天皇の御製「呉竹のなほき心をためずしてふしある人におはしたてなむ」にちなんで名づけられた。内親王の自立を図るための別居宿舎で、やがて和子、厚子内親王も呉竹寮に入ることになる。家族の団欒は週一度に制限され、この花蔭亭がそのわずかな楽しみの場になる。

この年の六月、天皇一家は神奈川県葉山の御用邸で過ごす。明仁皇太子は初めての御用邸滞在だった。御用邸での静養は家族で過ごせる数少ない機会だった。

葉山滞在中の六月八日、明治天皇の側室で大正天皇の生母・柳原愛子（やなぎわらなるこ）が御機嫌伺いで参邸し、明仁皇太子らに玩具を献上している。皇太子にとっては曾祖母である。このとき七十九歳。万世一系の系譜の皇子と、それを維持する「装置」として天皇家の外縁にあった曾祖母の対面であった。

この日の夕方、裕仁天皇、良子皇后と子供らは御用邸の庭に出て、海岸の旗行列を見学した。地元の小学生、青年団など約千六百五十人が、初めて葉山を訪問した明仁皇太子に祝意を示し、「君が代」斉唱と万歳三唱を行った。

七月中旬、明仁皇太子は良子皇后とともに栃木県の那須御用邸に向かった。皇太子初の避暑、那須御用邸滞在だった。裕仁天皇は八月六日に合流。皇后、皇太子、内親王らが出迎えた。那須でも地元の小学生、在郷軍人ら約二千人の奉祝旗行列が行われ、御用邸正門前に整列した一団が万歳を斉唱した。天皇一家は御用邸の屋上展望台からその様子を見学した。

一家は九月六日に那須から帰京するが、このときの鹵簿（ろぼ）（儀仗を備えた行幸啓の行列）の車に乗るのは天皇、皇后、皇太子のみとし、内親王らは鹵簿外の車に乗ることが事前に侍従から伝えられていた。皇位継承者である皇太子と内親王との「身分差」を可視化する措置だったが、わが子を差別することに天皇は強く反発した。

侍従武官長の本庄繁は「陛下は慈愛の御心より、皇太子も内親王も同じ御子なるが故に、別けへだてせずとも可なるべしとの御意なるに対し、広幡大夫等は、皇太子は、天日嗣（あまつひつぎ）の御子にあらせらる、が故に、他の皇子、内親王と別にして、始めより尊厳を深くせさるべからずと云ふに在り[34]」と日記に書いている。

しかし、本庄も天皇の人間的心情よりも万世一系の重みを重視する。

「陛下の御慈心深き思召しよりすれば、誠に御尤ものことながら、我国体をして永遠に光輝あらしめんが為には、広幡大夫の意見を御嘉納あらせられんことを希はざるを得ず[35]」

那須から戻って三日後の九日。日曜日のこの日は裕仁天皇、良子皇后が呉竹寮の成子内親王を訪問する日だった。他の内親王も先着して成子内親王とともに両親を出迎えた。明仁皇太子もあとで加わり、一家で楽しい時間を過ごした。天皇はいずれ皇太子と別居しなければならないのなら、姉たちと一緒に呉竹寮に住まわせたいと考えていた。

しかし、先の鹵簿の件にみるように、次の天皇になる身分の皇太子が内親王とともに暮らすことはありえなかった。十月末、宮内大臣、侍従長、宮内次官、皇后宮大夫による協議で、皇太子の次の誕生日までに養育の基本方針を固めることが申し合わされた。方針は皇太子の別居先を赤坂離宮にすることに決定されていた。

赤坂離宮の用地は一八七二（明治五）年に紀州徳川家の邸宅地十万坪が宮内省に上納され、翌年に宮城の宮殿が火災により焼失したため、仮の住まいとなった。その際、防火のため付近一帯約十万坪が接収された。八九（同二十二）年に明治宮殿が完成すると、天皇と皇后（明治天皇と昭憲皇太后）はもとの宮城へと戻った。九五（同二十八）年の日清戦争戦勝後、国家の体面を理由に皇太子（大正天皇）のため洋風建築の東宮御所造営が始められた。一九〇九（同四十二）年に完成。明治天皇は莫大な費用がかかる御所建築に反対していた。

離宮の外観、内装は英国のバッキンガム宮殿、フランスのベルサイユ宮殿を模したが、住居としての実用性を欠いていた。裕仁天皇も皇太子時代の一時期住んでいたが、後年「あそこは人の住むところではない」と嫌っていた。明仁皇太子の仮御所はこの洋風離宮ではなく、敷地内に新たに建築されることになる。

正田美智子の誕生

皇太子誕生の熱狂から十カ月が過ぎようとしていた十月二十日。薄曇りの朝、午前七時四十分に東京の本郷区（現・文京区）の東京帝国大学附属病院で女児が誕生した。体重は三千四百二十グラム。丸々と太っていたといわれた皇太子が三千二百六十グラムであるから、それよりもさらに大きな赤ん坊である。

両親にとっては長男に次ぐ二番目の子供だった。父親の名は正田英三郎（ひでさぶろう）、母は富美子（ふみこ）である。女児は美智子と名付けられた。英三郎は日清製粉の社員で、このとき三十一歳。富美子は二十五歳だった。

英三郎は一九〇三(明治三十六)年九月二十一日、群馬県邑楽郡館林町で生まれた。昭和天皇の二歳下である。四歳まで館林で育ち、その後は東京で暮らした。

正田家の祖先は新田氏の祖・義重の家臣・生田隼人で、その子孫が徳川家康の命で「正田(しょうだ)」に改名したといわれている。正田家は代々「米文」の暖簾で米穀商を家業とする富商だった。明治初期、三代目の文右衛門が米穀商を廃業し、醤油醸造業を始めた。

一九〇〇(明治三十三)年に英三郎の父・貞一郎が本家の醤油製造業から独立して製粉会社を創立。のちに日本最大の製粉会社・日清製粉へと発展した。英三郎は太平洋戦争終戦直前に社長に就任することになる。(36)

英三郎の母・きぬはカトリックの敬虔な信者だった。貞一郎も戦後間もない時期にカトリックの洗礼を受けている。きぬは歌人の佐佐木信綱に師事して歌道に入り、歌集を数冊出すほどの歌詠みだった。きぬの歌心は美智子にも大きな影響を与えることになる。

英三郎は男女五人ずつ、十人兄弟の三男。長兄は早世、次兄の建次郎は数学者の道を進み、戦後に大阪大学学長に就任、文化勲章を受章した。ゆえに日清製粉の後継は英三郎に託されることになる。

東京商科大学卒業後は三菱商事に勤務し、在勤中の二九(昭和四)年三月、副島富美子と結婚した。英三郎二十五歳、富美子十九歳だった。

富美子の実家の副島家は代々、佐賀県多久藩の士族だった。富美子は父の綱雄が綿花商社である江商の上海支店長を務めていたころの一九〇九(明治四十二)年九月二十九日に上海で生まれた。小学校時代も同地で過ごした。男女三人ずつの六人姉弟で、富美子は長女だった。

二三(大正十二)年に一家は日本に帰り、富美子は雙葉(ふたば)高等女学校に入学した。同校は修道女が開設したカトリック系の学校だった。富美子は英語が堪能で成績も良かった。負けず嫌いの頑張りやで、二階の窓から飛び降りたりするおてんばだったという。明るい声でよく笑う少女だった。成人後の富美子は細面だが、少女時代は「丸盆」とあだ名される丸顔のふくよかな少女だった。娘の美智子はその資質を濃厚に受け継いだ。

正田英三郎と結婚したのは高女を卒業して二年後だった。媒酌は横浜正金銀行頭取の児玉謙次夫妻。児玉が正田貞一郎と昵懇（じっこん）で、副島家とも親交があった縁だった。東京會館で結婚式をあげたあと、新婚旅行は箱根の富士屋ホテルに宿泊した。

英三郎は結婚して二カ月後に三菱商事を退社して日清製粉に籍を移した。翌一九三〇（昭和五）年十月、英三郎は製粉事業研究の名目で欧州に旅立った。富美子も同伴した。神戸から三十五日の船旅でフランスのマルセイユに到着。パリでしばらく過ごしたのち、ベルリンに腰を落ち着ける。ベルリンには約一年間滞在し、この間、長男の巌が生まれている(37)。

三一年の末に帰国。三三年、東京市品川区五反田の高台にある高級住宅地、通称「池田山」の約三百坪の敷地に約七十坪の木造二階建て、英国風の瀟洒な洋館を建てて住んだ。一階には後年日本中の羨望を集める暖炉（マントルピース）のある応接間があった。暖炉は富美子がとくに希望して作らせたものだった。

池田山に住み始めて以降、三四年に長女の美智子、四〇年に二女・恵美子、四二年に二男・修が生まれた。英三郎、富美子夫妻は四人の子供に恵まれた。男子はいずれも東京大学法学部に進み、長男・巌は日本銀行、修は日本興業銀行を経て日清製粉に入社。のちに社長に就任している。恵美子は昭和電工専務を務めた安西孝之と結婚した。

美智子は生まれて間もないころ、母の富美子が実行したドイツ仕込みの「時間授乳」で育てられた。どんなに泣いても時間がこなければ授乳しない。当時の日本では珍しい養育法で、美智子は三カ月で離乳した。

小さいころの美智子は少年のように活発だったという。スロープ状になった庭のツツジの灌木を勢いをつけて飛び越える遊びに夢中になった。庭の椿の蜜を吸い続けて、富美子が椿の花がなくなってしまうのではと心配した。高いところから飛び降りるのが好きで、「い・と・う・ボ・ウ・ズ・ぴ・く・し・ん!」という謎の呪文を唱えて階段からジャンプしていた(38)。

正田家は池田山の自宅のほか、鎌倉と軽井沢に別荘を保有していた。この時代の一般庶民からは隔絶した豊かな山の手の上流家庭であった。美智子が生まれたのはそういう世界だった。美智子の名は「美しく賢い娘になるように」との願いをこめた祖父貞一郎の命名だという。

この年の十一月は明仁皇太子の離乳期で、乳人の野口善子がお役御免となっている。同月中旬には群馬県桐生市を訪問した裕仁天皇の御料車を先導する車が道を間違える鹵簿誤導事件が起きた。後日、先導者に乗っていた県警警部が責任を感じて自決を図り、総理大臣、内務大臣が「お詫び」する騒ぎになった。天皇の神聖不可侵が息苦しいまでに社会を圧迫しつつあった。

この月はまた、陸軍士官学校でクーデター未遂の「士官学校事件」も起きている。事件に関与した青年将校らは二年後に二・二六事件の中核メンバーとなる。軍の暴発のマグマが徐々に噴出し始めていた。

十二月二十三日、明仁皇太子は満一歳、初の誕生日を迎えた。この日の中外商業新報朝刊は「我等

の皇太子さま　けふ初の御誕生日　お健かな御成育を拜し　擧國歡喜に滿つ」という見出しを掲げた。

「日嗣の皇子、繼宮明仁親王殿下が昨年十二月廿三日の黎明、さし昇る旭日と共に輝(かがやか)しくも御降誕あらせられてから早くも滿御一年、けふ廿三日には御芽出度き第一回の御誕辰を迎へさせ給ひ宮中の御慶びは申すも畏(かしこ)し、九千万民草も齊(ひと)しく歡喜に溢れて津々浦々に至るまで赤誠こめてけふの佳き日を壽ぎ奉る」

公表された明仁皇太子の「御体重、御身長」は九千七百五グラム、七十四センチメートル。紙面には四月以来、二回目のお貸し下げ写真が「気高き御尊影」として掲載された。

十一月三十日に撮影されたという皇太子の近影は、純白の産着に包まれた丸顔の赤ん坊で、髪は黒々と生えそろっている。写真に付属する記事は「御姉宮様方に御似させられ御目もとやさしく、御口をきりゝと結ばせ給ひ御氣高く御聰明に拜され、この御尊影に接して九千万國民はさだめし力強き感激に燃え、竹の園生〔天皇、皇族のこと〕の彌榮え、日嗣の皇子の輝く御前途を祝福し奉ることであらう」と解説している。

このころの明仁皇太子について、養育掛の伊地知ミキは「お丈夫で御病気も遊ばしませんでしたからお発育もお早くてお立ちになるのもおひろい〔歩行〕もお早く初御誕辰の頃には少しづつおはこびもおでき遊ばしお誕生〔日〕をすぎて一、二カ月目に葉山にならせられました時、お小さい御靴を召して海岸のきれいな砂地をおひろい遊ばしました御様子それはそれはお可愛らしう御座いました」[39]と述べている。

同時期に皇后宮職事務官だった永積の陣頭指揮で、赤坂離宮に決定されていた皇太子の別居先「東宮仮御所」の建設計画が進められていた。離宮のそばに居住区、事務等併設の木造の和風御殿を建てる予定だった。設計は永積である。御殿の近くの森の中に裕仁天皇が皇太子時代に使用していた生物学研究所の旧建物があり、これは将来、皇太子のための幼稚園に転用する構想だった。

年末、日本政府は戦艦などの保有比率を日米英などで定めたワシントン海軍軍縮条約の破棄を通告した。事前に説明を受けた天皇は「米国等と紳士協定の如きものを取り決め、兵力量の差や比率を多少容認する方法はないか」「協約の成否に拘わらず過分の軍拡となる虞はないか」(同年九月十一日、『昭和天皇実録』)と懸念を示していたが、海軍内に充満する反軍縮の空気は押さえられなかった。

陸軍はこの年の十月に「国防の本義と其の強化の提唱」と題する冊子を発行していた。「たたかひは創造の父、文化の母」ではじまる「陸軍パンフレット」である。高度国防国家建設のため、社会の自由を制限し、軍部中心の統制社会をめざすという宣言だ。

陸海軍が政府、そして天皇の意向におかまいなく、表だってその意思を発露する時代になっていた。

〈昭和10年〉
親子別居に反対した鈴木貫太郎

翌一九三五(昭和十)年、天皇一家は一月初めから葉山御用邸で静養する。子供たちは避寒のため冬の間は御用邸に滞在するが、天皇はそうもいかず、一月中に東京に戻った。中断された団欒を思い出そうとするかのように、裕仁天皇、良子皇后は二月十七日に葉山での明仁皇太子、内親王らの動静を伝える活動写真を見ている。のちに皇太子と別居するようになって以降は、離れて暮らす皇太子の活動写真を頻繁に見るようになる。それが寂しさを少しでも和らげる手段だったのか。

二月十八日、裕仁天皇にとって悩ましい事態が持ち上がる。貴族院本会議で陸軍中将から議員となった菊池武夫が、憲法学者・美濃部達吉の天皇機関説を「国体に反する」として、激しく攻撃する演説を行った。天皇機関説問題の始まりである。

天皇機関説は、統治権は法人である国家にあり、天皇は最高機関として統治権を行使するというもので、当時の憲法学では主流の学説だった。菊池の背後には軍部と右翼の存在があり、機関説攻撃の狙いは反軍的な学者や思想を一掃し、軍部独裁に異論を差し挟むことができない空気を作ることだった。

「機関」という言葉尻をとらえて、「天皇を機関とは不敬である」という単純な攻撃はむしろ国民の支持を得て、世の中は機関説排撃一辺倒となる。その土壌として、様々なイベントを通じて国民の意識に醸成されてきた天皇の神格化があった。皇太子誕生の熱狂もその一環となっていたといえる。

また、機関説排撃の陰の動機として、元宮内大臣で枢密院議長の一木喜徳郎の排撃もあった。一木は憲法学者であり、天皇機関説の主唱者だった。美濃部は一木の弟子だった。天皇と軍が直結した「天皇親政」を唱える軍部は、天皇の周辺から穏健派、リベラル勢力の排除をもくろんでいた。一木は最大のターゲットだった。

裕仁天皇は美濃部および一木を支持していた。天皇機関説について陸軍が総理大臣に美濃部らを排撃する解決策を迫るのではないかと懸念し、帝国憲法の第四条「天皇ハ国ノ元首ニシテ統治権ヲ総攬シ此ノ憲法ノ条規ニ依リ之ヲ行フ」は機関説であるとの考えを示した(40)。

菊池が貴族院で演説を行った日、天皇は侍従武官長の本庄から、四月に来朝予定の満州国皇帝溥儀(ふぎ)の観兵式に際しての陸軍の対応について言上を受けた。陸軍は天皇に対する信仰上、天皇同列の際に天皇を差し置いて他国の皇帝に敬礼をすることは忍びないとして、観兵式に天皇の行幸を奏請しないと言ってきた。

国際慣例に反する申し出であり、宮内省は陸軍を説得。全軍隊が天皇に特別丁重な敬礼をささげることで軍の信念を満足させるものとして決着したが、軍旗は満州国皇帝に対して敬礼しないことになった。裕仁天皇は後日、「朕は、一兵卒に対しても答礼を為すに、軍旗は朕の敬意を払ふ賓客に敬礼せずとせば、軍旗は朕よりも尊きか」(41)と本庄に異議を述べている。

軍旗が象徴する軍の天皇に対する崇拝の観念は、生身の天皇を上回る。万世一系の国体観念の前には人間天皇の存在など何ほどのものだったか。それを如実に表した出来事だった。

三月三十日、牧野内大臣と湯浅宮内大臣は皇太子の養育問題について会談した。湯浅は「可成(なるべく)早く満三ケ年に御達し前に御別居被遊(あそばされ)、御就学の関係を慮ぱかり赤坂離宮附近に別殿御設備相成、御居住御願ひする事」(42)として、皇太子三歳での別居が侍従長、皇后宮大夫、宮内次官らとの協議で意見が一致したことを伝えた。

「御親子分離は御三才位が可なるべし」と、皇太子誕生翌月に西園寺公望が述べた意見に従ったことになる。ただ、天皇の心情をくんだ鈴木貫太郎侍従長が別居に反対し続けていた。

『鈴木貫太郎伝』は皇室の親子別居の慣習について、次のように書いている。


皇太子は御誕生間もなく、両親陛下の御手許から離れて、然るべき臣下の家に預けられる習慣になっていた。明治天皇、大正天皇もそうであったし、今上陛下〔裕仁天皇〕は生後三ヵ月にして伯爵川村純義の家で哺育された。それは将来天皇となる御身分だから、それに相応しい教育をしなければならぬ。御両親の許に置いては、厳しいしつけができないというのが表面の理由であった。しかし、元をたずねると必ずしもそうでなく、昔は後宮に多数の女性がいて、それが互いに天皇の寵を争い、嫉妬の余りあらぬことを企むことがある。それを予防するための措置であったらしい。明治天皇は皇后の御健康が余りお勝れにならなかったので、後宮の女性もいたが、大正天皇以後はそういうことはなかった。従って表面に出されている「天皇教育のため」の一点張りになったのである。だが、これが親子関係のほんとの姿であるかどうかは疑問である。

鈴木には宮中奉仕の人々と違った養育観があった。人間として常識的な考えである。「物心もつかめない子供を両親の許から引き離すことは、何としても不自然だ。親子の情愛すら解し得ない者が、円満な温い人格を形成することはできない。〔略〕両陛下、殊に天皇陛下は、ほとんど御両親の情愛に浴した生活をされなかったことを非常に悲しんでおられて、せめて皇太子には学齢に達するまでは手許におきたいとの切なるお気持ちであった。それを知る鈴木としては、是非とも両陛下のこのささやかなる御顧望を達成させてあげたいと努力したが、どうしても駄目だった。それには貞明皇后と西園寺元老とが旧慣を固執して譲らなかったからである」(43)と『鈴木貫太郎伝』は記述している。

三十日に牧野と会談した湯浅は、別居について天皇の許しを得るには「多大の難関あるを予想せらる」と、親子同居を望む裕仁天皇が抵抗するだろうから、牧野に「今後の成行如何に依りては助力を請ひ度」(44)と話している。

宮内省幹部の協議では皇太子の教育係である傅育官の人選についても話し合われた。湯浅は牧野に「其人柄に付ては種々研究したるが高齢の徳望ある大人物よりは寧ろ（大宮様の思召にて変はらざるを御希望なり）永久性に富む比較的年若かの人格者を選定の事」(45)と話している。

「高齢の徳望ある大人物」というのは、かつて東宮御学問所御用掛として裕仁天皇の教育にあたった国粋主義思想家、杉浦重剛（じゅうごう）が念頭にあるようにも読める。国粋主義まっしぐらの時代だが、宮内官僚らは皇太子の傅育官は時代の風潮にどっぷりつかった人物は避け、若くて長くその職に就くことのできる人格者が望ましいと考えていた。

また、傅育官は皇太后が了承する人物でなければならないとしている。候補者として話題に上ったのは青年団運動の指導者の社会教育家、田沢義鋪（よしはる）、海軍大将でのちの外相、駐米大使の野村吉三郎、陸軍大将の西義一だったという。

野村、西は六十歳手前の高齢で、いずれも名のある大物であり、幹部らが「望ましい」とした人物とは矛盾する。いずれにしても、裕仁天皇の意向をうかがわないと決められないと湯浅は語った。

四月六日、満州国皇帝溥儀が来日する。横浜港に入港し、列車で東京駅に到着した溥儀を裕仁天皇は出迎えた。この日は溥儀との会見、歓迎の晩餐が開かれた。九日は軍旗の敬礼で問題となった溥儀を迎えた陸軍観兵式が代々木練兵場で行われた。

この合間の七日の日曜日は裕仁天皇、良子皇后と明仁皇太子ら子供たちの団欒の日だった。午前中、一家は宮城の紅葉山下濠端付近で摘み草をした。五月五日の日曜日も一家で吹上御苑を散策し、花蔭亭で昼食をとった。子供たちと会うのは日曜に限られ、それも毎週というわけにはいかなかった。明仁皇太子満三歳での別居は決定事項となっている。同じ屋根の下で暮らせるのは、あと二年足らずであった。

六月二十二日、この日は土曜日だったが、一家が宮殿の内庭にそろった。明仁皇太子の乗用のため沖縄県から買い上げた子馬三頭を見るためだ。二歳に満たない皇太子に乗馬はまだ無理だったが、将来の大元帥として乗馬は必須であり、慣れさせる意味もあったのだろう。

七月五日、明仁皇太子との別居が最終決定したことが裕仁天皇に伝えられる。鈴木侍従長は午前十時二十五分から一時間以上にわたって養育方針を説明した。天皇はせめて学齢に達するまで手元に置きたいと望んでおり、鈴木もその心を痛いほど理解していた。説明というより説得であったのかもしれない。

この日は侍従長のあとに広幡皇后宮大夫も皇太子養育について奏上している。広幡は皇后にも別居方針決定を伝えた。八日には湯浅宮内大臣も養育について天皇に説明しており、天皇を包囲して説得する様相だった。

広幡は戦後に明仁皇太子の立太子の礼が行われた際の取材でこの時期のことを回想している。

「当時一番問題になったのは、お住いを赤坂の東宮仮御所にお移し申すことだった。陛下ははじめ他の内親王と同様に、宮中の呉竹寮で身近に皇太子さまと起居を共にあそばしたい御意向のようだったが、西園寺公や湯浅宮相、鈴木貫太郎侍従長らが、検討熟慮の末〝他人の塩をなめさせる〟といった言葉まで引用して陛下に進言、陛下は〝西園寺公と意見の分れたことは初めてだ〟ともらされて、東宮仮御所案をお許しになられた」（一九五二年十一月十日付け朝日新聞朝刊）

湯浅は傅育官人選についても奏上し、天皇からは自身が皇太子時代に東宮侍従長を務めた入江為守（のちの侍従長・入江相政の父）はどうかと打診があった。しかし、入江はこのとき六十七歳で、宮内省幹部が望ましいとする人物像ではなかった。

このころ湯浅は内大臣秘書官長の木戸幸一に「〔養育〕主任者の人選は中々難しく、苦慮し居れり。

心当りのものはなきや(46)」と漏らしている。牧野内大臣の七月九日の日記には「広幡大夫、皇太子殿下御養育問題に付来談」と書かれており、傅育官選任問題は宮内省幹部の頭を悩ませていた。

養育担当に決まった石川岩吉

裕仁天皇が鈴木侍従長から明仁皇太子との別居の最終決定を聞いた翌日の七月六日、東京、横浜、川崎三市の防空演習が行われ、宮城でも灯火管制が実施された。天皇、皇后が在京時では初の灯火管制だった。戦争が迫っているわけではない。国民を統制に慣らすための演習だった。

九日、侍従武官長の本庄は朝のあいさつ時に天皇機関説の論議は「我健軍の本義に悖(もと)るより、此儘(まま)には放任し難し(47)」と天皇に言上した。

裕仁天皇が憲法に合致していると認めた機関説を陸軍は否定するというのだ。天皇は機関説問題が一木喜徳郎や宮中穏健派の排除に及ぶことをひどく警戒していた。しかし、天皇の神格化をテコに権勢拡大を図る軍にとって、機関説と合わせて穏健リベラル勢力を排撃する好機であり、この流れは押しとどめられるものではなかった。

憂色深い裕仁天皇に一つの朗報があった。湯浅宮内大臣からこの日、侍医の拝診の結果、皇后が妊娠五カ月、経過は至極順調との報告を受けた。第二皇男子となる義宮正仁親王(よしのみやまさひと)(のちの常陸宮(ひたちのみや))の懐妊である。

だが、すぐに暗い影が忍び寄る。夏の静養のため葉山に着いた七月十五日、天皇は林銑十郎(せんじゅうろう)陸軍大臣から教育総監の真崎甚三郎(まさきじんざぶろう)の更迭(こうてつ)人事の内奏を受ける。陸軍「皇道派」総帥の真崎を強制的にやめさせる人事であり、これが陸軍内に紛争を起こすことは必至だった。天皇は警戒する言葉を発するが、人事は動かない。

二十日、葉山御用邸で更迭された真崎と新任教育総監の渡辺錠太郎が拝謁した。のちの二・二六事件で、青年将校に担がれる側と殺される側である。

三十日、裕仁天皇は前年十一月の士官学校事件（十一月事件）で停職となっていた陸軍歩兵太尉・村中孝次と陸軍一等主計・磯部浅一を免官とする処分の奏上を受けた。村中らが停職中に陸軍の統制派を批判する小冊子『粛軍ニ関スル意見書』を配布したためだった。この処分も二・二六事件の誘因の一つとなる。

八月一日、裕仁天皇は葉山御用邸で皇后と三人の娘（成子、和子、厚子内親王）とともに、栃木県の塩原御用邸に滞在している明仁皇太子の近況を撮影した活動写真を見ている。二歳に満たない皇太子が一人引き離されて夏を過ごしていた。親子別居の予行演習でもあった。

ただ、それではあまりにも非情と思われたのか、その後に明仁皇太子と和子、厚子内親王は那須御用邸に転地して、姉弟で夏の静養の日々を送っている。しかし、天皇、皇后は皇太子とともに過ごせない。十一日、やはり活動写真で那須の子供たちの様子を見るしかなかった。

裕仁天皇が葉山に滞在中の八月三日、天皇機関説排撃のうねりに押し切られた岡田啓介内閣は、機関説は国体の本義に反するとした「国体明徴(めいちょう)声明」（第一次）を出した。日本の国体は「天孫降臨ノ際下シ賜ヘル御神勅」により「万世一系ノ天皇国ヲ統治」するという神がかりの国家観を明確にした。

これを受けて美濃部達吉は九月十八日に貴族院議員を辞職。機関説問題は収束に向かうかと思われた。しかし、辞職に際して美濃部が議会で機関説の本質を理論的に述べたことに対して右翼などが問題を蒸し返したため、政府は十月に第二次の国体明徴声明を出さざるを得なくなる。

筋の通った「合理」を主張することができない時代になっていく。この時期以降約十年間の皇太子ほど、「神の子」「万世一系の世継ぎ」としてあがめられた皇子はいないだろう。幼児の皇太子はまったくあずかり知らないことだった。

八月十二日、陸軍省で執務中の永田鉄山軍務局長が相沢三郎歩兵中佐に白昼刺殺される事件が起きる。永田は統制派のリーダー。相沢は皇道派将校であり、同派の総帥・真崎更迭に対する反撃だった。両派の対立は流血の段階に至り、陸軍の人事を制せられた皇道派の反乱は時間の問題となっていた。

九月二十日、湯浅宮内大臣が牧野内大臣を訪ね、明仁皇太子の養育担当として高松宮別当の石川岩吉を推薦する声が多いとして、牧野の意見を聞いた。牧野は「石川別当は宮内省職員中此れまでの経歴に顧み成績宜しく、人物も抜群、皇族方にも能く知られ」として、「結構な人選」だと即答した。牧野は石川が「殊に大宮様〔皇太后〕の御覚え悪しからず」(48)であることを強調した。

石川はこのとき六十歳。国粋主義思想家の杉浦重剛の弟子でもある。当初、宮内省幹部が思い描いていた傅育官イメージとは違う。時代の空気だったのか、それとも皇太后の意向に配慮したのか。皇太后は十月七日に宮城を訪れ、皇太子も交えて天皇一家と会っている。養育方針について何らかの会話があったのかもしれない。

同月二十日の『昭和天皇実録』には天皇、皇后が吹上御苑内の花蔭亭の庭で「皇太子がメリーゴーラウンドにて遊ぶ様子を御覧になる」という記述がある(49)。

このメリーゴーラウンドは学習院の職員と学生が明仁皇太子一歳の誕生日を祝って目録を献上、この年の三月に組み立てられたものだった。四月二十一日には成子、孝子、厚子内親王も遊んでいる(50)。侍従の入江(いりえ)相政(すけまさ)が「余も乗つて漕ぐが足がつかへてうまく行かぬ」と日記に書いているので、それほど大きなものではなかったようだが、一歳の誕生日プレゼントとしては豪勢である。

十一月二十八日午前七時五十七分、良子皇后は第二皇男子を出産した。明仁皇太子の二歳下の弟、義宮正仁親王である。皇太子よりやや小さめの身長四十九センチ、体重二千八百四十五グラムだった。天皇、皇后の「二年ごとの努力」により、万世一系の糸は二本になった。

明仁皇太子誕生時と同じく皇男子誕生がサイレンで知らされ、ラジオで全国に伝えられた。宮中での諸儀式もまったく同じだった。だが、世間一般には皇太子誕生のときほどの爆発的な熱狂はなかった。

十二月二十三日、明仁皇太子は二歳の誕生日を迎えた。発表された皇太子の身長は八十二センチ、体重は十二・十七キロ。昭和八年度の満二歳男児の平均身長七十九センチ、体重十・八キロを上回り、「良好の発育」であった。例のごとく、この日の新聞各紙にはお貸し下げの皇太子の写真が掲載された。純白の和服を着て椅子の横にたたずむ姿。ふっくらとして健康そうに見える。新聞は皇太子の近況を次のように伝えた。

「皇太子さまの御日常は御元氣に御智慧も日に増し汽車、電車、自動車などの御玩具を並べた皇子室におかせられてはお姉宮さま方と御一緒にラヂオまたは蓄電器にあはせて小さいお手やお足を動かせられ、また童謡の一二節をよく御記憶遊ばされてお口ずさみになり奉仕者も思はずほゝゑむほど至極御無邪氣であらせられ、また御内苑に出でさせられては滑り台、砂遊びなどに興ぜられ吹上御苑の花蔭亭のほとりに設けられた飛行機、軍艦、電車などのついたメリーゴーランドは殊にお氣に召されてお喜びの御由である(51)」

明仁皇太子は生まれたばかりの弟宮・義宮に何かと話しかけてあやし、兄宮ぶりを示していることも「奉仕者を感激させた」と書かれている。

誕生日当日、明仁皇太子は裕仁天皇とともに宮内大臣ほか宮内省幹部の拝謁を受けた。夜は大臣以下高等官約四十人が陪席する一家での内宴にも参加した。侍従武官長の本庄は拝賀を受ける皇太子の落ち着いた態度に「一同歓喜感涙ヲ催シタリ」と日記に書いている。内宴では「全然人見知リ遊バサレズ御膳ニ就カセラレ、終始喜々トシテ御宴ノ終ルマデ、御内宴席上ニ愉快ニ過サレタリ」[52]であったという。

宮中では満二歳までは純白の服を着させ、それ以降は色つきの服を着る慣例があった。これを色直しといった。明仁皇太子はこの日、拝謁時は紅色の服、内宴ではヨモギ色の服で臨んだ。内宴中、裕仁天皇は本庄に「祝いの日に色服を着せてダダをこねられては困ると思い、二、三日前にこっそり色服を着せたところ、やはり泣き出した。しかし、まもなく慣れたよ。三笠宮も同じだった」という話をうれしそうに話した。

〈昭和11年〉

二・二六事件、東京にいなかった皇太子

一九三六（昭和十一）年の正月を迎えた。新年の祭祀、宴会などの行事を終えた一月六日、天皇一家はそろって夕食の席についた。翌七日から明仁皇太子と厚子内親王は葉山へ出発し、三月末まで御用邸で過ごすことになる。したがって、二・二六の動乱のときには東京にいなかったことになる。

二月四日、正午過ぎから東京地方に降り始めた雪は五十四年ぶりの大雪となり、五日午前零時には約三十センチの積雪を記録した。裕仁天皇は宮城内で連日スキーを楽しんだ。九日には呉竹寮から参

内した成子、和子内親王がソリ遊びをするのを見ながらスキーをした。天皇三十四歳、成子十歳、和子六歳。まだまだ若い親子だった。

『昭和天皇実録』の二月二十六日の条は次のように始まる。

「水曜日　この日未明、第一師団・近衛師団管下の一部部隊が、侍従長官邸・総理大臣官邸・内大臣私邸・大蔵大臣私邸・教育総監私邸・前内大臣宿舎（湯河原伊藤旅館）等を襲撃し、警視庁・陸軍大臣官邸等を占拠する事件が勃発する」(53)

宮内省の当番侍従・甘露寺受長（かんろじおさなが）に第一報が入ったのは午前五時四十五分だった。天皇は六時二十分に起床し、侍従長の鈴木貫太郎が重傷を負い、牧野の後任の内大臣・斎藤実が死亡したとの報を聞いた。このあと拝謁した侍従武官長の本庄に天皇は「事件の早期終息を以て禍を転じて福となすべき旨の御言葉」を述べる。

裕仁天皇の意思は反乱鎮圧だったが、この機に乗じて軍部独裁政権の樹立に色気を見せる陸軍首脳は日和見を続けた。反乱軍に向けた説得文は「諸子ガ蹶起ノ趣旨ハ、天聴ニ達セラレタリ。諸子ノ真意ハ、国体顕現ノ至情ニ出ヅルモトノ認ム」と、クーデターを容認するかのような文面だった。

天皇はこの反乱が反軍縮・反国際協調に始まり、天皇機関説排撃をテコにした天皇神格化→天皇親政→輔弼の軍部独裁の流れの上にあることを感じていた。

この日襲撃された総理大臣の岡田啓介と内大臣の斎藤は軍縮・国際協調派、教育総監の渡辺錠太郎は機関説を擁護したと受け止められていた。大蔵大臣の高橋是清（これきよ）は軍事費に大ナタを振るった。侍従長の鈴木と前内大臣の牧野は、これらの勢力の意をくんで天皇を惑わす「君側の奸」として攻撃されていた。

裕仁天皇は午後三時過ぎに拝謁した一木喜徳郎枢密院議長にしばらく側近に侍し、宮城内にとどまるように促した。反乱を起こした皇道派青年将校にとって、機関説のおおもとの一木も殺害の標的になりうる。一木は三月八日まで宮城内で宿泊することになる。

天皇はこの日十四回、翌二十七日には十二回も本庄を呼びつけ、鎮圧に動かない陸軍に怒りを隠さなかった。反乱軍に同情的な本庄の言葉が逆鱗に触れる。

「朕ガ股肱ノ老臣ヲ殺戮ス、此ノ如キ兇暴ノ将校等、其精神ニ於テモ何ノ恕スベキモノアリヤ(54)」

振り返れば、摂政時代の原敬、高橋是清、即位以降の浜口雄幸、犬養毅、今回の斎藤、岡田(この時点で死亡とみられていた)と、股肱の臣筆頭の歴代総理大臣をテロで失ってきた。その怒りが有名な言葉を吐かせる。

「朕ガ最モ信頼セル老臣ヲ悉ク倒スハ、真綿ニテ、朕ガ首ヲ締ムルニ等シキ行為ナリ(55)」

そして陸軍が動かないのなら、自分が近衛師団を率いて鎮圧するとまで言った。ここに至り、陸軍は鎮圧へと舵を切り始める。

二十八日、反乱部隊に原隊復帰を勧告する奉勅命令が発せられる。二十九日早朝には戒厳司令部から反乱部隊への攻撃開始命令が出された。しかし、鎮圧部隊の前進と同時に反乱部隊の兵士は漸次帰順を始めたため、同じ陸軍同士が兵火を交えることなく、反乱は鎮定された。

日本の進路を大きくゆがめることになる四日間だった。その深刻な事態を葉山にいた二歳の明仁皇太子は間近で経験することはなかった。

もし皇太子が東京に滞在していたら——。親子別居が早められ、宮城から離れた赤坂に一人居住していたとしたら——。その存在が反乱軍の視野に入っていたかもしれない。事件の成り行きに何らかの影響を与えた可能性もあった。

二・二六事件鎮圧から間もない三月六日、宮内大臣が湯浅倉平から松平恒雄に替わった。内大臣の斎藤実が事件で殺害されたことによる。内大臣には湯浅が就くことになった。松平は元駐英大使で秩父宮妃勢津子の父である。

四月十日、皇后宮職に東宮傅育（ふいく）職員官制が設けられた。傅育官に「皇太后の覚え悪しからず」とされた高松宮家の別当の石川岩吉が任命された。東宮傅育官制は東宮職が正式に設置されるまでの暫定的措置だった。

高松宮はこの年の一月十七日の日記に、石川が引き抜かれることは高松宮家としては困るので、西義一陸軍大将はどうかと推薦したことを書いている。しかし、宮内省側の返事は「軍人は片よつてゐてゐけない。お上の思召も軍人でないものと云ふことであつたとあり、宮内省外からでは、なれてゐなくてこまる、大宮御所との関係も石川ならと云ふわけで」と、一木喜徳郎元宮相が推し、牧野伸顕前内大臣も賛成しているというものだった。

高松宮は「皇太子様の御傅育には何ものも差しおかねばならぬ」と了承した(56)。

皇后宮大夫の広幡は傅育官について「これはお守役でもあり、また先生でもあるので、すこぶるむつかしい役目である。学校以外のところでは、どちらを向いてもおとなばかりの世界だから、幼な心が早く失われるおそれがある。こういう環境にあって、殿下の純真な童心をすくすくと伸ばしていくことは、なかなか骨の折れる仕事といわねばならぬ(57)」と述べている。

広幡の懸念どおり、両親から引き離され、臣下に囲まれてふつうの童心を持てというのは無理な話である。その難役に起用された石川については「誠に人を得たというべきで、稜々たる気骨の持ち主だった」と評価している。

明仁皇太子と厚子内親王は三月三十日に葉山から帰京した。三カ月近く東京を離れていたことになる。この時期の御用邸滞在は避寒だけではなく、疫病からの避難の意味もあったとみられる。昭和戦前期は腸チフスやジフテリアなど、数多くの伝染病が流行しており、とくに人口密集地の東京は国民病といわれた結核の巣窟でもあった。

参内した明仁皇太子と厚子内親王は二・二六事件以降初めて裕仁天皇、良子皇后と対面、ともに昼食をとった。この日午後は成子、和子内親王も参内し、義宮を除く一家で写真撮影を行った。夕食も皆一緒で、いつになく一家で長く過ごす一日だった。

その後も四月七日、八日、十九日、二十六日、五月三日と、天皇、皇后と皇太子、内親王らとの団欒の時間が設けられた。二・二六事件という異常事態に遭遇した天皇にとって、家族との時間は精神のバランスをとるために必要なものだったのかもしれない。皇太子は二歳半。かわいい盛りだった。

〈昭和12年〉
若き傅育官「ヤマ」と「ヒガ」

翌一九三七(昭和十二)年は日中戦争勃発の年だった。この泥沼の戦争の果てに、太平洋戦争で大日本帝国が崩壊するまで、明仁皇太子は平和な時代を知らずに過ごすことになる。

この年の元日の新聞(中外商業新報)一面には明仁皇太子と三人の内親王、義宮の写真が大きく掲載されている。皇太子の写真は姉たちの倍の大きさで、長幼ではなく万世一系の「国体」が序列の基準だった。皇太子はオカッパ頭で女の子のように見える。女の子のような姿で育てれば丈夫になるという宮中の慣習だった。

「天津日嗣の御子、皇太子殿下には御可愛らしく御健やかに早くも御五歳〔数え年〕を数へさせられ御父母陛下の深き御慈愛の許に若竹の如く御成育遊ばされ」と記事は書いている。

一月十三日、石川に加えて新たに二人の若い東宮傅育官が任命された。東園基文（ひがしそのもとふみ）と山田康彦である。東園は伊達邦宗伯爵の三男で、子爵の東園家の養子となっていた。同家は藤原家の流れをくみ、基文の祖父にあたる基愛（もとなる）は明治、大正で侍従、掌典次長を務めた。基文は拓務省〔戦前、日本の植民地行政を統轄した中央政府機関〕を経て、近衛師団騎兵第一連隊の少尉となり、除隊したあと拓務省に戻っていた。このとき二十五歳。平成時代になって掌典長を務めた。

山田は三十一歳。学習院から東京帝大史学科を卒業。学習院で同級生だった入江相政は「山田は子供の時からうちで漢学の素読をやっていた。その関係で、私なんかよりずっと自由に漢文を読んだ。また歴史を好んだ。国史、東洋史、西洋史の別なく、実によく読みよく知っていた。仏教美術を愛し、文学を好んだ」[58]と評している。

東園と山田は傅育官の辞令を受けたその日に天皇一家が静養中の葉山御用邸を訪ねた。『昭和天皇実録』は二人が天皇、皇后に拝謁したと記しているが、東園の回想では天皇はこのとき海洋生物採集のため海に出ていて不在で、あいさつをしたのは皇后と皇太子、厚子内親王だったという。

「皇后さまを真ン中に、順宮さま〔厚子内親王〕と、東宮さまが両脇にお立ちになつて、それで小出侍従が御紹介をいたしますと、山田とか、東園なんて名はよくお分りになりませんのですね。順宮さまは非常にらいらくそうに、山田傅育官を「エ？　ヤマ？」なんて仰有つていました。それを皇太子さまは非常にお笑いになつて、そのうちに私達の背丈の高さを比較されて「山は低い、東（ひが）は高い」と仰有いましてね、それ以来山田を略して「ヤマ」、私を「ヒガ」とお呼びになりました[59]」

傅育官を無邪気に迎えた明仁皇太子は、両親との別れの日が迫っていることを知らなかった。

一月二十三日、二・二六事件後に岡田啓介内閣を引き継いだ広田弘毅内閣が閣内不統一で総辞職する。衆議院で軍部批判を行った浜田国松に対して、陸相の寺内寿一（ひさいち）が軍人を侮辱したと抗議。双方が「言った、言わない」「割腹して謝罪せよ」と言い合う「ハラキリ問答」の末、陸軍側が議会解散を迫ったことによる。

後継首班には元陸軍大臣の宇垣一成が奏請され、天皇は二十四日に組閣を命じた。しかし、陸軍は陸相候補を推薦せず、宇垣は組閣を断念する。大正末期、宇垣が陸相時代に行った大規模なリストラ「宇垣軍縮」への怨念が陸軍内にくすぶっていた。

このとき天皇は「宇垣内閣が不成立の場合、陸軍はいよいよ増長すべし」との懸念を侍従武官に漏らしている。そして「優諚（ゆうじょう）〔天皇の強い希望〕を以て宇垣に組閣させた場合、その後は穏やかには収まらざるべし」と諦観したように語っている[60]。

二・二六事件を経て、軍の恫喝は凄みを増していた。もはや天皇もコントロールできなくなっていた。

結局、後継内閣は陸軍大将の林銑十郎が総理大臣として組閣した。満州事変時、朝鮮軍司令官だった林は天皇の大命を待たずに独断で満州に軍を進めた「越境将軍」である。

三月九日、赤坂離宮近くに東宮仮御所が完成した。現在の赤坂離宮和風別館がある場所だ。敷地面積は七千八百坪、建物はのべ七百七十四坪。明仁皇太子一人の住居としてはとてつもない広さだが、当初は義宮と同居が計画されていた。しかし、首席傅育官の石川が反対したため、皇太子専用になったという。「仮御所」というのは、正式の東宮御所は将来、妃を迎えて建てるので、それまでの仮住まいという意味だ。

仮御所は木曽ヒノキ造りの和風建築。南向きの居間は十畳の日本間で、このほか食堂、皇太子の勉強部屋、遊戯室、客間、御日拝所（ごにっぱいしょ）があった。御日拝所というのはアマテラスをまつる賢所（かしこどころ）と天皇、皇后、皇太后の写真がある部屋で、皇太子は毎朝拝礼することになる。

住居部分と渡り廊下でつながった建物には、応接間、参殿者休所、事務室、傅育官室、侍医寮、調理所、オク向きの職員居住区域があった。仮御所の庭には広い芝生と砂場、小鳥やうさぎのいる鳥禽舎があり、皇太子の遊び場になった。

三月二十四日、天皇の長女、皇太子の姉の成子内親王と東久邇宮稔彦（なるひこ）王の第一男子・盛厚（もりひろ）王の婚約が内定した。まだ十一歳だった。盛厚王は二十歳。結婚は六年後、成子内親王十七歳のときになる。

明仁皇太子の仮御所移居の予定日は二十九日。前日の二十八日は天皇一家の団欒の日である日曜日だった。皇太子とともに六歳の厚子内親王も天皇、皇后のもとを離れ、成子、和子内親王のいる呉竹寮に移ることになっていた。

一家は吹上御苑の花蔭亭で昼食をとった。夜は宮殿の御学問所で側近奉仕者五十二人が陪席した皇太子と厚子内親王の送別の内宴が催された。食後は福引などの余興があった。

「一人暮らし」の始まり

二十九日午前十時五十五分、明仁皇太子は宮殿奥で裕仁天皇、良子皇后と「最後の対面」をした。天皇から送別の言葉があったが、具体的な文言はわからない。両親と別れた皇太子は宮殿北車寄せから御料車に乗り、赤坂の東宮仮御所に向かった。三歳三カ月での「一人暮らし」の始まりである。
皇太子が仮御所に入ったあと、厚子内親王が訪ねてきて一緒に昼食をとった。いきなり一人になった皇太子の寂しさに配慮したのだろう。しかし、昼食後に厚子内親王は呉竹寮へと去り、皇太子は正真正銘のひとりぼっちになった。厚子内親王が帰る旨を伝えると皇太子は「ヤマ（山田傅育官）と遊ぶからいい」と答えたという。精一杯の強がりだったのか。

「ほんとうにお気の毒さまだと思いました。あのお年で両陛下のお傍をおはなれ遊ばし御姉弟様ともおはなれになつたのですから……。お可哀そうだと思いました。それでも別に御無理なことも仰有らず、それに石川さんなどがよくお話申し上げられましたから、宮中にお帰り遊ばしたいというようなことは仰有いませんでした。それだけ余計お気の毒さまでございました」と養育掛の伊地知ミキは語っている(61)。

以後、明仁皇太子は二十五歳で正田美智子と結婚するまでの二十二年間、孤独な生活を送ることになる。傅育官や侍従が誠意を尽くして仕えていたとしても、心許せる肉親が傍らにいない暮らしは精神的な安らぎがないものだった。

後年、五十歳を前にした記者会見で、明仁皇太子は結婚生活で得られたものは「心の安らぎ」と話している。「それ（結婚）まで一人でしたから、心の安らぎというか安定はありませんでした」という。記者に「一人ぽっちの生活はつまらなかったか」と聞かれ、「そうですね」と答えている(62)。

明仁皇太子の「ひとり立ち」とともに、養育体制が整えられた。東宮傅育官は首席の石川岩吉以下、永積寅彦、東園基文、山田康彦。事務官に小出英経、養育掛は伊地知ミキと道木菊重、雪井良子、侍医は小山武夫、佐藤久、緒方安雄、太田敬三。このほか出仕に若い女性四人、事務職員、看護婦、料理担当の大膳など総勢約六十人となった。彼らが皇太子の新たな「家族」である(63)。

東宮仮御所に移ってからの明仁皇太子の日課は次のようなものだった。

まず毎朝午前六時半に起床後、天皇、皇后、皇太后の写真が奉安されている御日拝所に東園、山田とともに赴く。皇太子は傅育官と並んで立ち、皇居の宮中三殿の方角を遥拝。それから「お写真」（御真影は一般用語で、皇室ではこう呼ぶ）に深々と拝礼する。これを就寝前にも行う。

朝食後はラジオ体操を行う。仮御所の広芝を東の方に突っ切ったところに砂場があり、天気の良い日はここで何時間でも飽きずに遊んでいた。午前午後とも屋外で過ごすことが多かったという。仮御所内には全面板張りで全天候型の「お運動室」があった。食堂には採光窓があり、リノリウム床に絨（じゅう）毯（たん）が敷き詰められていた。映写設備のある特別室では漫画映画などが上映された。

明仁皇太子の就学に備えた「お勉強室」には勉強机と椅子が持ち込まれた。午後四時ごろに入浴し、夕食を終えた皇太子は積み木で遊んだり、フレーベル館の絵本雑誌「キンダーブック」を読んだり、絵を描いたりして過ごした。「キンダーブック」は傅育官が皇太子の養育に関して指導を受けた教育学者・倉橋惣三の勧めで本棚いっぱいにそろえられた。

明仁皇太子は本を破いたり落書きをすることのない行儀の良い子供だった。きちんとしたことが好きで、傅育官の靴下がよく破れるので、仮御所では洋服に足袋をはいていると、「どうしてソレをはいたの？」と聞いたりしていた。傅育官の東園は「われわれとしてはもつとヤンチヤになつて頂きたいと思つたほど」と述懐している(64)。

傅育官は懸命に明仁皇太子の遊び相手をした。同じ年ごろの幼児が喜ぶ遊戯を考え、「フランス鬼」や「いっさんばらりこ」と叫ぶ鬼ごっこなどをよくやった。ただ、一緒に走り回り、絵本を読み、絵を褒めてくれる父母の温かさとは比べものにならなかった。

寂しいのは明仁皇太子だけではなかった。皇太子以上に心を沈ませていた人がいた。裕仁天皇である。皇太子と厚子内親王が移居して二日後の三十一日午後、天皇は皇后とともに吹上御苑のゴルフ場で二時間ほどゴルフをした。

『昭和天皇実録』は「この日のゴルフは、頃日の政務御多端、皇太子・内親王の移転等のため沈鬱な御様子を拝した側近の勧めによるものにて(65)——」と記している。

四月、学習院の院長に、当初傅育官候補に挙がっていた海軍大将の野村吉三郎が就任する。明仁皇太子は学齢期になれば学習院初等科に入学することになっていたが、当時の学習院は風紀に問題があると宮内省は見ていた。このころ学生が教員を軽く見る風潮があり、教師の威令は地に落ちていたといわれる。松平宮内大臣は皇太子が入学するころの学習院のあり方に不安を持っていた。

野村には明仁皇太子入学前に学習院の綱紀粛正が期待されていた。ただ、第二次世界大戦勃発による世界情勢の急変により、ルーズベルト米国大統領と親交のある野村は外相就任を打診される。結局、皇太子が入学する前に院長を辞することになる。

東宮仮御所に移居後一週間もたたない四月三日、明仁皇太子は宮殿に参内し、裕仁天皇、良子皇后と紅葉山で昼食をとった。これも寂しさで憔悴(しょうすい)していた天皇への配慮であろう。一週間後の十日には天皇、皇后が東宮仮御所を訪れている。

このあと毎週日曜には明仁皇太子、内親王らが宮城を訪れることが慣例となる。天皇、皇后はお昼前に着いた子供たちと昼食をとり、午後三時にお茶をして別れる。傅育官の東園は「だから非常に物足りない一日なんですね。それでも両陛下ともお努めになって鬼ごっこをなさったりしました(66)」と語っている。

明仁皇太子は日曜日に父の天皇から草花や動物の話を聞くのが楽しみだった。動物図鑑の絵や写真を繰り返しながめて、「きょうはこれをケンキョウ(研究)してきました」とよく回らない舌でうれしそうに話していた。(67)

同年代の遊び相手

この年の夏も明仁皇太子は葉山御用邸の附属邸で過ごした。七月五日には裕仁天皇、良子皇后も静養にやってきて、ともに海岸を散策するなどした。その団欒の時期の七日、盧溝橋(ろこうきょう)事件が勃発する。天皇が第一報を聞いたのは翌八日、水泳をするため葉山沖の鮫島に出ようとしたときだった。皇太子は皇后と海岸に出ていた。

次々と入る不穏な情勢報告に、天皇は静養を切り上げて十二日に東京に帰還する。明仁皇太子は天皇に即位して以降に「白の軍服に着替えて東京へ戻る天皇の姿をよく覚えている」と側近に語っている。

後年、即位十年を迎えた一九九九(平成十一)年十一月十日の記者会見で明仁皇太子は「私の幼い日の記憶は、3歳の時、昭和12年に始まります。この年に盧溝橋事件が起こり、戦争は昭和20年の8月まで続きました。したがって私は戦争の無い時を知らないで育ちました」と述べている。(68)

幼い明仁皇太子の戦争の日々が始まった。

八月十三日、上海で海軍陸戦隊と中国軍が衝突する第二次上海事変が起きる。事態は日中全面戦争へ突入する。皇太子は葉山から那須に移っていた。皇太子は天皇になってからもこの年の夏を那須で過ごしたことを覚えていて「とにかく虫がたくさんいた。みんなが何か白いものを着ていた」と話している。この時期、コガネムシが異常発生していた。木を揺するとバラバラと落ちてくるほどで、傅育官がそれを取って皇太子に渡していた。また、当時は白いものを着ていると蚊に刺されないと信じられていて、女官などは白い服を着ていたという(69)。

侍従の入江相政は日記に「東宮様はどういふものか太陽の直射がお嫌ひで太陽が雲間をもれて強く照りつけて来るとすぐ嚶鳴亭(おうめいてい)へおかけ込みになる(70)」と書いている。嚶鳴亭は御用邸敷地内にある四阿(あずまや)。外遊びを好む活発な幼児ではなかったということだろうか。

九月初旬、明仁皇太子は那須から帰京する。首席傅育官の石川は宮城に参内し、那須での皇太子の様子を天皇、皇后に報告した。同じころ、盧溝橋で勃発した紛争は「北支事変」から「支那事変」と呼称が変更される。戦争が中国全土に広がったことを意味した。

秋になると、間もなく四歳になる皇太子に同年代の「遊び相手」を迎えようということになった。大人の傅育官や女官ばかりに囲まれた「温室育ち」では情操上よろしくないと考えられたのだろう。女子学習院幼稚園に在園している「華族のお坊ちゃんたち」八人が選ばれた。

その八人は軍令部総長・伏見宮博恭王の孫、華頂宮博孝◇大正天皇の侍従長・徳川達孝の孫、宗広◇高倉永則子爵の孫、永政◇柳澤徳鄰子爵の孫、徳勝◇宮内省図書寮御用掛・河鰭実英子爵の三男、公明◇貴族院議員・三須精一男爵の三男、重典◇村田保定男爵の二男、英輔◇有馬正頼男爵の二男、永頼であった(71)。

彼らは「御遊びの御相手」として、新聞に顔写真入りで大々的に報じられた。毎週土曜日の午前九時半ごろから約二時間、この八人のうち四、五人が東宮仮御所を訪れ、明仁皇太子の遊び相手を務めることになった。初回の訪問は十月二十七日に実施された。幼稚園主務の宇佐美ケイ教授に引率された五人の園児が皇太子との時間を過ごした。

これら園児の姉のなかには内親王の相手としてときおり呉竹寮に召されている女児もいた。しかし、これには困ったこともあった。園児らの初訪問の十日ほど前の十月十六日、和子内親王がジフテリアに感染したと診断されていたのだ。感染源はわからないが、遊び相手の可能性もある。このことは皇太子の環境衛生対策にも少なからず影響したとみられる。

ともかくも、明仁皇太子は同年代の園児たちと触れ合うことで、子供世界にデビューしたといえる。この年の十二月、広幡皇后宮大夫は「皇太子様は兩陛下のお側をお離れになつてから、子供らしいお遊びをなさるし、お身體（からだ）もまたお氣持も非常に朗かなやうだ。〔宮城の〕御所にいらつしやるとやはり大人ばかりで、なんとなくお子さんのためにもよくないやうだが、大變（へん）變わつて來られた」[72]と喜んで語っている。

親と離れて「朗かな」子供がいるはずもない。思い込みの「帝王教育」はこのあとも実践されていく。

十二月十三日、日本軍は中国の国民政府の首都南京を占領する。敵の首都を落とせば戦争は勝利であり、終結に向かうと国民は歓喜した。このとき大虐殺が起きていることを国民、そして天皇もまだ知らなかった。

〈昭和13年〉

苦痛だった「出張幼稚園」

明仁皇太子が四歳の誕生日を迎えてまもなく年は暮れ、日中戦争二年目の一九三八（昭和十三）年を迎えた。一月十六日、近衛文麿首相は「帝国政府は爾後国民政府を対手とせず」の声明を発表。戦争は終着点が見えなくなる。

明仁皇太子は一月二十日から冬の慣例になっていた葉山御用邸での静養に入っていたが、二月十日夜に咳と熱が出て一時は呼吸困難になった。喉頭カタルと診断された。「無菌の温室」で育った皇太子が外から来た「御遊び相手」の洗礼にさらされたせいか。呼吸器の弱さは皇太子の体質となっていく。

四月一日、国家総動員法が公布され、日本は戦時体制へと突き進んでいった。

このころ、明仁皇太子は幼稚園課程に入った。といっても皇太子が幼稚園に通うのではなく、向こうからやってくる「出張幼稚園」だった。前年からの遊び相手に代わり、女子学習院幼稚園から新たに同じ年の園児二十人が毎週水曜と土曜の二回、赤坂離宮を訪れて皇太子の遊び相手をすることになった。やはり華族の子弟である。引率は同じく宇佐美教授だった。

園児らは幼稚園からバスで離宮に向かった。当日の検査で体温が三十七度を一分でも超えた園児は除外され、離宮に着くとすぐにうがいと手洗いをさせられた。和子内親王のジフテリア、皇太子の喉頭カタルがあり、養育担当者も神経質になっていた。

この園児らの一員で、のちに学習院初等科で学友となる橋本明、明石元紹（もとつぐ）によると、赤坂離宮に到着するときらびやかなシャンデリアが垂れ、色鮮やかな天井画、壁画やガラス、鏡で飾られた部屋に通されたという。

手洗いをすませた園児らは廊下に整列して皇太子を迎える。まず室内でお菓子と牛乳をいただく。バターを塗ってパセリとハムをはさんだ上品なサンドイッチやクッキーが出されることもあり、園児たちにとってこの訪問は楽しみだった。

そこまでは皆お行儀よくしているが、このあと離宮の芝生に出て遊ぶころには、やはりまだ四歳児であり、好き勝手にやりだす。めずらしいおもちゃがたくさんあり、園児らがそれらで遊んでいると明仁皇太子は「返して」と哀願する。なかなか返さないと皇太子は泣き出してしまったという。傍若無人に遊びまわり、時間がくると嵐が吹き去ったように引き上げていく園児らを皇太子はぼうぜんと涙をためて見送るのだった(73)。

東園は次のように語っている。

「皇太子さまは御自分の庭でお遊びになるのですから幼稚園というお考えが薄いのですが、外から来たほうはそこのおもちゃは平等につかえるつもりで、箱庭の道具でもほしいものをとつて、勝手に山の上にならべたり、木を植えたりして、いつも皇太子さまが御自分で思うようになさるのとは勝手がちがつて、ほかの子供がどんどんもつて行つてしまうということで、御遠慮するということは少なかつたようですね(74)」

明仁皇太子はカルチャーショックを受ける。遊びの道具類を「返して」と抗議してもやすやすと返還してくれる園児はおらず、おもちゃの奪い合いなど経験したことのない皇太子はついに泣き出してしまった。園児らのほとんどはイガグリ頭だったが、皇太子は女の子のようなおかっぱ髪で弱々しく見えたのか。

「暴れん坊」の園児たちにとって愉快な時間も皇太子にとっては苦痛だったようだ。明石は仮御所から園児の待つ離宮の庭までかなりゆっくりと時間をかけて歩いてくる皇太子の姿を覚えている。「あれはわざと、右に左に道草をして、時間を稼いでいたのだろう(75)」と回想している。

ただ、こういうこともあった。椅子を円形に並べて園児らを座らせ、レコードをかけて音楽が終わるまで背筋を伸ばして手を膝の上に置いて動いてはいけない、という練習があった。幼い園児たちはこれが辛くてどうしても体を動かしてしまう。一方、明仁皇太子だけは微動だにせず座っていたという(76)。

五月五日、明仁皇太子の数え五歳を祝う「着袴(ちゃっこ)の儀」が行われる。東宮仮御所の「御儀の間」で、童形服の上に白絹の袴をはいて碁盤の上に立った皇太子の髪の毛の三カ所を広幡皇后宮大夫が切り取る。そして碁盤上の小石を踏んで飛び降りる「深曽木(ふかそぎ)の儀」を行った。

本来、数え五歳の前年に行うはずだったが、日中戦争や皇后の服喪（叔父の久邇宮多嘉王死去）のため延期となっていた。この日は四月に公布された国家総動員法が施行された日でもあった。

一般の七五三にあたる儀式だが、裕仁天皇、良子皇后はわが子の節目の儀式には立ち会わない。こういう場合、東宮傅育官が十六ミリカメラを回しており、天皇と皇后は十二月十日にカラーの記録映像を見ている。

六月十四日、皇太子は初めて上野動物園を見学した。皇太子が学齢に達する前の社会順応教育の一環である。ふだん天皇、皇后に会うため皇太子が宮城や御用邸に出かけるときは、御料車の通る沿道の交通が遮断され、市民最敬礼のなかを進む。しかし、この日は微行（お忍び）の形式だったので、皇太子は車から見た光景で「電車は走るもの」と知って喜んだという。

ただ、来園者でごったがえす場に皇太子を連れ歩くわけにはいかず、見学は開園前に行われた。皇太子はシマウマやヤギ、鳥類の前に来るとじっとたたずんで見入っていた。

ヤギには紙を食べさせた。群がるヤギの奥で近寄れない子ヤギに気がつくと、明仁皇太子はその子ヤギが前に出てくるまで辛抱強く待ち続けていた。カバを見ると、

「しっぽがある！」

と笑った。御所で遊んでいたカバのおもちゃにはしっぽがなかったからだ[77]。

動物園見学の微笑ましい様子は、やはり傅育官が十六ミリカメラで撮影しており、後日、裕仁天皇、良子皇后に見せている。

この年の夏、明仁皇太子は日光の田母沢御用邸で過ごした。同御用邸は一八九三（明治二十六）年、赤坂離宮に当時の皇太子（大正天皇）の東宮御所を造営するにあたって、離宮の旧御殿の一部を移築したものだった。一九五二（昭和二十七）年、立太子の礼を記念して発刊された『若き皇太子[78]』という写真集には、このころ日光の山野で虫取り網を手に遊ぶ皇太子の写真が掲載されている。白いセーラー服、セーラー帽に半ズボン。ふっくらとした顔は栄養十分の健康優良児である。六年後、皇太子はこの日光での疎開生活で生まれて初めて〝ひもじさ〟を経験することになる。

九月二十九日、良子皇后が妊娠五カ月であることが天皇に報告される。万世一系の維持を盤石にするため、天皇と皇后の二年おきの子作りは続いていた。

十月、日本軍は中国の奥地・武漢三鎮を攻略した。しかし、戦線を広げに広げ、これ以降は手詰まりになった。引き返すことができない泥沼である。二十八日、武漢三鎮攻略を祝う旗行列、提灯行列

の群衆が宮城の二重橋前の広場を埋め、裕仁天皇は正門鉄橋からこれをながめていた。

戦時の暗雲の中、日曜日の明仁皇太子ら子供たちとの団欒が天皇のなぐさめだった。十一月二十七日の日曜日には皇太子だけが参内した。『昭和天皇実録』には天皇が内庭で自転車を乗り回す皇太子の様子をながめたと記されている。このときの写真ではないが、『若き皇太子』には同じ時期に三輪車に乗ってはしゃぐ皇太子の写真がある。やはりセーラー服で、このころの普段着だったのだろう。

〈昭和14年〉

国際協調派・山梨勝之進の学習院院長就任

一九三九(昭和十四)年三月二日、良子皇后は第七子の女児を出産した。清宮貴子内親王(すがのみやたかこ)である。明仁皇太子は葉山に滞在中だった。二十八日に帰京し、宮殿で初めて妹と対面した。

この年の四月には四歳半になった正田美智子が文京区本駒込にある大和郷幼稚園に入園している。同幼稚園は六義園近くにあり、三菱財閥の岩崎家が各界の名士に分譲した土地に建てられていた。山手線の巣鴨と駒込の中間に広がる住宅地で、一区画が約二百坪あった。高級官僚や学者の住宅が立ち並ぶお屋敷町だった。大和郷幼稚園は上流の子女が通う幼稚園として知られていた。

巻き毛がカールした美智子はフランス人形が歩いているようで、ハリウッドの有名子役女優シャーリー・テンプルにちなんで「テンプルちゃん」と呼ばれていた。後年、皇太子妃となった美智子は幼稚園創立五十年式典(一九七九年六月一日)で、当時の担任の教諭をしのんで次のようにあいさつしている。

「園児のころは、まだ何もわからず、楽しく遊んでいたかすかな記憶しか持ちませんが、きっと先生は、子供の中におのずから育つものを優しく見守られ、また、子供の心の小さな驚きをとらえては、細やかに、まめやかに導いて下さったのではないかと想像しています[79]」

美智子は品川区五反田の池田山からお手伝いさんに連れられて通園していたのだが、文京区までは遠すぎた。翌年四月からは新宿区四谷の雙葉学園幼稚園に移っている。雙葉高女出身の母・富美子の希望もあったのだろう。美智子は人見知りすることがなくいつもハキハキとした園児だったという。

この年は年頭にドイツとの同盟問題をめぐる閣内対立で第一次近衛内閣が総辞職。五月にはソ満国境付近で日ソ両軍の大規模な武力衝突「ノモンハン事件」が勃発するなど、裕仁天皇を悩ませる出来事が続いたが、皇太子の日曜参内は厳格に守られた。子供らと花蔭亭で昼食をとり、ときには一緒に漫画映画を見た。

侍従の小倉庫次（くらじ）の日記によると、五月七日は天気が良いので裕仁天皇と明仁皇太子が吹上御苑に出て、そのまま遊んでいるうちに、お供の者が二人を見失ってしまったという[80]。五歳のかわいい盛りである。天皇は皇太子とよく駆けっこをした。

七月四日、明仁皇太子は葉山へ移り、この夏も同地で過ごした。葉山滞在中にポーランド国大統領から皇太子に贈り物が届いた。「西暦一六八三年のウィーン付近におけるポーランド龍騎兵聯隊による突撃の光景、及び西暦一九三三年クラクフにおけるポーランド軍の騎兵閲兵式のパノラマ模型[81]」だった。この当時の子供には「戦争もの」の玩具は最高の贈り物だった。

同月中旬には裕仁天皇、良子皇后も貴子内親王を伴って葉山の皇太子に合流した。葉山滞在中は天皇が海洋生物を採集するための御用船「葉山丸」に皇太子も同乗して過ごした。葉山の海や付近の川で様々な魚に接したことがきっかけで皇太子は後年魚類学者となる。

しかし、同月二十二日に皇太子は日光へ移ってしまい、両親とひと夏を過ごすことができなかった。無理に引き離すのは里心をつかせないためだったのか。

八月二十日、ノモンハンでソ連軍が大攻勢をかけ、日本軍が大敗する。二十三日、独ソが電撃的に不可侵条約を締結。日本にとって寝耳に水で、日ソ防共協定と同盟交渉で共通の敵としていたソ連と手を結ぶドイツの背信行為だった。同盟交渉が頓挫したことで、平沼騏一郎内閣は「欧州の天地は複雑怪奇」の有名な談話を発表して総辞職する。

そして九月一日、ドイツ軍がポーランドに侵攻。英国、フランスはドイツに宣戦布告し、第二次世界大戦が始まった。

明仁皇太子は九月十一日に日光から帰京した。皇后宮大夫から裕仁天皇に皇太子が十三日に参内する旨の申し出があった。しかし、この日は明治天皇の大喪が行われ、乃木希典大将が自刃した日でもあるので避けたいとの意向が天皇からあり、十四日に変更されたと小倉侍従の日記に記されている。小倉は「かかる事は誠に初めてのこと」と驚き、「御年齢の故にや」[82]と書いている。このとき裕仁天皇はまだ三十八歳である。何か思い詰めた心が、忌み日に皇太子と会うことを嫌ったのだろうか。

九月下旬、世界情勢の風雲急を受けて阿部信行首相から外相就任を要請された野村吉三郎が学習院院長を辞任した。後任には海軍から山梨勝之進大将が推薦され、翌月初旬に第十八代の学習院院長に就任する。山梨は戦後まで院長を務めることになるが、明仁皇太子の人間形成に大きな影響を与えることになる人物だ。

山梨はこのとき六十四歳。仙台に生まれ、十三歳のときにキリスト教系の学校に入学。信者にはならなかったが、キリスト教の支持者となった。ここで米国人教師から英語を学んだ。

海軍兵学校を卒業後、のちに日露戦争の日本海海戦で連合艦隊の旗艦となる戦艦三笠を受領するため英国に派遣され二年間滞在した。日露戦争では海防艦の航海長として従軍。一九二一年のワシントン軍縮会議に全権の加藤友三郎海軍大臣に随行し、「国防は軍人の占有物にあらず」という加藤の国際協調の思想を学んだ。

三〇年のロンドン軍縮会議でも海軍次官として全権の財部彪（たからべたけし）海軍大臣を補佐し、条約調印に尽力した。海軍内で軍縮に反対する「艦隊派」と国際協調を重視する山梨ら「条約派」が対立、三三年に条約派の一掃人事が行われ、現役を退いていた。

明仁皇太子は翌年四月に学習院初等科に入学する予定になっている。その半年前に野村から山梨へと学習院院長が二代続けて海軍の国際派、英米協調派となったのは、学習院を管轄する宮内省の意向だった。松平恒雄宮内大臣が山梨を院長にと望んでいた。皇后宮大夫の広幡忠隆は次のように述べている。

「殿下が大きくおなりになるにつれて、私どもが心をいためたのはご教育であった。〔略〕当時、わが国の情勢は、噴火山上にあるようなもので、国際関係は、日を追うて険悪の度を加えてくるし、国内では、軍部が政治や産業の主導権をにぎり、国をあげて軍国調一色に塗りつぶそうともがいていた。殿下は、こうした国歩艱難の時に成長していかれるのである。ところが、皇室典範によって、皇族の男子はすべて軍籍に身をおかれることになっていた時代のこと、とくに未来の大元帥であるべき殿下については、ご幼少の時から軍国主義的にしつけるべきであるということが、軍部はもとより、その他でも、かなり強く主張された。私どもは、これは困ったことだと思った〔略〕軍部の連中をできるだけ殿下に近づけないようにしようということになった」(83)

宮内省では、軍国主義的教育は弊害が大きいとみて、視野が広くバランスのとれた人物を明仁皇太子の周辺に配するよう腐心していた。宮中での「帝王学」は軍国主義から距離を置いたものだった。山梨は院長に就任したころの心境について「皇太子殿下のご教育の責任は院長にある。ご教育に関しては、今上陛下〔裕仁天皇〕ご在学時代の前例はあるが、時代の進歩によって、改善刷新しなければならなかった」(84)と述べている。裕仁天皇の幼少期教育をそのまま踏襲すべきではないという考えだ。

義宮別居に抵抗する裕仁天皇

明仁皇太子就学の準備が着々と進められていた一九三九（昭和十四）年十二月、弟の義宮正仁親王と裕仁天皇、良子皇后との別居が宮内省幹部の間で話し合われていた。義宮は十一月末で四歳になった。皇太子は三歳三カ月で親元を離れており、それに倣えばすでに別居しているはずだった。引き延ばされていたのは、皇太子と義宮の同居が想定されていたからだ。

しかし、鈴木貫太郎が二・二六事件で遭難し、侍従長が海軍大将の百武三郎(ひゃくたけさぶろう)に交代して以降、兄弟は別々に暮らすべきとの方針に変わっていった。これに裕仁天皇は激しく抵抗する。

十二月一日、百武が義宮別居について約一時間にわたって内奏した。小倉侍従の日記によると、「皇太子と義宮は同居ではないのか」とただす天皇に対して百武は「過去の経験に徴し、御教育上、御一緒は不可なり。青山御所の一部を御使用願ひ度し」と返答した。

天皇は「東宮と同居と云ふことを考へてゐたが、同居になれぬ位なら宮城の方がよくはないか」と言う。自身の子供時代、弟の秩父宮、高松宮と同居していた前例があり、同居できないならせめて義宮は宮城内に住まわせたいという思いがあった。しかし、百武は裕仁天皇が皇太子になって以降は別居しており、前例はむしろ逆であるという石川傅育官の意見も述べて、宮城内居住に反対する。

天皇は、なぜ宮城内ではダメなのか、内親王らが暮らしている呉竹寮と同じ取り扱いでよいのではないか、と食い下がる。百武は義宮の「御身位上」、内親王と同様にはいかないと答えた。

「宮城外だと一寸呼ぶにも警衛上面倒であり、夜間などやりにくくなる。何の為に参内するかなど思われ面白くない」「東宮よりは度多く参内せねば不満足である」と天皇は粘る。

天皇がたびたび義宮を呼び出すようでは別居する本来の目的が「破壊」される。内親王らも天皇、皇后のもとを訪れた直後は教育上よくないことがあったと聞いている、というのが百武の言い分だった。

これに対し、天皇は別の角度から異議を述べる。義宮が移り住む予定の青山御所（赤坂にある英照皇太后、昭憲皇太后の旧御所）は修繕を施しても「陰気」であり、「絶対反対」だと言う。「明るい気持ちのよい御殿を新築してほしい」と要望した。

百武が修繕で思し召しに沿うことができると言うと、天皇は義宮が気に入るようにできればよい、と折れる。百武は修繕といっても一部は新築することも可能だとなぐさめを言った。

明仁皇太子に続き義宮とも引き離されるのがよほど口惜しいのか、裕仁天皇からはほとんど愚痴に近い言葉が出る。

「青山御所は大宮御所、秩父宮御殿に近か過る。そちらにおなじみになりはせぬか。淋しい」

この日、百武は「御別居は止むを得ぬ」「（義宮の）御殿は赤坂離宮内の一角にて可」「（東宮）仮御所に近い処に御殿新築を御希望」という天皇の意向三点を確認して下がった。

三日後の四日、百武は義宮移居と御殿を青山御所の一角に設けることはお許しいただいたと考えてよいかと天皇に尋ねた。これに対して天皇は「東宮仮御所近くに自分の希望のものができるならよい。昭憲皇太后が移居するときも修繕し、その後に皇太后は健康を害した。陰気だ」と言った。百武は御殿の新築は時節柄難しく、青山御所の修繕で十分希望に沿えること、陰気にならぬよう修繕で対処する旨を述べた。

翌五日、裕仁天皇はまた百武を呼び、青山御所を修繕の名目で新築するのはよくない、自分は義宮の移居には初めから反対なのだ、とやや蒸し返すようなことを言った上で「同意したのだから修繕で我慢しよう」と話した。

そして、「侍従長は知らぬだろうが」と昔話をした。皇太后の大宮御所を建設する際、観菊会ができなくなると皇太后は反対したという。当時の宮内大臣・一木喜徳郎は「青山御所を取りはらひ、その跡で出来るから支障ない」と伝えて皇太后の同意を得た。だから、青山御所があること自体が皇太后の考えに反するのだと。

百武はそのことを宮内大臣に伝え、事前に皇太后の了解を得るようにすると約束した。

この天皇と百武の問答を記録している小倉侍従の日記には、「〔保科武子〕女官長よりの昨日の情報」として、天皇は良子皇后に「侍従長を青山御所のことでうんと叱つて置いた」ので、義宮の移居については「当分大丈夫だ」と話していたという。

だが、皇后には諦観があった。これも女官長情報として、皇后は義宮を皇太子よりも長く手元で育てていたので、移居はやむを得ないという考えだったという。皇后の話として、天皇もあまり移居に反対すると「私情といわれる」と気にしていたらしい。

百武とのやり取りの後、松平宮内大臣が天皇に拝謁し、義宮の移居と青山御所の一部を御殿に使用することについて正式な許可を得た。条件は大正天皇、昭憲皇太后が使った部分を使用しないこと、御殿を明るく健康的に改策するということだった。[85]「陰気」という言葉から、天皇は両者の居住した空間をよほど縁起が悪いと思っていたようだ。

結局、義宮の移居はこのときから一年後の一九四〇（昭和十五）年十二月十九日になった。五歳まで親元で暮らせたことになり、御殿の修繕など裕仁天皇の〝条件闘争〟は功を奏した。

〈昭和15年〉

教育方針「御学友は御作りせざること」

一九四〇（昭和十五）年は七歳を迎える皇太子就学の年だったが、皇室にとってはさらに重要な年となった。紀元二千六百年である。神話の初代神武天皇が橿原宮で即位して二千六百年という節目の年で、祝典など数々の行事が予定されていた。皇太子誕生のころから始まっていた天皇神格化の波が頂に達しようとしていた。

一月十七日、宮内大臣、次官、宗秩寮（そうちつりょう）総裁、皇后宮大夫ら宮内省幹部が会議を開き、皇太子の就学についての方針を決定した。それは、

一、皇太子殿下御学齢に達せられたるに付、本年四月、学習院に御入学遊ばさるべきこと
一、小学教育は学習院初等科にて御履修遊ばさるべきこと
一、学習院に於ては一学生として御行動あらせらるべきこと
一、御学友は御作りせざること
一、御同級生は華族に限らざること

一、御警衛に付ては宮内省と警察側と協議し、適当の措置を講ずべきことであった。(86)

内親王で「失敗」した箱庭教育への反省から、できるだけ一般生徒に近い教育環境を整えようという考えが示されている。「御学友」を作らないというのは、友人を作らないということではなく、裕仁天皇の初等科時代のような御学友を置かないということだ。当時の御学友は友人というよりも臣下であり、若き皇太子に奉仕する「少年侍従」の役割を求められていた。そういう特殊な環境にはしないということだ。

裕仁天皇の御学友でのちに侍従になった永積寅彦は、限られた御学友に囲まれて学んだ経験が天皇の「純真な御性格」を育んだとみている。ただ、「少人数で、たくさんの人にお接しになる機会もなかったし、マイナスの面もあると思う」(87)とも話している。

一月十八日、松平宮相がこの教育方針を天皇に奏上した。翌十九日、天皇は広幡皇后宮大夫を呼び、明仁皇太子の教育について自身の希望を述べた。天皇は「自分は他の者と違ひ、学習院時代に免状がもらへなかつた。あれは欲しかつた。東宮に付ては考へるやうに」と特別扱いはかえって本人にはよくないことを語った。御学友を作らないことは了としたが、同級生をときどき「お相手」として呼ぶことは必要だとの考えも示した。(88)

この日、学習院は明仁皇太子が入学する初等科一年東組の主管教授を秋山幹とすることを決定した。学習院では担任を「主管」といった。秋山はこのとき四十九歳。水戸中学から東京高等師範学校を経て、尾道高等女学校で教鞭をとっていた。一九二〇(大正九)年から学習院助教授となり、その後教授を務めていた。

初等科は二クラスで、一方の西組には鈴木弘一教授が主管として発令された。専科担任は体操が小林始と糸井正一、音楽・小出浩平、手工・森一雄、図画・並木哲男の各助教授で、初等科長は川本為次郎。衛生室には日赤出身の加賀谷トシが配された。

初等科の入学試験は一月二十七日から三日間行われた。皇太子は入試の必要はない。学習院は華族中心の学校だが、一般の入学も受け入れていた。一般受験者は華族の推挙が必要で、家庭環境や親の人脈、功績を調べた上で、本人の能力が判定されていた。しかし、山梨新院長は新たな学習院を創る意気込みで、推薦制を封印し、入試での実力勝負で生徒を厳選する姿勢を示していた。

前年の受験者は百人足らずだったが、この年は皇太子の同級生になれるというので、華族は四十人近く、一般は九十人以上の計百三十人ほどが受験した。

皇太子の学友となる橋本明は華族ではなかったが、父が検事であり、某侯爵の推薦を受けていた。二月五日に合格内定の通知が届いた。合格者は名簿によると、華族の子弟三十六人、一般子弟三十三人の計六十九人だった。彼らは「光栄の御学友」として新聞に名前が掲載された（新聞掲載時は華族三十五人、一般三十二人の計六十七人）。

橋本の著書『平成の天皇』によると、皇太子の学友の名は次の通りである。

貴族員議員公爵九條道秀の長男道弘、島津忠承公爵長男忠広、広橋真光伯爵長男興光、二荒芳徳伯爵二男芳彦、前厚相秋田清の孫博、東京瓦斯社員安西浩二男邦夫、仁井田益太郎博士の孫重雄、藤井慶三男爵長男誠之助、朝日新聞社社員鈴木乾三の二男琢二、富士写真フイルム重役森田茂雄四男茂昭――。

以下、親の肩書なしで記すと――。明石元紹、池田勝治、石島嘉章、伊東和雄（旧姓中野）、井上正

敏、井口（いのくち）道生、入江為年、岩倉具忠、岩崎東一、宇津木恒夫、大塚利博（旧姓南部）、大橋満成、小原康正、木下崇俊、櫛笥（くしげ）隆恭、久野暲、黒田忠男、小林喬、栄木（さかき）和男、坂本俊造、相良頼正、真田尚裕、斯波正誼、島津久永、島村健雄、須田信英、関根友彦、千家崇彦、千家英雄、田実英一、渓口（たにぐち）泰裕、陳守実（旧姓穎川・田川）、津久井不二雄、出羽重継、徳川義宣（よしのぶ）（旧姓堀田正祥）、鳥尾敬孝、長瀬博昭、中橋猛、中村元彌、鍋島直佑、二階堂誠也、西恭男、橋本明、八條隆允、原忠彦、東久世通一、福羽忠、穂穙（ほずみ）俊泰、細川知義、増山正勝、松平脩次郎、松平秀之、萬里小路芳信（旧姓飯田）、水田二郎、森島宏、毛利元維、山座建太郎、山地紹元、渡辺正孝(89)。

彼らは在学六年間のほぼ半分は東組に編入され、皇太子と交遊できるよう配慮された。苗字を見れば誰が旧公家、武家かわかる。島津久永はのちに清宮貴子内親王と結婚して皇太子の義弟となった。彼らは数年後の太平洋戦争時、集団疎開生活で皇太子と苦楽をともにする「戦友」となる。

皇太子の教育については宮内省内でかなりの議論があったようで、侍従の入江相政は二月七日の日記に「午后は大夫の部屋や事務官室で東宮様の御教育、内親王様の御教育について皆で大いに論じる。大夫、小倉、小出三氏と共に論ずると全く意見の一致を見るのにどうしてそれが実現されないものであらうか(90)」と書いている。

三月二十六日の条には「小倉さんと東宮様の御教育方針につき色々話合をした結果、大金さん（益次郎、同省総務課長）に実情を述べて相談して見ようといふことになり、午后大金さんの所に行く。一時間余に亘り実情を話した結果、大金さんも非常に心配し、出来るだけのことはしようといふことになる(91)」とある。

日記には皇太子の教育について何を憂いていたのか具体的に書かれていないが、後年の入江の手記などから、特定の御学友を選定して御学問所のようなところで箱入り教育を行うことに断固反対していたようだ。

学習院初等科入学と勅語集

二月末、東宮仮御所と目と鼻の先の四谷仲町に学習院初等科の新校舎がほぼ完成する。明治時代に建築された校舎が老朽化したため、明仁皇太子の入学を機に新築したのだ。宮内省内匠寮の技師による設計、監督で二年前の春に着工した。鉄筋コンクリート三階建てで、延べ四千九百五十平方メートル。一般教室十二室のほか、理科室、図画工作室、音楽室、図書室、職員室、医務室、大食堂、機関室があった。

正面玄関の上の二階には貴賓室、皇族控室、全学生と教職員の式典、講演用として正堂が設けられていた。皇太子の専用施設として、二階の貴賓室東側に教室（東組）、傅育官の控室、廊下を隔てた北側にお手洗い所が設置された。

床材は柔らかなコルク材がはめ込まれていた。各教室の床下には、地下室で石炭を焚いて温めた温水が流れるパイプを張り巡らせる当時としては珍しいスチーム床下暖房設備が備えられた。碁盤の目のようなフローリング、黒板は反射を防ぐ磨りガラス入り。机と椅子は学生の背丈に合わせて一体化されたものが使用された。音楽教室の壁は音響を考慮した穴あきボード。初等科新校舎は当時としては最先端の教育施設だった。さらに地下には天井が厚さ一メートルのコンクリートで覆われた防空室があった。

入学が間近に迫った明仁皇太子はこの冬も一月下旬から避寒のため葉山御用邸で過ごしていた。ここで傅育官と養育掛の女官たちが一計を案じる。皇太子の頭を丸坊主にすることだ。戦時下の国民精神総動員の一環として、前年の六月に文部省が男子学生の長髪禁止、丸刈り指示の通牒を出していた。女子学生も化粧、パーマネントを禁じられた。学習院初等科では丸刈りが原則である。

明仁皇太子は幼児期の女の子のようなオカッパから坊ちゃん刈りになっていた。傅育官らは皇太子にショックを与えないようにと、気づかぬうちに丸刈りにすることにした。入学を翌月に控えた三月、理髪係だった東園傅育官がいつものように皇太子の髪を刈っていたが、そのうちどんどんハサミを進めて丸坊主にしてしまった。切った髪の毛は伊地知養育掛がうしろから取り去って、皇太子が気づかないようにした。

御用邸内の鏡はすべて事前に撤去して、自分が丸坊主にされたことを皇太子に悟らせないようにした。しかし、何か変だと思った皇太子は洗面器の水に映った自身の姿を見て気がつき、泣き出してしまった。

すっかりふさぎ込んだ皇太子は伊地知養育掛に、

「宮のいやなことは、これから黙ってしないように、みんなにそう言ってね」

と悲しそうに言ったという(92)。

明仁皇太子の幼少期を伝える文献によく紹介されるエピソードだが、鏡がないといっても自分の頭が丸坊主に刈られて気がつかないということがあるだろうか。頭を触ってみればすぐわかる。むしろ半ば強制的に丸坊主にされたとみるのが自然である。皇太子にそういうことをしたと知られると差しさわりがあるため、「気がつかないうちに」と話が脚色された可能性もある。

皇太子入学に合わせ、学習院では「皇太子殿下　初等科御入学　奉祝歌」を作った。初等科で作詞し、音楽教授の小出が作曲した。

輝く二千六百年
桜の花の美しい
四谷の空に　くっきりと
僕等の校舎がたちました

日本中で　お待ちした
皇太子様　ご入学
かはいい　お椅子もお机も
みんなお迎えしてゐます(93)

四月八日、学習院初等科の入学式が行われた。午前八時半、明仁皇太子は赤色に縁どられた濃紺の詰襟、半ズボンの制服、桜の記章の制帽、黒の長靴下に編み上げ靴姿で東宮仮御所を出た(94)。初等科は歩いて行ける場所だが、この日は石川首席傅育官が付き添って御料車で登校した。

皇太子は正門内で横一列となった山梨勝之進院長以下全教職員に出迎えられた。そこから本館までの道筋を埋めた全学生、父兄の奉迎を受け、便殿（びんでん）（皇族のための休憩所）でしばらく休憩後、九時に入学式が行われる正堂に入った。

正堂にはすでに全学生がそろっていた。正面には在学中の伏見宮博明王、朝鮮王族の李玖（りきゅう）の椅子、中央には明仁皇太子の席が用意されていた。静まり返った式場に皇太子と皇族が入場して着席すると、山梨院長が中央演壇に進み訓示を行った。

「今日は、紀元二千六百年の輝かしい入学式の日であります。皇太子殿下おめでたくここにご入学あそばされましたことを職員学生一同謹んでお喜び申し上げます。〔略〕本院教育の方針は、ただいまお渡し致しました『教学聖訓』という御本のなかに明らかに示されているのであります。この御本は教育勅語を初めとして、多くの尊いお教えを集めたもので、近くは昭和十四年五月の『青少年学徒に賜りたる勅語』も載せられてあります。本院学生はこの『教学聖訓』のご趣旨をいただき奉り、専心人格を修め、身体を練り、学問を励み、本院学生たるの本分を尽くして、このありがたき思召しに応え奉ることを心掛けなければならないのであります(95)」

新入生に配られた『教学聖訓』は明治天皇が華族に下した勅語・令旨、教学と国民一般に向けた勅語を集めたものだった。これを職員・学生に配るのが学習院の伝統になっていた。この数年前からは時代状況を反映して、「天壌無窮(てんじょうむきゅう)の神勅」「橿原遷都の勅」「五箇条の御誓文」「皇室典範及び帝国憲法制定時の告文」が加えられていた。

院長訓示後、新入生を含めて全学生が「君が代」を斉唱。明仁皇太子も声を合わせた。九時五十分、皇太子は仮御所に戻った。

侍従の小倉庫次は伝え聞いた入学式での皇太子について、「御態度、御動作、誠に御立派に遊ばされたる由(96)」とこの日の日記に書いている。良子皇后はよほど心配だったのだろう、女官長から皇太子の様子を聞いて涙を流したという。一般国民なら親が入学式でのわが子の晴れ姿を見るのは当然のことだ。それができないつらさもその涙には含まれていたのかもしれない。そして、この日はさらにつらいことがあった。

午後、入学式を終えた明仁皇太子が宮城に参内し、両親に対面することになっていた。間の悪いことに皇后は前日夜から扁桃腺が腫れ、熱もあって臥せっていた。侍医は皇太子との対面をやめるよう願い出ていた。

それではあまりにもむごいと思った小倉ら侍従は侍医と協議し、ガラス戸を隔てての対面なら差し支えないということになった。皇太子は午後二時から一時間半、宮殿に滞在し、皇后はガラス越しにわが子の初めての制服姿を見た。これでも十分むごい図である。単なる風邪で大袈裟に過ぎる措置であり、この「無菌室」扱いが入学後の皇太子にあだとなって現れることになる。

席は中央の前から三番目

翌九日、明仁皇太子は黒革の新しいランドセルを背負い、初等科に初登校した。石川、山田の傅育官と一緒にこんどは歩いて仮御所を出た。初等科の校庭の桜は満開だった。上級生や門衛が敬礼し、皇太子も右手で挙手の礼を返した。門のそばの桜の木の下には、この日も山梨院長が立っていた。以後、山梨は門の前で皇太子の送迎を欠かさなかった。

このころの写真がのちに写真集などに掲載されているが、皇太子の表情はどことなく不安で淋しげに見える。傅育官の東園は戦後の一九五二（昭和二十七）年にこう話している。

「ふつうの子供ですと小学校に入るのは、みんな非常にうれしいわけですが、しかし、皇太子さまは小学生になるというようれしさはおありにならなかつたように思うんです。〔略〕最初の学校のはじまった日は、多少天気がわるくて、――いずれ四月八日か、九日ごろでしたろう、それもうす曇りの風のつめたい日でしたが、それでも赤坂離宮の前を、――それは北の側になつているわけで、いまの国会図書館〔一九五二年ごろは赤坂離宮が図書館として使用されていた〕前をランドセルを背負って行かれましてね、むかしのことを知つている人には何かしらおいたわしいように思つたようでございましたね」[97]

「無菌・温室」生活からいきなり大人数の学校生活に放り込まれたら不安になるのは当然だろう。

初等科は東と西の二クラスで、東組は明仁皇太子を含めて三十四人。二階東端、南向きの教室で同級生たちが早めに勢ぞろいして皇太子を待っていた。席は五列あり、中央の前から三番目が皇太子の席と決まっていた。

席には各自の名前が紙で貼ってあり、皇太子の席はカタカナで「デンカ」と書かれていた。幼稚園時代、皇太子は「東宮さま」と呼ばれていたので、そのころからの同級生は「デンカって誰だろう?」と思ったという。[98]「中央の前から三番目」は皇太子が高等科に進むまで変わらなかった。

皇太子の教室の屋上部分には人が立たないように植木が並べられていたという。また、皇太子が登校してくるときは、他の学生は二階の教室から見下ろしてはいけない、ときつく言い渡されていた。学友となった橋本明は「実際、殿下がいらつしやつても普通の友達のように、見ちやうんで、とうとい方とは感じなかつた」[99]と話しているが、次第に皇太子に対して礼節を守るように教育されていった。

教室に入ってきた秋山主管は厳しい顔つきで「気をつけ、礼、着席」と声を張り上げた。そして靴のしまい方、帽子のかけ方、ランドセルの置き方、お辞儀の仕方、先生の呼び方など学校での生活について細々とした説明があった。明仁皇太子を「殿下」と呼ぶこと、学生同士は「さん」づけで呼ぶことも指導された。

秋山主管は「気をつけ」の号令がかかったときの姿勢を入念に教えた。

「両手を身体の横に真っ直ぐに伸ばします。そうすると、ポケット下の縫い目がありますね、そこに中指を当てる。そう、そして顎を引く。このとき、お腹を突き出さないように。そのまま上体を前にかがめてごらん。それがお辞儀ですよ。目線は相手の膝から靴のあたりにおけばいい[100]」

皇太子が初等科に在籍した六年間、主管は秋山が務め、理数の学科を担当した。東組の学友、明石元紹によると、秋山は剛毅、明敏、そして真面目で厳格な印象が深かった。四十九歳ですでに頭髪はほとんどなかったが、大きな目に鼻筋の通った美形。スラリとした長身だった。

あだ名は秋山幹からとった「空きカン」。しかし、頭の中身はカラどころではなく、「いつも男らしく合理的で冷静だった」という。

「戦争の激化とともに世の中が軍国主義や神の国のような風潮に染まるなか、皇太子殿下を日々お教えする責任の重い立場で、時流に阿(おもね)らない信念で努力されたのだと思う。敗戦後、われわれがさほど戸惑わず世の中を見られたのも、秋山先生の冷静なスタンスによるところが大きい[101]」と明石は著書に書いている。

一方の西組主管の鈴木弘一は国語、歴史が担当で、東組の授業も受け持った。のちの初等科の集団疎開生活では秋山とともに皇太子ら学生の親代わりとして奮闘する。鼻下に少し髭を生やした村夫子風の容貌で、頭髪は秋山と同様薄かった。乾布摩擦の信奉者で、学生らは六年間、毎日のように裸でやらされた。「お陰で、風邪に弱かった皇太子殿下も抵抗力がついたようだ[102]」と明石は言う。国語と歴史が担当だったため、当時の風潮の影響で勤皇一辺倒の国粋主義的な講義が多かった。あだ名は「茶筒」。

九日の初日の授業は四十五分程度で終わった。新学期最初の月の授業は二時限に短縮され、始業も午前九時十五分と遅めにされた。学科は修身・唱歌、算術、国語、図画、手工、体操。教科書は一般の小学校で使われていた『小学読本』で、冒頭は「サイタ　サイタ　サクラ　ガ　サイタ」だった。[103]

五月になると始業が八時十五分に繰り上がり、全学生が出席する朝礼に出ることになる。

朝礼では初等科長が壇に上がって全学生の敬礼を受けるが、皇族は最前列に一列に並ぶことになっていた。このころ、初等科には七―八人の皇族がいた。その一人の久邇宮邦昭王は「私は六年生だったから一番右、その右に一年生だったが皇太子が立たれた。皇太子は心細く感じられたのだろう。時々左手で私の右手をしっかり握られるので敬礼が出来なくて困ったものだった。そっと手をほどいたのだったか」[104]と語っている。

四月二十六日には初等科に明仁皇太子専用の門の東門が完成した。道路を隔てた赤坂離宮側にも皇太子のための小さな門が作られており、通学はこの門の間を横断すればよかった。授業が始まる前に校庭で遊んでいた学友たちは、皇太子が門をくぐる前に教室へ入って「お出迎え」をした。皇太子は挙手の礼で答えた。このころから皇太子は風邪をよく引き、欠席が多くなる。雨が降ると必ず休んだ。一学期はほとんど休学という状況になる。

扁桃腺が弱いという体質もあったが、「無菌・温室」養育の弊害といえる。子供は幼いころから多くの同世代との遊びなどを通じて交わり、病気をうつし、うつされながら免疫をきたえていく。皇太子はそういった経験に乏しかった。

ただ、橋本明は東宮傅育官、侍医には簡単に表現できない重圧があった、と温室養育には理解を示している。

「かけがえのない、たった一人の皇太子というご身位にある方だけに、ちょっと風邪を召しても保守的な方向に対策が傾く。畏れ多いだけに、慎重になる。荒っぽさよりは過保護に傾斜してしまう。ついつい消極的な対応にのめり込んでしまうのを、神経過敏ときめつけるわけにはいかないだろう」[105]

周囲が神経質になったのは、皇室の悲しい歴史の影響もある。裕仁天皇、良子皇后の第二子、皇太子の姉の祐子内親王は細菌感染が原因の敗血症により生後半年で命を落としている。恐ろしい感染症で人が亡くなるのがめずらしくない時代だった。先述したように、和子内親王もジフテリアに感染している。「万世一系を引き継ぐ神の子」を預かる養育担当者がどのようなプレッシャーを感じていたか、推して知るべしである。

それゆえ、同級生の感染にも神経過敏の対応がとられた。おたふく風邪程度でも治ってから二週間は登校停止だった。さらに重い伝染病だと四週間は学校に行けなかった。

ただ、過保護で弱々しかった皇太子を初等科入学を機にきたえようという考えも側近にはあった。学校で風邪などをうつされるのも鍛錬であり、その結果の欠席もやむを得ないという考えだ。小倉侍従の日記によると、広幡皇后宮大夫は天皇にこう進言していた。

「余り御大事御大事と云ふことをせず、少しは御無理を願ひ、御通学を願ふことあるべし。従つて自然再び御休校と云ふやうのこともあるべければ、予め御許しを得たき旨申上げ、御納得遊ばさる」[106]

しかし、皇太子の健康に責任を負う侍医の意識は違った。小倉の日記には、初等科での体格検査についての意見の相違が書かれている。学校で学友らと一緒の体格検査を受けさせず、皇太子は宮内省の侍医寮で検査をする方針を聞いた小倉は、たとえ形式的でも支障がないなら学校で検査を受けたらどうかと、永積寅彦皇后宮職事務官に意見した。

すると、石川首席傅育官から、小倉の考えには賛同するが侍医が反対するのでいまさら変更は難しい、との返答があった。小倉は「之は一体格検査の問題にあらず、将来とも種々遭遇する問題なるを以て、誠に東宮殿下の御為め重大なる事柄なり」[107]と、特別扱いは教育上おかしいと憤慨している。過保護扱いのせいで、皇太子は学校の階段を下りるのも怖がっていた。

入江、小倉ら侍従たちが皇太子の教育に関して憂いていた「実情」とは、首席傅育官である石川の守旧的な考え方にあったらしい。この年の十一月六日の入江の日記には「侍医頭の所へ行く。今日の仮御所に於ける会議に臆する所なく石川さんを攻撃すべき旨気合をかけておく」[108]とあり、石川が彼らの標的だったことがわかる。

さらに「大金さんの所へ寄り東宮様の処の問題につき協議、武官を置かず、傅育官を東宮侍従にせざる範囲に於て東宮職を早く設置、石川氏の上に大きな東宮大夫を置くか、広幡大夫を宮相にし、黒田を大夫にし、石川を大膳頭にして結局石川を追出すか位が落であらうといふことになる」(十一月七日)、「小倉さんがこの間大夫、石川両氏と協議した東宮様御将来の御教育方針につき聞く。要するに東宮職を早く設置し、傅育官は侍従にしないこと、而して大人物の東宮大夫でも据ゑれば石川さんは手も足も出ないのだがといふことになる」(十二月四日)と書いている[109]。

入江らは皇太子の教育のために石川を放逐すべきと考えていた。

授業に立ち会う東宮傅育官

一九四〇(昭和十五)年の六月下旬、満州国皇帝溥儀が五年ぶりに来日し、明仁皇太子を皇帝と面会させてはどうかという話が持ち上がった。しかし、広幡皇后宮大夫らの反対で実現しなかった。一学期をほとんど休校で過ごした皇太子は夏休みの七月は葉山、八月は那須で過ごした。恒例の避暑だが、傅育官らは皇太子をきたえる期間にしようと、できるだけ屋外で過ごすよう気を配った。葉山では海に入り、那須では高原を歩いた。一日を朝食、勉強、体操と規則正しいスケジュールで過ごした。日焼けして東京に戻った皇太子は二学期を迎えた。まだ風邪で休むことが多かったが、夏休みを境に健康状態は安定し、一学期より欠席の日は減った。

このころ、東宮傅育官から東組の秋山主管に申し入れがあった。皇太子の授業に傅育官の立ち会いを求めたのだ。学校で皇太子がどのような勉強をしているか、どのような言動をするか知っておく必要がある。そのためには授業参観をしなければならない、というのだ。

過保護教育に逆戻りの感もあるが、おそらく天皇、皇后に皇太子の日々の生活を報告するためだったとみられる。とばっちりを受けたのが東組の他の学友だった。

明石は「いつも宮内省の傅育官が一人参観していて、教室のいちばんうしろに立っていた。われわれにしてみると先生が二人いるような感じもした」[110]、橋本は「とんだ不運に見舞われることになったのは、東組の私たち同級生だった。厳しい秋山の指導を仰がなければならないだけでなく、背後からも傅育官の鋭い眼が注がれ、極度の緊張を強いられた。まさに「前門の虎、後門の狼」だった」[111]と述懐している。

「参観」は東園と山田が交代で行った。騎兵少尉だった東園は姿勢にうるさく、皇太子に「背中を伸ばせ」「前を見ろ」「ポケットに手を入れるな」と厳しく注意していた。その指導は他の同級生にも及び、うつむき加減にノートをとっていたり、猫背になっていると東園は背後に歩み寄って、学生の背に手を当てて姿勢を正した[112]。

山田もしつけに厳しかった。優しくユーモラスな人柄で、皇太子も「ヤマ、ヤマ」となついていたが、けっして甘やかさなかった。あるとき、皇太子が食事中、ご飯にもみ殻と小石が混ざっていた。皇太子は小さいころから細かいことに気がつく性格で、「これ、何」と詰問するような口調で言った。そのときの山田の対応を東園が回想している。

「山田傅育官が、浅野老侯のお話というのを申し上げたのです。そのお話というのは老侯は小さいときから決して仕えている人の責任になるようなことをいってはならないと教えられたそうで、例えばお風呂が熱いときでも、熱いといえばその係りのものが大変恐縮するばかりか、うっかりやけどをしたなどいえば腹を切つてお詫びもしかねない。たとえご飯の中にねずみのふんがはいつていても人に気づかれないようにそつととりのけて平気で食事をするようでなければ立派な大名になれないというのです。東宮さまも大きくおなりになつて人の上におたちになるのには、そのご覚悟がなければなりません。これからはたとえご飯の中になにがはいつていてもだまつて取りのけて召し上がれ、と心を込めておさとし申し上げたのです」(113)

以後、明仁皇太子は同様の態度をとらなくなったという。

皇太子が初等科で二学期の生活を送っていたころ、日本の針路が大きく変転していた。九月十九日、御前会議で日独伊三国同盟締結が正式に決まる。二十七日、ベルリンで調印式が行われた。歴史を俯瞰すれば、日本が破滅的な戦争へ向かう重大なターニングポイントとなった。

ドイツ軍はこの年の四月からノルウェー、デンマークに侵攻。五月にはオランダ、ベルギーが降伏し、英国軍はフランスのダンケルクからの撤退を余儀なくされた。ドイツ軍は六月にパリに無血入城を果たし、欧州を席巻していた。このドイツの勝利に便乗しようという空気が同盟締結を後押しした。

十月七日、永積寅彦が義宮の皇子傅育官に転出し、後任の東宮傅育官に村井長正が任命された。村井は弱冠二十五歳。東京帝大支那哲学科で反軍・反戦思想の経済学者、無教会派のクリスチャンでもある矢内原忠雄に師事した。村井自身もクリスチャンだった。大学院に進んでいたが、皇后宮大夫の広幡忠隆から乞われて傅育官になった。

村井は誰からも「熱血漢」と評されていた。ぶ厚いフチなしのマル眼鏡をかけ、実際の年齢よりも老成して見えた。おかしなことがあると周囲が驚くほど奇妙な大声で笑った。そのふるまいは豪放磊落であり、奇行すれすれでもあった。ただ、そのユーモラスな性格は皇太子の同級生らにも親しまれた。(114)

村井は東宮仮御所の日本間で明仁皇太子に着任のあいさつをした。そのとき、皇太子があまりにもきちんと座っていたので、かえって気の毒に感じた。丸ぽちゃで実にかわいい坊やだったが、ちっとも小学校一年生らしくない。もっと年相応に活発であってほしいと思った。

着任あいさつのあと傅育官室に戻った村井に皇太子がお召しだという電話がかかってきた。このとき山田傅育官が「村井君、東宮さまからサメの種類を聞かれるかもしれないが、それに乗ってネコザメ、シュモクザメ……なんて答えてはだめだよ。われわれ傅育官は、お答えしないことにしているんだ」と注意があった。

皇太子の前に出ると、はたせるかな「サメの種類はどのくらいあるの?」と質問してきた。自分は図鑑で詳しく知っているので、新しい傅育官を試してみようというずら心だと思った村井は「いや、そんなことはどうでもいいことでございます。天下にはもっと大切なものがたくさんございます」と答えた。皇太子はニコニコ笑っていた。(115)

要領が悪く積極性に欠ける

傅育官は村井と先任の東園、山田の三人が中心となり、初等科時代の明仁皇太子を支えていくことになる。この三人とやや国粋主義色のある石川首席傅育官とは皇太子の養育方針で意見の相違があった。石川は裕仁天皇の幼少期のような「帝王学」を志向していたが、東園らはできるだけ同級生と同じ環境できたえるべき、という考えだった。

だが、皇太子という立場上、特別扱いが避けられない場面がある。そのひとつが昼食時間だった。当時、給食制度はなく、学生は家から弁当を持参していた。正午になると皆が教室の自分の机で弁当箱を広げるのだが、この時間になると皇太子は教室からいなくなる。

橋本明は「殿下はまず専用の手洗い所で用を足し、手を消毒した後もなおかつもう一度石鹼で洗う。消毒液を入れた金だらいがいつも用意されていた。こうして控え室に入るとひとりで弁当に向かうのである」[116]と皇太子の様子を描写している。

弁当は仮御所で大膳(料理係)が作った。弁当箱は菊の紋が入った漆塗りの重箱二段重ね。ご飯は小さい円筒形に握ってあり、胡麻がまぶしてある上品なものだった。白米のほかにまぜご飯を取り合わせるなど、皇太子の食欲が進むように配慮されていた。サンドイッチがメインの場合もあり、そのときは必ず三種類用意されていた。

同級生から見るとまさに垂涎(すいぜん)の豪華弁当だったが、明石元紹によると明仁皇太子の食べ方はお世辞にも上品とはいえず、よそ見をしながらのろのろと時間をかけていたという。あるとき弁当を広げた皇太子が「あっ、これは何だ!」と騒いだことがあった。ご飯のなかにモミが一粒入っていたのだ。

それを見た傅育官が「これはモミです。こんなことでお騒ぎになってはいけません」と厳しく諭したことがあった[117]。浅野老侯の話で山田傅育官から説教される前のことだったのだろう。

明仁皇太子は教室では目立たない方だった。積極性に欠け、何が得意か、何が好きなのかさっぱりわからなかった。走るのも遅く、運動が得意とはいえなかった。三年生までそういう印象が続いた。クラスでは皇太子と入江為年（入江相政侍従の息子）だけが鉄棒の逆上がりができなかった。

体操の時間にボール投げをしているときだった。ボールが転がっていき、皇太子がそれを追って走っていった。ボールは大きな木の下に入ってしまい、皇太子はそれを取ろうとして木に頭をぶつけて額の上を切ってしまった。ボールを投げ返したものの、その場でめそめそと泣いていたので、気づいた秋山主管が慌てて医務室に連れて行った。秋山は「泣いてもボールを投げたのは偉かった」とほめたが、要領が悪く、どんくさいといえる子供だった[118]。

図画の時間で皆が描いた絵に名前を書き込んでいたところ、明仁皇太子は「僕の名前は……。なんて書いたらよいのだろう」とつぶやいていた[119]。皇太子が自分の名前を堂々と書けるようになったのは中等科に進んでからだったと記憶している同級生もいる。

二年生のときだった。音楽の時間、教諭がピアノの前に座り、一人ひとりが名前を言ってから歌っていた。自分の番になった明仁皇太子は何も言わない。三分近くもじもじしている。参観していた村井傅育官がたまりかねて近づき、「殿下、お名前をおっしゃい、お名前を！」と背中をたたいてどやしつけた。皇太子は目に涙をにじませて、

「ア・キ・ヒ・ト・シンノー」

と蚊の鳴くような声で言った[120]。

物心がつき、自分と他の同級生が明らかに違うことに気がついた明仁皇太子には大きな戸惑いがあったのではないか。学友たちが名前で呼び合うなか、苗字がなく「明仁親王」というだけの名前はその最たるものだろう。学友は皇太子を「殿下」と呼んでいたが、皇太子は自分のことを「わたくし」と言っていたという(121)。

ちなみに明仁皇太子は初等科に入学した当初はクラス一の音痴だった。メロディーもリズムも無茶苦茶だったが、高学年になるころはかなり矯正されたという。

明仁皇太子が「しゃきっとしない」のは養育掛の女官が甘やかすためだと傅育官たちは考えていた。皇太子が厚手の長い靴下を履いているのを見ると、村井は伊地知養育掛に「伊地知さん、過保護だ、過保護」と文句をつけた。しかし、改めるふうもないので、女官がいないときに長い靴下を脱がせ、短いものに履き替えさせた。

ところが、皇太子はすぐに風邪を引いてしまい、村井は伊地知に「村井さんが悪いんです。二度とこんな乱暴なことはしないでください」と厳しくお灸を据えられ、以後頭が上がらなくなってしまった(122)。

過保護養育の影響で明仁皇太子の行動にきびきびしたところがないのは傅育官の大きな悩みだった。皇太子が三年生になって間もない時期、秋山主管と村井傅育官が裕仁天皇、良子皇后に学業報告を行った。その際、秋山は「殿下は動作が遅いので、もっと早くなさるようにしなければならない」との意見を伝えた。

天皇　「どういうことか」

秋山「体操や運動をする場合、紅白の運動帽をかぶるようにしております。これには庇がついており、白地にして庇を前にするように……というように命令いたします」
天皇「ふむ」
秋山「学生たち全員が仕上げましても東宮殿下はおできになりません。お動作が遅いとは、つまりこういうことでございます」
天皇「秋山、平素、自分の暮らしそのものがそうであった。競争ということのない暮らしだった。だから、止むを得ない。そうではないか」
秋山「どうにもならないほど遅いと思うのであります」
天皇「それは止むを得ない」
秋山「帽子を裏返すように指示しても、最後の最後におなりなのです」
天皇「それはそうだろう」(123)

そこに村井が「秋山教授の言われる通りであります」と割って入った。村井は算数の授業で人より遅れがちになるなど、皇太子の学校での様子を具体的に語り、何とか改善しなければならないと力説した。

しかし、天皇は「遅くてもやむを得ない」と繰り返し、ひたすら皇太子をかばい続けた。そしてこう言った。

「皇室とは国民とともにあるものであって、国民と競争することは全く念頭にないのだ。計算はきちんと納得できるまでやればいい。それによって理解できるようになればいいのであって、少しも早くやる必要はない」[124]

三歳のときに親元を離れ、さびしい思いをしている皇太子に親としてできることは、その心情の理解者であり味方であり続けること、との思いが天皇にあったのかもしれない。明仁皇太子は上皇になってからの思い出話で「昭和天皇はいつも自分を守ってくれた」と語っている。

皇太子は授業では人より遅れがちだったが、読書は好きだった。東宮仮御所の本棚はいつしか岩波の『日本少国民文庫』や『世界名作選集』などが並んでいた。なかでも『三国志』がお気に入りで、何度も読み返していたという。

一九四〇年十一月十日、宮城前広場で紀元二千六百年奉祝記念式典が開催され、裕仁天皇は五万人以上の参列者の前で勅語を朗読した。式典が終了し、昼の御祝御膳が済んだ後に明仁皇太子が参内し、天皇、皇后は内親王、義宮らとともに二重橋付近に出て参列者に応えている。このあと一家で記念撮影も行った。この二週間後の二十四日、最後の元老・西園寺公望が九十歳で死去する。天皇は大きな支えを失う。

十二月十九日、義宮が青山の御殿に移居する。義宮には天皇からの餞別としてラジオ電気蓄音機などが贈られた。これで、天皇、皇后の手許には末っ子の清宮貴子内親王がいるだけになった。この日は木曜日で、恒例の日曜参内の日ではなかったが、天皇、皇后を慰めるかのように明仁皇太子が宮城を訪れ、ともに昼食をとったあと、漫画映画を楽しんだ。

同じ日、宮内大臣、次官、宗秩寮総裁、学習院院長の会議で学習院中等科を世田谷区の喜多見御料地に移転させることに決めた。理由は中等科校舎の老朽化だったが、これも明仁皇太子の教育対策だった。中等科は目白の高等科と同じ敷地内にあるため、進学しても新鮮味がなく、教育効果が期待できないという意見もあったからだ。中、高等科を分離して教育の実を上げるべき、ということだった。[125]ただ、真の理由は高等科の風紀問題であったとみられる。当時、高等科では喫煙など不良行為に走る学生もあり、山梨院長は皇太子にとって教育上好ましくないと警戒していた。皇太子が初等科を卒業したら同級生とともに新たな中等科に移り、高等科の「悪影響」から逃れようという狙いだった。

移転した中等科では敷地内に裕仁天皇の時代と同じく皇太子のための御学問所を設け、授業は中等科と両方で受けることが計画されていた。しかし、太平洋戦争が始まったために移転計画は延期され、そのまま終戦を迎えて実現することはなかった。

第2章 亡国の危機に

右：学習院初等科に登校する明仁皇太子
=1940（昭和 15）年 4 月
左：雙葉学園幼稚園時代の美智子

〈昭和16年〉
毎週土曜日、同級生の「お呼ばれ」

一九四一(昭和十六)年を迎えた。太平洋戦争勃発まで十一カ月余りである。一月十六日、初等科に来客があった。松平恒雄宮内大臣と橋田邦彦文部大臣だった。二人は明仁皇太子のいる東組での国語の授業を参観した。この訪問には次のような背景があった。

当時、小学校の授業で使っていた教科書は『小学国語読本』『尋常小学算術』などで、皇太子が生まれた一九三三(昭和八)年に編集された国定教科書だった。その後、学問・思想の自由など欧米文化がもたらした近代思想と、万世一系の天皇が統治する国体とそこから発する日本精神を核とする教学が対立。「今日の思想混乱の因由」とされ、国民精神の作興が叫ばれ、教学刷新の必要論に発展した。(1)

一九三五(昭和十)年の政府による国体明徴声明は自由主義、社会主義を外来思想として批判し、「国体の本義」を明らかにする文教政策を推進した。三七(同十二)年十二月、学制改革と教育刷新に取り組むため教育審議会第一回総会が開かれ、教育改革の根本理念を「皇国の道」とすることになる。

宮相、文相が初等科を訪問したのは、教育審議会が作業を終了し、全容を公表する二カ月前だった。三月一日、国民学校令が公布され、それまでの教科書と尋常小学校教育は終わりを告げ、四月の新学期から教育勅語の教えを奉戴した国粋主義色が濃厚な国民学校教育が始まる。天皇の四方拝が行われる元日、紀元節、天長節(天皇誕生日、四月二十九日)、明治節(明治天皇誕生日、十一月三日)の四大節には学校で天皇、皇后の御真影への拝礼と教育勅語の奉読が義務づけられた。

両大臣は尋常学校教育の最後を明仁皇太子の授業で見届けたのだ。国語の授業を視察した後、二人は東西両組の唱歌の時間にも立ち会い、満足した表情で去っていったという。

三月二十六日、学習院の卒業式が行われた。裕仁天皇が臨席し、一年生を修了した明仁皇太子ら在校生が迎えた。このあと皇太子は葉山御用邸に滞在するが、二十八日は横須賀に係留されている日露戦争の日本海海戦での連合艦隊旗艦「三笠」を「御微行」で見学している。翌日の新聞には三笠の甲板上に立つ学習院の制服姿の皇太子の写真が大きく掲載された。「軍国日本」の栄光と万世一系の日嗣の皇子を重ね合わせた報道の嚆矢で、以後軍関係施設や神社などへの行啓が実施されていくことになる。

二年生になった四月、明仁皇太子にもっと活発になってほしいと考えた東宮傅育官は、毎週土曜日の午後に初等科の同級生を東宮仮御所のある赤坂離宮に招くことにした。東西両組から十人ずつの計二十人が「出張幼稚園」時代のように皇太子の遊びの相手をすることになった。幼稚園のときと同じく事前に体温測定を行い、三十七度以下の者だけが選ばれた。

この「お呼ばれ制度」の狙いは協力、競争、調和、思いやりなど団体生活の送り方を実体験で学ばせることにあった。この制度は四年生まで続いた。

土曜日の午後、学生たちは隊伍を組んで初等科を出発。二列行進で離宮の西門から内庭に向かう。離宮内の池にはペリカンや白鳥、カモなどがゆうゆうと泳いでいた。学生たちはヨーロッパ風の調度品、壁画、天井画に飾られた部屋に通され、明仁皇太子を待つ。皇太子がお出ましになるときちんと礼をし、皇太子が返礼する。傅育官がその日の遊びを説明し、すぐに庭で「お遊び」が始まる。橋本明は「このお呼ばれは楽しいことずくめだった」と語っている(2)。

まだ七―八歳の子供たちなので、鬼ごっこや宝さがしなどの遊びが多かった。よくやったのは軍国主義時代を反映した「水雷艦長」という集団鬼ごっこだった。

「戦艦」「駆逐艦」「潜水艦」の三つのチームを作り、帽子のひさしを前、横、うしろに分けて区別をする。戦艦は駆逐艦、駆逐艦は潜水艦、潜水艦は戦艦に強い。弱い相手を捕まえる三すくみの鬼ごっこだった。

「ゴザ滑り」という遊びがあった。一枚のゴザに一人が乗り、離宮前の急斜面の芝生を滑り降りる。斜面は四十―五十メートルあり、結構なスピードが出てスリルがある。途中でひっくり返って芝生に投げ出されるのが面白く、子供たちに大人気だった。皇太子と同級生らは大声で笑い、心地よい汗を流した。

東園や村井ら傅育官も遊び相手になった。子供相手でも手を抜かないところがかえってよく、学校の先生よりも傅育官に親しみを持っていた学生が多かった。ゴザ滑りも東園が考案した遊びだった。

橋本明は次のような思い出を書いている。

「ハチ、馬になってくれない?」

あるとき明仁皇太子がニコニコ笑いながら声をかけてきた。橋本は田河水泡の漫画『蛸の八ちゃん』に似ているというので「ハチ」というあだ名で呼ばれていた。

「殿下、ぼくが馬になるの?」と言うと、皇太子は「そうだよ」と言った。橋本は芝生に四つんばいになった。皇太子が背に乗るとずっしりと重みを感じた。橋本は馬になって歩き出した。しばらくすると皇太子が、

「ハチ、疲れたでしょう。こんどはぼくが馬になるよ」

と言った。馬になった皇太子は恐縮する橋本を背中に乗せて進んでいく。しばらくすると芝生から砂利道になったが、皇太子はかまわず進んでいく。橋本は「痛くないの？」と聞いたが、「平気だよ」と答えが返ってきた。五十メートルほど進んで橋本は皇太子の背中から降りた。

「殿下も立ち上がり、お互いに顔を見合わせて微笑を交わした。私は何か悪いことをしてしまったような思いにかられた。だが同時に得た、いわくいいがたい感動はいまも私の記憶に深く刻み込まれている」(3)

離宮から少し離れた大宮御所近くの森に鳥の死骸を見に行こうと明仁皇太子が橋本を誘ったことがあった。二人で森のなかに分け入ってみたところ、本当に鳥の死骸に出会い驚いて逃げた。「御学友」という名の同年代の侍従に囲まれていた父・裕仁天皇の少年時代と違い、皇太子は上下関係のない友情を育みつつあった。

初等科には相撲場があり、皆でよく相撲をとって遊んでいたが、あるとき秋山主管が「本気でやりなさい。相手が殿下でも手加減するな」とハッパをかけた。そこで真っ正直に突進したのが島津久永だった。土俵際で踏ん張る明仁皇太子を激しく浴びせ倒したところ、皇太子は反り返るように頭から落ちて後頭部を打ち、しばらく意識を失う事件があった。それでも何のお咎めもなかった。ただ、明石元紹が語る次のようなエピソードもあった。

初等科三年のとき、ある同級生が突然学校をやめた。このときは理由がわからなかったが、後年、大人になってから本人に尋ねたところ、校庭で皇太子と相撲をとって投げ飛ばしたことが原因だったという。校庭がコンクリートだったため、皇太子に軽いけがをさせた。初等科の教諭や傅育官はむしろ良いことだと喜んだが、その同級生の父親が恐縮して強引に退学させてしまったのだという(4)。

初等科で皆がさかんに相撲をとるので、皇太子は仮御所に帰ると村井傅育官を相手によく練習をした。負けると腹いせに村井の眼鏡を隠したという。村井は強度の近眼だった。

この年の四月は正田美智子が雙葉学園雙葉第一初等学校に入学した月でもあった。いわば国民学校一期生である。一年の成績は図画が良のほかは修身、音楽、習字、工作、体操、算数、国語で優だった。母・富美子の教育方針で、正田家の子供たちは登校前に一時間程度は予習をするのが習慣になっていた。ガリ勉ではないが、皆、成績は優秀だった。

皇太子とは対照的に機敏で足が速く活発な少女だった。成績表に「真面目、努力家、快活ナリ、勝気ナリ」と書かれたが、中耳炎を患うなど病欠が七十三日もあり、必ずしも身体壮健ではなかった。二年生以降は欠席も減って丈夫になり、足の速い美智子はクラスで人気者になった。

皇后となり、古希(七十歳)を迎えた際の文書回答でこう述べている。

「振り返りますと、子ども時代は本当によく戸外で遊び、少女時代というより少年時代に近い日々を過ごしました。小学生生活のほとんどが戦時下で、恐らく私どものクラスが「国民学校」の生徒として入学し卒業した、唯一の学年だったと思います[5]」

明仁皇太子と美智子は「国民学校世代」として、同じ国定教科書で学び始める。二人が出会う十六年前のことだった。上皇、上皇后になった晩年、この教科書で知った「巻雲」(すじ雲)という雲のことや、「野菊」という唱歌のことなどを懐かしく思い出すことになる。八十年近くのちのことである。

迷走する皇太子の空襲避難先選定

一九四一（昭和十六）年四月二十九日、裕仁天皇は満四十歳となった。日中戦争は収束の目途が立たないままだった。英米が支援する蔣介石政府への物資輸送ルート（援蔣ルート）を断つための日本軍の北部仏印進駐、両国と敵対関係にあるドイツとの日独伊三国同盟締結などで冷え込んだ日米関係を打開するための交渉が同月から始まっていた。日本の運命を左右する長く苦しい交渉となる。皮肉にも天皇不惑の年は、人生最大の懊悩の年となる。

『昭和天皇実録』によると、天皇は前月三月二十二日に皇后宮大夫（侍従次長兼務）の広幡忠隆に吹上御苑内に防空施設を建設することについて聞いている。二十五日に松平恒雄宮内大臣が防空施設「御文庫」を建設することを奏上した。すでに宮城内に防空施設が必要とされる戦時体制に入っていた。

御文庫の工事は五月二十一日に始まり、七月十五日に完成した。地上一階、地下二階、東西七十五メートル、奥行き二十メートルの鉄筋コンクリート造りで、五百キロ爆弾に耐えられるよう施工されていた。地下二階は天皇、皇后が避難する防空壕になっていた。

そういう時期でも日曜の一家団欒の時間は守られていた。皆で昼食をとったあとに映画を見ることが多かった。ただ、明仁皇太子だけ脳貧血で参加できない日（五月二十五日）もあった。皇太子の健康状態はまだ安定していなかった。

入江相政侍従は五月二十七日の日記に「山田君〔傅育官〕が来て、その後の〔東宮〕仮御所の状況を話す。あきれ果てたことばかりで今始まつた事でもないが、石川さんが引込まない限りは東宮様の御傅育は全く出来ない」(6)と記しており、皇太子がひ弱なのは石川の過保護方針にあるとみていた節がある。

この年の夏、明仁皇太子は七月十一日から八月末まで沼津御用邸の西附属邸で過ごした。海が目の前の御用邸で、水泳などで体を鍛えるのが狙いだった。

傅育官は皇太子が自分で日課を定めるように仕向けた。できあがった日程表は、午前五時半に起床。勉強、運動、食事、自由時間が規則正しく配され、午後八時に就寝というものだった。朝夕には御用邸の御日拝所で両親の天皇、皇后の「お写真」に拝礼した。

晴れの日、皇太子は海水着を身に着けて附属邸から一直線に海に駆け込んだ。歓声を上げて首の深さまで進んだ。傅育官が側に付き添う。御用邸には和船があり、皇太子はこれに乗って釣りを楽しんだ。

八月二十一日付けの中外商業新報朝刊一面には「凛々し陽やけの御顔　皇太子様、盛夏に御鍛錬」の見出しとともに、沼津の海を笑顔で泳ぐ皇太子の写真が大きく掲載されている。

殿下の御水泳場は御用邸崖下の海岸で一般の海水浴場から僅か一町余り離れたところで海水着の上に帷子のやうな白地の上衣を召され鍔廣（つばひろ）の麦藁帽子を着けさせられた殿下が老松の翠深い西附属邸から丈余の石崖づたひに御出ましになり御水泳遊ばす御模様も間近に拝される。十九日も午後二時十五分いつものやうに御出まし遊ばされ、四、五尺のところから御身輕に崖を降りさせられ、上衣も帽子も御自身でとらせられて長さ約二尺の玩具のヨットを御かゝへ遊ばされ、波を分けて一米、二米と肩の深さまで海中に入らせられた、側近も、もう一つのヨットと二つの小舟を持つて御供申上げたが、殿下には上半白、下は黒の海水着を召されてもうすつかり御陽焦け遊ばして烈日に光る海中で御元氣に遊ばせられる御姿に畏れ多きことながら海國少年の凛々しさを拝し奉るのであつた自然は海だけではなかった。標高百九十三メートルの香貫山や二百五十六メートルの徳倉山といった小学生のハイキングに手ごろな山があった。皇太子は元気よく往復路を歩きとおした。一カ月余りの沼津滞在で、皇太子は健康的に日焼けし、体力を増していった。

皇太子が沼津で夏休みを過ごしていた七月下旬、宮内省と軍の間で空襲に備えた避難計画が話し合われていた。しかし、避難計画は二転三転することになる(7)。

六月下旬、同盟国のドイツがソ連に侵攻して独ソ戦が始まっていた。米国との関係も悪化しており、軍はソ連もしくは米国に空襲された場合、数回の爆撃で東京は灰燼に帰すと分析していた。天皇のための防空施設「御文庫」と同様に皇太子や皇太后、各皇族の防空施設も赤坂離宮などに建設することが計画されていたが、皇太子らについての宮内省の基本的な考えは東京からの避難で、移動先の候補は沼津と日光だった。

しかし、八月になって日光については侍医から反対意見が出る。冬季に寒冷となる日光は風邪を引きやすく虚弱な明仁皇太子には無理だというのだ。このあと避難先の議論は迷走する。軍から米国と開戦した場合、伊豆半島以東の海岸は危険との見解が示される。沼津は候補から外れ、那須、日光、箱根、厚木地方が「有望の地」とされた。

しかし、日光は中禅寺湖近くに古河電工の精銅所など空襲の目標になる施設があり、またもや不適当との意見が出される。宮内省では沼津より西の静岡県興津が新たな避難先候補地として浮上する。侍医は温暖な興津が最適という意見で、やむを得ないときは浅川(八王子市内)という意見だった。興津での居住場所は維新の元勲、井上馨の別邸が最上とされた。

ところが省内の打ち合わせで宮内大臣から神奈川県湯河原の奥の「広河原」を候補とすべきという意見が出る。議論の結果、興津を優先することになったが、いったん日光に内定し、天皇に内奏もしたのに興津に変更するのは軽率ではないかとの見方も出た。そこで侍従職などが興津の井上邸を検分して結果を出すことになる。

八月二十六日、小倉庫次侍従らが興津の井上邸と伊藤公（伊藤博文の養子の博邦）の別邸を検分したが満足できるものではなかった。その報告は「防空濠構築予定ノ裏山ハ他人ノ所有地ナルノミナラズ、ソノ間ヲ県道ガ横断シ、別邸地ハ略平坦ノ関係上防空濠築造ノ適地存セズ、又、別邸地ハ何レヨリモ見通サレ、秘匿ノ目的ニ適セズ、不合格ナリトシ、又興津伊藤公別邸ハ駅近ク、建物狭ク不可ナリトス」(8)であった。

これには浅川と新たに御料牧場のある三里塚方面を避難地として研究するとの意見が付された。九月になり宮内省は陸海軍に浅川、三里塚両案について見解を打診した。海軍は両案とも支障なしの回答だったが、陸軍は浅川、三里塚とも戦時には上空で空中戦闘が行われる可能性があり、危険との意見を返してきた。

このような思案を続けている間、戦争へと日本の命運が向かいつつあった。九月六日の御前会議で「帝国ハ自存自衛ヲ全ウスル為対米、（英、蘭）戦争ヲ辞セサル決意ノ下ニ概ネ十月下旬ヲ目途トシ戦争準備ヲ完整ス」とした帝国国策遂行要領が決定された。

この御前会議で裕仁天皇は明治天皇の御製「四海兄弟（しかいけいてい）」を読み上げ、対米戦回避への道を探るように促した。

〈よもの海みなはらからと思ふ世になど波風のたちさわぐらむ〉

この前日、天皇は吹上御苑の「陸軍戊号演習場」を見学している。戊号演習は情報秘匿のための符丁で、八月十二日から近衛第一師団によって進められていた大本営会議室「御文庫附属室」の工事だった。御文庫から北に約百メートルの地主山の地下に造られた防空会議室で、戦時にはここで御前会議などを行うことが想定された。御文庫附属室は九月三十日に完成する。天皇が戦争回避に一縷の望みをかけている間も戦争への備えは滞ることなく進められていた。

太平洋戦争末期、移動中の天皇を空襲から守るため、御文庫と御文庫附属室の間に地下トンネルが造られる。御文庫附属室の防護層は最終的にコンクリートなどで十四メートル以上の厚さまで補強され、十トン爆弾の攻撃に耐えられるようにされた。四年後、ここで戦争終結の「聖断」が下されることになる。

運動会「一等になる必要はない」

明仁皇太子の避難先は侍従職の会議で三里塚を最適とするとの意見がまとまり、九月十三日に松平宮相が天皇に奏上した。しかし、裕仁天皇は「三里塚は平坦地であり、付近の民情も悪い。思想戦の可能性も考えるべきだ」として難色を示した(9)。戦時には反皇室の動きも考えられるとして、皇太子に危害が加えられることを恐れたのか。付近の「民情」がどのような情報に基づいているのかはわからない。

天皇はむしろ明仁皇太子の鍛錬のためには日光が望ましいとの意見だった。これに対して侍医から皇太子の体質のためには温暖な三里塚にすべきとの進言があり、天皇は了承した。

ところがまたも話が変転する。東条英機陸軍大臣から三里塚は防空上危険であるとして、避難先候補地として神奈川県津久井郡方面を最適とするという意見が寄せられたのだ。そこで三里塚案はいったん留保され、九月二十四日に宮内省と陸軍が津久井郡を視察した。しかし、移居先の候補としていた建物は老朽化しており手狭でもあることから不適との判断が下される。

このあと再び侍医、陸軍の意見を徴して、二十九日に宮相が天皇に拝謁し、皇太子の避難先は春、夏、秋は日光の田母沢御用邸とし、冬は三里塚の御料牧場とすることが上奏され、ようやく避難地問題が決着した。

そして、三里塚の御料牧場と日光の田母沢御用邸では御文庫附属室を小型にした明仁皇太子のための防空壕の建設が始まり、この年の十二月に完成した。ぶ厚いコンクリート壁と鉄扉を備え、二百五十キロ爆弾にも耐え得る構造だった。防空壕は沼津御用邸にも造られ、皇太子のすべての滞在予定地に整備されることになる。

十月七日、『昭和天皇実録』は天皇の動静についてこう記している。

「午後、侍医寮庁舎屋上にお出ましになり、侍従長甘露寺受長・侍従徳川義寛・同戸田康英の奉仕によりデッキゴルフをされる。なお、この日が天皇がデッキゴルフをされた最後（ゴルフの最後は昭和十二年六月二十日）となる(10)」

裕仁天皇はちょっとした余暇の楽しみさえ断ち切らなければならない情勢になっていた。同じ日、良子皇后がめずらしく赤坂の東宮仮御所を訪問している。義宮も加わり、母と兄弟の三人で昼食をとり、楽しい時間を過ごした。

十月十日は初等科で運動会が開かれた。明仁皇太子は初参加だった。二年生は「突撃」という競技があった。二人一組で鉄兜をかぶり、藁に赤布を巻いた爆弾筒を抱えて走るという、この時代を反映したものだった。

皇太子は悠然たる走りで、それを見た教員が「もうちょっと、なんとかならないものでしょうか」と感想を漏らしたところ、主管の秋山は「殿下は皇太子というお立場にある以上、一等になられる必要は毛頭ありません。お勝ちにならなくて一向によろしい。一所懸命に走れば満点ですよ[11]」と言ったという。

わが子の運動会でも天皇、皇后は立場上見に行けない。見聞役の小倉侍従はこの日の日記に「他の学生よりもやや御動作御のろきも、大体普通に遊ばさる。最下等の学生よりは御よろしく拝す[12]」と書いている。

十月十六日、日米交渉継続を主張する近衛文麿首相と開戦を求める東条英機陸相の対立で近衛内閣は総辞職。十八日に後継の東条内閣が成立する。天皇は東条に組閣を命じる際、対米戦の決意を固めた九月六日の御前会議の決定の再考を促す「白紙還元の御諚」を言い渡す。

十月二十八日は秋晴れの晴天だった。学習院初等科の全学生約四百人が東京・立川の陸軍航空技術学校を訪れた。大規模な遠足兼社会見学である。明仁皇太子を含む一行は戦闘機、偵察機、重・軽爆撃機などを見学。輸送機に乗り込み、操縦室など機内をつぶさに見て回った。

この年から明仁皇太子の社会見学が増えている。将来、大元帥となるための教育の一環だった。三月の軍艦三笠見学を皮切りに、村山・山口貯水池（五月十六日）、浜離宮（五月二十四日）、明治神宮（六月七日）、新宿御苑（六月十四日）、上野動物園（六月十五日）、乃木神社（九月十四日）、浜離宮（十月十二日）と続いていた。皇太子一行の乗る列車は貸し切りで、駅ごとにホームで駅長が最敬礼をした。

十一月三日には明治神宮国民錬成大会に行啓。学習院の行事として明治節奉賀式に参加した。四大節行事に皇太子が参加するのはこれが初めてだった。軍事施設見学は陸軍航空技術学校が最初で、開戦後はその数を増していく。

十一月五日、この年三回目の御前会議で対米戦の決意が改めて確認され、武力発動の時期は十二月上旬とされる。東条に言い渡した「白紙還元の御諚」でも戦争への流れをとどめることはできなかった。御前会議後、天皇は永野修身軍令部総長からハワイ真珠湾奇襲攻撃計画の概要を聞かされる。

十九日、裕仁天皇は空襲に備えて明仁皇太子の避難の時期を早くした方がいいのではないか、と側近に漏らしている(13)。開戦が間近に迫っていると感じ、皇太子の安全に不安を抱いていたのだろうか。

二十六日、米国のハル国務長官から元学習院院長の野村吉三郎駐米大使に中国・仏印からの撤兵、三国同盟の空文化を含んだいわゆる「ハル・ノート」が手交される。日本には受け入れがたい内容で、最後通牒に等しいものだった。日米交渉は決裂する。

十二月一日、総理大臣以下の閣僚、陸海軍統帥部総長・次長、陸海軍省軍務局長、枢密院議長が出席した御前会議で米英蘭に対する開戦が正式に決定する。開戦の日は十二月八日とされた。

開戦前日の七日は一家団欒の日曜だった。明仁皇太子、義宮と成子、和子内親王が参内(厚子内親王は風邪で欠席)。裕仁天皇と良子皇后は手許で養育している二歳の清宮貴子内親王とともにわが子との時間を過ごした。昼食後、宮殿の内庭で一家の記念撮影をした。

教室で聞いた宣戦の詔勅

十二月八日の午前六時、ラジオのスイッチを入れた村井傅育官は「帝国陸海軍は今八日未明、西太平洋において米英軍と戦闘状態に入れり――」というアナウンスで開戦を知った。村井はこれから学校もあるので、まだ幼い皇太子には報告しない方がよいと判断した。しかし、仮御所を出て初等科へ向かう際に「いよいよ、いくさになりました」と伝えた。皇太子は黙ってうなずいたという。(14)

初等科では山梨院長が朝礼で、未曾有の国難に直面したが、学業に一層励み、刻苦勉励を忘れるなと述べた。皇太子は同級生とともに東組の教室で正午から宣戦の詔勅と東条首相の談話「大詔を拝し奉りて」をラジオで聴いた。

学習院では戦勝の祝賀行事があったが、「特別に狂喜したような雰囲気ではなかった。皇太子殿下や宮様方を抱えた初等科では、却って冷静な戦争対応をするのが自然だったのだ(15)」と学友の明石元紹は証言している。

学習院の学生らは戦勝祈願のため十二日に明治神宮、十八日に靖国神社を参拝した。明仁皇太子にとって初めての靖国神社行啓だった。

二十三日は皇太子八歳の誕生日。学習院の制服、制帽姿の皇太子のお貸し下げ写真が各新聞の一面に大きく掲載された。広幡皇后宮大夫はこの年の皇太子の動静を伝える謹話を発表した。


東宮殿下には本日御めでたく第八回の御誕辰を迎へさせられました、皇國の威武宇内に赫奕(かくえき)たる前古未曾有の隆運に際し殿下には御心身共愈々すくやかなる御成長を拝し奉りますことは洵(まこと)に御同慶の至りでございます、殿下には今春三月學習院初等科第二學年に御進級遊ばされ國民學校の課程を御履修在らせられますが、御學事の御進境は申上ぐるまでもなく御健康に於きましても著しく御増進在らせられましたことは、規律正しき御生活と御鍛錬とに因ること丶存じます、當夏沼津御轉地中は日日水泳又は海濱の日光浴に、又山登りなどに御體力を鍛へさせられまして一層の御修錬を積ませられました、諸方への行啓も屢々あらせられ本年は明治神宮へ二回、其他靖國神社、三島神社、乃木神社等へ御參拜遊ばされましたが、就中（なかんずく）今月十二日の明治神宮、同十八日の靖國神社は學習院初等科の戰勝祈願に御參加遊ばされたのでありました、其他軍艦三笠、横須賀海軍工廠の一部、陸軍航空技術學校の御見學等いづれも御感銘深くあらせられました、以上本日の嘉辰に當り殿下の御近状を申述べて御成長を壽ぎ奉りますと共に將來の御大成を衷心祈念申上ぐる次第であります

（一九四一年十二月二十三日付け中外商業新報朝刊）

〈昭和17年〉
日本初空襲、防空壕に避難

真珠湾攻撃の大戦果に日本中が熱狂し、年が明けて一九四二（昭和十七）年一月二日には米国のアジアの根拠地フィリピンの首都マニラを占領。日本軍の快進撃が続いた。四日の日曜日、いつものように子供たちが参内し、天皇一家は団欒の一日を過ごした。日曜参内は戦時中であってもしばらく続けられる。

一月三十一日、明仁皇太子は二度目の靖国神社参拝を行う。学習院の行事ではなく、皇太子一人の参拝は初めてだった。遊就館、附属国防館で日清、日露戦争などの戦死者の遺品を見学。日中戦争で日本軍が攻略した虎門砲台で捕獲された要塞砲を前に記念撮影を行った。

二月十五日に日本軍はシンガポールを陥落させた。これを祝って、政府は十八日を戦捷第一次祝賀日に定めた。初等科では午前に祝賀式が行われ、式典後に学生全員が宮城内に参入し宮殿東車寄せ前に整列。「天皇陛下、バンザイ」を三唱した。明仁皇太子も唱和した。(16)

午後は陸軍軍服姿の裕仁天皇が御料馬「白雪」に乗り、二重橋鉄橋から宮城前広場に集まった群衆の歓呼に応えた。このあと天皇と入れ替わって良子皇后と明仁皇太子、成子、和子、厚子内親王が鉄橋上に現れて会釈した。

太平洋戦争開戦後の絶頂期であった。四日後の二十二日、天皇一家は映画を見て、鬼ごっこをするなど楽しい日曜日を過ごした。明仁皇太子は初等科四年のときに、このころを振り返った「シンガポールかん落」という題の作文を書いている。初等科で国語と歴史を教えていた「茶筒」こと西組主管の鈴木弘一教授が写しを保管していて、平成になって新聞報道で明らかになった。

「大東亜戦争の始まったのは、私の二年の時でした。（中略）めざすシンガポールの島をのぞんだ時、日本の兵隊さんはどんなにうれしかったでしょう。（中略）山下司令官がパーシバルをこうさんさせた様子は映画で見ました。骨と皮ばかりのかとんぼのような足をしたパーシバルが白旗をかかげてこうさんに来る所は、おかし(い)ようなきのどくなような気持ちがしました」(17)

楽観ムードに初めて水を差す出来事が三月五日に起こる。千葉県犬吠埼東方に国籍不明機出現の情報により、午前八時過ぎに開戦後初めての空襲警報が発令される。裕仁天皇は良子皇后とともに宮内省二期庁舎地下の防空壕「金庫室」に避難する。明仁皇太子も赤坂の防空壕「御文庫」に移動して、ここで朝食をとった。国籍不明機情報はすぐに誤報と判明し、警報は解除された。

この日、義宮は発熱で伏せっていたため避難ができなかった。肺炎と診断されていたが、天皇、皇后にはまだ報告されていなかった。のちに深刻な事態だったことが判明する。

三月十二日には第二次の戦捷祝賀行事が初等科で行われ、十八日に明仁皇太子の二年生最後の社会見学として東郷神社海軍館訪問があった。無線操作で動く軍艦の模型があり、皇太子は夢中で操作を楽しんだ。同館には真珠湾攻撃の際に戦死した特殊潜航艇の「九軍神」の遺品やマレー沖海戦で日本軍に撃沈された英国戦艦「プリンス・オブ・ウェールズ」のコンパスなどが展示されていた(18)。

二十四日の初等科終業式を経て、皇太子は四月から三年生になった。このころから皇太子は毎週一回乗馬の訓練を始めた。将来、馬上から軍を統率して観兵式に臨む立場になるので、乗馬の技術を身につける時期であった。琉球産ポニーの「張水」「珠盛」と普通馬の雑種の「右流間」の三頭を使った。張水には前年の十二月から乗り始めて馬に慣れるようにしていた。最初に指導にあたったのは宮内省主馬寮の醍醐大児技師だった。

成人してのち、「馬術の練習課程はどんなふうになさいましたか」と聞かれた明仁皇太子は「最初張水という琉球馬で馬上の安定を計り馬上の自信を得ることにつとめ、ついで櫻陰というアングロアラブで基本の練習をつづけました(19)」と答えている。

練習は赤坂御用地内にある主馬寮赤坂分厩の馬場で行った。戦後の馬術指導掛だった小林運治は「お小さいころから落馬ということはありませんでした。落馬ではなくて、すべりおちて、地面にちよんと立つたりなんかするというようなことはありました(20)」と話している。

四月十六日、明仁皇太子が猩紅熱(しょうこうねつ)であることが判明する。溶連菌に感染して発症する伝染病で、全身に発疹が現れ高熱が出る。子供に多い病気だが、この時代までは死亡率は高かった。皇太子周辺の衛生管理にあれほど神経質になっていたにもかかわらず伝染病に感染させてしまったことに宮内省幹部はショックを受けた。小倉侍従はこの日の日記に「何(いず)れより御貰(おもら)ひしや、誠に恐懼に堪へざるなり[21]」と書いている。

皇太子が寝込んでいる間に大事件が起きる。米国のドーリットル爆撃隊による日本初空襲である。これまでの勝利の酔いを醒ます一撃だった。日本近海に迫った空母から発信した爆撃機十六機が十八日に東京上空に姿を現した。

裕仁天皇、良子皇后と内親王らは「金庫室」に避難。赤坂の青山御殿にいた義宮も宮城に移動して金庫室に入った。しかし、猩紅熱を患っていた皇太子を義宮と一緒に連れて行くことはできなかった。

空襲警報のサイレンが鳴ったとき、東宮仮御所で控えていたのは傅育官の山田康彦と侍医の太田敬三だった。太田が仮御所の食堂の窓から何気なく外を見ていると、飛行機がスーッと飛び去って行き、続いてドカンドカンという大音響が聞こえた。太田はとっさに「空襲だ！」と叫んだ。

すぐに皇太子を安全な場所に避難させなければと思ったが、許可なしに皇太子を仮御所の外に連れ出すことは許されていなかった。

「しかし、ぐずぐずしているわけにいかん。山田さんと相談して殿下を自動車にお乗せし、あの皇太后さまのためにつくられたお文庫〔防空壕〕へかけ込んだのです。もっとも、当時そこに防空施設があることは知っていたが、それが皇太后さま用のものとは知らなかった。お文庫にはいったら急にメガネがくもった。わたしがそれほど汗をかいていたのか、お文庫の湿気が高かったのか、ともかくメガネのくもったことを覚えている。まあ、さいわい皇太子さまのおからだにさわることなく、まもなくおなおりになって学習院に通われるようになったが、戦時を通じあのときほどおどろき、かつ困惑したことはなかった[22]」

空襲だというのに赤坂から宮城まで避難するのは悠長に過ぎる。太田らの判断は正しかったが、日本人はまだ空襲の本当の恐ろしさを知らなかった。

敵空母の日本接近と帝都空襲を許し、一時的とはいえ天皇、皇族の防空壕避難を招いたことに海軍は衝撃を受けた。二度目の空襲を阻止するには本土防衛線を太平洋の東へと拡張する必要がある。海軍はすでに計画されていたミッドウェー攻略戦を急ぎ、六月に空母四隻を失う大敗を喫する。

明仁皇太子より二歳下の義宮はこの年の四月から学習院初等科に通っていた。しかし、入学した当初から体調がおかしかった。最初に異常に気がついたのは母の良子皇后だったという。検査の結果、義宮はポリオに感染していたことがわかった。いわゆる小児麻痺である。五月末、侍医頭から皇后に「親王の病気は脊髄性小児麻痺であり、漸次快方に向かっているが、長期にわたって静養が必要」という報告がなされる。このあと治療には半年近くかかり、麻痺が残った足のマッサージを二年ほど続けることになる。

この年の夏も明仁皇太子は沼津で過ごした。八月二十七日、帰京した皇太子は宮城に参内し、裕仁天皇、良子皇后と昼食をとった。このあと天皇は吹上御苑内の防空用住居「御文庫」に皇太子を連れてゆき、内部を案内している。御文庫は同月十二日に完成していたが、戦況が深刻になるまでは移り住むことはなかった。御文庫見学の後は、親子で漫画映画を楽しんだ。

翌二十八日、天皇はガダルカナル島奪還のため上陸した陸軍の一木支隊全滅の報告を受けた。戦闘よりも飢餓で次々と兵士が倒れていく「ガ(餓)島」の戦いは太平洋戦争での日本軍の戦いの縮図となる。

ただ、太平洋の島々での敗退の影響はまだ本土に及んでいなかった。天皇一家の日曜日の団欒は続いていた。十月十八日、一家は御文庫で漫画映画『桃太郎の海鷲』を見て昼食をともにした。食後は御文庫前の広芝で運動会があった。側近奉仕者によるスプーン競走、たま転がし、綱引きが行われた。明仁皇太子ら子供たちも参加し、宝探しなどを楽しんだ。

この運動会は春から体調を崩していた明仁皇太子（猩紅熱）、義宮（小児麻痺）の全快を祝うために催されたものだった。宮城内はのどかな笑いに包まれていた。

四日後の十月二十二日、明仁皇太子は山梨学習院院長に引率された初等科三年生の社会見学で千葉市の陸軍防空学校と戦車学校を訪れた。戦局が悪化するにつれて皇太子の軍施設見学は増えていく。訪問は新聞で報じられ、戦意高揚にも一役買うことになる。防空学校では高射砲、機関砲の射撃訓練を見学。戦車学校では皇太子はじめ学生全員が戦車に分乗し演習場を走り回った。

十月三十一日には学習院初等科の運動会が行われ、このときの騎馬戦に参加した明仁皇太子の写真が戦後に刊行された『皇太子殿下・立太子記念御写真帖』に掲載されている。大はしゃぎで相手の帽子を奪おうとする皇太子。騎馬戦では皇太子はいつも大将になって派手に取っ組み合いをした。馬になることはなかった。

このころ、明仁皇太子が初等科を卒業後に設置する東宮御学問所についての検討が始まっていた。裕仁天皇は学習院初等科卒業後は中等科には進まず、新たに設置された東宮御学問所で学んだ。皇太子の教育方針もその前例を踏まえて考えられていた。

御学問所に関して十一月十八日に皇后宮大夫と侍従、東宮傅育官らの会議が行われたが、入江相政侍従は「石川氏のいつも乍らの何の事やら分らぬ議論は全く驚くに堪へたものであつた。あきれて物がい（なが）へぬ」[23]と石川首席傅育官への不信感をあらわにしている。

十一月二十四日はまた軍関係施設の訪問があった。皇太子は新宿区の陸軍戸山学校を初等科の同級生とともに訪れた。戸山学校の学生は軍刀操法を披露した。棒杭に藁を巻いた仮標を軍刀で切り捨てる仮標斬撃、藁人形を銃剣で刺し通す仮標刺突や手投げ弾投擲、機関銃の分解搬送など。同校の学生は皇太子が見学するということで張り切っていた。同校は陸軍音楽隊の学校としても知られており、行進曲の演奏も行われた。

十一月最後の日曜団欒の日だった二十九日、天皇一家は陸海軍大臣の願い出により、大東亜戦争記録絵画を観覧することになった。明仁皇太子は裕仁天皇、良子皇后、和子、厚子内親王と表宮殿の千種ノ間で海軍関係絵画十六点、豊明殿で陸軍関係絵画二十三点を入江侍従の説明で見た。宮元三郎「山下・パーシバル両司令官会見図」、川端龍子「荊棘に挑む」、藤田嗣治「十二月八日の真珠湾」など日本軍戦勝の図を描いた絵画が展示されていた。

しかし、翌十二月十日に天皇出席のもとに開かれた大本営政府連絡会議ではガダルカナル島奪還が困難なこと、これを機に太平洋方面の戦略態勢が瓦解すれば本土空襲は必至との報告が参謀総長からなされる。

二十三日に明仁皇太子は九歳の誕生日を迎えたが、裕仁天皇は風邪のため拝賀には出席しなかった。当の皇太子も風邪で宮城に参内できなかった。

この日の新聞は皇太子の動静として「大東亞戰爭開戰以來の戰況にはことのほか深き御關心を寄せさせられ、廣大な戰域における地名のごときも地圖によつて一々御記憶になり、皇軍の大戰果發表に際しては、その都度御記錄遊ばされて御感銘ひとしほ深き御様子に拜されると承る」(24)と記している。

日本軍の赫々たる戦果を胸に刻む「軍国少年」としての皇太子の姿が報じられている。一方、現実は敗北への坂を転げ落ちようとしていた。大みそかに天皇が出席した大本営会議でガダルカナル島奪回作戦の中止と同島部隊の撤収が決定された。

〈昭和18年〉
水泳で得た自信と忍耐力

開戦三年目の一九四三(昭和十八)年正月、裕仁天皇は年末からの風邪がなかなか治らず、良子皇后も体調がすぐれない。一月八日の『昭和天皇実録』は次のように記す。

「天皇・皇后はこの日より当分の間、今般吹上御苑内に造営工事完了の御文庫において起居されることになる。(略)天皇・皇后共に先般来御不例気味にて、本来ならば葉山などへの御転地を願うべきところ、時局柄不可能につき、次善の案として御文庫への御移転が決定する。以後、御公務に際しては宮殿に出御され、御用済み後は御文庫に還御されることとなる(25)」

御用邸での静養中止は軍の目を気にしたのか。「この非常時にせっかく造った防空施設を空き家にしたままでいいのか」という批判を恐れたのかもしれない。御文庫は突貫工事で造られたため、湿気が多いなど住み心地は悪かった。静養代わりの転地先としては不適当であった。

身動きがとれない天皇、皇后と違い、明仁皇太子は例年通り一月は避寒のため沼津で過ごした。同月下旬に帰京後は日曜に参内し、一家で映画を見るなどこれまでの習慣はまだ変わっていない。二月二十八日の日曜参内では、御文庫のベランダで昼食をとったあと庭の芝生で良子皇后が沼津から取り寄せたサツマイモを焼いて皆で食べた。五月の参内時は吹上御苑で筍掘りを楽しんでいる。

二月初旬、スターリングラードの戦いでドイツ軍が降伏。独ソ戦でドイツの瓦解が始まる。枢軸国の攻勢は完全にストップした。

四月から明仁皇太子は初等科四年生になった。四年生になって始めたのが弓道だった。本田流弓道の師範・大内義一が指導に当たった。学習院では学生が身長に比して胸囲がないということで、胸板を厚くする運動のため弓が採用されていた。身心の鍛錬という意味もあった。弓道を学科に取り入れたのは学習院が最初だった。

大内によると皇太子は「お筋がよろしく、上達ぶりはお世辞でなくまことに素晴らしいもの」があったという[26]。乗馬や弓道のように、他者と競うよりも自身とじっくり向き合うような運動が皇太子には向いていたのかもしれない。

四月十八日、山本五十六連合艦隊司令長官の搭乗機が南方のブーゲンビル島で撃墜された。奇しくも一年前のドーリットル爆撃隊による日本初空襲と同じ日だった。山本遭難の知らせは翌日天皇に伝えられた。真珠湾攻撃の英雄の死は戦局が容易ならざる事態であるとの不安を国民に与えるものだった。その死は五月二十一日まで秘された。

五月二十九日にはアリューシャン列島のアッツ島守備隊が全滅した。「玉砕」という言葉が初めて使われた。

この日、明仁皇太子は麻布区（現・港区）の有栖川宮記念公園の養正館を訪問していた。同館は皇太子誕生を記念して「青少年ならびに青少年教育者、指導者の錬成道場」として設立された施設だった。新聞によると、皇太子は「陳列された天照大神、天孫降臨、神武天皇御東征と年代順に列べられた我國体の清華とも稱すべき史實の壁畫七十七點（日本畫四十五、洋畫卅二）を約一時間に亘り御興深げに御巡覧[27]」したという。

七月六日、宮内省の侍従長室で明仁皇太子の教育に関する同省の首脳部会議が行われた。会議には松平恒雄宮相、木戸幸一内大臣、百武三郎侍従長、広幡忠隆皇后宮大夫らが出席した。議題は学習院中等科の喜多見御料地移転問題で、時局に鑑みて移転、新築は行わないことが決定された。皇太子が中等科進学後の御学問所は目白の中等科構内に設置することになった。(28)この決定は二十二日に天皇に報告される。

橋本明の『平成の天皇』によると、このころには山田、村井傅育官が東宮御学問所の具体的な立案を命じられて、喜多見の御料地に宿泊施設も作り、「御学友」の数も昭和天皇の先例より多くする構想がまとまっていたという。教授も物理学・小谷正雄、数学・末綱恕一、漢学・諸橋轍次、国文・久松潜一といった錚々たる名が連なっていた。

御学問所立案で議論になったのは、明仁皇太子が将来どのような学問をすべきか、ということだった。「二代続けて生物学でもあるまい」ということで、候補にあがったのが「正倉院御物の研究」だったらしい。皇太子は美術の一級品を見られる立場にあるから、という理由だった。(29)本人の資質も希望も無視した押しつけという感覚は傅育官たちにはなかった。

喜多見御料地移転中止決定後も御学問所を目白に置く構想があったのだが、傅育官らの構想は白紙に戻される。若い村井などは憤慨した。計画中止の理由である戦局の悪化について、宮内省上層部ほど深刻に考えていなかった。

ただ、小倉庫次侍従も時局を理由とした移転中止に不満だったようで、七月六日の日記に批判を書いている。

「世界の大勢上、誠に止むなしとするも、東宮の御教育は之亦(これまた)、日本の将来に取り極めて重大事にして、果して不満足なる状態に於(お)いて御教育は練成申し上げて宜(よろ)しきや。聖上に対し奉り、又、国民に対し申訳なきことに非るか、寔に憾みとする所なり。一学校、一御仮寓所の建設も不可能なる現状なりや、意見の相違と云へば夫れ迄なるも、悔を百年後にのこすことなきや。百方実現に努めたるも終に否決せられたるは、実に痛恨事なり」[30]

七月十八日、吹上御苑で「プール開き」があり、明仁皇太子は裕仁天皇、和子、厚子内親王と水泳をした。翌十九日、皇太子は沼津にいた。今回は初等科四年生の学友と一緒で、この日から八日間、初めての集団生活を送った。ただし、皇太子は御用邸、同級生たちは隣接する寮「学習院沼津遊泳場」で寝起きした。松林のなかにある寮は乃木希典の院長時代に建てられた木造平屋の和風建築で、約三百人は収容できた。

明仁皇太子はこの合宿で初めて本格的な水泳の指導を受ける。先生は中等科で数学を教えていた猿木恭経教授で、古式泳法の小堀流踏水術の家元だった。猿木は最初の水泳合宿の様子を次のように話している。

「最初は身体が水になれないもんですから、五分とか、十分とか、それも天候によつてではありますが、まア長くても二十分ぐらいつかり練習をしたのです。みんな小さいもんですから、徐々に水にならしてゆくわけです。そして馴れるに随がつて二、三十分ぐらい入つていられるようにしました、——一日午前と午後の二回泳ぎました。殿下は、最初からすこしは泳がれましたね、そう、あれで二、三十メートルぐらい泳がれましたかしら……。それまではほとんど傅育官などの大人と御一緒でしたのに、今度は子供と——しかも同級生と御一緒ですからね。大変たのしそうでした」[31]

学生は赤、白の六尺ふんどしで泳ぐのが学習院の風習だった。遊泳場沖は潮流があり流されることもあるため、背の立つところに樽を浮かせ目印にしていた。多少泳げる学生は樽の周りをグルグル回る訓練をした。疲れると樽につかまる学生が多かったが、皇太子は頑張ってつかまらずに泳ぎとおした。万が一のことを考え、沖では監視船が見守っていた。

同級生らは二十六日に東京に引き上げたが、明仁皇太子は御用邸に残って猿木教授から泳ぎの指導を受けた。浮身を教わって非常に喜び、傅育官の前で得意になって実演して見せた。この夏、平泳ぎで三百メートル以上泳げるようになり、三級を獲得した。

合宿に参加した学友の明石元紹は、同級生のなかには水泳の未経験者も多かったが、これまで夏の沼津の海を経験していた明仁皇太子は「クラスのなかでトップ・スイマーだった」と回想している。「私は、この水泳の自信が、殿下の気持ちに大きな変化を与えたと推測する。四谷の学校のときと違って、同級の仲間よりも優れた自分を初めて発見した。このころから明るく積極性がでて自信もでてきた(32)」

明石はまた、皇太子が水泳で得たものは「忍耐力」だと言う。皇太子は我慢するとそれだけ泳ぐ距離が延びるという喜びを得た。

「この水泳で覚えた我慢の哲学が、のちテニスや馬術における殿下のトレードマークになってゆく。ひいてはご即位後の活動での辛抱強さになっていると思う(33)」

皇太子は真っ黒に日焼けして九月四日に帰京した。翌日、宮城の御文庫で裕仁天皇、良子皇后にその成長した姿を見せた。一カ月半余りに及んだこの年の沼津での夏は、初等科入学以来もっとも充実した経験であっただろう。この合宿生活は来るべき集団疎開の予行演習にもなった。

見送られた軍人への任官

一九四三（昭和十八）年九月八日、三国同盟の一角のイタリアが無条件降伏した。三十日に開戦後二回目の御前会議が開かれ、「今後採ルヘキ戦争指導ノ大綱」を決定する。絶対確保すべき要域を千島、小笠原、内南洋（カロリン・マリアナ諸島）と西部（ニューギニア・スンダ、ビルマ）を結ぶ線とした。絶対国防圏の設定である。しかし、日本にこの国防圏を守る力はすでになかった。

十月は明仁皇太子の姉の成子内親王と東久邇宮盛厚王との結婚の儀式が行われた。成子内親王は十七歳。二日に「納采の儀」、五日と十日に内宴が催された。「結婚の儀」は十三日に行われた。明仁皇太子は未成年であるため出席せず、使いとして石川首席傅育官が天皇への拝賀を行った。

同月には初等科の運動会があった。明仁皇太子の作文である。

「きのうは運動会がありました。いよいよ徒競走です。私はさか木さんや石島さんや中村さんたちといっしょに出発線に並びました。すず木先生のピストルの音とともにみんなは一せいにかけだしました。いつの間にか私はおしまいの方になっていました。そこで一生けんめいに走ってとうとう二人追いこしました。うれしさで胸が一ぱいになりました。けっ勝てんに入ると私は五とうになっていました」(34)

十月二日、在学徴集延期臨時特例が公布され、学生の徴兵猶予が停止された。学生の出征が始まり、同月二十一日に神宮外苑競技場で東京近在七十七校の学生を集めて出陣学徒の壮行会が行われた。

翌二十二日、明仁皇太子は学習院の社会見学行事として千葉県の陸軍工兵学校と千葉高等園芸学校を見学している。江戸川河川敷では皇太子一行の前で工兵隊による敵前渡河演習が行われた。皇太子は南太平洋で実際に使われた上陸用舟艇に乗ってみた。

この行啓は翌日の新聞各紙一面で報じられた。戦局が悪化するにつれて、皇太子の軍関係施設訪問が増え、六月に霞ケ浦海軍航空隊と土浦海軍航空隊、九月には陸軍糧秣本廠を訪問していた。いずれも新聞で報じられ、戦意高揚の役割を果たした。

翌週の二十八日は鎌倉への遠足で、円覚寺、建長寺、鶴岡八幡宮、鎌倉宮などを見て回った。十一月九日には川崎の東京芝浦電気と明治製菓の工場を見学した。明仁皇太子の行くところ初等科四年生の同級生六十数人が必ず同行した。橋本明は「軍関係や社会施設をこれほど集中的に見学できた学級は日本でも皇太子の学年だけであった」[35]と述懐している。

戦局逼迫の影は学習院の学び舎にも及んできた。十一月二十二日、目白の学習院中等科の校庭で出陣学徒壮行会が開かれた。高等科から十五人が出陣学徒として入隊することになったのだ。初等科以上の全生徒約八百人が参列。明仁皇太子はじめ皇族学生が最前列に並び、宮城を遥拝、国歌を斉唱した。出陣学徒代表が答辞を述べ終わると、会場では卒然として「海ゆかば」の大合唱が起こった[36]。

十二月二十三日、皇太子は十歳の誕生日を迎えた。新聞各紙は一面トップで海岸の岩場に学習院の制服姿でたたずむ皇太子のお貸し下げ写真を大きく掲載した。場所は「某海岸」とされているが、十月の鎌倉遠足で訪れた稲村ケ崎とみられる。これ以降の報道では皇太子の行啓先が具体的に明示されなくなる。空襲などを警戒した安全策だった。

記事は「苛烈なる決戦下御稜威（みいつ）のもと皇軍の戦果彌々（いよいよ）揚るの秋、畏くも皇太子殿下にはけふ廿三日御めでたく第十回の御誕辰を迎へさせられ、民一億は輝しき殿下の御成長を慶祝し奉る」[37]と「定型」の文に終始していたが、十歳という年齢には大きな意味があった。

一九一〇（明治四十三）年に制定された皇族身位令第十七条では「皇太子皇太孫は満十年に達したる後陸軍及海軍の武官に任ず」とされている。父・裕仁天皇は明治天皇の死去後、皇太子となった十一歳の時に陸海軍の少尉に任官していた。かつて元老の西園寺公望は皇族が軍人になることについて、次のように語っていた。

「一體(いったい)皇族が軍職に就かれるといふことは、まさかの時にやはり軍が陛下の軍隊であるといふやうになるためである。謂はば常に陛下のお味方であるといふことが皇族さん方の建前である。だから、さういふ味方を軍職に入れておくことは、やはり軍部がどこまでも陛下の軍隊として行動するといふことが主な目的なのだ(38)」

しかし、昭和の軍にはこのような深謀遠慮は通じなくなっていた。

結局、この時点で明仁皇太子の任官は見送られた。理由は複数あった。まず裕仁天皇が消極的だったことがある。自身の経験から、あまり小さいころに軍人に任官するのは望ましくないと感じていた。ただ、任官自体に反対するのではなく、中等科進学以降が望ましいという考えだった。戦後、敗戦を見すえて皇太子を軍人にしなかった天皇の英断という見方が広がったが、うがちすぎだろう。

また、軍国主義から距離を置こうという宮内省の教育方針も影響していた。首席傅育官の石川岩吉らは軍人に任官すれば軍関係の行事にたびたび出席しなければならず、初等科の学業の妨げになると反対していた。また、任官すれば陸軍の近衛歩兵第一連隊と海軍の第一艦隊付になり、東京を離れられなくなる。空襲の危険が高まり、皇太子の疎開を準備している時期だった。任官は現実的ではなかった。

ただ、あくまでも先送りであり、将来の大元帥としての教育はこのあとも続けられていく。十歳の誕生日に際し、東条首相兼陸相から乗馬用としてアングロアラブ種の「静春号」とポニーの「亜洲号」が献上されており、軍は皇太子の軍人任官は当然のことと見ていた。

〈昭和19年〉

沼津へ集団疎開

一九四四(昭和十九)年の正月、明仁皇太子は作文を書いた。「新年」という題の作文は「のどかなありがたい正月を迎へることので来るのは戦地の兵隊さんが命をすてて働いて下さつてゐるからです」と結ばれている。当時の小学生は皆「軍国少年」であり、ごくふつうの文面である。

鈴木弘一教授が「今後の御決心をお書きになるように」と指導すると、皇太子は「私はべんきやうも運動もよくして大きくなつたら日本をせをつて立つ人にならなければなりません」と書き加えた[39]。

この年の新学期から皇太子は五年生になる。戦局がますます日本に不利な状況であることは一般国民にも明らかになってきた。四谷の学習院初等科校舎の屋上には陸軍の高射砲陣地が構築されていた。これではむしろ空襲の標的になるとして、学習院では授業の継続は危険と判断した。初等科では縁故による個人疎開を勧めることになり、三月一日に父兄保証人に通知した。

個人疎開には困難な問題もあり、これに並行して四月からの授業対策も協議された。東京近郊の比較的安全な場所に学習の場を移すことが検討され、世田谷区の豪徳寺と目黒区の祐天寺が候補にあがった。しかし、豪徳寺は軍の「先約」があり、祐天寺は危険と判断された。

このため集団疎開が現実策として浮上してきたが、宮内省の意向も考慮しなければならないため、三月十五日に山梨院長と宗秩寮総裁、宮内次官が協議して基本方針を決めた。それは、

(一) 上級生は御殿場の東山荘を借りて疎開する。

（二）　下級生は高等科の昭和寮〔下落合〕および中等科寄宿舎の自習室を利用する。
（三）　軍事上危険なしと認められた場合、鎌倉の御用邸を使用するかも知れない。

であった(40)。東山荘には五・六年生、目白に二・三・四年生、一年生は週に一回ほど四谷に通学させることでまとまったが、費用の面で困難なことがわかり、この案は放棄された。

個人疎開に応じる学生はわずかだったため、初等科では沼津遊泳場の宿舎への疎開を決定した。沼津は比較的安全という判断だった。四―六年生は五月十二日から沼津へ移り、三年生以下は自宅から昭和寮に通学することになった。沼津に関しては工業都市であり、駿河湾は潜水艦が入り得る水深であるため艦砲射撃を受ける危険があるとして、それまでは疎開地としては絶対不可の雰囲気だったが、背に腹はかえられなかった。

政府が学童疎開促進要綱を閣議決定したのがこの年の六月三十日。京浜、阪神、名古屋地域など十三都市の国民学校児童を縁故もしくは集団疎開させるというものだった。東京で集団疎開の第一陣が出発したのが八月四日なので、学習院の動きはかなり早い。

三月二十三日から四月四日まで、明仁皇太子は乗馬訓練の名目で三里塚の御料牧場に滞在する。女官は同行せず、傅育官のみが付き従った。疎開生活に備えた訓練の意味合いもあった。三里塚から帰京した皇太子は宮城に参内し、吹上御苑で裕仁天皇と鬼ごっこなどで遊んだ。一家での団欒の機会もあとわずかになってきた。

四月、皇太子と同級生たちの社会見学が立て続けに行われる。十三日に陸軍被服本廠・王子製紙十条工場、十七日は浦賀船渠・観音崎灯台を訪れた。いずれも翌日の新聞で報じられたが、「王子製紙

○○工場」「東京市○○の陸軍被服本廠」と地名部分が伏字になっている。被服本廠が現在の北区王子にあったことは周知のことで、伏字にする意味はよくわからない。十八日の記事には伏字はなく場所も具体的に書かれている。皇太子疎開を間近に控えた時期の過剰反応と混乱のせいだろうか。

五月三日、皇太子は学友らと千葉県の香取神宮を参拝した。このあと茨城県の霞ケ浦航空隊へ移動、兵舎を宿舎代わりにして一泊した。夕食は大食堂でアルミ製食器に盛られた米飯、味噌汁、おかずの兵隊食を食べた。夜はハンモックで寝た。翌朝は起床ラッパで起き、校庭で若い隊員らとともに朝礼に参加する。やはり兵食の朝食をとり、霞ケ浦の湖面から離陸し編隊飛行に移る水上機の演習を見学した。このあと航空隊から鹿島神宮へと向かった。

わずか一泊だったが、明仁皇太子は兵隊生活を経験した。これも疎開生活のための慣らしだった可能性がある。五日の朝刊には鹿島神宮の境内で同級生の列から一人前に出て脱帽している皇太子の写真が大きく掲載された。

当時は行啓先でメディアが自由に皇太子を撮影することは許されておらず、写真はすべて宮内省からの「お貸し下げ」である。誕生日以外でこのような写真が提供された例はない。一週間後には皇太子は沼津に疎開する。その事実は秘匿され、動静の報道も禁じられた。当面、皇太子報道、とくに居場所がわかる写真掲載は途絶することになる。皇太子報道による戦意高揚の最後の機会として、その存在を印象付ける狙いがあったのだろうか。

五月十二日、初等科の四年生以上の学生百七十三人が教職員に引率されて沼津駅に到着した。学生たちは徒歩で遊泳場の宿舎に入った。明仁皇太子が沼津の御用邸西附属邸に入ったのは十五日だった。

近衛歩兵の一個中隊が儀仗隊として警備にあたった。皇太子ほかの皇子、皇太后が地方に出かける際は近衛が儀仗隊を編成して守護にあたることになっていた。歩兵三個小隊を主力に機関銃隊を加えた百人弱だった。儀仗隊は御用邸の正門の歩哨、門内の衛兵所での待機、海岸の警備など二十四時間態勢で勤務した。

明仁皇太子は遊泳場に移動した初等科に歩いて通学した。一般の国民学校の集団疎開が始まったのは八月四日なので、それよりも三カ月近く早かった。

日課は朝五時半起床、洗面・清掃後の六時十分から朝会と体操、六時五十分朝食。学習は七時四十五分から一時間目。授業は四十五分。十一時十五分に四時間目が終わり、諸々の作業。正午に昼食。午後三時半に入浴、四時―五時自習、五時半から夕食。六時―七時半は自習、八時就床であった。(41)

体力、気力で同級生を上回る

疎開生活が始まって一週間の五月十九日、山梨院長は朝会で訓示した。

「東京へ帰りたいのはもっともであるが、それを我慢しなければならない。偉い人は皆幼少にして家を離れ、親と別れて苦労をした。みなさんの祖先はそうであった。しかし、東京に生まれて、東京で生活する者は、徒(いたずら)に神経を鋭くしてしまうから大成しない。沼津は健康によく、食糧も豊か、米も日本米三分づきである。加えて山高く海青い所。朝に富岳の秀麗を仰ぎ、遠く南に太平洋を望む。南太平洋の戦線をしのび、我慢し、明るく、楽しく、強く生活しなければならない(42)」

ほとんどの学生が親と離れた生活は初体験で、ホームシックになる者も多かった。山梨の言うように強く生活する準備が整っていたのは三歳を過ぎてから「孤独」を経験していた明仁皇太子だけだった。このころには体力、気力で同級生を上回りつつあった。疎開中に行われた相撲大会では相手を見事に押し出して勝ちをおさめていた。橋本明は次のように語っている。

「殿下と沼津で僕は、竹竿の太いやつで、押しっこをしたことがあったね。そして殿下に負けちゃった。なにしろ押せどもひけどもビクともしないんだよ」(43)

傅育官らは、沼津滞在は皇太子を鍛錬する機会と考えていた。その場を目撃した儀仗隊の小隊長が回想している。夏に入ってからのこととみられるが、水泳の場面である。

「はじめに思っていたより手荒いんですね。二、三人の側近が、木で組んだ飛び込み台を海中に押して行って、深いところに浮かせる。すると殿下がそれによじのぼってザンブと飛び込まれる。ここまではいいんですが、泳ぎ疲れて飛び込み台に帰って手をかけようとすると、側近の人が飛び込み台を向こうへ押しやる。やむなく殿下はバタバタとやってつかもうとされるのだが、手がかかりそうになるとまた向こうへ押しやる。殿下がへとへとになるまで繰り返す。わたしたちは遠くで見ていて、御養育掛とはなんとひどい、いや、きびしいきたえ方をするものだろう。殿下は普通の学習院の子どもの何倍も泳がされるのだからお気の毒だ、と大いにご同情申し上げたものです」(44)

日課の授業以外の時間は魚釣り、潮干狩り、登山や学芸会、相撲大会、映画会などのレクリエーションが行われた。友人同士で将棋を指すことも多く、橋本によると明仁皇太子は中央突破の攻めに徹する鋭い棋風で、勝つとひどくうれしそうな表情を浮かべたという。ただ、あまり強い方ではなく、「皇太子は自分よりも弱い友人を相手にゲームを落とすと、一日中機嫌を悪くした。相当な口惜しがりであった」(45)という。

ホームシックに患わされることなく元気に疎開生活を送る明仁皇太子がふさぎ込むときがあった。家族訪問日である。雨雲が垂れ込めた日曜日だった。皆が久しぶりに親との再会を喜び、あちらこちらで親が持ってきた弁当を開き、近況を報告し合った。そんなとき、橋本は御用邸方向の波打ち際に五、六頭の騎馬隊の姿を見た。

「馬上の一人が皇太子だった。殿下は視線を前方の一点に釘づけにしていた。その姿はとても沈んでみえた」(46)

西組主管の鈴木弘一教授の記録によると、学生らは五月二十二日に軍による防空壕掘りを見学している。一人用のもの三つ、四人用が二つできた。深さは一メートル三十センチほどだった。明仁皇太子を含め数人が試しに入ってみた。二十四日には皇太子も参加して学生らで防空壕掘りを体験した。(47)

皇太子らが沼津に疎開して以降、六月十五日に米軍がサイパン島に上陸。続くマリアナ沖海戦で日本海軍が惨敗する。七月四日、大本営はインドの英軍拠点侵攻を企てたインパール作戦中止を決定した。疎開中、何度か空襲警報が発令され、明仁皇太子は防空頭巾などを着用して登校した。そして絶対国防圏の一角だったサイパンは同月七日に陥落した。

このころ新たに新任の東宮傅育官が赴任した。西郷従達（つぐさだ）である。西郷隆盛の弟従道の孫で、東京帝国大学経済学部を卒業後、三菱重工に入社。その後、海軍短期主計大尉として水雷母艦「神風丸」に乗船し、パラオ沖で撃沈される。約八十人が戦死したが、西郷は無人島まで泳ぎ着いて助かった。傅育官赴任時は二十七歳。戦後に養子縁組をして黒木姓となり、東宮侍従長を務めた。明仁皇太子と正田美智子の結婚にも深くかかわることになる。

美智子は皇太子が沼津で疎開生活を送っていた六月、母親と妹らとともに藤沢市鵠沼（くげぬま）に疎開した。空襲の危険性を察知した父・英三郎の判断だった。学習院ほどではないが、一般国民としてはかなり早い動きだった。英三郎と兄・巌は東京に残った。九歳、小学四年生だった美智子は雙葉第一小学校から同市の片瀬にあった乃木高等女学校の付属小学校に転校した。この小学校も雙葉と同様、カトリック系であった。

ほとんどの生徒はモンペか制服の上着とズボンを組み合わせた服装だったが、美智子は雙葉学園のセーラー服の制服で登校してきたという。同級生だった青木怜子（のちに聖心女子大学名誉教授）は「錨模様の紅い刺繍がある胸当ての下に赤いリボンを結んだ紺色のセーラー服姿は、気品と可愛らしさに満ち、今もクラスの皆の記憶に残るお姿でした」(48)と回想している。

学校では班長の大きな号令に従って広い廊下を雑巾がけするのがきまりだった。同じカトリック系でも雙葉とは雰囲気がかなり違った。学校名は軍神・乃木希典にちなんだもので、軍国主義的気風も感じられた。美智子は防空頭巾を持ち、母の手縫いのズックをはいて登校したが、湘南一帯はまだ差し迫った危機感はなく、美智子と同級生らは下校時に「花いちもんめ」をしながら遊んでいた。

サイパン陥落翌日の七月八日、他の同級生を残したまま明仁皇太子は沼津から忽然と姿を消した。駿河湾に米潜水艦が侵入したとの情報が寄せられたためだったが、実際はサイパンの陥落で超長距離爆撃機Ｂ29による本土空襲が現実味を帯びてきたことが理由だった。駿河湾上空はＢ29の通り道になる可能性がある。

皇太子は去ったが、同級生たちは二十一日まで沼津にとどまった。橋本は「われわれ初等科五年生はおとりみたいな存在だったのか」(49)と書いている。

明仁皇太子は帰京翌日の九日に宮城に参内し、裕仁天皇、良子皇后に暇乞いをしたあと、十日に慌ただしく品川駅から日光に向かった。極秘の行動だった。海からの艦砲射撃や空襲の危険が少ない内陸の日光に疎開地を変更したのだ。疎開地候補として当初から最優先されていた場所でもあった。

日光に随行したのは石川、山田、東園、村井、西郷の傅育官と侍医の太田敬三、馬術教官の城戸俊三のほか、事務官、身の回りの世話をする内舎人など二十数人。太田は日光に出発した日のことを次のように語っている。

「殿下の日光ご疎開には、わたしもいっしょにご料車に乗ってお供したが、いまも忘れられないのは、列車が荒川鉄橋を渡り、車窓に青々と田畑が流れるようになったころ、突然、お小さい殿下がうたい出されたのです。

若い血潮の予科練の、七つボタンは桜に錨[50]――」

作詞・西條八十、作曲・古関裕而の軍歌「若鷲の歌」である。海軍飛行予科練習生（予科練）を募集するための宣伝目的で作られ、当時大ヒットしていた。軍国少年は誰しも口ずさんだ歌である。

明仁皇太子は日光の田母沢御用邸で起居することになった。そして義宮が七月十二日に栃木県の塩原御用邸に疎開した。和子、厚子、貴子の三内親王も二十四日に東京を離れ、田母沢御用邸に入った。内親王らは八月二十六日に塩原御用邸に移る。そして、同日、義宮は塩原御用邸から田母沢御用邸に移居した。義宮は十一月一日に東照宮山内の日光御用邸に移ることになるが、皇太子は約二カ月、弟と同じ屋根の下で暮らした。東京ではできないことだった。

田母沢御用邸は一八九八（明治三十一）年に皇太子だった大正天皇の避暑のために建設された。大正期に増築を重ね、大小三十四棟、百六室、計千三百五十九坪もある広壮な建物だった。皇太子の居所は皇后御座所の半分、高等女官詰所の十畳と六畳間二つの三間とした。

日光での明仁皇太子の側近は男性の傅育官のみで、養育掛の女官は随行しなかった。東宮侍医だった緒方安雄は「殿下がお小さいころは、主として女の人がお世話をしていたのですが、しだいに大きくなられるにつれ、やがて軍籍におはいりになるのだから、男の職員の手で鍛練しなければならないということになり、沼津時代からぼつぼつはじめ、日光に移られてから本格的になったのでした」[51]と語っている。

日光疎開学園の開園

沼津に残っていた明仁皇太子以外の初等科の学生たちは七月二十一日に東京に戻った。その後、学習院は次の集団疎開地について検討を行い、八月四日に五年生と三年生を日光、六年生と四年生は伊豆半島の修善寺に疎開させることを決定した。

皇太子と同級の五年生の疎開先を日光にしたのは学校の授業を行う上で当然だった。また、多くの同年代の学生を周囲に置くことで、万が一のときにカムフラージュとする狙いもあった。義宮の同級の三年生の疎開先を日光にしたのも同じ意味があった。すべての学年の疎開地を日光にしなかったのは、宿舎に予定していた日光金谷ホテルに相当数の女子挺身隊が宿泊していたため、収容能力が不十分と判断されたからだった。

明仁皇太子が日光へ移って一カ月半後の八月二十八日、「日光疎開学園」開園のため初等科五年生五十四人、三年生五十人が上野駅に集合。七月末に家族のもとに戻った学生らにとってまた別離のときだった。明石元紹は「やや悲壮な覚悟」だったと語っている[52]。川本為次郎初等科長以下、各級主管と教職員に引率されて出発した。

一行を乗せた列車は午後三時三十八分に日光駅に到着した。駅前では日光町長と日光町第一国民学校児童ら地元の人々が盛大に迎えた。ブラスバンドを先頭に学生らは二列縦隊で金谷ホテルまで行進した。その両側を第一国民学校の六年生が学生らの荷物を持って進む。街道の両側は鈴なりの見物人であふれかえった。(53)

ホテルに着くと、同ホテルの社長夫妻と身の回りの世話をする寮母が出迎えた。岩田梅乃、檜山秀子、白井照子の三人だった。

金谷ホテルは一八七三(明治六)年に金谷善一郎が創設した日本有数の一流ホテルである。英国王室のコノート公やヘレン・ケラーなど海外の多くの名士も宿泊した。このホテルの新館が学生たちの宿舎になった。当初は大広間の板の間に畳を敷き、ベニヤ板などで仕切りをして四部屋に分けた。のちに洋式の客室に移り、一部屋に八人が入った。学生数は後日若干増え、五年生五十九人、三年生五十一人の計百十人になる。

沼津遊泳場では身の回りの清潔などがおろそかになりノミがわいた経験から、日光疎開学園では五人の寮母を置くことになった。教員の体制は、日光疎開学園は川本初等科長の直属、修善寺は小出教授を学園主任とした。各主管は原則三週間現地で勤務し、一週間は東京勤務となった。専科教官は日光と修善寺で交互に勤務した。

学生らが日光入りして間もない九月一日、鈴木弘一教授の記録には「軍艦遊戯を始めた殿下は赤軍約1時間、今日は大変な御活躍振りである。一般学生も非常に元気だ」(54)と記されている。

日光疎開学園の五年生の授業は九月六日から始まった。教室は田母沢御用邸に隣接する東京帝国大学理学部附属日光植物園内の洋風の建物で、机や椅子は第一国民学校から借りた。明仁皇太子は御用邸の庭を通って七、八分歩いて通学できたが、他の学生は金谷ホテルからの約二キロの道を二十―三十分、毎日往復しなければならなかった。

学生たちが教室で待っていると傅育官を従えて明仁皇太子が入ってきた。久しぶりに会う皇太子は太ったように見え健康そうだった。沼津での水泳に加え、日光に移ってからは乗馬で鍛えられていた。

学生らは毎朝午前六時に起床すると廊下に出て乾布摩擦をするのが日課となる。明仁皇太子も御用邸で起きぬけにラジオ体操をする習慣をつけていた。その前には御用邸の御日拝所で宮中三殿と天皇、皇后の写真への拝礼を欠かさなかった。学生らは部屋の掃除と洗面後、七時から朝会、七時半から朝食をとった。このころは食糧事情も逼迫しており、橋本明は「少量のご飯をゆっくり食べるのもつらいものであった(55)」と書いている。

八時少し前に支給された弁当箱と学用品を詰めたランドセルを背負い、植物園の教室まで分隊行進する。授業は九時から三時限。午後はホテル裏山の大黒山登山や植物園内を流れる大谷川沿いの散歩など身体鍛錬に重点が置かれた。ホテルに戻ると三時におやつ、自習などで過ごし、五時半から夕食。食後は自由時間で、六時五十分から東京の親に感謝する夕礼、八時に就床だった。

九月十日、日光はすでに秋の気配が近寄っていた。日曜だったこの日、初めての遠足が行われた。行き先は二荒山神社と東照宮だった。明仁皇太子も参加したが、東照宮に参拝したのは他の学生だけだった。臣下にあたる徳川家康の霊前に頭を下げるわけにはいかないというので同行しなかったのだ。

遠足は身心の鍛錬とともに、退屈をまぎらわしホームシックを防ぐ目的で再三行われた。明仁皇太子らは白糸の滝や中禅寺湖畔などへ足を延ばした。このほか演芸大会や芋掘りなどレクリエーションが催された。

明仁皇太子は一九八二(昭和五十七)年十二月、四十九歳の誕生日を前にした記者会見で「日光では、やはり非常に自然と密接に過ごした気がします。たとえば春、氷が溶けていく時ですね。やはり寒いところですから、こういうところと違います。春先の川の氷がだんだん溶けていく感じ。カラマツの芽吹き、ツツジの花とか、それに秋の紅葉ですね。そういうのがやはり印象に残っていますね」(56)と語っている。

ただ、身体は鍛えられるものの、大豆入りご飯が茶碗に一杯という日々の食事は育ち盛りの学生にはこたえた。皆体重減が目立ち始めた。学生らの食事は「主食は比較的満足すべきものであったが、十一月半ばには「将来、飯米中に甘藷を混用する」ことが町役場配給掛から伝えられ、やがて米より大豆の多い飯になっていった」と『學習院百年史　第二編』に記述されている(57)。橋本明は日光疎開時代を貫く記憶は「ひもじさ」であったと語る。

「毎日のお弁当は、かんぴょうの煮付けに、大根の漬物、あるいはナスの味噌煮にけずりぶし、といったものが多かったが、ランドセルの中で登校時に揺られているうちに中身が片寄ってしまう。弁当を開いたときは半分以上がスカスカになっていて、がっかりさせられることおびただしい。そんなわれわれにとって皇太子のお弁当は目に毒だった。朱塗りの盆に乗って開かれる皇太子のお弁当は、片方になど寄っちゃいない。たまご、鶏肉などを使った色とりどりの豊富な中身のお弁当が、近くに席を占める学生を刺激する(58)」

空腹とともに秋からはシラミの攻撃も学生たちを悩ませた。

そんな学生たちと明仁皇太子の立場が逆転する日があった。沼津疎開時と同じく父母面会日である。日光疎開中に三回の面会日が設けられ、第一回目が十月(五年生は二十二―二十四日)だった。学生たちにとって最高の喜びの日だった。橋本は語る。

「それぞれの親と子は寄り添い、束の間の再会を楽しんだ。子供たちは疎開生活の辛さを語り、父母は東京での苦労を打ち明けた。しかし、この父母面会日に親が訪ねてこられず、ひとり淋しそうにしていた学生がいた。明仁親王だった」(59)

皇后からの歌と菓子袋

十月二十四日、日本海軍最後の決戦、レイテ沖海戦が始まる。神風特攻隊による作戦上初の特攻が行われた。天皇のもとには戦艦武蔵が撃沈されたとの報が届く。十一月二十四日、初めてB29による東京空襲が行われ、いよいよ本土空襲が始まった。

日光の疎開地で初めて空襲警報が発令されたのは十一月一日だった。その後連日のように警戒警報が発令され、空襲警報も重なった。このため防空壕の設置が急務となり、金谷ホテルから大黒山に登る途中に横穴が掘られた。明仁皇太子のための防空壕はすでに御用邸の庭に完成していた。

警戒警報発令の際、五年生は植物園内の教室からただちに帰舎(のちに教室に待機)、皇太子は御用邸に戻ることになった。空襲警報は夜間に発令されることが多く、学生は就床のままで、状況によっては防空壕に誘導することにした。訓練のため夜間に二、三回防空壕に移動したことはあったが、実際に避難することはなかった。

この年の日光地方は半世紀に一度といわれる異常寒波に見舞われた。ほとんどの学生がしもやけに苦しんだ。靴ずれで靴が履けず、下駄で通学した学生もいた。歩けない学生は仲間が騎馬戦の馬の形でおぶっていった。明仁皇太子も襟巻を首に巻いて寝たという。植物園の教室は暖房設備がないため、十一月二十八日から田母沢御用邸の日本間に教室を移し、二台の電気ストーブで暖をとりながら授業を続けることになった。

「和室二間をぶち抜き、机、椅子と黒板を用意して教室としたものだが、まず畳の感触が床の間と違って暖かい。それに電気ストーブが二個ほど赤々と燃えて、植物園教室にくらべると天国の様相であった」[60]と橋本明は述べている。

同級生と比べると〝天国〟で暮らしていた明仁皇太子だが、食糧不足や寒さなどの環境は東京では経験したことがないものだった。そんなわが子を裕仁天皇、良子皇后は一般の父母のように直接会って慰め、励ますことができない。側近が撮影した映画フィルムで日光の皇太子の様子を見ることしかできなかった。十二月六日の夜、御文庫の一室でそれを見たと『昭和天皇実録』は記している[61]。

十二月二十三日、明仁皇太子は十一歳の誕生日を迎えた。新聞には三里塚の御料牧場で御料馬に乗る皇太子のお貸し下げ写真が掲載された。記事では日光に疎開中であることは一切触れられていない。皇太子の誕生日をもって、疎開学園の第二学期が終了した。前日、良子皇后は全国の集団疎開児童と教職員に対してビスケットの入った菓子袋を一つずつ贈った。それとともに「疎開児童のうへを思ひて」という歌を詠んだ。

つきの世をせおふへき身そたくましくたたしくのひよさとにうつりて[62]

〈昭和20年〉館林に疎開した正田家

年が明け、一九四五(昭和二十)年の元日になった。日光は雪だった。学生たちは午前六時に起床、洗顔、朝礼のあと、雪のなか隊伍を組んで二荒神社に初もうでに向かった。ホテルに戻るとお雑煮や煮豆、カズノコ、栗きんとんなどおせち料理が用意されていて学生らは狂喜した。正月三が日だけは御馳走がふるまわれ、ひとときではあるがひもじさから解放された。

正月の書初めで明仁皇太子は「敵国降伏の春」と書いた。日本の勝利を疑う学生はいなかった。

御用邸が教室になって以降、皇太子と同級生らの交流は飛躍的に密になった。あるとき橋本明が皇太子にどのような本を読んでいるか聞いたところ、「ギリシャ神話を読んでいるよ」という答えが返ってきた。このほかグリムやアンデルセンの童話も読んでいるという。

橋本は「偉いものだ」と感心したが、冒険小説や鞍馬天狗などに熱中していたので、ギリシャ神話よりこちらの方がよっぽど面白いと『快傑黒頭巾』や『敵中横断三千里』など数冊の大衆、冒険小説を皇太子に渡した。このときの影響か、後年皇太子は江戸川乱歩の探偵小説を愛読するようになった。橋本は「こうした読書を通じて皇太子の世界が、一般学生のそれにぐっと近づいたといえるだろう」(63)と書いている。

ただ、明らかな違いがあった。体力だった。痩せ細っていく同級生と違って、食事がはるかに恵まれていた明仁皇太子は丸々と太っていた。橋本は皇太子と「おしくらまんじゅう」をしたときのことが忘れられないという。

「「殿下はお弱い」という先入観にとらわれていた私は、殿下と相対してみてまったく驚いてしまった。殿下が寸毫も動かなかったからである。私の完敗だった[64]」

日光に来てからの日課は、朝の起床後にたびたび風邪で寝込む虚弱な皇太子の姿はもうなかった。日光に来てからの日課は、朝の起床後に上半身裸になって体操をすることだった。寒さにも耐えられる体力がついていた。

日光では乗馬の練習もした。軍人への任官は延期されていたが、いずれは軍務に就くことを前提としたものだった。二頭の御料馬を使い、御用邸から遠くない寂光の滝までの登り坂で駆け足発進の練習を熱心に行った。雪が積もってからは、植物園内でスキーを楽しんだ。

正月から東京では警戒警報が毎日のように発令され、裕仁天皇と良子皇后はそのたびに御文庫の地下室に避難していた。日光にも米軍の偵察機が飛んでくるようになる。傅育官らが心配したのは、御用邸から二キロほどしか離れていない場所に古河電工の精銅所があったことだった。日光で目立つ建物はこの精銅所と御用邸しかなく、夜間の場合、間違えて爆撃される可能性があると見ていた。

二月には日光から五十キロほど離れた群馬県の太田市が空襲を受けた。同市には戦闘機を作っていた中島飛行機の製作所があったからだ。空襲は同月十日から二十五日にかけて三回。爆発音は日光でも遠雷のように響いた。西郷傅育官は次のように語っている。

「いつだったか大雪が降った日、殿下がお庭で雪遊びをなさっているとき、Ｂ29が一機、田母沢御用邸の上を高空で飛んだ。思わず、大急ぎで殿下をうながし、お庭の軽防空壕にはいっていただいたことがあった[65]」

この時期、東京の宮内省では皇太子の側近部局として、皇后宮職から独立した東宮職の設置について検討が行われていた。敗戦となり、日光の皇太子、側近と宮内省の間で連絡不通となった場合でも独自行動ができるようにするためだった。

三月下旬、藤沢の鵠沼に疎開していた正田美智子の生活に変化があった。父祖の地である群馬県館林への再疎開だ。三月十日に東京が大空襲の被害に遭い、湘南海岸への米軍上陸の可能性も噂されていた。また、食糧の入手が困難になってきた事情もあった。

急に館林に移ることになり、美智子は乃木高等女学校の付属小学校同級生、青木怜子に「今まで遊んで頂いて有り難う。明日、お引っ越しするの」と告げて箱を一つ手渡した。そのなかには「くるみちゃん」の原画が入っていた。目がぱっちりとして、くるくる巻き毛の当時大人気だった女の子のキャラクターだった。青木は後年になっても「くるみちゃん」と当時の美智子の可愛らしいイメージが重なると述懐している(66)。

館林には日清製粉の工場、そして「亀甲正」の銘柄で醤油醸造を営む正田家の本家もある。正田英三郎は館林に百アールほどの畑を所有していた。この畑で野菜などは自給自足できると見込んだ。正田家は地元では名家で通っており、英三郎一家は「ご新宅」と呼ばれるようになる。

一家は花街の置き屋の検番で、正田醤油の社員寮になる予定だった木造二階建ての建物に入居した。広壮な建物だったが、親戚の二世帯もここに疎開してきたため、富美子と美智子ら姉弟は八畳、十畳の二間で生活することになった。

引っ越しの荷物を運びこんだ後、正田富美子は世話係として正田醤油から来た女性の前で正座し、頭を下げてあいさつした。

「これから、いろいろお世話になります。主人は東京の会社を離れられませんし、長男は学校の寮にいますし、お世話になるのは、わたしと長女の美智子、次女の恵美子、その弟の修です。さぞ手がかかりましょうが、よろしくお願いします」

子供たちもやってきて、富美子の横で正座して頭を下げた。

「美智子です。小学校四年生です」

東京より恵まれているとはいえ、館林でも食糧事情は苦しかった。朝はふかしたサツマイモとおひたし、昼はうどんか雑炊、夜は麦入りご飯と野菜の炒め煮で、毎日ほぼ同じ献立だった。美智子たちは麦飯のおにぎりかふかし芋のお弁当を持って学校に通った(67)。

美智子が転校したのは館林南国民学校だった。四年梅組である。三学期が終わろうとしていた。当時は皆おかっぱ頭だったが、美智子の髪は肩まで下がり、ゆるやかなウェーブがついていた。色は白く、目がぱっちりとしていた。「うわー、きれいな人」と教室がざわめいた。「東京から来たお嬢さま」はかなり目立った。

「なにしろ田舎の学校でしたから、美智子さんはピカーッと光っていましたよ。見たこともないような綺麗なブラウスを着ていて、肌は透き通るような白さでしょう。その上、頭脳明晰で運動もよくできるんです。初めのうちはみんな嫉妬心もあって意地悪なこともしたようです(68)」

と当時の下級生は語っている。子供らの間では疎開組と地元組の対立意識があった。何から何まで都会的な美智子は、疎開組の代表格とみなされた。けんかを吹っ掛けてきた地元の女の子と取っ組み合いになったこともあったという。お互い傷だらけになったが、美智子は最後まで泣かなかった。逆に「都会の子のくせに強いんだ」と見直され、けんか相手と仲良くなった。

当時の教諭三田惣二郎は「疎開してきたばかりは、ここの空気になじむのに苦労されたでしょうねえ。そう、言葉なんかも、この辺は〝べえ〟言葉なんですよ。美智子さまもそれを早くつかいたかったんでしょう。あるとき、〝ゆくべえ〟というのを、〝ゆきましょうべえ〟といったといって一時は、子どもたちの間にも〝ゆきましょうべえ〟というのがはやったものでしたよ」[69]と話している。

五年生になってから成績は全優だった。成績概評には「国民科（国語）は読解力秀で、綴方は美しき文書く。算数推理力に富み確実、体操は規律正しい、芸能は才感あり、工夫力に富む（略）何ごとにも熱意あり各科目とも優秀なり、性行温和にして態度朗らかに、物事にきわめて熱心なり、言動常に上品にして慎ましやか、信望厚し」[70]と書かれた。

美智子は都会育ちであることや成績の良さを偉ぶることがなく、地元になじもうと努力した。しだいにクラスに溶け込み始め、同級生も美智子に好意を持つようになった。やはり方言の「だんべ」を使いこなそうと「だんべですわ」などと言うので皆大笑いした。

皇后となり、還暦を迎えた一九九四（平成六）年の誕生日の文書回答で疎開生活について次のように語っている。

「六〇年の間には、様々なことがありましたが、特に疎開先で過ごした戦争末期の日々のことは、とりわけ深い印象として心に残っています。当時私はまだ子供でしたが、その後、年令を増すごとに、その時々の自分の年令で戦時下を過ごした人々のことを思わずにはいられません。戦後の社会を担った私共の先人が、戦争で失われた人々の志も共に抱いて働いた中で、奇蹟といわれる日本の戦後の復興があり得たのではないかと考えています」[71]

館林の空にもB29が現れ始める。空襲警報も日増しに増え始め、正田家では館林を離れることを決めた。六月に長野県軽井沢に再々疎開することになった。軽井沢には正田家の別荘があったからだ。

美智子は次のようにも回想している。

「度重なる移居と転校は子供には負担であり、異なる風土、習慣、方言の中での生活には、戸惑いを覚えることも少なくありませんでしたが、田舎での生活は、時に病気がちだった私をすっかり健康にし、私は蚕を飼ったり、草刈りをしたり、時にはゲンノショーコとカラマツ草を、それぞれ干して四キロずつ供出するという、宿題のノルマにも挑戦しました。八キロの干草は手では持ちきれず、母が背中に負わせてくれ、学校まで運びました。牛乳が手に入らなくなり、母は幼い弟のために山羊を飼い、その世話と乳しぼりを私にまかせてくれました[72]」

ただ、戦況の悪化と非常時の疎開生活は十歳の美智子に言い知れぬ不安と重圧を与えていた。

「私の子供の時代は、戦争による疎開生活をはさみながらも、年長者の手に護られた、比較的平穏なものであったと思います。そのような中でも、度重なる生活環境の変化は、子供には負担であり、私は時に周囲との関係に不安を覚えたり、なかなか折り合いのつかない自分自身との関係に、疲れてしまったりしていたことを覚えています」

救いは読書だったという。

「そのような時、何冊かの本が身近にあったことが、どんなに自分を楽しませ、励まし、個々の問題を解かないまでも、自分を歩き続けさせてくれたか」と言う。

父・英三郎が東京から持ってきてくれる本がうれしかった。冊数が少ないので惜しみながら読んだ。思い出に残っているのは子供のために書かれた日本の神話と『日本少国民文庫』シリーズだった。英三郎はシリーズから『日本名作選』一冊と『世界名作選』二冊を選んで美智子に渡した[73]。

戦時中は人々の士気を高めようと勇ましい話が多かったなか、この文庫シリーズは人々が背負っている悲しみをテーマにしていた。疎開時の読書経験は、その後の美智子の人間形成に大きな影響を与えた。

疎開地へ父母からの手紙

三月の日光の最低気温はまだ氷点下を記録していた。同月六日は良子皇后の誕生日「地久節」だった。

同日付けで裕仁天皇、良子皇后から明仁皇太子に手紙が届いた。手紙は黒の漆塗りで金の菊の紋章が入った「御文筥（はこ）」に入れられ、緑色の房付きの紐で結ばれていた。結び目は「緘」と書いた封紙で固く結ばれ、他人が開封していないことを示していた。

疎開中の学生らは両親によく手紙を書いた。離れ離れになった親と子が情を通じ合い、お互いの安否を確認する唯一の手段が手紙だった。明仁皇太子もまめに手紙を書いていた。手紙は交代で東京に戻る傅育官が届けた。六日に届いた父・裕仁天皇の手紙の内容が明らかになっている。

手紙をありがたう　スキーを面白く元気よくして居ることをきいて喜んで居つたが　ちよつとかぜをひいたさうだが　早く　なほることを祈つて居る
空襲見舞ありがたう　戦争は困難ではあるが　最善の努力と神力によつて時局をきりぬけやうと思つて居る　祈念にたいしては　ありがたく思つて居る
私は丈夫で居るから安心してほしい　今日もおたたさまと一所に庭を散歩して　B29関係の色々の品が　とれた

寒のをり　よく勉強して　よく運動をして心体を大切になさい
三月六日
　　　　父より
明仁へ

「祈念」というのは日本の勝利を祈る内容を書き綴った皇太子の手紙への返事だろう。母・良子皇后の手紙は次のようなものだった。

ごきげんよう　お手紙をありがたう　いつも〳〵お元気で　ほんとに　うれしく思ひます
この冬は東京で味ふことのできない零下十七度　とかいふ寒さの中で　元気に雪道をご通学のことをきいて　ほんとにうれしく　又　感心してゐます
もう寒さもすこしはゆるんだでせう　しもやけのできないのはふしぎですね　スキーが大そうご上達のやうですね　石川〔傅育官〕からもお話をききました　かじをとりながら細い道をすべれるやうになつたら　どんなにおもしろいでせう
これも　東京では出来ないよいけいけんでしたね　皆は上手になりましたか　村井〔傅育官〕はできるさうですね
俳句や歌を拝見しました　いつのまにか　いろ〳〵できるやうにおなりになりましたね　たたもちよつと　まねがしてみたくなつて　都にもつららさがれり雪の朝　としてみましたが　でたらめよ
戦争も　なかなかはげしくなつてきて　日々　空襲がありますが　元気にしてゐますから　安心

して頂戴
どんなに　こんなんになつても　皆で元気にがんばりませう
どうかくれぐ〵もお体を大事にして　ますます丈夫におなりになるやうに　祈つてゐます　お書初は大そうりつぱに拝見しました　もうしばらく拝借して　ゆつくり拝見したいと思ひます
では　さよなら

母より

東宮へ(74)

「お書初」は年頭に書いた「敵国降伏の春」のことだ。俳句の話など、苦境にあっても明るさを失わない良子皇后の性格がしのばれる。

天皇、皇后と皇太子以外に知るよしもない手紙の内容が明らかになっているのは、伝達役の村井傅育官が写しをとっていたからだ。共同通信の記者となった橋本明がそれを入手し、一九八六(昭和六十一)年四月に雑誌で報じて話題になった。

三月九日深夜から十日未明にかけ、B29の大編隊による東京大空襲で約十万人が犠牲になった。宮城でも主馬寮が全焼するなど被害が出た。御文庫の屋上も一部火災が発生したが、裕仁天皇、良子皇后は無事だった。皇族の賀陽宮(かやのみや)、山階宮(やましなのみや)、東久邇宮の宮邸が全焼。この修羅場のなか、東久邇宮盛厚王に嫁いでいた明仁皇太子の姉・成子内親王は防空壕で第一男子を出産した。裕仁天皇四十三歳での初孫であり、皇太子の甥である。のちに信彦と命名された。

日光では明仁皇太子の同級生で入江侍従の息子為年の家が全焼したという知らせが入った。クラスで初めての罹災者だった。明石元紹は「三月十一日の授業の前、みんなの前で、殿下から入江君に、「大変でしたね。お気の毒です」というお言葉があったのを憶えている。先生が配慮したものだろう」と書いている。[75]

五月の空襲ではクラスのほぼ全員の実家が罹災することになる。学習院も四月中旬の空襲で目白の高等科教室、中等科寄宿舎など木造建築の大部分が焼失した。学習院では新一、二年生も希望者は日光疎開学園に参加させることを決定した。また、修善寺に疎開していた学生も日光に移すことになり、四月の新学期から初等科の全学年と中等科の新一年生が集結した。以後、疎開学園は「学習院日光学寮」と称することになった。

四月七日、植物園広場で初等科・中等科合同の始業式が行われた。式のあと運動会が催され、授業は九日から始まった。明仁皇太子は六年生になった。教官は川本初等科長を含め十八人となり、寮母は十人に増やした。四月末に学科分担を次のように決めた。[76]

修身・国語　竹沢義夫・杉山勝栄・小俣万次郎
地理・歴史　鈴木弘一・土田治男
算数・理科　秋山幹・近田広司・安田良一・後藤基胤・福田正一郎・大橋武男
音楽　小出浩平・外山国彦
図画・習字　並木哲男
工作　坪内千秋

体操　糸井正一・小林始

戦後、学習院大学の学長を務め、明仁皇太子即位後は歴代天皇の事績の進講を行うことになる児玉幸多（こうた）も歴史の教師として東京から出講した。

四月八日に金谷ホテルで大詔奉戴日の式典があり、皇太子と義宮も参加した。大詔奉戴日は太平洋戦争開戦の詔勅が出された十二月八日を記念し、毎月八日に設定された戦意高揚の日である。式典で山梨院長は同月から始まっていた沖縄戦の見通しについて訓話した。のちに沖縄戦の悲劇と戦没者に心を寄せ続けることになる明仁皇太子だが、このころはその実相を知るよしもなかった。

生まれて初めてのひもじさ

食糧事情はますます苦しくなっていた。学生の食事は、惣菜は味噌汁にたくあん一切れ、ネギの煮物程度になっていた。皆、野草を取ってきて、先生や傅育官に煮てくれと頼んだ。東園はこう話している。

「同級生のお弁当は、ご飯が湯呑茶碗に一ぱいほどで、あとは大豆とかかんぴようのようなものでした。休み時間に、お庭のやぶかんぞうとかなんかをとつて、「先生、これをうでてお味噌汁をつくつて下さい」ともつてくるんですね。それでなんとかして脂肪気でもはいつた温かい味噌汁を出してやりたいと思つてもそれもなかなか容易でないのです〔略〕学習院の子供たちの疎開も本当にみじめなものでした」(77)

空腹のあまり歯磨き粉を食べた学生もいた。明仁皇太子の食事も食糧難と無縁ではなくなってきた。

疎開当初、栃木県は皇太子のため生卵を毎日二個提供することを約束していたが、このころから届かなくなっていた。食事はサツマイモとジャガイモばかりになった。それでも他の学生より恵まれていたが、皇太子は生まれて初めてひもじさを経験することになる。

四月は明仁皇太子に新たな側近が加わった。学習院に軍事教官として配属された高杉善治陸軍中佐である。高杉は皇太子が中等科に進学後、陸海軍少尉に任官した場合のお付き武官という内命を受けていた。あいさつに訪れた高杉に山梨学習院院長はこう言った。

「ほんとうなら、皇太子さまは昨年中にも任官されるはずだったが、陛下のおぼしめしで、いままでのびのびになっていたと自分は拝察している。というのは陛下ご自身が、ご幼少のころに任官されたご体験から、あまりおちいさいうちに任官させることは、感心しないというお考えでいらっしゃり、もう少しあとになってから、といって引きのばしておられたのだと思う。もう少しあとというのは、中等科にご進学になってから、つまり来年になってからということだから、貴官もそのつもりで準備をしてもらいたい[78]」

たとえ敗色濃厚といえども、軍が存続する限り、いずれ大元帥となる皇太子が軍務に就くのは既定路線だった。結果的に敗戦により明仁皇太子は軍人にならなかったのだが、裕仁天皇が任官を先延ばしさせた理由に武官を皇太子に近づけさせたくないという思いもあった。天皇は戦後、「私は武官程いやなものはないとしみじみ思つた」「殆んど軍のスパイで、私の動静ある事ない事を伝へるだけの者でこんないやな者はない[79]」と自身の経験を語っている。

辞令を受け、宮内省など各方面にあいさつを済ませた高杉は軍服姿のまま、その足で上野から無蓋列車で日光に向かった。田母沢御用邸で就任のあいさつをすると、明仁皇太子は大きな声で、

「ごくろう」

と言った。

「お小さいけれども、よくふとっていらっしゃって、たいへん頼もしく感じました」というのが高杉の第一印象だった。(80)

四月十八日、裕仁天皇は広幡皇后宮大夫から明仁皇太子の教育方針について奏上を受けた。それは皇太子が中等科に進学後に設置する予定の東宮御学問所に関するものだった。二十三日、特別教育にあたる教員九人が選定され、皇后宮職御用掛に任命される。各担当は、漢文・諸橋轍次、数学・杉村欣二郎、修身・武内義雄、国語・久松潜一、物理・小谷正雄、東洋史・山本達郎、日本史・児玉幸多、水泳・猿木恭経、英語・菊池浩であった。(81) 東京帝国大学の大学生相手の教員といってもいい顔ぶれである。山本は後年、元号「平成」の考案者と巷間言われることになる。

四月二十九日は天長節。日光でも儀式が行われた。戦後に侍従次長に就任する木下道雄が「聖徳」について講話を行った。明仁皇太子は日誌に次のように書いた。

「今日は天長節です。十時から東照宮の武徳殿で式がありました。式の後で木下会計審査局長官の御聖徳についてのお話がありました。青少年学徒の御親閲の時、いくら雨だから天幕の中で御親謁を願ふやうに申し上けてもお聞き入れにならなかつたばかりか、外套をも召されずに雨の中を一時間二十分もお立ち続けになつたことは、実に御立派だと思ひます。それなればこそ命を投け捨て、体当りをする特攻隊も出るのです。又一時間二十分も身動き一つなさらなかつたのは実におえらいと思ひます。又九州で大演習があったとき、暗夜の艦上で、たゞ御一方はるか沿岸の奉送のかゞり火に対し、おそれおほくも挙手の御答礼を遊はした話は、真の日本の尊い姿と感激深く伺ひました。私も心や体を強くし国民から仰がれる人になりたいと思ひます」[82]

この日誌は戦後間もない時期に木下が東宮侍従の角倉志朗に見せられたもので、木下の日誌に収められていた。一九二八（昭和三）年十二月十五日、雨のなか宮城前広場で行われた天皇即位大礼を奉祝する諸団体の分列行進で、天皇は雨除けの天幕を取り除くように指示し、マントも脱ぎ捨てて親閲した。また、三一（同六）年十一月十九日の夜、熊本県での陸軍大演習を終えた天皇が、鹿児島湾内を航行して帰京する軍艦榛名艦上から人々による奉送のかがり火に向かって挙手の礼を取り続けた。木下は天皇の美談として、自著『宮中見聞録』にこれらの逸話を書いている[83]。

こういう天皇の「徳」あればこそ特攻隊も命を投げ出すのだと、いかにも当時の軍国少年が書きそうなことだ。ただ、明仁皇太子の日誌は傅育官や木下のような宮内省幹部に回覧される。裕仁天皇、良子皇后が見ることも想定していただろう。そのための体裁が整えられているとも考えられる。他の日誌にも〝指導〟のあとが感じられる。日誌の内容すべてが皇太子の心情の自由な表現とは断定できない。

五月七日、ドイツが無条件降伏した。日本は世界を相手に一国で戦いを続けることになった。二十五日深夜から二十六日未明にかけての「山の手空襲」で宮城の明治宮殿、赤坂の大宮御所、東宮仮御所のほか、秩父宮・三笠宮など各宮邸が灰燼に帰した。四谷の学習院初等科も木造の建物の大部分が焼失した。

この空襲で美智子の叔父で英三郎の弟である正田家の四男・順四郎が亡くなった。館林で美智子らと同じ建物に疎開していた順四郎の娘で一歳上の従姉、柚木紀子は次のように書いている。

「火の海だったという昭和二十年五月二十五日夜の表参道。父を探し、死体の山を巡り巡り空しく館林に戻って来た母は私を抱えこみ六畳間に籠った。——もうこれからは美しいものしか見たくない——と繰返し呟き、着物の端布や千代紙を狂ったように展げた。障子という境界膜のむこうに、身じろがず息をころした皇后〔美智子〕と富美子伯母の気配が続いた。まるで、苦しみを頒つ愛の儀式のようだった」[84]

美智子は戦後、中学生のころに順四郎の三回忌が過ぎて発行された追悼文集に詩を寄せている。

順おじさま

正田美智子

思い出せば　もう三年になる
日あたりのいい　鵠沼の家で
順おじ様を　皆してかこみ
かけっこ　かけっこと　せがんだものだった。

順おじ様も　上着をかなぐりすて
砂かげろうの立つ鵠沼の庭を
ヨーイ・ドンで　皆して走る
何度やり直しても　おじ様の勝ちだった。

今でも お庭で　かけっこをして遊ぶと
おめがねの下で　笑いながら
私たちをかけぬけて　ふりかえられる
おじ様のお顔が　見えるように思う。

館林の悲しい　おそう式がすんで
軽井沢また東京と　住む所が変わっても
私の手箱の中に　思い出をこめて
おじ様のお形見が　ひめられている。(85)

ここに奇縁がある。順四郎は学生時代、慶應義塾で学んだ。在学中、父の貞一郎が順四郎を連れて、当時教授だった小泉信三を品川御殿山の宅に訪ねたことがある。それ以来、正田家と小泉家は親しい間柄となった。後年、明仁皇太子と美智子の結婚を実現させるにあたって小泉がはたした役割の大きさはよく知られているが、順四郎を通じての正田・小泉両家の相識の関係も後押しになった。

「死んではならぬ、生きて殿下を守り抜け」

皇居炎上翌日の五月二十六日、森赳(たけし)近衛師団長は近衛歩兵第一連隊第一大隊長・田中義人少佐を自室に呼んだ。部屋には師団長一人だった。師団長が大隊長クラスと一対一で会うことは異例だった。

森師団長は日光の地図を机上に広げて言った。

「いいか、よく聞けよ、敵は必ず相模湾から上陸してくるぞ。皇太子殿下はいまこの日光にご疎開になっているが、敵が上陸して来たら、本土は沖縄以上の最悪の状態になる。日光も安全ではない。きみに使命を与える。日光のつぎの拠点を捜して、殿下を守り抜け」

ただ、師団長は敵と戦ってはならないと厳命した。

「お前は絶対に死んではならぬ。どこまでも生きて、生きて、生き抜いて、つまり逃げまわって殿下を守りとおすのだ」(86)

この日、一個小隊が交代で勤務していた日光儀仗隊は歩兵一個中隊に工兵一個中隊と機関銃・通信一個小隊などを加えた二百四十人編成に改められた。田中少佐は儀仗隊司令官に任命された。

森師団長は隠密行動を想定して、軍服以外に背広を持っていくこと、家族を同伴することを田中少佐に指示した。少佐は新婚早々で、日光に新妻を連れて行くことになった。師団長は、もし最悪の事態になって師団司令部と連絡が取れなくなったら、自身の判断で行動しろと言った。そして、「死んではならない、生き抜いて皇太子を守れ」と繰り返すと、最後に表情をやわらげて言った。

「たのむぞ」

森師団長は終戦の玉音放送を控えた八月十五日未明、徹底抗戦を主張する陸軍将校らの反乱「宮城事件」で、クーデターへの参加を拒否したため殺害された。

儀仗隊には九七式戦車十二両が編成された戦車一個中隊も加える予定だったが、すぐには間に合わないため、第一陣の二百四十人が六月初めに日光に着任した。

一方、館林の正田家では疎開地の変更を決断していた。次は長野県軽井沢町であった。前年夏、日本政府は外国の外交官のほとんどを軽井沢に疎開させていた。同盟国のドイツや中立国で日本と連合国間の「利益保護国」であるスイスなど、十五カ国以上の大使館、公使館も移っていて、軽井沢には二千数百人の外国人がいた。「スイスの大使がアメリカに軽井沢を爆撃しないよう頼んでいる」という噂も広がり、日本人の富裕層は続々と軽井沢入りしていた。

六月、美智子の父・英三郎は日清製粉の社長に就任した。そして、妻の富美子は美智子とその妹弟とともに軽井沢離山の別荘に移った。転校先は軽井沢東国民学校であった。クラスには美智子と同様に東京から疎開してきた企業経営者や官吏の子弟などが何人かいた。小学校は疎開児童であふれかえっていた。そのなかでも「色白できれいな」美智子はひときわ目立った。「ざあます、ざあます」と山の手言葉をからかわれることもあった。それでも次第に地元の同級生になじんでいった要因の一つに足の速さがあった。

美智子の走る姿は独特だった。頭を前に突き出し、つんのめるような姿勢で駆ける。これが速かった。男の子もまたたく間に追い抜いた。「青白く弱々しい東京っ子」と馬鹿にしていた女の子の思わぬ一面に皆目を見張った。子供の世界では勉強よりも運動能力が一目も二目もおかれるのだった。

別荘地軽井沢は自然豊かだが、子供にとっては刺激が少ない地だった。ここでも楽しみは読書だった。やや退屈な疎開生活で美智子は読書の喜びを知った。

「疎開生活に入る以前、私の生活に読書がもった比重は、それ程大きなものではありません。自分の本はあまり持たず、三つ年上の兄のかなり充実した本棚に行っては、気楽で面白そうな本を選び出してきて読んでいました。私の読書力は、主に少年むきに書かれた剣豪ものや探偵小説、日本で当時ユーモア小説といわれていた、実に楽しく愉快な本の読書により得られたものです。漫画は今と違い、種類が少なかったのですが、新しいものが出ると、待ちかねて読みました(87)」

軽井沢で美智子は本を読むだけではなく、自分でストーリーを考えた童話を創作したりしていた。後年、疎開時期を振り返って歌二首を詠んでいる。

疎開児のわれを焚火に寄せくれしかの日の友ら今に懐かし

やがて国敗るるを知らず疎開地に桐（きり）の筒花ひろひゐし日よ(88)

二〇〇四(平成十六)年、七十歳を迎えた誕生日の文書回答ではこうつづっている。

「振り返りますと、子ども時代は本当によく戸外で遊び、少女時代というより少年時代に近い日々を過ごしました。小学生生活のほとんどが戦時下で、恐らく私どものクラスが「国民学校」の生徒として入学し卒業した、唯一の学年だったと思います。〔略〕私の中に、戦時と戦後、特に疎開を間にはさむ数年間が、とりわけ深い印象を残しており、その後、年を重ねるごとに、その時々の自分の年齢で、戦時下を過ごした人々はどんなであったろうと考えることが、よくあります(89)」

奥日光の南間ホテルへ

六月八日、東京ではこの年初めての御前会議が開かれ、「今後採ルベキ戦争指導ノ基本大綱」を決定した。本土決戦を見すえ、あくまで徹底抗戦する方針だった。

同月半ばを過ぎたころ、日光では明仁皇太子の次の疎開地を決めるための宮内省、軍、学習院の合同会議が行われた。宮内省は山田康彦傅育官、軍は高杉中佐と田中少佐、学習院からは山梨院長と児玉教授が出席した。

皇太子は最終的には大本営と天皇の疎開地として予定されていた長野県松代に合流することになっていたが、諸般の事情からその前にどこかでワンクッション設けることが前提で話し合われた。そして会議で候補地として挙げられたのは群馬県伊香保の御用邸と軽井沢、奥日光の三カ所だった。そして、山田、高杉、田中らが現地を視察した結果、奥日光の南間ホテルを次の疎開地に決定した。奥日光には明仁皇太子と同級の六年生のうち希望者を同行させることにした。

六月二十三日、おびただしい犠牲者を出した末、沖縄での組織的戦闘が終結した。同じ日、「義勇兵役法」が公布される。十五歳以上六十歳以下の男子、十七歳以上四十歳以下の女子を戦闘員として動員し、「国民義勇戦闘隊」を編成する法律である。

明仁皇太子があと三―四年早く生まれていて十五歳を超えていたら、疎開も軍人任官の先延ばしもなかっただろう。

七月に入ると日光での空襲警報はさらに頻繁になり、昼の勉強も夜の睡眠時間も十分にとることができなくなった。日光が標的になることはなかったが、偵察のB29が上空を通過していた。十二日、日光から三十キロ余りの宇都宮が空襲を受けた。御用邸から遠くない古河電工精銅所が爆撃を受ける日が迫っていると憂慮した儀仗隊、側近らは、早急に明仁皇太子を御用邸より約三十キロ山奥の奥日光・湯元に移すべきと判断した。

山梨学習院院長は明仁皇太子の安全のためには同じ年恰好の同級生の同行は絶対に必要と考えてい

た。まず十五日に三十数人が「夏期鍛錬」と称してリュックを背負い、バスで金谷ホテルから奥日光の湯元へ向かった。日光疎開中に親元や個人疎開地に移った学生も多く、このころには同級生の数もかなり減っていた。

湯元に向かった同級生の一人の橋本明は「皇太子の同級生は「醜(しこ)の御楯(みたて)」であった。皇太子と不可分の関係にあり、皇太子をその一生を通じて守り抜く純粋な意識に支えられた学習院の同級生は、初等科六年の間に培われたと考えてよいだろう」[90]と書いている。湯元には一般人の立ち入りが禁止され、地元の人たちも旅館ごとに色のちがう布か名札を胸につけることを指示された。

明仁皇太子は級友より六日遅れて七月二十一日に奥日光に向かった。午前九時過ぎ、皇太子の乗った御料車のベンツと供奉車、警備の車両などが田母沢御用邸を出発。急坂のいろは坂は一気に登ることができず、ベンツは何度かバックしてハンドルを切り直した。

奉仕者の一部は御用邸に残り、同行したのは傅育官、侍医、大膳、内舎人など二十人足らずだった。儀仗隊も歩兵一個小隊と通信隊のみにした。防諜上の理由だった。主力を御用邸に置くことで皇太子はまだ滞在中と思わせる狙いである。また、実際に敵が来た場合はここで食い止める役目もあった。

奥日光・湯元に到着した明仁皇太子と側近は南間ホテル別館で起居することになった。同級生らの宿所は本館だった。皇太子の宿泊所としてホテルを利用したのはこのときが初めてだった。別館一階の十畳間が皇太子の寝室で、居間兼勉強室の八畳間も用意された。また、宮中三殿と天皇、皇后の写真を飾った御日拝所の小部屋も設置。皇太子はここでも朝の拝礼を欠かさなかった。別館の二階は傅育官、侍医が使った。

南間ホテルでの〝難敵〟はノミ、シラミ、南京虫だった。明仁皇太子、学生、傅育官らは差別なく被害に遭った。当時はホテルといえども避けられない難事だった。

本館には古河航空乗員養成所の少年飛行兵約百人が訓練のため宿泊しており、そこに学習院の学生が入ってきたのですし詰め状態であった。少年飛行兵らはいざというときには儀仗隊の指揮下に入り、「醜の御楯」となることが決まった。

田母沢御用邸滞在時と違い、明仁皇太子は三度の食事を含めて一日の生活を同級生とともに送ることになった。初めて「同じ釜の飯」を食べたのだ。ただ、テーブルは別だった。同級生の入江為年は「お会いするのは、勉強の時と食事の時、それに勉強の間の休み時間位なもので、殿下がわれ〳〵の部屋に遊びにいらつしやることは少なかつた(91)」と語っている。

食堂は本館の洋間の一室だった。高杉中佐の描写である。

「それは食堂といっても名ばかりのものであった。食卓は軍隊で使うような古ぼけて傷だらけの六尺机、腰掛けも同様な六尺腰掛け、食器は陶製の主副食盛りつけのランチ皿と湯飲みだけで、御用邸などでお使いになっていたものとは、とても比較にならぬほど粗末なものであった。またホテルのなかには教室に当てる部屋がないので、ホテルから西南約五百メートル離れた林間にある、スキー客用の山小屋を使うことにした。この山小屋は丸木造りで、階下には土間のホールがあり、二階は寝室になっている。この土間のホールに例の六尺机と腰掛けを並べ、急造の教室として勉強をされたのであるが、採光が悪く薄暗い部屋で、僻地の分教場でも、これよりはましだろうと思われた(92)」

皇太子と学生らは毎朝、ホテル前の広場に集合して朝会を行った。ホテルがある湯ノ湖のほとりは夏でも朝は肌寒かった。隊伍を整えて山小屋の教室に向かった。教室までの往復には儀仗隊の兵が付き添った。山小屋教室は「檜平仮教室」と呼ばれた。

食糧事情はますます厳しくなっていた。学習院の学生や儀仗隊などがどっとやってきたのだから、奥日光の食糧はさらに逼迫した。この時期、一般国民はヤミでなければまともな食材にありつけなかったが、明仁皇太子一行がヤミ食糧を入手するわけにはいかなかった。

米は一人一日二合の配給で、トウモロコシ、イモ、野草がまぜてあった。皇太子も空腹感を味わった。高杉は次のように書いている。

「主食は米の雑炊や、うどん、すいとん、トウモロコシの粉をまぜて作った手製のパン、ジャガイモ、サツマイモのふかしたもの、大豆粕などで間に合わせていたが、一番困ったのはたんぱく質と野菜の不足であった。魚は、アジやスケソウダラの干物などがときどき配給になったがきわめて少量で、毎日の食膳にのせるだけの量は入手できなかった。野菜に至っては皆無といってよいくらい困難であった。先生たちは、少しでも多くの食物を生徒に与えようといろいろ苦心された。そこではじめたのが、魚釣りと野草摘みであった。それから毎日、授業が終わると生徒たちに釣りざおを持たせて、湯ノ湖に出かけるようになった。殿下も学友と一緒に湖畔に行かれ、生徒たちはこの魚釣りが大好きで喜び勇んで出て行った(93)」

このほか、山小屋前の笹原でイナゴ取り、野イチゴでのジャム作りも行われた。日曜の晴れた日には戦場ヶ原、小田代ヶ原、切込湖、刈込湖などに遠足に出かけ、ツルコケモモ、ワラビなどの採集を行った。これらは空腹を癒すおやつになった。

用意された皇太子の「影武者」

儀仗隊司令官の田中少佐は、明仁皇太子が奥日光に移ると同時にその先の避難計画を練った(94)。敵が上陸し、奥日光に迫ってきた場合、その手前で何段階かの拠点を構えて進撃を阻止する。そこで時間をかせいでいる間に皇太子の退路を見つけて他所を転々と移動していく作戦だった。

具体的には田母沢御用邸に残してきた儀仗隊主力を第一の拠点、その先の華厳の滝付近を第二拠点とする。ここまでは険しい急坂なので敵も大部隊での進軍は困難と予想され、小銃や機関銃である程度は持ちこたえられると見た。それでも押し切られたときはダイナマイトで道を破壊して退却する。

第三の拠点は戦場ヶ原の入り口の竜頭の滝上に置き、ここに近衛騎兵の戦車一個中隊を配置する。戦車中隊は八月までに奥日光に到着する予定だった。敵が空挺部隊で降下してきた場合に備え、南間ホテルに宿泊している少年飛行兵を使って戦場ヶ原に仮飛行場を造らせ、所沢や水戸方面から戦闘機を集めて敵空挺部隊の輸送機を攻撃させる。

しかし、第三拠点も突破されるのは時間の問題で、最後の拠点として戦場ヶ原から湯元に通じる坂道と湯滝の上、湯の湖畔に防衛線を敷くことにした。ここで食い止めている間にオートバイなどの機動力を使って伊香保方面か鬼怒川の上流に「落ちのびる」計画であった。

傅育官らも避難計画を検討していた。第一案は奥日光から金精峠を越え、片品、利根、沼田、長野原、嬬恋を通って松代の大本営に向かうルートだった。しかし、現地を調査してみたところ、金精峠は道幅が狭く急峻なため、明仁皇太子と学生らが越えるのは不可能と判断された。

第二案は奥日光から南東へ向かい、細尾峠から足尾を抜け、渡良瀬川沿いを進んで群馬県に入り、黒保根、大間々、前橋に至るルートだった。ただ、その先の展望がなく、議論は紛糾した。

儀仗隊の田中司令官との協議の結果、工兵隊が金精峠越えを可能にする工事を行うことで松代大本営へのルートが採択された。そしてさらに追い詰められた場合の秘策も立てられた。

そのときのため、奥日光には三組の夫婦がいた。田中少佐夫妻のほか、石川首席傅育官と西郷傅育官夫妻であった。明仁皇太子単独で避難となった場合、夫婦の息子と身分を偽って逃げのびるのだ。足腰の強さを考え、田中と西郷夫妻が選ばれた。そして、田中が皇太子を、西郷が皇太子の「影武者」を連れて避難することが決まった。実際、一人の同級生が選定されていたという。(95)

奥日光では明仁皇太子のための防空壕造営工事が急ピッチで進められることになった。七月三十日から近衛工兵隊によって行われた「三号演習」である。(96)防諜上の符丁で、宮城内の大本営防空壕「御文庫附属室」の補強工事を一号演習、軽井沢の皇太后用の防空壕工事を二号演習と呼んでいた。

南間ホテル周辺を試掘した結果、ホテルすぐ隣の東側山腹は岩盤がもろいことが判明したため、少し距離はあるが岩盤の固い西側山腹で本格的な工事を始めた。八月四日のことだった。まだ作業中だった十日、空襲警報のサイレンが鳴ったところ、明仁皇太子と傅育官が掘りかけの坑道に緊急避難してきたこともあった。ホテルの寝室の次の間の壁に穴をあけて、皇太子がそこから外の防空壕の方まで出られるようにしていたという。

日本時間の七月二十七日、連合国は日本の降伏条件を示したポツダム宣言を公表した。翌二十八日、鈴木貫太郎首相は「黙殺」の意思表示をしたが、日本降伏の日は迫っていた。

そんなときでも疎開学園の遠足は行われていた。通常なら夏休みの時期だった。二十九日、皇太子と学生たちは水筒とズックかばんを十文字掛けにして戦場ヶ原へ出かけた。学生らは密生するシャグミを摘んではほおばった。噛むと甘い汁が口中に広がった。奥日光に来てから本格的に和歌を作り始めた皇太子は、のちにこの思い出を詠んでいる。

見わたせばあやめ虎尾こきまぜて戦場ヶ原に夏ぞ来にける[97]

八月二日、南間ホテルに東京から来訪者があった。参謀本部第二部長の有末精三中将だった。高杉中佐の依頼で、明仁皇太子と学生、側近らに戦況の見通しについて講話することになった。有末は、戦局は不利な状況にあるが、日本には特攻戦法があり大きな戦果をあげている。最悪の場合でも本土決戦で一挙に敵を撃滅し、最後には勝利を収めることができる、という内容の話をした。

講話が終わり、数人の学生の質問に答えた後、有末は、

「殿下、何かご質問はありませんか」

と聞いた。皇太子はしばらく考えてから、

「なぜ、日本は特攻隊戦法をとらなければならないの」

と言った。その場にいた軍人である高杉中佐、田中少佐はギクッとしたという。国民だけではなく軍人も「十死零生」の戦法には疑問を持っていた。「参謀本部のお偉方」に面と向かって問いただすなどということは「皇太子だからこそできた」と高杉らは回想している。

この質問に有末はやや狼狽した様子で「特攻戦法というのは、日本人の性質によくかなっているものであり、また、物量を誇る敵に対しては、もっとも効果的な攻撃方法なのです」と答えた。[98]

よく知られた逸話で複数の証言者がいるが、その場にいた明石元紹はまったく記憶がないと著書に書いている。[99]

混乱のさなかの東宮職設置

八月六日に広島に原爆投下、八日にソ連が日本に宣戦布告、満州への進撃を開始。九日には長崎にも原爆が落とされ、大日本帝国は断崖の淵に立たされた。原爆の情報は奥日光にも伝わり、儀仗隊から傅育官に「白いもので殿下を包むようにしてください」との指示があった。

宮城では終戦に向け、もがき苦しむような時間が過ぎていった。十日午前零時過ぎから御文庫附属室で天皇出席の最高戦争指導会議が開かれ、「聖断」により、「天皇の国家統治の大権を変更するの要求を包含しおらざることの了解の下に」として、国体護持＝天皇制の存続を条件にポツダム宣言の受諾を決定する。

この日の朝を迎えたあと、宮内省は東宮職の設置を公布した。東宮大夫兼侍従長に家族法の権威で東京帝国大学名誉教授の穂積重遠（ほづみしげとお）、東宮侍従に宮内省警衛局長の角倉志朗と宮内省宗秩寮爵位課長の栄木忠常（さかきただつね）が任命された。明仁皇太子とともに奥日光にいる山田、東園、村井、西郷の傅育官全員が東宮侍従となった。また、東宮職御用掛として諸橋轍次、杉村欣二郎が任命された(100)。

敗戦が決まり、その混乱で宮内省と疎開中の皇太子側との連絡が途絶した場合、独断で行動して皇太子の安全を図るために構想された東宮職設置計画が発動されたのだ。

翌十一日、新聞各紙朝刊一面に明仁皇太子の写真が大きく掲載された。学友とともに整列している写真は日光での朝会を撮影したものだったが、具体的な場所は記されていない。動静に関する記事も各紙同じで、皇太子が行啓先で同級生とともに日々厳格な規律のもとに生活していること、毎日朝六時に起床して体操、七時から午後四時まで勉強や運動をしていること、食事も同級生と同じ配給食をとっていることなど、事実が書かれている。皇太子が疎開中だとはっきりとわかる。「御大成を祈念最善を盡す」という見出しの東宮大夫に就任した穂積の謹話も添えられていた。(101)

終戦間際の唐突な皇太子の動静記事について、敗戦で天皇の退位の可能性もあり、次代を継ぐ皇太子の存在を政府・宮内省がアピールした、との解釈もある。しかし、この時点で天皇退位が問題となり議論されていた記録はなく、やや深読みが過ぎる感もある。

十二日、国体護持を条件にポツダム宣言受諾を通知した日本への米国側の回答、いわゆる「バーンズ回答」が発せられた。この回答で、降伏後に天皇は連合国軍最高司令官の「制限の下に置かれる」という文言で日本側が紛糾する。原文「subject to」の外務省訳だったが、軍は「隷属する」と解釈し、受諾反対を主張していた。

この日、穂積ら東宮職に任じられた人々は上野駅から無蓋列車に乗り日光へ向かった。東宮職が設置されたものの、東宮仮御所は空襲で焼失し事務所がなかった。赤坂離宮の地下室を連絡所として使っていたが、穂積が「こんなところにいてもしょうがないから、皇太子殿下のいらっしゃる日光へ行こう」と言ったのだ。列車に乗った穂積らはよれよれの国民服に雑嚢を肩からかけていた。東宮大夫一行だと気づく者はいなかった。

日光に着いたのは夜だったので、穂積らは旅館に一泊して翌十三日の早朝に車とケーブルカーを乗り継ぎ、午前十時過ぎに奥日光の南間ホテルに到着した。西郷ら奥日光にいた新東宮侍従らは、東京から来た東宮大夫一行の緊迫感、悲壮感を肌で感じた。ただよう終戦の気配に緊張は一気に高まった。(102)

この日の朝、明仁皇太子と学生たちはいつものように南間ホテルを出て、山小屋の教室へと歩いていた。引率は鈴木弘一教授だった。雑木林を抜け山小屋へ通じる小道をおしゃべりしながら歩いていると爆音が響いてきた。振り返ると米軍の艦載機八機が低空で迫ってきた。

「それ、空襲だあ！　はやく木の下にかくれて伏せろ！」

と鈴木教授は叫び、学生たちは近くの茂みの中に身を潜めた。鈴木教授は皇太子とともに山小屋への坂道を駆け上がり、防空壕へ飛び込んだ。そのとき艦載機が轟音とともに頭上をかすめていったという(103)。

戦後、天皇、皇后にこのときのことを報告した同教授の記録には「すばらしい速力」「御呼吸も常とあまりお変わりない」と書かれていた(104)。

十四日午前十一時過ぎ、御文庫附属室でバーンズ回答への対応をめぐって御前会議が開かれた。参謀総長、軍令部総長、陸相が国体護持の保証がないとしてバーンズ回答への再照会を主張したが、裕仁天皇は降伏＝終戦の「聖断」を再度下した。無答責の原則を捨て、大元帥として統帥部の意見を押さえつけたのだ。

同日午後十一時半ごろから、天皇は十五日正午に国民に終戦を知らせる「玉音放送」の録音を行った。長い戦争の時代がいよいよ終わる――はずだった。しかし、陸軍内部ではクーデターにより「聖断」を覆し、戦争継続を図ろうとする一派があった。

十五日未明、陸軍省軍務課員を中心とする一部陸軍将校によるクーデター未遂「宮城事件」が発生する。明け方には鎮圧されたが、目覚めてから藤田尚徳侍従長から報告を聞いた天皇は「藤田、いったい、あの者たちは、どういうつもりであろう。この私の切ない気持ちが、どうして、あの者たちには、分からないのであろうか」と嘆いた(105)。

天皇の股肱であり、承詔必謹（天皇の勅が下ったら必ず承る）を旨とする軍人がこのような挙に出たのは、「歴代天皇の一人にすぎぬ裕仁天皇よりも、国体が優先する」という論理であり、「天皇が終戦を固く決意し、国民を全滅から救うためには天皇制が消滅してもやむをえない、と考えていることはすでに伝わっていたが、彼らの身勝手な論理からすれば天皇の国体観念は誤っており、それを正すための「直諌（ちょっかん）」は許される」という思考形態からだった。(106)

重要なのは「万世一系」であり、天皇個人ではないのである。これは皇太子にもあてはまった。近代天皇制の根幹が、国家滅亡の淵に際してむき出しで現れてきたといえる。

雑音で聞こえなかった「玉音放送」

八月十五日の朝、明仁皇太子はふだん通り午前六時半に起床、日拝のあと、学生らとともにハダカ体操、竹刀の素振りをした。朝食後、南間ホテル本館広間で授業が行われた。四時限目だけ短縮になり、午前十一時半に切り上げられた。正午からの「重大放送」を聴くため、学生は本館二階廊下の拡声器前に整列、皇太子は第二別館二階の部屋へ移動した。

当初は「皇太子も学生と一緒に」という話もあったが、石川岩吉（十日付けで東宮職御用掛）の判断で別の場所で聴くことになった。「一般国民が陛下のご放送を聞くのとは違う。殿下にとっては、お父さまのお声をお聞きになるわけでもある」と東園東宮侍従は語っている。(107)

明仁皇太子が玉音放送を聴いた部屋は八畳の和室で、背の低い台に当時としては高性能の八球ラジオが置いてあった。皇太子はその前に敷かれた座布団に正座した。そばには東宮大夫兼侍従長の穂積、御用掛の石川と野村行一、侍従の東園、山田、村井、西郷、角倉、栄木、侍医の緒方安雄が取り巻くように座った。

正午になった。放送が始まったが、ガーガーという雑音がひどく、天皇の声はとぎれとぎれにしか聞こえない。ただ、侍従たちには詔勅の意味がよくわかった。戦争は終わった。日本は負けた。東園と村井は抱き合って泣いた。西郷も廊下に出て大声で泣いた。

皇太子は――。放送が終わったあともじっと座っていた。目に涙をためていたと書く本もあるが、天皇となってから次ように語っている。

「(「玉音放送」を聞いたのは)湯元のホテルでした。重大放送があるというので、学友たちとは別の部屋でラジオを聞きました。周りは東宮侍従長ら大人ばかりでした。事前に内容などはわかっていませんでした。放送時、ラジオの音が雑音でほとんど聞こえませんでした。詔書の内容も難しいので、聞こえていたとしても子供だったので理解できなかったでしょう。周囲の大人に戦争が終わったことを教えられました[108]」

同じ時刻、正田美智子は軽井沢で、母・富美子や祖父母ら親族とともにラジオの前にいた。母たちは涙をぬぐっていたが、美智子には意味がよくわからなかった。

「親戚の家に集まって聞きました。当時のラジオはガーガーと音がうるさくて、よく聞こえませんでした。ただ、「耐え難きを耐え、忍び難きを忍び」というところははっきり聞こえました。(戦争に負けたことは)放送でわかったのか、その後、誰かに聞いて知ったのかはよく覚えていません。まだ小学校五年生でしたから、周りの大人たちから聞かされてわかったと思います[109]」

と、やはり皇后になってから話している。二人とも同じような受け止め方だった。

放送が終わってから、穂積は皇太子に静かにさとすように説明した。

「戦争に負けて終戦となったが、日本国が滅びたのではない、日本はこの敗戦のあらゆる困難を克服して、再びその存立を確実にし、繁栄をとり戻さなければならないのである。この日本再建の時代に際会された殿下のご責任と、ご任務は、まことに重大である。どうかいたずらに悲嘆にくれることなく、専心ご勉学にはげまれて、きょうの悲壮なご決意を一生お持ち続けになり、明天子におなり遊ばしますようお願い申し上げる(110)」

皇太子は泣かなかった。ただ、じっと耳を傾けていた。

万世一系の末にある「神の子」から解放され、「人間・皇太子」となるスタートでもあった。「神国・大日本帝国」ではない日本で生きなければならなかった。

それは他の学友も同じだった。明石元紹は「学習院は身近に一学生として皇太子殿下をはじめ、皇族を擁していただけに、妙な精神主義がなく、自然に平和な時代に順応していったような気がする(111)」と書いている。

「天皇は神などという軍国主義的精神」は知的合理主義とは程遠く、「戦争指導者が大いに鼓舞したもので、国家の中心に遠いひとほど盲信させられた」と明石は言う。そして「現実に、毎日、皇族の生身のご生活を目にし、一人の生徒として接しているこの学校では、不合理な精神主義は生まれない」のだと(112)。

しかし、明仁皇太子が真の合理主義を血肉とするためには、これから多くの人との出会いが必要だった。終戦の混乱が始まろうとしていた。皇太子の危機はまだ去っていなかった。

第3章 師との出会い

バイニングと明仁皇太子 =1949(昭和24)年1月

〈昭和20年〉
徹底抗戦派から皇太子を守れ！

一九四五（昭和二十）年八月十五日正午の「玉音放送」で政府がポツダム宣言を受諾することが国民に知らされた。しかし、それはあくまで政府の告知であり、戦争が直ちに停止するわけではなかった。一九四一（同十六）年十二月の開戦から三年七カ月余り、日中戦争にさかのぼれば八年もの間、日本は戦争を続けてきた。国家、そして国民全体が「戦争マシン」として駆動し続けてきたのだ。天皇の放送といえどもフル回転していたエンジンの熱を急激に冷ますことはできない。

「宮城事件」はその予兆だった。クーデター、反乱の危機はまだ去っていない。ただ、反乱軍は終戦を決定した天皇を錦の御旗として担ぐことはできなかった。おのずとその視線は明仁皇太子に注がれるはずである。日本中の徹底抗戦勢力が次なる「玉」を掌中におさめるため、ここ奥日光・湯元に進軍してくる恐れがある。

皇太子側近でそのことをもっとも憂慮していたのが高杉善治陸軍中佐だった。この日、日光から東京に戻っていた高杉は天皇の放送を聴き終わってすぐ、午後一時に参謀本部の有末精三中将に電話をかけ、軍の動静を尋ねた。そして有末から「宮城事件」の顚末とともに「東部軍第十四師団の一部にも、皇太子殿下を奉じて、会津若松に立てこもり、最後まで抗戦を継続しようという動き」があることを聞いた(1)。第十四師団の司令部は宇都宮である。湯元は目と鼻の先だ。

ただ、第十四師団主力は太平洋のパラオ方面に出征していた。宇都宮で編成された師団にはこのほか第二百十四、八十一師団があった。第二百十四師団も米軍の本土上陸に備えて千葉県の九十九里浜方面に移動しており、残るは第八十一師団だった。同師団は宇都宮から遠くない地点に主力の歩兵第百七十一、百七十二、百七十三連隊を展開させていた。兵力は一万二千人で、これらが進撃して来たら皇太子を守っている二百四十人の儀仗隊はひとたまりもない。(2)

高杉は湯元の儀仗隊司令官・田中義人少佐に電話で情報を伝え、急ぎ日光へ向かった。高杉は「軍全体が一致団結して抗戦するならば別として、一部の過激派が抗戦しても、国民は長い戦いに疲れ果て、終戦でホッとしている現状なので、国民の間に抗戦継続の気勢を盛り上げることは全く期待できない」と考えていた。(3)もし徹底抗戦派が皇太子を擁して上陸してきた米軍と交戦し全滅したら、皇太子の身の安全の保障はない。皇統を守るために抗戦派の進軍を阻止しなければならない。

高杉は田中少佐の動向に不安をおぼえ、あせっていた。田中を皇太子守護の厳命を守る忠誠の軍人と信じていたものの、「宮城事件」を起こした近衛師団の一部幕僚から指示を受けて抗戦派に同調することもありえると考えていた。

高杉が日光駅に着くと顔見知りの憲兵が近づいてきて「宇都宮師団は抗戦継続のため目下動員中であり、近いうちに、殿下を奉ずべく湯元へ押し寄せてくるかも知れず、儀仗隊はすでに一部を要所に配置して、これら抗戦部隊を阻止する態勢を準備中である」との情報を伝えた。儀仗隊が反乱に同調する恐れは消えた。

高杉が湯元に到着すると、田中少佐はこの十五日の出来事を語った。朝、東部軍参謀の中佐がやってきて、「貴官は第十四師団と協力して皇太子殿下を奉じ、会津若松に立てこもり抗戦を継続すべし。第十四師団に対してはすでに出動を命じあり」との東部軍管区司令官命令を伝えた。(4)

しかし、田中少佐は直属の近衛師団の命令がない限り従えないとこれを拒絶した。参謀は仕方なく引き返した。田中少佐は近衛師団と連絡をとり事情を確かめようとしたが通じなかったため、皇太子守護の任務を続行すべきと考え、第十四師団の進軍阻止の態勢をとらせたのだという。

まもなく近衛師団と無線連絡が通じ、東部軍管区司令官命令は虚偽であることがわかった。しかし、反乱軍が進撃してくる可能性はある。近衛師団に救援を求めたところ、戦車一個中隊（十二両）と飛行機一個中隊（十二機）を派遣できるよう準備しているということだった。最悪の場合、皇太子を戦車に乗せて軽井沢方面に逃げることを想定し、戦車の一両は「御料車」として使用できるように改装を整えているという。

儀仗隊で各方面から押し寄せる反乱軍を迎え撃つ作戦を立てたが、一万対二百の兵力差では勝負にならないとみて、やはり皇太子の退避を主に考えた。軽井沢方面は宇都宮師団に属する高崎第十五連隊に遭遇する恐れがあるため、鬼怒川河畔の川俣温泉を退避先にした。その場合、皇太子を田中の馬に乗せていくことになった。田中は南間ホテルに火をかけて逃げることも考えていた。

儀仗隊では反乱軍の進撃が予想される要路に地雷を設置して緊迫した時間を過ごしたが、まもなく第十四師団の参謀が日光に来着し、司令官命令が虚偽であることが判明したため、師団では動員を中止して平静に戻っていることを告げた。(5)

これで儀仗隊の緊張は解けたのだが、皇太子を擁して徹底抗戦するという考え方は終戦直後の軍内部で広範囲に存在した。皇太子を狙っているのは宇都宮の師団だけではなかった。同時期、水戸教導航空通信師団でも奥日光に押し寄せようとする反乱の動きがあり、十九日には東京湾兵団参謀を名乗る二人の中佐が車で湯元に現れ、「軍では、終戦をすると仰せられる陛下にはご退位願い、皇太子を

奉じて戦いを継続することになった」と徹底抗戦の命令に従うよう儀仗隊に迫った。(6)

これらも実際の反乱軍の動きにはつながらず事なきを得た。問題は反乱を誘発した情報管理だった。戦時中、皇太子の疎開先は厳重に秘匿されていたはずで、報道も規制されていた。湯元からの人の往来、手紙なども憲兵隊にチェックされていた。しかし、皇室を守護する近衛師団はまだしも、反乱の動きを見せた宇都宮や水戸などの部隊も皇太子が日光にいることを知っていた。情報は筒抜けだったことになる。

徹底抗戦派の動きは収まったが、皇太子の身の安全はまだ安心できる状況ではなかった。終戦前にその侵攻に備えていた米軍への不安がまた頭をもたげてきたのだ。「玉音放送」翌日の十六日、米軍が本土に進駐してきた場合、皇太子を人質として本国へ連れ帰るという情報が憲兵隊から高杉に伝えられていたのだ。不確かな情報だが、高杉はあり得ることだと考え、田中と対策を練った。

そして、米軍が湯元にやってきて皇太子を拉致しようとした場合、終戦前と同様、同級生から選んだ身代わりの影武者を差し出し、皇太子をひそかに会津若松まで避難させることにした。しかし、あらかじめ湯元からの間道を斥候に調べさせたところ、自動車も馬も通行は無理であることがわかった。このため駕籠と徒歩を併用することにした。

この避難作戦を東宮職と学習院側に伝えたところ、西郷従達侍従が「学友をお身代わりに立てて苦境に立たせ、殿下のご安泰のみを図るということは、卑怯な行為として後世のそしりを受けるのではないか」と異議を唱えた。(7)

西郷も終戦前の影武者作戦には同意していたはずだが、米国に拉致されるという運命はあまりに悲惨だと思ったのか。高杉は身代わりの学生にとっても名誉なことで世間も称賛する、日本人の国民性からも卑怯との批判はないと説得した。結局、高杉の説得に東宮職、学習院側も折れ、一人の身代わりが選ばれた。顔かたちは皇太子に似ていないが、成績が優秀で素直な、クラスの模範生として認められていた少年だったという。(8)

しばらくしてこの拉致情報もデマと判明し、高杉の懸念は杞憂に終わったのだが、もしこのような作戦が実行されていたら皇太子の将来に大きな傷がついていただろう。高杉ら軍人の視野の狭さが露呈した作戦だった。ただ、皇統を守るためのなりふり構わない発想は高杉だけではなく軍全体が共有しているものだった。陸海軍は日光の皇太子、東宮職、儀仗隊があずかり知らないところで極秘の皇統維持作戦を進めていた。

皇族の北白川宮家に道久王という男児がいた。皇太子より四つ下の八歳だった。父の永久王は陸軍軍人だったが、飛行機事故により三十歳で歿した。祖父の成久王もパリで自動車事故に遭い三十五歳で早世。曾祖父の能久(よしひさ)親王は台湾征討中に四十八歳で病没した。道久王は明治天皇のひ孫にもあたる。陸軍は悲劇の宮家といわれていた北白川宮の若宮に目をつけた。

天皇は中国に流刑、皇族は全員死刑という噂が流れており、皇太子まで米国に拉致されれば皇統は完全に潰えてしまう。最悪に備え、「血統正しく目立たない」宮様として道久王を秘かにかくまう案が計画された。指令を受けたのは陸軍中野学校の組織だった。この時期、道久王は山梨県勝沼町に疎開していたが、東京からより遠い新潟県六日町に移すことが検討された。(9)

一方、海軍でも宮内省と高松宮の同意を得て軍令部の富岡定俊作戦部長による皇統護持作戦が練られていた。かくまう皇族は確定しなかったが、逃避行先は九州とされた。作戦の実働部隊の責任者として真珠湾攻撃の航空参謀を務めた源田実大佐らが任じられた。かくまう対象は皇女の場合もありうるとされ、作戦期間は「無期限の覚悟」であった。
陸海軍の皇統護持作戦は、さながら足利幕府の追求を逃れる南朝勢力のような時代がかったものだったが、米軍が日本に進駐して一カ月足らずで皇太子拉致は杞憂と判明し、自然消滅していった。これらの作戦は、いざとなったら天皇、皇太子という「貝」を入れ替えても、皇統の「貝殻」を守ることが重要とする軍、いや大日本帝国の天皇観が露呈したものといえた。

当の皇太子はこれらの動きをもちろん知らない。終戦放送を聴いたあとの皇太子はどう過ごしていたのか。田中少佐の回想では、放送の翌日、田母沢御用邸などに分散配置されていた儀仗隊が抗戦派の進撃に備えて湯元に集結、総勢二百四十人が勢ぞろいして南間ホテルの庭に整列した。皇太子は東宮侍従らを従えてお立ち台に立った。田中少佐は「捧げ銃（つつ）！」の号令をかけたが、涙があふれて声にならなかった。兵たちの間からも、うめくような声が聞こえた。

皇太子は挙手の礼を返した。ラッパ手が「君が代」を吹奏した。その音色は哀しく周囲の山々にこだまして吸い込まれていったという。ラッパの音が消えると、皇太子は手を下ろし、台を降りてホテル別館に戻っていった。皇太子の姿が見えなくなると、隊員らのなかから嗚咽（おえつ）の声が沸き起こった。(10)

作文「新日本の建設」と父の敗因説明

二日後の八月十八日、「醜の御楯」として明仁皇太子守護を命じられていた少年飛行兵約百人が原隊に戻るため山を下りた。南間ホテルが急に静かになった。二十二日には皇太子の防空壕を造営していた近衛工兵隊も原隊へ復帰していった。工兵隊は掘りかけの坑道の入り口に厚い板を張り、外側に岩を積み上げてきれいに整理していったという。(11) 奥日光・湯元に急に秋が近づいてきたようだった。

明仁皇太子は父・裕仁天皇の終戦放送を聴いたときの思いを「新日本の建設」と題した作文にした。実際は少し時間を経てから書いたとみられ、九月の中旬に学校に提出された。

昭和二十年八月十五日、この日、我が国三千年の歴史上始めての事が起りました。そしてこの日が日本人に永久に忘れられない日となりました。おそれ多くも天皇陛下が玉音で英米支蘇四ヶ国の宣言を御受諾になるといふ詔書を御放送なさいました。私はそれを伺つて非常に残念に思ひました。無条件降服といふ国民の恥を、陛下御自身で御引受けになつて御放送になつた事は誠におそれ多い事でありました。

今度の戦で我が忠勇な陸海軍が陸に海に空に勇戦奮闘し、殊に特攻隊は命を投げ出して陛下の御為笑つて死んで行きました。又国民も度々の空襲で家を焼かれ、妻子を失つても歯をくひしばつてがんばりました。このやうに国民が忠義を尽して一生懸命に戦つたことは感心なことでした。けれとも戦は負けました。それは英米の物量が我が国に比べ物にならない程多く、アメリカの戦争ぶりが非常に上手だつたからです。初めの内は準備が出来なかつたので敗戦しましたが、いざ準備が出来上ると猪武者のやうな勢で攻めて来ました。その攻め方も上手でなかなか科学的でした。数百隻の軍艦、数千機の飛行機、数万噸の爆弾を以つて攻めて来ました。遂には原子爆弾を使つて何十万といふ日本人を殺傷し、町や工場を破壊しました。それで我が海軍はほとんどなくなり、飛行機を作るアルミニュームの製産も十八年頃に比へて四分の一にへつて大事な飛行機が作れなくなり、遂に戦争が出来なくなりました。その原因は日本の国力がおとつてゐたためと、科学の力が及ばなかつたためです。それに日本人が大正から昭和の初めにかけて国の為よりも私事を思つて自分勝手をしたために今度のやうな国家総力戦に勝つことが出来なかつたのです。

今は日本のどん底です。それに敵がどんなことを言つて来るかわかりません。これからは苦しい事つらい事がどの位あるかわかりません。どんなに苦しくなつてもこのどん底からはい上がらなければなりません。それには日本人が国体護持の精神を堅く守つて一致して働かなければなりません。日本人一人とアメリカ人一人を比べれば、どんな点でも日本人の方がすぐれてゐます。唯団体になると劣るのです。そこでこれからは団体訓練をし科学を盛んにして、一生懸命に国民全体が今よりも立派な新日本を建設しなければなりません。殊に国が狭まくなつたので、これからは農業を一層盛んにしなければなりません。それが私達小国民の役目です。

今までは、勝ち抜くための勉強、運動をして来ましたが、今度からは皇后陛下の御歌のやうに、つぎの世を背負つて新日本建設に進まなければなりません。それも皆私の双肩にかゝつてゐるのです。それには先生方、傅育官のいふ事をよく聞いて実行し、どんな苦しさにもたへしのんで行けるだけのねばり強さを養ひ、もつともつとしつかりして明治天皇のやうに皆から仰がれるやうになつて、日本を導いて行かなければならないと思ひます。(12)

戦時中、国民は特攻隊員が笑って出撃していったという戦意高揚のための作り話を信じ込まされていた。皇太子がそう信じていても無理はないが、この作文には大人の言い訳と負け惜しみがにじみ出ている。国民が自分勝手だから負けたとはあまりの言いようである。日本人は個人では米国人よりも優れているというのも歪んだ自己意識で、十二歳の皇太子が自分自身の考えをもとに書いたとは思えない。側近ら周辺が「終戦を迎えた皇太子らしい」作文を創作したのではないだろうか。

東京では戦争マシンを停止させるため、懸命の「冷却作業」が行われていた。八月十六日、陸海軍に即時戦闘行動の停止を命じる大陸命と大海令が発出された。十七日には天皇が陸海軍に対する勅語を下して戦闘をやめるよう求めた。この日、終戦にまでこぎつけた鈴木貫太郎内閣を継いで、皇族の東久邇宮稔彦内閣が成立した。十八日は終戦の詔書が発せられた後に降伏した者は捕虜ではないとする大陸命を出した。「生きて虜囚の辱めを受けず」の戦陣訓の呪縛を解く指令だった。

十九日、東久邇宮首相は「天皇から国民生活の明朗化のため、灯火管制や信書検閲などの即時中止の御沙汰」が下されたことを閣議で報告し、その趣旨が閣議決定された。同日、陸海軍の各方面司令官に一切の戦闘行為の停止時期を八月二十二日午前零時とする命令が出された。戦争マシンの完全停止には一週間を要した。

同じ二十二日、学習院は疎開している初等科の現状維持を決めた。東京に空襲の恐れはなくなったものの、食糧、衣料をはじめあらゆる物資が不足しており、混乱のさなかにあったためだ。空襲で罹災して帰る家を失くした学生も多かった。皇太子も同様で、東宮仮御所が焼失して住む場所がなかったことも湯元にとどまる要因であった。

皇太子一人が住める家屋があればいいというものではなかった。東宮大夫以下の侍従、侍医や内舎人など東宮職は三十数人にも上り、事務棟を建てねばならなかった。

二十八日に連合国軍最高司令官のダグラス・マッカーサーが厚木に到着、九月二日に横須賀沖に停泊する戦艦ミズーリ号艦上で降伏文書調印式が行われた。日本は米国の占領下に入った。

学習院日光学寮では九月一日から二学期に入ったが、戦後の混乱や動揺は及ばず、ほぼ従来通りの日課が続いた。食糧事情は戦後になっても好転しなかった。食糧補給を兼ねた遠足が頻繁に行われた。

小田代原でキノコ狩り、戦場ヶ原でツルコケモモの採集などを行い、その収穫が食卓を潤した。また、皇太子と同級生らが採集した木苺で作ったジャムが侍従を通じて皇后に献上された。[13]

このころ、奥日光の皇太子に天皇、皇后から手紙が届いた。やはり侍従の村井長正が写しを取っていたものだ。皇后の手紙は八月三十日付けだった。

ごきげんやう　日々　きびしい暑さですが　おさはりもなく　お元気におすごしのこと　おめでたく　およろこびします　長い間　おたづねしませんでした　この度は天皇陛下のおみ声をおうかがひになつたこと丶思ひますが　皆　国民一同　涙をながして伺ひ　恐れ入つたこと丶思ひます

おもうさま　日々　大そうご心配遊しましたが　残念なことでしたが　これで　日本は　永遠に救はれたのです

二重橋には毎日　大勢の人が　お礼やら　おわびやら　涙をながしては　大きな聲で申し上げてゐます　東宮さんも……大詔に仰せになつたことをよく〳〵頭に入れて　まちがひのないやうにしのぶべからざることを　よく〳〵しのんで　なほ一層　一生懸命に勉強をし　体を丈夫にしてわざわひを福にかへて　りつぱな〳〵国家をつくりあげなければなりません

東宮さんもこのたびは東宮職が出来て　大夫はじめが　そろつて　おつとめするやうになつたことを　心からおよろこびします

穂積〔重遠・東宮大夫〕はご承知でせうが　東宮さんのお生まれになる前から　毎週一度ずつ　いろ〳〵おはなしをして　きかせてもらつてゐました

いいおはなしをいろ〳〵してもらつたらいいでせう

このごろは奥日光の方で又　変はつたところでおすごしですね　学生とも一緒に　いろ〳〵して
いらつしやるのでせう　沼津の時のやうなのでせう
おひるねも　ありますか　昨年はできないで　おこまりでしたね
こちらは毎日　B29や艦上爆撃機　戦闘機などが縦横むじんに大きな音をたてて　朝から晩まで
飛びまはつてゐます　B29は残念ながらりつぱです
お文庫の机で　この手紙を書きながら頭をあげて外を見るだけで　何台　大きいのがとほつたか
わかりません　しつきりなしです
ではくれ〴〵もお大事に　さよなら
三十日午前九時半　　　　たゝより
東宮へ(14)

終戦により「日本は永遠に救われた」という言葉に驚く。戦争の実態を天皇から聞いていたゆえの認識だろう。

天皇からの手紙は九月九日付けで届いた。

手紙をありがたう　しつかりした精神をもつて　元気で居ることを聞いて　喜んで居ます
国家は多事であるが　私は丈夫で居るから安心してください　今度のやうな決心をしなければならない事情を早く話せばよかつたけれど　先生とあまりにちがつたことをいふことになるので　ひかへて居つたことを　ゆるしてくれ　敗因について一言いはしてくれ

我が国人が　あまりに皇国を信じ過ぎて　英米をあなどつたことである
我が軍人は　精神に重きをおきすぎて　科学を忘れたことである
明治天皇の時には　山縣　大山　山本等の如き陸海軍の名將があつたが　今度の時は　あたかも第一次世界大戦の独国の如く　軍人がバツコして大局を考へず　進むを知つて　退くことを知らなかつたからです
戦争をつづければ　三種神器を守ることも出来ず　国民をも殺さなければならなくなつたので涙をのんで　国民の種をのこすべくつとめたのである
穂積大夫は常識の高い人であるから　わからない所あつたら　きいてくれ
寒くなるから　心体を大切に勉強なさい

九月九日(15)　　父より

明仁へ

天皇は終戦を決断した事情を早く話したかったが、学校で教えていること、つまり国民一般が信じる「聖戦」と戦争の実態があまりにも乖離しているので話せなかったという。そして日本人の夜郎自大と軍人の科学軽視を厳しく批判した。終戦の日の皇太子の作文とは異質な敗戦認識が示されている。皇太子を軍国教育の呪縛から解き放とうとしているかのようでもある。

この手紙について皇太子は四十一年後の一九八六(昭和六十一)年に「いただいたことをはっきり記憶しています。しかし、内容については、その後いろいろな機会に、お手紙にあるような内容のことをお話として伺っているので、その方が頭に残っています(16)」と話している。

「みじめな東京」には戻らず

終戦後に学習院関係者の頭を悩ませていたのは、食糧事情や学生の帰京時期のほかに、翌一九四六年度から明仁皇太子が進学する中等科の問題があった。御学問所構想はいったん白紙になり、皇太子は一般学生と同様、中等科で学ぶことになっていた。ただ、目白の校舎は空襲で施設の半分を失っていた。「占領軍の駐留する東京で明仁親王を含む中等科新一年生の授業を始めるのは適当でない(17)」という山梨勝之進院長の判断もあり、いったん中止となっていた中等科の移転（以前は喜多見御料地への移転計画）を再び検討することになった。

まず、米軍の進駐地区からできるだけ遠くするため、東京から五十キロメートル離れた地域を対象とすることにした。東宮職と学習院が皇太子の早期帰京を躊躇したのは、食糧事情や住居、中等科校舎の問題のほか、米軍との接触を避けたいという思いがあったからだ。

九月の初めごろ、ジープに乗った米軍のＭＰ数人が南間ホテルに押しかけ、「皇太子の写真を撮らせろ」と迫る事件があった。このときは英語のできる西郷侍従がなだめすかして追い返したが、東京に戻ると同じようなことが起きかねなかった。十一日には連合国軍総司令部（ＧＨＱ）が東条英機をはじめ三十九人の戦争犯罪人の逮捕命令を出しており、騒然とした時期でもあった。

また、東宮侍従の東園基文は「殿下に敗戦後のみじめな東京をお見せしたくないという思いも、私たちの中にありました。出勤時に東京駅から宮内省に来る途中見た光景ですが、接収されていた丸ビルの窓から米国人がモノを投げる。その下にワッと日本人が群がるのです(18)」とも話している。

最初に中等科の移転候補地に上ったのは、本土決戦に備えた天皇、皇太子の避難先だった長野県の松代大本営だった。九月上旬、児玉幸多教授と小倉庫次侍従らが現地を視察したが、建造物完成にはなお巨額の予算が必要なこと、食糧確保に不安があることから不適と判断した。次に静岡県富士郡上井出村の陸軍少年戦車兵学校跡と沼津市の沼津海軍工廠跡、沼津御用邸附属邸が候補になったが、いずれも戦火などにより惨憺たる状態で使用に耐えないものだった。実現したとしても、これでは皇太子と同級生らは疎開生活を継続することになってしまう。

九月二十一日、山梨院長ら学習院関係者、山田康彦東宮侍従らが東京の小平村の陸軍経理学校予科跡を視察した。しかし、米軍がすでに接収を進めていて使用できなかった。この視察の帰途、一行は山田侍従の発案で小平村近くの小金井町にある文部省の教学錬成所に立ち寄った。このときは「荒れている」との判断で、移転地としては却下された。二十六日には千葉県松戸市の陸軍工兵学校跡を視察したが、これも不適だった。万策尽きた山梨は四谷の初等科校舎を利用するしかないと考えた。

しかし、二十七日になって小金井の教学錬成所が急浮上した。皇太子の仮御所は葉山御用邸の供奉員宿舎を移築することにして、中等科の小金井移転が決定した。教学錬成所は一九四三(昭和十八)年十一月に国民精神文化研究所と国民錬成所を合併して設置された。日本精神の研究と普及、全国の教員の錬成・再教育を行ってきた機関だった。終戦後は活動を停止し、いずれ廃止されることになっていた。約三万坪ある広大な敷地に修養道場として使われていた光華殿を中心として、本館・研修所、四棟の教員寮、屋内体育所などがあった。光華殿は一九四〇(同十五)年の紀元二千六百年式典で宮城外苑に造営されたもので、小金井に移築されていた(19)。

これらの建物はかなり荒れていたうえ、学校の教室としても不十分であったため増改築が行われ、皇太子の中等科進学に間に合わせて翌四六(昭和二十一)年四月初めに竣工した。本館・研修所は教室、教官室、事務室に、教員寮は中等科の寄宿舎と理科などの特別教室、警護の警察官寮に改築された。

八月末、正田美智子は軽井沢で小学五年生の二学期を迎えた。正田家では今後のことを話し合っていた。冬の寒さが厳しい軽井沢にこのままとどまるつもりはなかった。しかし、空襲で荒廃した東京にすぐ戻ることは思いとどまった。一家は再び館林に戻ることにした。軽井沢より食糧事情がよかったこともあった。

九月末、美智子は約四カ月ぶりに、館林南国民学校から館林南小学校に名を変えた学校に復学した。強い印象を残していた美智子の姿を見て、クラスの子供たちから歓声が上がったという。

正田家の住まいは以前の検番跡から東武線館林駅に近い目車町（現・栄町）の一軒家になった。列車が通るたびに揺れるような家だったが、正田本家と地続きのような一角で、広い庭もあった。美智子は庭で友達と一緒にトンボを追い、カエルを捕まえて遊んだ。正田本家の屋敷内には養蚕室があり、そこで蚕に桑の実を食べさせ、手の上に乗せていつくしむことも覚えた。[20]

新学期が始まって間もないころ、近隣の小学生を集めた音楽会が催された。六つのときからピアノを習っていた美智子は、独奏で「ドナウ川のさざ波」を演奏した。弾き終わると椅子からぴょんと降り立ち、ぺこりとおじぎをした。クラスでほかにピアノを弾ける子は一人もいなかった。

秋口にさしかかるころ、運動会が行われ、学年対抗リレーで美智子は代表選手に選ばれた。つんのめるような前傾姿勢で走る美智子は実に速く、彼女の組が優勝した。勉強も音楽も、そして運動にも優れた美智子は同級生のあこがれだった。

ある同級生は「遊びにいらっしゃいといわれて、よくお家へも行きました。たいてい庭でかくれんぼなんかして遊んだんです〔略〕美智子さんはキレイで、言葉もハギレがよく、朗読すると教室がシーンとなってしまうのが常でした。〔略〕とにかく目立つ方で、ブルマーなんかもちゃんと車ヒダがついてるんです。それにいつも真白いハンカチをつけていたのを覚えてます」と話している。[21]

このころ、ある同級生が美智子のことを「ミッチ」と呼んだことから、これが愛称となった。美智子が戦後も続いた疎開生活をはつらつと送っていた。一方、皇太子は厳しいながらも豊かな日光の自然に包まれていた。目の前に広がる自然を和歌に詠んだ。

道のべに赤く色づくななかまど秋こそ来つれ湯の湖の岸に
前白根今登り来し山路をも霧立ちこめて見えずなりける[22]

「東宮様ノ御教育ニツイテモ根本的ニ考ヘヲ改ムル要アリ」

明仁皇太子と美智子が東京から遠い疎開地にとどまっていた時期、日本は明治憲法体制と戦後の日本国憲法体制のはざまの「空白期」であった。戦前の価値観が根底から覆されようとしていた。

九月二十七日、裕仁天皇は米国大使館まで出向き、マッカーサーと第一回目の会見を行った。無帽で腰に手を当てた尊大なポーズのマッカーサー。その横でモーニングの礼装で直立する天皇。新聞に掲載された写真は天皇を含めた敗戦日本がまさにマッカーサーに「隷属」していることを表していた。

十月一日午前、上京した穂積東宮大夫兼侍従長が天皇に奥日光での皇太子の様子を奏上した。午後、天皇は宮内大臣の石渡荘太郎を呼んでいる。天皇は皇太子と義宮を早く東京に戻すよう希望し続けていたのだが、東宮職はかたくなに帰京を拒んでいた。しかし、天皇の様子を見た石渡から東宮職に指示が出された。

「終戦以来、天皇陛下のご心労はたいへんなものである。側でみるのも痛ましいほどの、陛下のご心労を安らげる方法は、ただ一つお子さま方に、特に皇太子殿下に一刻も早く東京にお帰り願うことである」(23)

これにより皇太子帰京の準備が進められることになった。三日、学習院は湯元にいる皇太子を含む六年生（約五十人）について、遠からず湯元を引き揚げ、十一月下旬ごろ四谷校舎で授業を再開する方針を固めた。その後、十七日に父兄を四谷に招いて協議した結果、湯元の学寮は十一月五日に閉鎖し学生は下山、七日に帰京と決まった(24)。

GHQは十月四日に「政治的、市民的及び宗教的自由に対する制限の撤廃に関する覚書」、いわゆる人権指令を発令した。天皇に関する議論の自由や政治犯の釈放、思想警察の全廃を求めたもので、東久邇宮内閣は「これらは実行不可能」として総辞職した。あとを受けて幣原喜重郎内閣が九日に成立した。

GHQは十一日、幣原に民主化に関する五大改革（女性の解放、労働組合の結成奨励、教育の自由主義化、専制政治からの解放、経済民主化）を指令。翌日には治安維持法の廃止が閣議決定された。「旧日本」の解体が矢継ぎ早に進められようとしていた。

五大改革の教育自由主義化に従い、教育の四大改革指令が出された。第一は「軍国主義や極端な国家主義の徹底排除」で、第二はこれに基づいた教員の調査と追放、第三は国家神道・神社神道に関わる教育の厳禁、第四は修身・日本歴史・地理三教科の授業停止である。授業停止の指令はこの年の大みそかに出され、第三学期から授業が行われなくなる。

これにより軍国主義の権化だった教師が一夜にして民主主義者となった。学校の教科書は戦前の価値を表現したものは黒塗りにされた。

「過ぎ去った戦争について、多くの著名な人々が、口々に公けの場で述べている。「戦争は、軍部がひき起こした」「大衆は軍部にひきずられて戦争にかり立てられたのだ」等々……。それらも、おそらく本心からの声なのだろうが、私のこの眼でみた戦争は、全く種類の異なったものにみえた。正直に言って、私は、それらの著名人の発言を、かれら自身の保身のための卑劣な言葉と観じた。嘘ついてやがら──私は、戦後最近に至るまで胸の中でひそかにそんな言葉を吐き捨てるようにつぶやきつづけてきたのだ」(25)

作家・吉村昭のこの有名な言葉のように、青少年らが大人たちの変わり身の早さに反発し、冷笑侮蔑する時代がやってくる。軍国日本の精神的退廃を知るよしもない作文を書き、戦争の影も形も現れない自然の歌を詠んでいた明仁皇太子も、いずれその空気と無縁ではなくなる。

教育四大改革の第一指令は十月二十二日に発令されたのだが、同じ日、高松宮は皇太子の教育について次のように日記に書いている。

「東宮様ノ御教育ニツイテモ根本的ニ考ヘヲ改ムル要アリ。即チ外国人ニ対シテモ単ニ拝謁デナク十分応待シ得ラルベキ御教育ヲ必要トス。御留学モ此ノ見地ヨリ考フベキナリ。米国ヘカ英国ヘカ之ハ各々見方ニヨル。長短アルベシ」(26)

皇太子の留学はのちに再三検討されるのだが、高松宮は宮中でもっとも早くその必要性を考えていた。

戦後世界は米ソ対立の構図となるため、米国は日本が関係を密にせざるをえない国となる。皇太子が早期に留学して同世代の米国人と親しくなることは将来の両国の提携に資することが大である。皇太子が米国人の考え方を理解すれば、将来、日本の優れたところを具現する効果も大――。

これが高松宮が皇太子留学を勧める理由だった。米国のような強国との戦争の淵に立たされたとき、緊張を緩和するために人的コネクションがなかった反省から、将来の天皇となる皇太子は若いころから人脈を作っておくべきということだろうか。ただ、戦後の天皇が政治的権能のない象徴となるとはこのときの高松宮には思ってもみないことだった。

二十六日午前、裕仁天皇は、奥日光から帰京した皇太子が住まいとして予定している赤坂離宮の準備が整うまで、若干の日数を宮城内で生活する予定であるとの報告を石渡宮相から受ける。わが子がひざ元で暮らすめったにない機会であり、天皇は侍従次長の木下道雄に細かい注文を出す。まず、皇太子が宮城で一時生活するとなると義宮も帰りたく思うだろうから、その前後に帰京できるよう取り計らってほしいと言った。木下は義宮は汽車に弱いので皇太子とは別の日に帰京する予定だが、日付けは皇太子帰京の前後にすると答えた。実際は皇太子と義宮は同じ列車で帰ることになる。

「(皇太子らは)宮城内のどこに泊めるつもりか」と天皇が聞くと、「宮内省第二期庁舎の一室をあてるつもりです」との返答だった。天皇は物足りなさそうに首をかしげ「ここ(御文庫)の物置を片付けたら泊まれないかな……　しかし、二人は無理かもしれん――」と独り言のようにつぶやいた。天皇と皇后は二人の息子と数日でも同じ屋根の下で暮らしたいと御文庫の物置の片付けをしていたのだが、荷物が多くて整理がつかず断念していた。そして皇太子は御文庫の一室に、義宮は花蔭亭に宿泊することを提案した。

この日、東宮侍従の栄木忠常が木下を来訪し、皇太子が帰京後に宮城で生活することは「傅育官としては反対なるも、最早致し方なし。ただ侍寝のこと如何にすべきや」と聞いた。木下は「傅育官は侍従たると共に師なり。此の者が殿下に侍して両陛下の御前に出るときは態度を二つにする事となる。よろしく吹上御文庫には、殿下御一方のみを御渡しすべし」と答えた。(27) 侍従らが天皇、皇太子同居を嫌がる理由の一つである。

翌日、穂積と東園がやってきて、皇太子の宮城滞在は帰京翌日の十一月八日から十日の三日間とし、皇太子は花蔭亭、義宮は御文庫に宿泊させたいと木下に伝えた。天皇の希望とは逆の意地の悪い申し出だった。理由は夜間だけでも皇太子を厳重な規律の下に置きたいということだった。親と同寝すると堕落するという観念は強固だった。

車窓に見渡す限りの焼け野原

十月三十日、奥日光の初等科では最後のお別れ遠足が行われた。金精峠から五色沼を通り、前白根山に登った。頂上付近にはすでに氷柱が見られたという。(28) 先の前白根山を詠んだ皇太子の歌はこのときのものだ。五日、初等科六年生は湯元から日光の町に下山した。皇太子は十一月七日に湯元を発った。雪がちらほらと舞い、奥日光に本格的な冬の到来を告げていた。

国鉄日光駅には普通列車に一両増結した四両編成の特別列車が待っていた。先頭の三等車には皇太子の同級生約五十人、二両目の二等車に皇太子と義宮が乗った。午前十一時、東京に向け列車は動き出した。しばらくして、皇太子は三等車に移り、同級生らと雑談をして過ごした。(29)

特別列車は宇都宮を出てから東北線を南下し、小山、古河、久喜と田園地帯を走っていった。しかし、荒川の鉄橋を渡り東京に入ると風景が一変した。車窓には見渡す限りの焼け野原が広がってきた。黒焦げの電柱や焼けトタンを拾い集めたバラック――。学生らは総立ちになり、延々と続くその風景を眺めていた。赤羽あたりに来たとき、皇太子は「わあ、ずいぶんひどい」とつぶやいた[30]。午後一時五十分、列車は原宿の宮廷ホームに到着した。皇太子にとって一年四カ月ぶりの東京だった。

「終戦後、東京に戻った時に一面の焼け野原だったことを覚えています」「東京に戻ってきた時は、まずびっくりしたのは何もないということですね。建物が全然ない、原宿の駅に。まわりに何もなかった[31]」

長じて後の記者会見で明仁皇太子はこのときの衝撃を再三語っている。天皇に即位後、一九九三（平成五）年に還暦を迎えた記者会見でも「戦後、日光の疎開先から焼野原の中にトタンの家の建つ東京に戻ってみた状況は、現在の東京からは、とても考えられないものでした。日本がこのように発展することは、当時、誰しも想像できなかったことと思います。国民が互いに協力し合い、たゆまぬ努力を重ねてきたことを忘れることはできません[32]」と述べている。少年皇太子が戦争の実相と向き合った瞬間だった。

皇太子と義宮は帰京した日は赤坂離宮に泊まり、翌八日午前九時十二分に宮城の御文庫に到着した。両親の裕仁天皇、良子皇后とは前年の七月以来の対面だった。朝九時ごろから御文庫の車寄せで待っていた東宮侍従の東園は次のように回想している。

「車からお降りになった両殿下は足どりも軽く、とってもうれしそうなご表情で、お文庫へはいって行かれました。御車寄せのところから、中は見えませんが、はいってすぐのホールのところで、両陛下がお待ちになっていたことは間違いないと思います[33]」

親子で昼食をとったあと、皇太子と義宮は皇后に付き添われて宮城内の焼け跡を通って宮内省庁舎へ向かった。侍従次長の木下の案内で講堂と東宮侍従室、宮内大臣室、次官室、侍医寮、空襲の際に敵機を見張る屋上の監視台跡などを見学した。ここで庁舎に出ていた天皇と合流し、親子四人で御文庫まで歩いて戻った。午後四時になっていた。そして水入らずの夕食の時間を過ごした[34]。

しかし、皇太子は就寝時には御文庫から少し離れた花陰亭に移らなければならない（義宮は御文庫「拝謁ノ間」に泊まった）。花陰亭のなかはきれいに整頓され、寝台や机、椅子が運び込まれていた。ただ、浴室がなかったため、皇太子は御文庫の浴室の洋式バスを使った。しばらくすると皇后がニコニコしながらやってきて、

「どうかしら、ぬるくない？」

と湯船に手を入れて湯加減をみた。皇后が立ち去ったあとは天皇が無造作に浴室の戸を開けて、風呂に入っている皇太子をのぞき込んで大声で言った。

「やあ、おフロにはいっているね」

うれしそうなはずんだ声だった。皇太子も元気に答え、二人の声が浴室にガーン、ガーンと響いた。浴室から出た皇太子はしみじみと言った。

「お泊まりってほんとうにのんびりするね[35]」

十一月九日、皇太子は皇后、義宮とともに宮城内の生物学研究所前の畑で芋掘りを楽しんだ。そこでネズミが走り出てくるハプニングがあったが、皇后はあわてず素手でネズミをつかみ取った。これを見た木下侍従次長は「いささか驚きたり」と日記に書いている[36]。十日は土曜日で、定例の夕食相伴

に東宮大夫の穂積や傅育官ら四人が招かれ、天皇一家と食卓をともにした。食後は側近職員も交えて一家でトランプに興じた。

楽しい「お泊まり」も最終日となった十一日の朝、一家は花陰亭前を散策した。この日、皇太子の姉の成子内親王と夫の東久邇宮盛厚王、長男の信彦王、盛厚王の母の聡子内親王が御文庫を訪れ、皇太子らは昼食をともにした。食後は花陰亭前の池や庭先を散策した。午後は皆でニュース映画を見た。別れの時間はあっという間にやってきた。午後三時ごろ、皇太子と義宮は宮城を出て赤坂離宮へ戻っていった。

このあとすぐ、東宮大夫の穂積と侍従から木下に皇太子の天皇、皇后訪問は二週間おき、日曜日の午前十時から午後三時の間としたいとの通告があった。まるで施設の面会時間である。木下は天皇にこの旨を伝え、「東宮職が二週間おきとしたい理由は、御文庫で女官たちが皇太子をちやほやするのを防ぐため」と説明した。これに天皇は食ってかかった。

「警衛又は見学等にて来られぬなら兎角、女官がちやほやする様なことは絶対ない(37)」

天皇の抵抗を受けて木下は十三日に東宮職と協議。東宮職は皇太子の参内を毎週日曜日にすると譲歩した。ただ、皇太子が小金井に移居したのちは月に一回とするとの条件だった。

赤坂離宮に移った皇太子と義宮だが、大きな離宮内の別々の居住区に寝起きし、けっして同じ屋根の下で同居という生活ではなかった。皇太子はいずれ小金井に移居することになっていたが、義宮についてはまだ決まっていなかった。青山の御殿は空襲で焼失していた。天皇はこのまま赤坂離宮に住み続けるとしても義宮一人には広すぎるとして、宮城内の茶屋を利用して御殿を造ってはどうかと提案していた(38)。天皇は義宮だけでも足下の宮城内に住まわせたかったのだ。

十九日、疎開先の塩原御用邸から帰京した和子、厚子、貴子の三内親王が天皇、皇后を訪問した。皇太子と同じく一年四カ月ぶりの対面だった。

「共産党を取り締まる必要はないのでしょうか」

十一月二十五日は週一度の日曜参内日だった。明仁皇太子は内親王らとともに御文庫を訪ねた。このとき皆で終戦の詔書を朗読した[39]。裕仁天皇は終戦の「聖断」に至った気持ちを子供たちに理解してもらいたかったのだろうか。昼食後、トランプ遊びなどに興じたのだが、新聞を読んだ皇太子から天皇に質問があった。

皇太子　「共産党を取り締まる必要はないのでしょうか」
天皇　「以前は治安維持法などで取り締まっていたが、これはかえって彼らを英雄化することになる。取り締まらなくても有力化する恐れはない」
皇太子　「警察官はずいぶん悪い者が多いのではないですか」
天皇　「なかには悪い者もあるだろうが、一概にそういうわけではない」
皇太子　「共産党が議会で有力化するのではないでしょうか」
天皇　「新聞ではいろいろ書かれているが、有力団体になるとは思わない[40]」

戦前に非合法化されていた日本共産党はGHQの民主化指令によって合法政党として再建されていた。十月十日に幹部の徳田球一らが釈放され、「人民に訴ふ」という声明で天皇制の打倒を表明していた。軍国教育の影響で明仁皇太子は共産党への警戒心が強かったが、天皇は天皇制への脅威とはならないとみていた。翌十二月から各種世論調査が発表されたが、天皇制の支持率は九五％（日本週報）、八〇・一％（東京帝大社研調査）、九四・八％（日本輿論研究所調査）など軒並み高率を示した。[41]

裕仁天皇は民衆の支持を直観的に感じ取っていたのだろう。それは翌年二月から始まる全国巡幸で確信に変わることになる。天皇から皇太子との問答のことを聞いた木下侍従次長は「共産党の消長は天皇の御態度と関係あり、暴君の下には有力化する事あるべき」[42]と述べた。

問答から二日後の十一月二十七日に開かれた天皇臨席の枢密院会議で一定年齢に達した皇太子、皇太孫、皇族を陸海軍の武官に任じる皇族身位令の規定を削除することが可決された。十月末に陸海軍省の廃止が閣議決定されており、日本の軍隊が消滅した現在、形式的措置だったが、皇太子が軍人となる道は完全になくなった。

十二月一日から学習院初等科六年生の授業が四谷の校舎で再開された。空襲被害を免れた本校舎は、元はきれいなクリーム色だったが、戦時中に施された白黒の迷彩のままで、校庭には防空壕の跡も残っていた。焼けた建物の残骸は放置され、隣接民家との境にあった数本のイチョウの木が焼けただれて枯れ木となり、墓標のようだった。[43]

皇太子は目の前の赤坂離宮から通学できたが、戦災で自宅を失くした同級生が数名おり、校舎の教室に畳を敷いて仮宿舎とした。厳しい冬が訪れようとしていたが、この校舎の自慢だった床下の温水パイプを使った暖房装置は石炭が入手できないためまったく使えなかった。ストーブや火鉢もなく、暖房のない教室での授業を余儀なくされた。真冬の時期、学生らは手がかじかんでノートに字を書くこともできなかった。明石元紹は「日光の教室より寒いくらいだった」と語っている。[44]

このころ初等科に通う皇太子の写真がいくつか残されているが、丸々と太っていてひもじさとは無縁のように見える。しかし、日本国民の食糧事情は危機的状況にあった。主食の配給量は絶対的に不足しており、遅配と欠配が常態だった。さらに天候不順と肥料不足が重なり、一九一〇(明治四十三)年以来の凶作となっていた。

世の混乱が続くなか、GHQは十二月十五日に神道と国家の分離、神道教義からの軍国主義排除を指示するいわゆる「神道指令」を発令。翌十六日には戦犯容疑者として出頭を命じられていた元首相の近衛文麿が服毒自殺を遂げた。重大場面で再三政権を投げ出して日本を混迷に導いた筆頭華族は、日本国民に国家滅亡の要因を語り残す責任も投げ出した。この日は日曜参内日で、天皇一家は団欒のときを過ごしていた。

十八日、高松宮が赤坂離宮に朝食に招かれた。これは天皇退位説が流布されていた影響があった。もしそうなった場合、高松宮が摂政に就任するであろうから、事前に皇太子に引き合わせる意があったようだ。高松宮は次のような感想を日記に書いている。

「東宮様久シ振リニテ御目ニカカル。スナホニ御育チノ様子ナリ。伊地知〔ミキ元養育掛〕ガ退イテ男ノ傅育官ガ積極的ニ御世話スル様ニナツテ却ツテシツカリナサツタ。一寸ヤハリ御主人様デアルガ御友達トオ遊ビノ時ハ全クオ子様ラシイトノコトナリ。而モ穂積大夫ノ御指導ハヨク東宮トシテノ御教養ニツトメタルモノデアル」(45)

二十三日、皇太子は十二歳になった。このころ赤坂離宮で作った歌がある。

大鶴の導くままにわが行けば御所のみ跡に出でにけるかな

ぬばたまの夜は来つれども空埋む烏の群れいつ寝つくらむ(46)

離宮で放し飼いにしていたナベヅルが一羽姿を現し、そのあとを皇太子がついて歩いて行ったところ、空襲で無残に焼けた東宮仮御所跡に出くわした。戦災を詠んだ最初の歌である。この時期、赤坂離宮にはカラスが多く、夕方から夜にかけて離宮の森にねぐらを求める大群が空を圧するようだったという。皇太子にはまだ和歌の先生はおらず、自己流の作歌である。数日後、東宮大夫の穂積、東宮侍従、入江相政侍従らが協議して皇太子の歌の先生を歌人の川田順にすることが決められた(47)。川田はのちに三十歳近く下の女性の弟子との「老いらくの恋」で騒がれることになる。

皇太子はホールで縄跳び、長い廊下でかけっこ、居間でのトランプなど子供らしい遊びをしていたものの、石造りで冷たく広いだけの離宮は十二歳の皇太子には淋しすぎる家だった。それをまぎらわすためか、よく読書をしたという。本棚には岩波の児童教養叢書、講談社の世界名作選集が並んでいた。『小公子』、『巌窟王』、『トムソーヤの冒険』などを読みふけった。なかでも『三国志』はお気に入りで、何度も読み返していた(48)。

終戦の年も押し詰まった十二月三十日、侍従次長の木下は日記に「皇太子の米国御留学。これはDyke の考えて居るところだそうだ(49)」と書いている。GHQの民間情報教育局（CIE）のケン・ダイク局長の発案らしい。皇太子留学案は政府も了解事項だったとみられる。米軍の情報将校で、のちに同志社大学で米国文化史を教えたオーテス・ケーリは、翌月下旬に幣原首相の秘書官から「皇太子が二年後〔ママ　三年後〕には高等学校へ進むことになるので、アメリカの予備学校へ下準備に留学させることも考慮中」という話を聞いている。ケーリは「デモクラシーがなんであり、それが現実にはどう動いているかを、皇太子に知らせるところにあるのだろう」と受け取った[50]。

高松宮と同様、日米融和が目的だったとみられる。皇太子留学は年が明けてから東宮侍従の間でも議論されており、ダイクの考えが何らかの形で伝わっていた可能性もある[51]。

〈昭和21年〉

米国側が構想した女性家庭教師

一九四六(昭和二十一)年元日は、戦後の天皇制の改革として、もっともインパクトがあった「新日本建設に関する詔書」が公表された。いわゆる天皇の人間宣言である。

〈朕ト爾等(なんじら)国民との間の紐帯は、終始相互の信頼と敬愛とに依りて結ばれ、単なる神話と伝説とに依りて生ぜるものに非ず。天皇を以て現御神(あきつみかみ)とし、且(かつ)日本国民を以て他の民族に優越せる民族にして、延(ひい)て世界を支配すべき運命を有すとの架空なる観念に基くものにも非ず〉

天皇は「神」の座から降りた。それは明仁皇太子が「神の子」ではなくなったということでもあった。皇太子は元日の書初めで「平和国家建設」と書いた。軍国少年から平和少年へと意識は変化していた。皇太子は後年、次のように振り返っている。

「習字の時間に平和国家建設、文化国家建設ということを書きました。これは今でも大変印象深く残っております。初等科時代を顧みますと、当時私どもには判りませんでしたが、初等科の最も厳しい時代であったのではないかと思います。そして、その間の先生方の御苦労は、いかばかりであったかと思います[52]」

人間宣言作成に重要な役割を果たした英国人がいた。レジナルド・Ｈ・ブライスである。一八九八年生まれで、このとき四十七歳。ロンドン大学を卒業し、一九二四(大正十三)年に朝鮮の京城帝国大学予科に英語教師として招聘された。四〇(昭和十五)年までの十六年間、同大で英語と英文学を教え、禅や俳句など日本文化の研究も行っていた。同年四月、日本に永住するために来日し、金沢の第四高等学校で教鞭をとった。日本女性と結婚もした。しかし、太平洋戦争の勃発で敵国人として収容され、戦時中は神戸で抑留生活を送った。

終戦で解放され上京。学習院の英語教師を委嘱されることになり、中等科に進学する皇太子に英語を教えることになった。同時にＧＨＱのＣＩＥ教育課長のハロルド・Ｇ・ヘンダーソン中佐と昵懇になる。ヘンダーソンも日本文化の研究者であった。ブライスは非公式にＧＨＱと宮内省の連絡役を務めることになる。(53)

一九四五(昭和二十)年十二月初め、ヘンダーソンを訪ねたブライスは、宮内大臣から聞いた話として、天皇が自身の神格化を否定したい意向であることを伝えた。そして、それを公式に表明するにはどのような方法がよいか相談した。ヘンダーソンは人間宣言の原案となるメモを書いてブライスに渡した。ブライスはそれを学習院の山梨院長に渡し、自分でも英文の草案を作成して後日ヘンダーソンに見せた。その草案はＣＩＥのダイク局長からマッカーサー元帥に伝えられ了承された。

一方、日本側ではヘンダーソンのメモとブライスの草案をもとに、英語の達人といわれた幣原喜重郎首相が十二月半ばに英文で詔書の下書きを作った。これが和訳され、天皇のもとへ届けられた。天皇は五箇条の御誓文を含めるよう要望。年末、肺炎で入院した幣原に代わって文相の前田多門が最終案作成を担当し、三十日にＧＨＱに報告、三十一日の大みそかに報道機関に発表された。(54)

ブライスは天皇の戦後巡幸にも大きくかかわっている。一月十三日、侍従次長の木下は学習院の山梨院長からブライスの書いた覚書を受け取る。そのなかでブライスは、ダイクの意見として「天皇は須らく御親ら内地を広く巡幸あらせられて、或は炭鉱を、又或は農村を訪ねられ、彼等国民の語る所に耳を傾けさせられ、又親しく談話を交えて、彼等に色々な質問をなし、彼らの考えを聞かるべきである」(55)と書いている。非常に興味深い言葉だ。七十年後、退位を示唆した「お言葉」のなかで、明仁天皇は象徴天皇の務めについて「時として人々の傍らに立ち、その声に耳を傾け、思いに寄り添うことも大切なことと考えて来ました」(56)と語った。なんとよく似ていることか。

木下からこの覚書の言葉を聞いた裕仁天皇は大いに賛同し、巡幸についてただちに研究するように指示した。象徴天皇のあり方の原点が人間宣言と戦後巡幸にあったとしたら、ブライスの歴史的評価をもっと高く改めるべきであろう。

それだけではなく、ブライスは明仁皇太子の教育にも重大な影響を与えた。GHQが皇太子の教育にどこまで干渉してくるのか図りかねた宮内省、学習院は、四六年の初頭からブライスにGHQの意向を探るように依頼した。ヘンダーソン、ダイクの協力を得て、ブライスはマッカーサーと会見することができた。二人は何となく気が合い、忌憚のない意見を交わす仲になった。

この時期、東宮職は皇太子が三月に学習院初等科を卒業したあとは東宮御学問所を設置して特別教育を行いつつ中等科の授業の一部を受けるという方針だった。しかし、三月ごろにブライスからこのことを聞いたマッカーサーは御学問所について「超国家主義か何か、日本一流の思想を皇太子の若い頭に注入する」のではないかとみて難色を示した。同時に皇太子の米国留学についても言及したという。

ブライスからマッカーサーの考えを聞いた山梨は、御学問所にこだわるべきではないと判断。その設置を中止し、皇太子は他の学生と同様に中等科で学ぶ方針を固めて、宮内省の合意を取りつけた。そもそも宮内省の幹部の間では東宮職の御学問所構想に反対の声があった。方針はブライスからマッカーサーに伝えられ、今後ＧＨＱは皇太子の教育に一切干渉しないという感触を得た。実際、これ以降ＧＨＱが干渉することはなかった[57]。

御学問所構想の頓挫により、特別教育を行う他の手段として東宮職教育顧問制度が設けられ、皇太子青年期の師となる小泉信三が招請されることになる。そしてブライスが皇太子教育に与えたもっとも大きな出来事は、米国人家庭教師の提言だった。

二月十四日、ブライスは初めて天皇に進講を行った。約一時間、ブライスはＧＨＱでの教育勅語改正の議論や成人教育などについて述べたほか、米国人には直接表現を用いること、マッカーサーと協力して統治にあたり、彼のなしえないことを天皇自身が行って驚嘆させることが重要だとアドバイスした[58]。

この進講のあと、ブライスは大金益次郎宮内次官に「自分は四月から個人授業の形で皇太子殿下に英語をお教えすることになっているが、別に殿下に英語をお教えする婦人の先生をアメリカから招聘するとよいと思う」と進言した。

ブライスは「三月中にアメリカの教育使節団の来日が予定されており、団員の拝謁があるらしい。その節、陛下の御発意の形で、陛下から直接団長に、然るべきアメリカ婦人の先生推薦を依頼されるとよいと思う。これは自分がＧＨＱ内の状勢を察して、そう考えているのである」と言った。

ブライスはＧＨＱのヘンダーソン中佐にも、教育使節団来日の際は米国人女性の家庭教師を招請するように頼んでいた。そして候補者は非暴力・平和主義のクエーカー教徒が望ましいとの意見を添えた。[59]

ブライスがいうように、ＧＨＱには皇太子に米国人女性の家庭教師をあっせんする思惑があったとみられる。一月下旬、マッカーサーの副官で知日派軍人のボナー・フェラーズが吉田茂外相と会談した際、皇太子は西洋の思想と習慣を学ぶべきで、そのためにもっともよい方法は「しかるべき円熟したアメリカ人女性を皇太子の家庭教師につけること[60]」と話している。フェラーズは二月二十七日に高松宮を訪ねたときも皇太子の「米国人教育顧問」について話題にしている。[61]

ＧＨＱは日本人が自力で民主主義を実践できるのか、懐疑的に見ていた。民主的な憲法へと改正作業を進めていた政府の憲法問題調査会の試案が二月一日に毎日新聞のスクープで明らかになった。天皇の統治権をそのままにするなど、ポツダム宣言を受諾して敗戦したことと民主化政策の意味を理解していない内容だった。ＧＨＱは日本民主化の布石として、将来の天皇である皇太子の頭が柔軟なうちに、米国流の民主主義を徹底して詰め込もうとしていたのかもしれない。

しかし、民主主義の推進は天皇制を危うくする諸刃の剣でもあった。民主主義社会で君主制が生き残るには、英国王室のように積極的に国民の前に出て支持を得る必要がある。その一策として米国側が提案した天皇の巡幸は二月十九日、川崎と横浜の復興状況視察から始まった。

ただ、天皇の名のもとに始まった戦争で国が滅びたあとも、同じ天皇がその地位にとどまり続けることに割り切れない思いを持つ国民もいた。終戦後から天皇退位論がくすぶり続けていた。天皇に近い人間も同じ思いを持っていた。

当時文部大臣で、この年の秋に学習院の院長に就任して皇太子の教育に深くかかわることになる安倍能成(よししげ)は、巡幸が始まった翌日の二十日に千葉県柏の牧野伸顕邸を訪ねた。安倍は牧野に天皇は退位すべきではないかと言った。牧野は「今皇太子殿下が御即位になつては」とのみ答えて黙ってしまった。安倍は牧野の意を察した。天皇が退位すれば、ただでさえ敗戦で疲弊している国内の紛糾と混乱は避けられない。安倍はこれ以降、自身の天皇退位論を引っ込めた(62)。

天皇退位論は幼帝・明仁天皇論

二月末、新聞に裕仁天皇が戦争責任をとって退位し、摂政に高松宮を立てる計画があるという記事が出た。ネタ元は東久邇宮稔彦王だった。これに対して裕仁天皇は三月六日、侍従次長の木下に稔彦王の「軽挙を残念に思う」として自身の思いを話している。

「それは退位した方が自分は楽になるであろう。今日の様な苦境を味わわぬですむであろうが、秩父宮は病気であり、高松宮は開戦論者でかつ当時軍の中枢部に居た関係上摂政には不向き。三笠宮は若くて経験に乏しい(63)」

戦争をめぐって天皇と高松宮の確執は生涯続くことになる。自分が退位すれば、「幼帝」の明仁天皇には摂政が置かれることになる。その第一候補は高松宮である。それは避けたいということが退位を思いとどまる理由の一つだった。

しかし、天皇の身内から次々と退位論が出ていた。二月二十七日には枢密院会議で三笠宮が天皇は退位すべきと主張していた。天皇はかなりショックを受けたようで、木下に「三笠宮は若くて経験不足」と言ったのはそのせいでもあろう。同月二十四日の共産党第五回党大会では「封建的専制的軍事警察政治制度」としての天皇制を廃止して、皇室の存否は民主主義人民共和政府が成立したのちに一般人民投票で決定。天皇の戦争責任も追及すると宣言しており、天皇制廃止の懸念は消えていなかった。三月十九日には沼津滞在中の皇太后からも退位を容認するような言葉があったと木下から復命された。

皇族には皇室を守るため、戦争責任を負った天皇に退位してもらったほうがよいという考えもあった。それは十二歳の幼帝・明仁天皇論でもあった。

非民主的な日本側の改憲案に業を煮やしたGHQの改憲案は二月十三日に示された。「日本国憲法受胎の日」である。二十二日の閣議でGHQ案の事実上の受け入れが決まる。GHQ案をもとに急ぎ作成された日本国憲法草案は三月四日にGHQに提出された。そして夜を徹しての改訂作業で五日に日本側の自主的な案としてまとまった。同日、幣原首相と憲法改正担当大臣の松本烝治が憲法改正草案要綱について天皇に奏上した。奏上後に松本らは侍従次長の木下に次のように語った。

憲法改正案がこうも急に固まったのは、東久邇宮による天皇に退位の意向があるとする暴露記事がきっかけだった。皇族がこぞって退位に賛成ということになると、これまで天皇制存続のため努力してきたマッカーサーの骨折りを無にすることになる。そのためマッカーサー司令部はやっきとなり、一刻も早く日本が民定の民主化憲法を宣言し、天皇制反対の世界の空気を防止しようと改正案を出せと迫った。GHQ案を採用しなければ天皇の身の保障もできなくなる(64)——。

民主的憲法を自ら作成できなかった松本らの都合のよい言い訳だが、天皇制存続とGHQの民主化憲法案がセットであったことは事実だ。

少し時間が戻るが、学習院初等科の三学期は一月十五日から始まった。各教室にあった戦前の世界地図や日清・日露戦役の戦利品などは整理された。朝礼時には明仁皇太子ほか皇族学生は全学生の前に並んでいたが、この学期から一般学生に混じって列中になった。山梨院長の意向で、六年生に週三時間の英語の授業が行われることになる。皇太子留学への備えとも考えられる。修身・日本歴史・地理三教科がこの学期から授業停止になったが、天皇は三十日に東宮大夫の穂積を呼び、皇太子教育への影響を聞いている(65)。

二月二日、皇太子は高輪の高松宮邸を初めて訪問した。天皇退位、高松宮摂政説がまだ消えないための配慮だったのか。

「客間ノ「ライター」ガオ珍シク、ツケタリ消シタリ何度モ〳〵。南洋デモラツタ海亀ノはく製大中小、新食堂ニ処分スルタメ出シアリシガ御ホシソウダツタノデ差上ゲマセウト云ツタラ二度モ見ニイラシツテアレカコレカト仰ル。三ツトモト云フノハ少シ慾バリスギトオ考ヘラシカツタガ、皆オトドケシマセウト云フテ片ヅク(66)」

七十四年後、この高松宮邸が退位した明仁上皇の仮住まい先としての仙洞仮御所になる。

三月十二日、良子皇后が明仁皇太子の授業を参観する予定だったが、体調がよくないため中止になった。裕仁天皇から風邪をうつされたのだ。二十日、戦後初の学習院初等科卒業式が高松宮臨席のもと四谷の校舎で行われた。卒業生は皇太子以下六十五人だった。

「皇太子民主化政策」の始動と小泉信三の任用

三月二十七日、米国の教育使節団の一行二十四人が天皇に拝謁した。使節団はマッカーサーの要請により、民主化政策に沿って日本の教育制度改革への助言を行うため同月初旬に来日した。使節団は日本各地で調査を行い、教育の自由化や男女共学、六・三・三制の導入などを勧告する報告書をGHQに出すことになる。

使節団拝謁の場で天皇はジョージ・ストダード団長(ニューヨーク州教育長官)に明仁皇太子のために米国人女性の家庭教師の推薦を依頼した。ブライスの筋書き通り、天皇の発意の形をとった。この二週間近く前の十五日、侍従次長の木下と御用掛の寺崎英成が「米国人婦人教師の事」で天皇に拝謁しており、事前に打ち合わせを行っていたとみられる。これらがエリザベス・グレイ・バイニング招請につながる。彼女自身ものちに著書に天皇の発意だったと書いたため、長くそう信じられていた。実際はGHQによる「皇太子民主化政策」によるものだった。

「皇太子の家庭教師に米国人婦人」に米国のメディアが驚くべき早さで飛びついた。天皇がストダードに依頼した翌日二十八日にはニューヨーク・タイムズが一面で報じ、次の日には「実現すれば日本の変革への意義は大きく、将来日本の統治者の地位に就く人物に教育は重大な影響力を持つ。その教師に女性が選ばれ、皇太子の教育に実績を作れば、日本の伝統的宮廷教育との訣別を意味し、女性の社会的地位に与える影響も大である――」という趣旨の社説を掲載した(67)。

GHQの思惑そのもので、情報源もGHQ内であろう。米国で大いに話題になり、応募者が殺到した。それが『アンナとシャム王』を思い起こさせたからだ。十九世紀、米国の未亡人がシャム(現・タイ王国)の王に招かれ、家族に英語を教える物語で、二年前に刊行されベストセラーになった。のちに映画やミュージカルにもなった。

三月三十日、寺崎と山梨はストダードと会い、選考条件について話し合った。ストダードによると、宮内省側が提示した条件は五つあり、そのなかに「日本文化の専門家でないもの――むしろ反対が望ましい」があったという。(68)山梨は「年は四十才内外、結婚しておってもおらなくても、どちらでもよろしい。宗教はどうでもよい。日本語は解らなくてもよい。報酬は、月二、〇〇〇弗(ドル)、生活は一切宮内省でみる。健康で教養高く、人格の立派な人」という要件を出したと証言している。(69)

四月一日、宮内省の官制改正が施行された。同省は大幅に規模が縮小され、人員は従来の半分の約二千百人になった。東宮侍従も東園と村井が義宮の傅育官に異動となり、角倉、栄木、山田、黒木（西郷）の四人に減員された。そして東宮御教育参与制度が設けられた。御学問所構想が白紙になったため、皇太子の特別教育の代替案として考えられた東宮職教育顧問制度のことである。参与は、

安倍能成（文部大臣）
掛谷宗一（統計数理研究所所長）
小泉信三（慶應義塾塾長）

の三人であった。のちに掛谷が死去したため地球物理学者の坪井忠二が後任となり、安倍が学習院院長に就任したあとに前院長の山梨が加わった。山梨はこの年の十月に公職追放で学習院院長を退任し、安倍が後任となる。参与制度創設でなんといっても大きかったのが小泉の任用だった。

小泉の父信吉は福沢諭吉のもとで学び、一八八七（明治二十）年に慶應義塾塾長になった。しかし、小泉が六歳のときに他界。小泉は母親とともに福沢に引き取られ、家族同然に育てられた。慶應義塾に学んだ小泉は卒業後も教員として残り、英国に留学。二十七歳で教授となった。小泉はマルクス主義者との論争（価値論論争）とマルクス経済学批判で名を高めた。皇太子が生まれた一九三三（昭和八）年

の十一月に四十五歳の若さで塾長に就任した。学生時代テニスに没頭した小泉は「文武両道」を尊ぶスポーツマンだった。

小泉は一九四五(昭和二十)年五月二十五日の山の手空襲で顔面と手に大やけどを負った。慶應病院で手当てを受けて一命はとりとめたが、入院は十二月まで続いた。歌舞伎役者の六代目尾上菊五郎のような美男子といわれた容貌にはひどいケロイドの痕が残った。左手のこぶしは生涯開くことがなかった。退院時、体重は二十五キロも減っていたという(70)。

日独伊三国同盟と米国との戦争に反対したが、太平洋戦争が始まると戦争支持に切り替えた。戦後、公職追放に該当するかどうか調べにあたったGHQの取調官に対し「戦争になった以上は勝たなければなりません。国を愛する者なら、誰でもそうするはずです(71)」と答えていた。戦争が終わり、小泉が慶應病院を退院したあと、慶應義塾で塾長排斥運動が起こった。戦時中の戦争協力が問題にされたのだ。小泉は慶應からも多くの学生を戦場に送り出した。その多くは帰ってこなかった。ただ、小泉もこの戦争で出征した長男信吉を失っていた。

小泉は辞任要求をはねつけ、塾長の任期が満了となる翌四七年一月に退任した。小泉を教育参与に推薦したのは学習院の山梨院長と御用掛の野村行一(こういち)だった。小泉は自身の身体のことを理由に固辞した。しかし、再三の要請に引き受けることになった。参与に就いたものの、やけどからの回復は時間がかかり、一年間は何もできなかった。

四月十五日、明仁皇太子は六十一人の級友とともに学習院中等科に進学した。中等科一年生は編入の学生を含めて八十五人になった。この日、目白の校舎柔剣道場で入学式が行われたが、皇太子は欠席した。百日咳のためで、三月末から葉山で静養していたのだ。相変わらず気管支が弱かった。中等科入学時の皇太子の身長は百三十九・五センチ、体重は三十八・七六キログラムだった[72]。

戦前は皇族・華族、実業家や官僚の子弟に限られていた学習院は一般からも多くの学生が編入試験で入学するようになり、民主的空気が広がっていた。皇太子に対する特別の儀礼は取りやめ、特定の「学友」も作らず、クラス全員が友人となった。教師に対して皇太子は一生徒として礼をし、上級生には「さん」付け、同級生以下は呼び捨ての規則を守った。教室では背の順に着席した。皇太子の身長は約二十人のクラスで中くらいだったが、体重は一、二の重さで、丸々と太っていた[73]。

十七日、学習院の山梨院長、初等科で皇太子のクラスの東組主管だった秋山幹、西組主管の鈴木弘一が宮内省三階の候所で天皇、皇后に皇太子初等科卒業の報告を行った。天皇は「院長はじめ皆ご苦労であった」とねぎらった。続いて山梨と秋山から皇太子の初等科六年間の教育の概要について説明があった。

鈴木も「御朗読について御手術後お声が澄んだ事。和歌俳句のおたしなみ深く、御情操豊かにおわすこと」を奏上し、前年に皇太子が赤坂離宮で詠んだ「大鶴の導くままに――」の和歌とこの年の一月に作った俳句「焼跡や雪の積もれるとたん屋根」を紹介した。鈴木の残した記録に記載されていることだが、「御手術後お声が澄んだ」という言葉が気になる。皇太子が喉もしくは鼻の手術を受けていたということか。しかし、そのような記録は残されていない。

秋山が皇太子の算数について説明すると、皇后が「何でも仕事がおそいのでないか」と聞いた。鈴木が皇太子は国史を「特別の熱を以て」学んでおり、「御歴代天皇の聖徳については特に御緊張御感銘深かった」と話すと、天皇は「国史は何処迄教えたか」と尋ねた。鈴木は「終わりまですみました」と答えた。最後に山梨が皇太子はクラスの誰とも遊ぶようになっていること、遊ぶときは他の子供同様に実に楽しそうであること、そして皇太子としての立場が求められる場面ではそれにふさわしい態度をとることなどを報告した。(74)

祖母の影響で歌作を始めた美智子

皇太子が中等科に進学した四月、正田美智子は館林南小学校で六年生に進級した。クラスは梅組。担任教師だった関口初江は、美智子は読解力、つづり方、理科系科目など何でも優秀で、「欠点がないのが欠点」というくらいよくできる子だったと回想している。それにもかかわらず、教室では「ハイ、ハイ!」とでしゃばることはなく、そっと静かに手を挙げる子供だった。優秀でいながら控えめな態度は皆から好感を持たれ、地元の子らに好かれたという。

関口はこの年の秋の校外授業で、学校から歩いて二十分ほどの県立つつじが岡公園へ出かけたときのことを印象深く記憶している。作文の時間を校外授業にあてたため、関口は「みなさん、今日はここで文字で写生しましょう」と子供らに声をかけた。いつもは控えめな美智子が振り返り、「あ、詩を書くんですね!」と元気に答えたという。

関口は「文字で写生するという一言で、すぐに詩を書くことを察されたわけです。もともと本が好きで文章を書くのが好きなお子さまでしたから、ピンときたのではないかと思いますが、そのときのはつらつとした表情や声はいまでもはっきりと覚えています(75)」と語っている。

館林では歌人の佐佐木信綱に師事する祖母・きぬの影響で美智子は歌作を始めていた。

ほんのりと霞んでみえる山の裾ぽつりぽつりと菜の花がさいて

露深い草の小路をおばあ様と野菜かごさげてお畠へ行く
妹と野菊をつんでお母さまにお土産にしようと話しつゝ帰る[76]

皇太子が日光の自然をおおらかに詠んだように、幼い美智子も館林の風景と生活を素直に詠んだ。活発さも相変わらずだった。ゴム跳びが得意で、同級生のリーダー格として遊びまわった。あるとき美智子の家に遊びに行った同級生たちはびっくりした。ピアノがあったのだ。この時期、個人宅にピアノは非常にめずらしかった。美智子は父が好きな曲だといって島崎藤村作詞の「椰子の実」を弾いた。歌詞のある部分になると、

「名も知らぬ　遠き島より　流れよる　ヤシの実ひとつ」と歌い始めた。

また、別の日に遊びに行くと、おやつにサンドイッチが出た。このころの食事はイモが主流で白米もめったに食べられなかった。パンなど目にしたこともなかった。正田家では小麦粉をイーストで練って自家製のパンを作っていた。美智子の友人たちは感激してサンドイッチをほおばった。[77]

五月一日、学習院中等科の小金井校が開校した。一年生は三クラス七十八人、二年生は二クラス七十五人の計五クラス百五十三人だった。郊外の小金井までの通学を敬遠する学生もあり、入学時よりやや人数が減った。専任教員は各クラスの担任である主管の計五人。皇太子の一年一組は水泳の先生でもあった数学の猿木恭経。二年一組主管の日本史教諭・児玉幸多が小金井校主任になった。児玉は

「建物はボロだけれども、新しい学校をつくるような意気込みで、みんな張切って行ったのです」と開校時を振り返っている。[78]

小金井での授業は十一日から始まる。明仁皇太子はまだ百日咳から回復せず、初登校は二十二日になった。この日のことを中等科からの同級生でのちに作家になった藤島泰輔は次のように述懐している。

「赤土の校庭で整列して待っていた私たちの目に、殿下一行の車の巻き上げる砂塵が見え、間もなく、先導車が到着した。それは米軍のジープで、白いヘルメットをかぶった、雲をつくような大男のMPが二人降り立った。その後に、戦前の旧式の宮内省の車が従い、MPと較べると、本当に小さな感じのする皇太子殿下と、穂積重遠博士が姿を現した。私たちが、子供心に敗戦の哀しみを痛切に味わったのはその瞬間であったといってよい[79]」

皇太子の住まいは赤坂離宮から小金井校に隣接する「御仮寓所」に移った。葉山御用邸の供奉員宿舎を利用した御仮寓所は三月末に移築を終えていた。古い建材を使ったものだったため、きわめて粗末だった。周囲の塀も板塀一枚で、節穴から皇太子の御座所が覗けたという。赤坂離宮には義宮が残されたが、一人では広すぎることと、近くに住まわせたいという天皇の希望もあり、宮内省内廷庁舎三階に義宮のための御座所を設けることになった。

小金井校は自然環境には恵まれていたが、国鉄中央線武蔵小金井駅から徒歩で約三十分、西武線花小金井駅から三十五分もかかり、風が吹くと土ぼこりが舞う田園地帯のでこぼこ道を歩くことになった。皇太子以外の学生はたいへんな通学苦に見舞われた。

「鎌倉から通学してくる学生などは片道三時間、往復六時間を要し、通学時間の方が授業総時間を上回った。八時半の朝礼に滑り込むには午前五時前に起き、すぐ出発しなければならない」と同級生の橋本明は書いている。[80]

中等科の授業は、皇太子の一組だけは御学問所構想で講師陣として予定されていた漢文・諸橋轍次、数学・杉村欣二郎、国語・久松潜一、物理・小谷正雄、東洋史・山本達郎らが教壇に立った。

いたずら盛りの中学生たちは、のちに文化勲章を受章する諸橋ら大学者が相手でも容赦なかった。明石によると、近眼の諸橋を教室の入り口でひっくり返そうと細いひもを張ったり、授業中に堂々と弁当を食べたりしたという。久松が教室に入った際、引き戸に仕掛けてあった白墨をたっぷり塗った黒板拭きが落下。久松の背広が真っ白になったこともあった。温厚な久松は苦笑いをするだけだった。「そこをば読んでください」という口癖から、学生たちは「オバ」というあだ名をつけていた。[81]

ただ、皇太子はこのいたずらには参加しなかった。明石は「むしろ批判派である。それは行儀の良さもあったが、持ち前の正義感で、他愛ない悪戯も卑怯な行為と感じていたのではないかと思う」と語っている。[82]

皇太子には通常の学科のほか、特別授業があった。小金井校は通学不便の地だったため、日曜のほかに木曜が休みになっていた。その日、皇太子は一人、光華殿で授業を受けた。ブライスが英語を教え、通常の授業では停止されていた修身を武内義雄、日本史を児玉幸多が担当した。川田順が和歌を教えた。

小金井御仮寓所で自給自足の野菜作り

五月三日に日本の戦争指導者を裁く極東国際軍事裁判、いわゆる東京裁判が開廷。深刻な食糧難が続いており、十二日には世田谷区で開かれた「米よこせ区民大会」のデモ隊が宮城に押し寄せた。十九日には宮城前広場で〝食糧メーデー〟(飯米獲得人民大会)が行われ、そのとき掲げられたプラカード「国体はゴジされたぞ、朕はタラフク食っているぞ、ナンジ人民飢えて死ね」が不敬罪に問われる事件があった。騒然とした世情は天皇、皇室批判へと向かいかねず、裕仁天皇は二十四日、ラジオで食糧危機に対する忍耐を国民に訴えた。第二の「玉音放送」である。

天皇の退位論もさかんだった。裕仁天皇はかなり神経質になっていた。『昭和天皇実録』五月四日の条は、天皇が宮内大臣の松平慶民(よしたみ)に東京帝国大学総長の南原繁が四月二十九日に行った講演で退位論を述べたことについて「御談話になる」と記している。

「(南原は)今次の大戦において、天皇には政治上、法律上の責任がないことは明白であるが、道徳的、精神的な責任があり、そのことを最も強く感じておられるのは天皇御自身であると拝察すると述べ、この責任観念の表明により今後の皇室のあり方を基礎づけることが出来ると強調した(83)」

しかし、天皇には退位に反対する強力な味方がいた。マッカーサーだった。一カ月半ほど前の三月二十二日、御用掛の寺崎英成が副官のフェラーズと面会した際のことが『実録』に記載されている。

「最高司令官と御退位問題について論議したことはないとしながらも、最高司令官は天皇を戦犯とする考え方に対して反対意見を表明し、天皇を戦犯に指名した場合、日本は混乱に陥り、占領軍の大幅な増強が必要になる旨を本国に報告したことを承知していると述べる。さらに退位された場合には後継者問題も生じることから、最高司令官は天皇の御退位を希望していないと信じるとし、天皇の責任に関しては形式上の責任はあるものの、道義的責任はなき旨を回答する(84)」

このあとも何度か退位論がささやかれるが、マッカーサーのこの確約で退位の可能性は事実上なくなった。それは即位によって明仁皇太子の青春が奪われることが回避されたことでもあった。

小金井でも都心部と同様、食糧難であった。東宮職の職員は職業柄、ヤミの食糧買い出しにも出かけにくかった。そこで、御仮寓所周辺の空き地を畑にして自給自足を試みることになった。手始めにジャガイモを植え、六月には最初の収穫があった。続いてサツマイモを作ったところ、秋には大豊作。陸稲、小麦、スイカ、キュウリ、大根も作れるようになり、主食と野菜を自給自足できるようになる。皇太子も御仮寓所の庭に六坪ほどの畑を作った。慣れない手つきで鍬を振るって畑を耕し、種をまき、水やりをした。そしてジャガイモ、サツマイモ、イチゴなどが見事に収穫できた。御仮寓所の庭ではニワトリやガチョウなども飼った。(85)

占領軍がわがもの顔のみじめな首都・東京を見せたくない、という動機で決まった小金井での生活だったが、皇太子にとっては生涯でも一番といえるのびのびした自由な生活を送る日々となった。夕食を終えると自転車で周辺の田園地帯を走り回り、農家の人々も笑顔でお辞儀をした。ときには農家を訪ね、脱穀作業などを見学した。農家の人が野菜や果物を持ってくることもあった。

武蔵小金井駅近くの本屋では立ち読みをして本を買った。生まれて初めての買い物だった。夜道を二キロ歩いて地元の小金井神社の秋祭りに出かけた。番犬として犬も飼った。最初は柴犬の「アカ」だったが、しばらくしてどこかに逃げてしまった。次に秋田犬が献上された。皇太子は小金井のある北多摩郡にちなんで「多摩」と名づけた。夕刻になると多摩を連れて散歩をするのが楽しみになった。

五月下旬、米国で皇太子の家庭教師選考が動き出していた。エリザベス・グレイ・バイニングは二十三日、フレンズ奉仕団の日本救済プログラムを立案していた担当者から家庭教師に応募してみないかと尋ねられた。彼女はこう思った。

「日本の天皇が、しかもあの辛酸をなめた戦争の後で、歴史上はじめて日本を打ち負かした国の一人の代表をご自分の子息の教育のために求める事態がまったく思いもよらないことのように見えた。それは何か新しいことで、何か希望を抱かせることのように思われた」[86]

バイニングは推薦を受け入れたが、「その仕事を手にしようと指一本でも動かすようなことはすまい」と決めた。二十八日、ストダード宛てにバイニングを推薦する手紙が送られた。ストダードからの返事は、応募者が殺到しているが、抜きんでていると思われる人物二、三人のみ面接を行う予定で、バイニングはそこに含まれているというものだった。

一九〇二年十月、フィラデルフィアで生まれたバイニングはこのとき四十三歳。父親はスコットランド移民だった。ジャーマンタウンのフレンズ・スクールを卒業、名門女子大学プリン・モア、さらにドレクセル・インスティテュートで図書館学を学んだ。ノースカロライナ大学で図書館学を教えていたころ、同大学教員のモーガン・バイニングと二九年に結婚。しかし、三三年に交通事故で夫を失い、自身も重傷を負った。

事故の療養中の三四年、バイニングはクエーカー教徒になり、フレンズ奉仕団で働くようになる。クエーカーは内心に神からの啓示を受け、礼拝での深い沈黙での癒しを信条とするプロテスタントの一派で、暴力と戦争に反対する絶対平和主義の立場をとる。バイニングはクエーカー教徒でペンシルベニア州創設者のウィリアム・ペンの伝記など青少年向けの本を多数執筆。四二年に『旅の子アダム』で、アメリカでもっとも権威ある児童文学賞のニューベリー賞を受賞した著名な作家だった。

バイニングが皇太子の家庭教師に推薦されていたころ、小金井の中等科では戦後初めての運動会が行われた。光華殿前の畑を教員と学生が整地し、二百メートルのトラックがとれるグラウンドを造った。五月三十一日午後、「皇太子殿下中等科御進学奉祝小運動会」と銘打って開かれ、終了後は皇太子を囲んだ茶話会が催された。皇太子に対する特別の儀礼は取りやめになったはずだったが、やはり特別な生徒だった。

「皇太子殿下は本年三月學習院初等科の課程を終へられ、引續き同中等科に進學されたが、四月以來不快氣味で靜養中のところ、このほど健康をとり戻されたので去る二十八日〔ママ〕から登校されてゐる。學習院は戰災で焼失後、吉祥寺〔ママ　小金井〕に假校舍を新築、殿下もそのバラック造りの假校舍で一般學生と同様勉學に精麗せられて居り、御起居も附近に新築の粗末な御殿で學友と共にされてゐるが、時折廣い運動場で初夏の日射を体一杯に受けられて野球や蹴球、体操に打ち興ぜられる時などは誠に健康そのもの、潑剌（はつらつ）たるお姿である」

六月三日付けの朝日新聞の記事だが、各新聞にも一斉に同じような内容の記事と皇太子の写真が掲載された。皇太子の動静記事としては久々のものだった。食糧危機や天皇退位論が流布するなか、皇太子も国民と同様に不自由な環境で暮らしていること、それでも元気に勉学に励んでいることをアピールし、皇室健在を示そうという狙いで広報されたとみられる。

家庭教師はバイニングに決定

六月中旬になって、明仁皇太子の百日咳はようやく全快の診断を受ける。十六日は御文庫に天皇一家が集まり、快気祝いの昼食をとった。翌日から裕仁天皇は静岡県に向かった。戦後巡幸も六回目となり、当初はぎこちなかった国民との応答も滑らかになり、「人間・天皇」を強調する新聞記事が目立った。十九日には東京裁判のキーナン首席検事が「天皇を訴追しない」と語った記事が掲載された。

一方、バイニングは六日にストダードの面接に臨んでいた。バイニングが「アメリカ人教師ということで、日本で反発を買うのではないか」と質問した。二人は「驚くべきことだが、日本側には怨恨はなく、戦争のことを背後に押しやって新しい関係に入ろうとしている」ことなどを話し合った。

ストダードは十九日付けでバイニングに手紙を送った。候補を彼女ともう一人（ハワイ大学教授の女性）に絞ったという内容だった。このことはＧＨＱのニュージェント民間情報教育局長、宮内省御用掛の寺崎にも知らされ、七月五日に二人の推薦状と履歴書が届いた。バイニングは自分が選ばれることを待ち望むようになっていた。『アナとシャム王』を初めて手に取り、満州王朝の皇子溥儀の家庭教師を務めたレジナルド・ジョンストンの『紫禁城のたそがれ』を読んでみたりした。(87)

宮内省から選考を一任されていた山梨学習院院長はブライスと霊南坂協会の小崎道雄牧師に相談。東宮職とも協議した上でバイニングを選んだ。山梨は当初からバイニングに決めていた。理由は彼女の半生に不幸があり、「悲しみを知っていること」だったという。(88)七月九日、天皇は松平宮相からバイニングを推薦するという奏上を受けた。バイニング本人には一カ月近くあとの八月上旬にストダードから電話があり、「宮内庁（当時は宮内省）はヴァイニング、（くりかえし）ヴァイニングに決定した」という電文を読み上げた。(89)

この発表は日本側よりも米国の国務省が先んじて行われた。バイニングはのちに「任命の発表がまず国務省からなされた事実は、合衆国政府がアメリカ人家庭教師を日本に押しつけた印象を与えた。多くの日本人がそう信じたし、また多くのアメリカ人がそうだった(90)」と書いている。

百日咳から全快した皇太子は、この夏二年ぶりに沼津の海で泳いだ。七月十六日から沼津御用邸の附属邸に入り、二十一日からは同級生らが遊泳場にやってきた。学習院中等科の沼津遊泳は七月末ま

での前期と八月一―十日の後期に分かれ、それぞれ十人が参加した。(91)

皇太子は朝礼から夕刻までの遊泳演習に加わった。指導は小堀流家元の猿木恭経である。水泳以外にも舟を漕いだり野球をしたりして遊んだ。夜は肝だめし会も行われた。二十八日まで沼津に滞在し、生まれて初めて戦争のない平和な時代の海を楽しんだ。

小金井校では九月九日から始まる二学期を前にした同月七日、教員の打ち合わせが開かれた。話し合ったのは学生の寄宿舎のことだった。赤坂の東宮仮御所が空襲で焼失したことと、皇太子を都心から遠ざける目的で設置された小金井校だが、同級生たちは片道数時間を要する通学に苦しんでいた。また、宮内省は皇太子が他の学生と交流する機会を増やすため、御仮寓所近くに寄宿舎を設置するよう希望していた。

寄宿舎は以前から検討されていたが、食糧確保が難しいことから先送りされていた。この日の打ち合わせでは、食糧確保は依然として難しいものの、学校内で始めた農園ではジャガイモやサツマイモ、カボチャなどの収穫が見込めるようになったことから、配給物資にこれらを加えれば何とかなりそうだという結論に達した。そして、九月末から十二月の学期末まで寄宿舎を開設することにした。建物は教学錬成所時代の学寮を整備して使うことになった。

選考の結果、一・二年生十人ずつ、計二十人の入寮が決まった。九月二十九日に入寮式が行われ、寄宿舎は山梨院長によって「光雲寮」と命名された。寮での生活は朝六時起床、朝礼・体操・朝食を終えて登校。下校後は午後四時半から入浴、五時半から夕食、自習などの時間のあと九時に就寝とかなり窮屈なものだった。寮では家族と離れて淋しい思いをしている学生を慰めるため、懇親会や誕生会、七夕会など様々な催しが行われた。皇太子も積極的に参加し、ときには寮での朝礼や自習にも加わった。

寄宿舎開設は十二月末までを第一期とし、翌一月の新学期から三月まで第二期として開いたが、暖房設備のない寮で厳冬期を過ごすのは厳しすぎたため、以降は開設期間を五—七月、九—十二月とした(92)。

十月一日、戦後初めての中等科の遠足があった。大正天皇の多摩御陵参拝のあと林業試験場を見学した。日米で時差があるが、同じ日、エリザベス・バイニングが客船「マリーン・ファルコン号」に乗船して日本へと旅立った。太平洋の大海原で日本への思いがつのっていった。

「私が考えたのは主として皇太子殿下のことであった。一体どんな方かしら——。お年齢は十二歳、もう十三歳に近いことはわかっていた。利発げに、まっすぐにものを見つめている、まるまるとふとった小さな男の子の写真を新聞で見たこともある。写真はぼんやりしていたが、たしかに人の心をとらえるものであった。皇太子殿下は、あくまでも、しっかりと、自分というものを失わぬ少年のように見受けられた(93)」

乗客のなかに同じエリザベスという名のキリスト教のシスターがいて、二人は知り合いになった。のちに正田美智子が学ぶ聖心女子大学の初代学長となるブリットである。不思議な縁だった。

マリーン・ファルコン号は十月十五日午後三時に横浜港に着岸した。雨が降っていた。横浜に駐留していた米軍第一騎兵師団のブラスバンドが「わが師団の夫人たち大歓迎！」と書いた幟の前で吹奏楽を奏でていた。船腹を見せて横転したままの船もあり、バイニングには戦禍の跡が生々しい港は黒ずんで見えた。

下船前にバイニングは二十数人の米国人記者とカメラマンに取り囲まれ、「皇太子に何を教えるのか」「俸給はどのくらいか」などと質問攻めにあった。なかには「アメリカと日本がまだ交戦状態にあるのを知らないのか。こんなとき日本の天皇の使用人になろうとやって来たのはなぜか」と敵意を込めて聞く記者もいた。(94)

もう日が落ちた五時半になって、バイニングはようやくタラップを渡って日本の土を踏んだ。つば広の黒のフェルト帽、黒のコート、黒のハイヒールと黒ずくめの姿は地味だったが、その長身と女優のイングリット・バーグマンに似た美貌が迎えた日本側関係者に強い印象を与えた。

宮内省が差しまわした車が来ていた。乗り込むと、一人の日本女性があいさつをした。バイニングが日本にいる間、秘書兼通訳を務めることになった高橋たねだった。ＧＨＱの民間情報教育局の人間も同乗した。横浜から東京に向かう道はでこぼこしていて、荒涼とした沼地のような風景が続いていた。

東京に入ると、「あれが皇居だ」と教えられたが、雨のなかで目に入ったのは「ただ暗い水の面(おもて)と、その向うに神秘的にそびえる大きな石の城壁だけであった」(95)とバイニングは回想している。このあと自宅として用意されていた下落合の瀟洒な洋風建築の家に案内された。調度品の大部分は赤坂離宮から運ばれたものだった。

「殿下のため、世界への窓を開いてほしい」

翌十六日、バイニングは宮内省を訪れ、松平慶民宮内大臣と面会した。松平は幕末の福井藩主・松平春嶽(しゅんがく)の三男で、オックスフォード大学に留学経験のある英語の達人だった。戦前は「不良皇族」を叱責した硬骨漢として知られていた。この場で取り交わされた契約は俸給二千ドル、家賃、自動車代、食費、洗濯代、使用人の給与などの生活費、日本国内の旅行費一切を宮内省が負担するという破格の内容だった。当時、同年齢の米国人女性官吏の年収は四百ドル足らずだった。

バイニングの義務は「週に一時間、皇太子に英語の個人授業を行う」「学習院と女子学習院で英語を教え、皇太子と皇室の他の子女の学力増進をはかる。ただし、授業時間は週八時間を超えないこと」であった。契約書には次のような条項も含まれていた。

「前者（皇室）が後者（バイニング）に与える生活程度は、連合国最高司令官総司令部の認可を得て日本へ入国した者として、後者の品位を傷つけないものたるべきこと」

これを見たバイニングは「自分が勝った国の人間の一人として日本へ来たのだということを私は迂闊にも忘れていたが、事実はまさしくその通りなのであって、それがここにさりげなく記されているのである。私はこうした立場がいやでならなかった[96]」と語っている。

この日のことか定かではないが、バイニングは松平に言われた印象深い言葉を書き残している。

「私たちがあなたにお願いしたいのは、皇太子殿下のために、今までよりももっと広い世界の見える窓を開いていただきたいということです」

バイニングはあくまで皇太子の英語の家庭教師という名目だったが、松平はそれ以上のものを期待していた。バイニングは「英語という手段を通じて、殿下に西欧世界の理想を示し、日本が軍国主義的独裁政治に対する大きな幻滅の反動から、いま慌てふためいて熱心に信奉し始めたあの民主主義なるものの精髄を、殿下が御理解になる一助ともなれば幸いだ」と思った[97]。

この日、バイニングは日本滞在中の相談役ともなる松平信子（元宮内大臣松平恒雄夫人、秩父宮妃勢津子の母）とブライスにも会った。ブライスは翌日バイニングと会うことになっている皇太子には、英語で「私を教えにわざわざ遠くからおいでくださってありがとうございます」と言うように教えていると語った。バイニングは不自然な対面を予想した。

日本に着いて三日目の十七日午後三時過ぎから、バイニングは宮内省庁舎の「表拝謁ノ間」で裕仁天皇、良子皇后と明仁皇太子に対面することになった。バイニングはフィラデルフィアから持参した「フィットマンズ・サンプラー」のキャンデー箱を事前に渡していた。「拝謁」には侍従長のほか通訳として皇后付きの女官の高木多都雄らが陪席した。

バイニングが待っていると扉が開き、天皇、皇后と皇太子が入ってきた。バイニングはそれぞれと握手した。天皇と皇后は「はるばる来てくれてうれしい、あなたの到着を待っていた」と言った。そして皇太子と向き合ったとき、バイニングはブライスが言ったことを思い浮かべたが、皇太子は「キャンデーをありがとう」と言った。バイニングは皇太子が「ラバー・スタンプ(確かめもしないで判を押す人)」ではなく、自分の意志を持ち、言いたいことを言う少年だと知ってうれしく思った。

バイニングは「丸顔で、真面目で、それでいて目もとにちらっとユーモアの見える愛らしい少年」との印象を持った。面会は三十分ほどで、固苦しくなく自然な雰囲気だった。天皇は米国の食糧支援に謝意を述べ、「あなたのような知識と理解力にすぐれたアメリカの婦人が教えに来てくださったことは、子供たちにとって光栄です」と言った。皇后は「皇女たちに英語ばかりではなく他のことも教えてはもらえまいか」と依頼した。(98)

バイニングが初めて小金井の学習院中等科に足を運んだのは十月二十一日だった。著書『皇太子の窓』で、下落合の家から車で向かう途中に見たことを作家らしい筆致で書いている。この時期郊外に暮らす日本人の生活の優れた描写である。

「戦災を受けた地域の広い通りを、三十分ばかり自動車でゆくと、突然田舎になった。どんよりと曇って寒い日だったが、竹藪や常磐木の緑と、所々に見える社(やしろ)の前の鳥居の朱の色が美しかった。道は時折、茅葺き屋根の家や店のたてこんでいる村の中を通った。開いている店を見ると、ダイコンの山と、天井からつるした紐にくくりつけた薬缶類のほかには、たいした品物は並んでいなかった。

村の道路は、動物や自転車や牛車や荷車やゆっくり歩いている人間でいっぱいだったので、私たちは車を徐行させなければならなかった。女は誰もモンペをはいて、背中に子供をおぶっていた。五つか六つの子供たちが、道路の真ん中で群れ遊んでいた。小さな女の子たちは、色のあせた赤い綿入れのキモノを着ているのが多かったが、着ぶくれて、背丈の横幅も同じに見えるのだった。男の子は、黒いズボンをはき、セーターを幾枚も重ねたその上に、身体全体を蔽う短い白い前掛けをかけているのであるが、円いおなかの上あたりがふくらんで皺になっているのがとても可愛かった」(99)

小金井の校舎に着いて、バイニングは驚いた。「こんなみすぼらしい、暖房装置もない、原始的な学校だとはまるで予期していなかった」からだ。建物には身に沁みるような寒さが床から漂っていた。塵埃にもうんざりした。しかし、後日に参観した東京の他の学校に比べると学習院はまだましなことがわかった。

皇室に民主主義の精髄を伝道する

バイニングは運動場で全学生に紹介された。学生たちは教室から行進してきて、バイニングの前で整列した。皇太子は最後に加わって、最前列の真ん中あたりに立った。そこが皇太子の決まった位置であることをバイニングは知った。中等科の科長が歓迎の言葉を述べたあと、バイニングがあいさつをした。自分を日本に招いてくれた関係者や天皇への感謝などを述べたあと、次のように言った。

「私が日本へ参った第一の理由は、日本が新憲法で国策遂行の具としての戦争を放棄したからです。他の国々も日本の後からついてゆかねばなりません。日本がその苦難と敗北との中から新しい力と夢を得て、平和への道において世界を指導し得るようになることを、私は信じて疑いません」(100)

この日から二週間ほどあとの十一月三日、象徴天皇と戦争放棄を中軸にした日本国憲法が公布される。絶対平和主義のクエーカー教徒らしいあいさつだった。

バイニングを迎えた学生の一人である明石元紹は、印象に残ったのは彼女が美人であったことだと語っている。四十四歳になっていたが、「スラリとした美人は、歳よりずっと若く見えた」「その美しさは清楚で、プロポーションが素晴らしかった。また、繊細で優しさが滲みでていた」という。それまで明石が抱いていた米国人のイメージは、華美で軽率で、明るいけれど行儀が悪いというものだった。しかし、バイニングは「知的で、慎重で、節度あるクラシックな女性」だと感じた。明石にはバイニングが米国人というより英国人に見えた。(101)

歓迎式のあと、バイニングは皇太子の教室で英語の授業を参観した。校舎の外見同様、教室内もみすぼらしかった。

「教室の壁は白漆喰で、汚れてきずだらけだった。机と椅子は一緒にくっついていて、机の横のところに鉤(かぎ)がついており、そこに帽子やカバンをさげるようになっている。正面の低い教壇には先生の机と椅子が置いてあり、そのうしろに黒板がかかっている。壁には絵も見あたらず、書物も置いていなかった」(102)

バイニングは翌日も小金井を訪れ、ブライスが皇太子の個人教授を行う様子を参観した。松平信子と東宮大夫の穂積重遠、侍従らも同席した。バイニングには皇太子がやや退屈しているように見えた。授業中、何度も腕時計を盗み見していたからだ。一時間が過ぎ、皇太子は侍従たちに囲まれて御仮寓所へ去っていった。皇太子の姿が見えなくなって、バイニングの心に浮かんだ言葉は、「おかわいそうに！」だった(103)。

翌週からバイニングの授業が始まった。彼女はかなり身構えていた。「私の記憶によれば、外国人教師いじめに持ってこいの材料になるのは、教師が私たち生徒の名前をでたらめに発音することで、その間違いをことごとく嘲弄（ちょうろう）してやるのだった(104)」。バイニングは学生全員に英語の名前を付けることに決めていた。おかしな発音で教師の尊厳が傷つけられることを防ごうと考えた。もう一つ、そうすることで皇太子が一生に一度だけ、敬称を一切付けられず、特別扱いもされず他の生徒と同列に扱われることがよい経験になる、とも思った。

バイニングはアルファベット順に並べた学生の名簿を作り、少々冒険じみた気持ちで一年一組の皇太子の教室に乗り込んだ。学生全員が立ち上がり、バイニングが「グッド・モーニング・ボーイズ」と言うと、「グッド・モーニング・サー」という答えが返ってきた。双方が笑い合い、バイニングは「サー」を使うのは男性で、女性の場合は名前を呼ぶのだと教えた。

バイニングは自己紹介をして、前方の席に座っている一人の学生に名前を聞いた。学生が名前を言うと、「それはあなたの本当の名前です。しかし、このクラスではあなたの名前はアダムです」と言った。学生は驚いたような顔をしたが、バイニングは次々と学生に英語名を付けていった。そして皇太子の番になった。

「あなたの名前はジミーです」

「いいえ、私は皇子（プリンス）です」

初等科二年のころ、教室で自分の名前を言えずにベソを書いていた皇太子は、このとき自信をもって即答した。バイニングは「そうです、あなたは明仁親王（プリンス・アキヒト）です」「それがあなたの本当のお名前です。けれどもこのクラスでは英語の名前がつくことになっているのです。このクラスではあなたの名前はジミーです」と説明した。[105]

バイニングが固唾をのんで反応をうかがうと、皇太子は楽しそうに微笑んだ。バイニングは『皇太子の窓』で、他の多くの学生のなかにいたので、バイニングは自分を見分けられないのではと皇太子が思ったのかもしれないと書いている。また、自分を他の学生と同列に考えることができなかったのではないかと。

しかし、そうではなかった。英語名を付けられることを面白がった者もいたが、皇太子をはじめ多くの学生は反発していたのだ。のちに学生の親たちからも不満の声があがった。勝った国の人間として遇されるのが嫌でたまらなかったというバイニングだが、ここでは敗者の屈辱に思いが至らなかったようだ。

バイニングの授業方針は「英語だけを使って英語を教える」ことだった。頭のなかで自国語に翻訳する手順を経ずに、いきなり英語で考えさせる。その方が言葉への理解が深まるという考えだ。バイニングは日本にいる間、かなり日本語を習得したが、授業では一度も日本語を使わなかった。

中等科での英語指導は毎週水曜日で、金曜日の午後に皇太子の個人授業を行うことになっていた。ただ、天皇から時間が少なすぎるという指摘があり、翌年初めから個人授業が週二回になった。

皇太子に接しているうちにバイニングが感じたのは皇太子が正直であることだった。この年頃は先生が喜ぶようなことを言いたがるものだが、「お考えになられていることをそのまま仰言り、決して私のご機嫌取りのためのようなことはお口になさらなかった[106]」と言う。それは「知的に正直」でもあった。「bring（持ってくる）」と「take（持っていく）」の区別など、わかっていないのにわかったような顔をしてやり過ごすこともできたが、皇太子は素直に「わからない」と言った。バイニングはそこに好感を持った。

しかし、気になることもあった。自発性の欠如だった。尋ねられたことには真面目に努力して答えるが、自分から進んで質問することがなかった。もう一つは他者への依頼心である。個人授業中、皇太子は質問に答える前にいつも陪席している侍従の方をちらっと見た。バイニングは皇太子が何事につけても侍従の後見を求めていることに気がついた。皇太子は侍従の助けを借りずに自分で答えることができないのだ。

バイニングは「殿下が御自分の仕事をまったく独力でなさり、間違いを恐れないという経験をお持ちになることを、私は心から望んだ[107]」。そのため、侍従が同席しない授業を求めた。一カ月後、侍従は同席しなくなった。

バイニングが重視したのは「自分で考え、行動する」ことだった。皇太子はその自立した姿勢に乏しいと感じた。日本人一般に欠けるもので、それゆえ軍部独裁に唯々諾々と従い、軍国主義国家になったと当時の米国人は考えていた。来日した米国人の多くは、日本を再び「世界に災厄を与える国家」としないために、全体主義に流されない、個人が自立した民主主義国家にすべく、〝米国式修身〟を伝道する理想に燃えていた。バイニングもその一人で、自分は単なる英語教師ではなく「民主主義なるものの精髄」を教えるのだと考えていた。

「英語を教えるということは、日本に対して新しい動的な関係をもつようになったアメリカ的な民主主義の思想と実践とを、皇太子殿下その他の生徒たちに教えるという、さらに大きな仕事の方便にすぎないこともわかっていた」(108)

バイニング先生の真の担当科目は「民主主義」であった。そして、皇太子だけではなく内親王らにも英語を教えるため、女子学習院でも教鞭をとった。また、高松宮からの依頼で週一回のレッスンを行うようになる。年明けからは皇后にも週二回英語を教えた。そこでは英語以外の会話もあったことだろう。皇室にも「民主主義の精髄」を伝道する機会であったかもしれない。

新しい天皇、皇室のあり方を提言した三笠宮

十一月三日の明治節（明治天皇誕生日）に日本国憲法が公布された。この日付けで裕仁天皇の末弟、三笠宮崇仁親王は「新憲法と皇室典範改正法案要綱（案）」と題した意見書を枢密院に提出した。三笠宮は三十歳だった。新憲法公布に従って、新たな皇室典範の審議が議会で行われようとしているときだった。

三笠宮は意見書で天皇の「死」以外に譲位の道が開かれていないことは、新憲法十八条の「何人も、いかなる奴隷的拘束も受けない」という精神に反しているのではないかと疑義を示した。退位の自由を認めないことは「天皇は全く鉄鎖につながれた内閣の奴隷」とまでいう。また、皇位継承について男系継承を認めながらも、憲法の男女平等観念が社会に定着したときは女性（女系）天皇も検討すべきだとした。

そして、「象徴」とされた戦後の新しい天皇は、どんな人物でも務まるとしたら「日の丸の旗の方

が余程まし」と指摘。「国民の前に全くヴエールをかけて現人神として九重の奥深く鎮まり給ふ天皇」は新時代には合わないとして、望ましい天皇像を提起した。

「将来に予想される天皇は性格、能力、健康、趣味、嗜好、習癖ありとあらゆるものを国民の前にさらけ出して批判の対象にならねばならぬから実際問題とすれば今迄以上に能力と健康とを必要とする」(109)

天皇の退位論が間欠的に出ている時期にあまりにも刺激的なため、この意見書は封印され、昭和時代に表に出ることはなかった。ただ、三笠宮はこの一カ月ほどあとの十二月八日付け朝日新聞のインタビューで「基本的人権としての譲位」の意見を披瀝している。また、新憲法では婚姻は両性の合意で成立することになっているのに、皇族は皇室会議で決められるのは不当であり、「従來も皇族の婚姻は家柄第一主義でずいぶん無理が多かつた、当人同志の意志は無視しがちで、ただ無難な配偶者を選ぶという風だつた、また結婚前にお互に相手を理解しあう機会などはなかつた」と訴えた。

三笠宮は「日本の民主化には、まず皇室の民主化からはじめるべき」との思いを述べた。三笠宮の人権意識、結婚観は当時の皇室では先走り過ぎていたかもしれないが、枢密院に提出した意見書に盛られた「退位」「女系・女性天皇」「象徴天皇のあり方」は、平成時代の皇室の重大テーマとなる。とくに象徴像について、三笠宮は「存在するだけ」の天皇を否定し、「活動する」ことを求めた。明仁天皇は三笠宮の予言した道を歩むことになる。三笠宮はこのあとも皇室の「先駆的提言者」の役割を担っていく。

十一月二十九日、裕仁天皇は宮内省庁舎に秩父宮、高松宮、三笠宮の直宮を除く皇族十九人を呼び、直宮以外の朝香宮、賀陽宮など十一宮家は皇籍離脱(臣籍降下)のやむなきに至ったことを言い渡した。

十二月二十四日、天皇が議長の皇族会議が開かれ、皇籍離脱が確定した。皇室財産が国庫管理となり、十一宮家で五十一人もいた皇族の生活を維持できなくなったためだ。翌一九四七(昭和二十二)年十月十四日に告示され、皇室は天皇家(七人)と直宮家(八人)の十五人に激減する。

しかし、十一宮家の人々は、いずれは皇室を離れる運命にあった。明治期は永世皇族制をとっており、宮家の子孫は永久に皇族であり続けることになっていた。これでは皇族が増えすぎ、経済的にも無理があるため、改正の議論がなされた。一九二〇(大正九)年に「皇族の降下に関する施行準則」が定められ、「天皇の皇子を一世として四世の皇玄孫」までが皇族の範囲とされた。

四世以内でも宮家を継ぐのは長子孫のみで、五世以下は臣籍に下ることになった。ただ、これをそのまま当てはめると室町時代の崇光天皇の第一皇子栄仁(よしひと)親王を祖とする伏見宮家系の十一宮家全員が直ちに臣籍降下しなければならないため、例外的に幕末から明治初期の同家第十六世・二十代の邦家親王の子を一世とみなすことにした。

一九四七年時点で十一宮家では邦家親王の玄孫(四世)は十三人いたが、準則に従えば長男六人以外は成人に達したときに皇籍を離れ、次代の五世からは全員皇籍を離脱しなければならなかった。(110) 十一宮家の皇籍離脱は経済的事情が大きかったが、この準則の存在も背景にあったとみられる。準則制定当時、大正天皇の一世皇子は裕仁天皇はじめ四人もおり、彼らをベースにすれば天皇家、宮家は盤石であり、十一宮家を存続させなくてもかまわないという楽観があった。また、十一宮家は裕仁天皇と二十世以上も離れており、一般人の感覚では他人に近い〝遠縁〟であったことも離脱を促す要因になった。

平成になって皇位継承危機が叫ばれた際、十一宮家の皇籍離脱は将来の皇統断絶を策したＧＨＱの陰謀説が流布したが、それを裏付ける証言、資料はない。

「その年の私のクリスマスは十二月十五日に始まった」とバイニングは『皇太子の窓』に書いている。この日は日本に向かう船で知り合ったブリットが院長を務める聖心女子学院に招かれた。バイニングは「氷のように冷たい」講堂で少女たちが歌うクリスマスの讃美歌を聞いた。そして英語で演じられた「素朴な短いキリスト降誕劇」を見た。[111]バイニングと聖心のつながりは偶然に過ぎないが、彼女の存在自体が十年近くあとに皇太子と正田美智子を近づける大きな要因となる。

十七日には宮城に招かれ、良子皇后とうちとけて様々なことを話し、クリスマスプレゼントに七宝の花瓶を送られた。このころにはバイニングは天皇家の深い信頼を得ていた。クリスマスシーズンは皇太子の誕生日と重なる。皇太子が十三歳になる二十三日より少し前の二十日にお茶の会が開かれた。バイニングから皇太子に万年筆とシャープペンシルのセットが贈られた。喜んだ皇太子はこれを家族、とくに弟に見せたいと言った。バイニングは皇太子が弟の義宮について話すのを初めて聞いたが、「殿下が弟宮のお名前をおっしゃるとき、そのお声には明らかに情愛があふれていた」と感じた。[112]

お茶会では東宮侍従の角倉志朗が侍従一同を代表して、皇太子の教育のために尽力しているバイニングに感謝の言葉を述べた。しかし、東宮職をはじめ宮内省では諸手を挙げてバイニングを歓迎しているわけではなかった。保守的な側近たちはバイニングが熱心なクエーカー教徒であることと、その民主化教育に懐疑の目を向けていた。

当時の皇室記者・小野昇は著書で側近らが、まだ十二歳で思想的にも白紙状態にある皇太子に特定の宗教を植え付けられたり、徹底した民主主義的な人間教育を教え込まれることを警戒していたと書いている。

ある側近は「天皇の人間化を徹底させようとして、天皇としてのエレメントをすっかり洗い落としてしまったら、肝心の〝天皇〟そのものまで消え去ってしまうようなことになりはしないか」と語ったという。(113)

これはこのあとメンターとして登場する小泉信三にも向けられた批判であり、正田美智子と結婚後の明仁皇太子、そして即位後の明仁天皇に向けて保守派から陰に陽に投げかけられた批判でもあった。

第4章

日本のホープ、青春の煩悶

明仁皇太子と裕仁天皇(宮内省職員の運動会で)
=1947(昭和22)年4月

〈昭和22年〉
戦後間もない時期の「女帝」「退位」論議

一九四七(昭和二十二)年一月、十二歳の正田美智子は館林から東京に戻ることになった。美智子はこの年の四月から中学生になる。母・富美子は東京の女学校に行かせたいと希望していた。地方での疎開生活が続き、学力も東京にいた時期より落ちてきているのも気になっていた。一家は空襲で焼け残った池田山の家に戻ったが、この瀟洒な洋風建築が占領軍の目に留まらないはずはなく、翌年七月に接収されてしまう。正田家は接収が解除されるまで池田山に近い祖母・きぬの家に住んだ。

東京に戻った美智子は以前に通っていた雙葉学園に復学した。四谷の雙葉の校舎は空襲でほとんどが焼け落ちていて、生徒は焼け残った一棟の木造校舎で授業を受けていた。このころの美智子は髪をおさげに結い、飛び跳ねるように歩いていたという。疎開から帰ってきた美智子はすぐに人気者になった。

疎開先の田舎の学校と違って、雙葉には独特の「雙葉言葉」なるものがあった。遊び仲間に入れてほしいときは「お入れになって」と馬鹿丁寧に言う。スカートのまま飛んだり跳ねたりすると裾(すそ)がひるがえって「おしゅう」になるのでやらない。「おしゅう」は醜態の意味である。体育の授業の跳び箱で先生が誰かに模範演技をさせようとすると、

「あなた、なさってよ」

「わたくし、そんなに上手ではございません」

と譲り合うばかりで一向に授業が進まない。そんな校風だった。そんなとき美智子は「はい」と返事をして跳び箱を跳んで見せた。そのさっぱりとした態度と積極的な性格は、当時の教師に強い印象を残した。(1)

一月十六日は皇室にとって重要な日であった。戦後の新しい皇室典範が公布されたのだ。大日本帝国憲法下では憲法と並ぶ最高位の法であり、その法体制は明治典憲体制と呼ばれた。戦前は議会が関与できない不磨の大典であったが、戦後の日本国憲法により天皇が統治権の総攬者である国家体制が変革されたため、皇室典範も改正の議論が続けられてきた。

前年の三月、新皇室典範などを審議する臨時法制調査会の設置が閣議決定した。調査会は四つの部会から成り、典範の立案は第一部会で行われることになった。委員は政治家、官僚、法曹、学識経験者など二十七人。憲法学の佐々木惣一、宮澤俊義、行政学の杉村章三郎、民法学の我妻栄などそうそうたる陣容だった。事務局として内閣法制局、宮内省などから幹事二十人が加わった。

審議は七月から始まり、議論の中心は「女性の皇位継承者を認めるか」「皇位継承の原因を崩御(死去)に限るか」であった。平成の皇室を揺るがす大問題となった「女性(女系)天皇」と「退位」の議論のスタートはここにあった。

審議の当初、新憲法十四条「すべての国民は法の下に平等であり、性別により差別されない」の原則から、女帝容認論が相次いだ。これに対して宮内省が「憲法十四条は社会的身分、門地による差別も否定しているので、厳格に解釈すれば皇位の世襲も否定される。しかし、二条が世襲を規定しており、明らかに十四条の例外。世襲は伝統的歴史的観念であり、女系はその観念に含まれない」との意見を提出した。

また、「皇位継承者は国民の一部。その不平等は必ずしも男女同権原則の否定と言い得ない」とも主張した。このほかの女系天皇否定の論拠として、「国民感情に適合しない」「日本には皇配（女帝の配偶者）となる階層がない」「女帝となった未婚の女子が自由意思によって結婚ができる社会的基盤が成熟していない」などが挙げられた。

注目すべきは、平成の女系天皇論議で見られた「男系継承は長い天皇の歴史で例外なく続いており、天皇の根幹でもある」という意見が見あたらないことだ。結局、この議論は旧典範どおりの男系男子原則でまとまる。この時期、男系男子の皇位継承資格者が相当数いたため、女帝論議には切迫感がなかった。

退位についても議論を始めたころは学者から「天皇の自由意思」による退位容認論が相次いだ。これに対し、新憲法の起草者でもあった内閣法制局次長・佐藤達夫は「退位条項を規定されていると、現実の種々の邪推がつきまとうのではないか。非常の場合には、これに応ずる処置が別に考えられる」と反論した。佐藤は退位が必要な場合、特別立法で対処すべきだと示唆した。これは平成の天皇の退位の際の重要なヒントになる。

反対意見の理由は様々あったが、根底にあるのは「現実の種々の邪推」だった。皇室典範に退位条項が設けられると裕仁天皇の退位論が勢いづく可能性がある。退位論を沈静化させたい側にとっては認めてはならないものだった。

そして退位反対論者は「天皇の自由意思」を逆手にとって反撃した。退位の自由を認めるならば「不就任の自由も認めなければ首尾一貫しない」として、退位条項とともに不就任条項も必要と主張した。万が一、皇位継承資格者すべてが就任を拒否すれば「天皇という制度は存立の基礎を揺り動かされることになる」と主張。よって「世襲による就位は自由意思の介入と調和しがたい」との結論に導いた。

これも平成の退位論議で反対派の一部が述べた意見と同じだった。極端な想定だが、これにより厳しく意見が対立していた退位論議は「皇位継承の原因は崩御に限る」という結論に収束した。

臨時法制調査会の審議は十月に終了、「皇室典範改正法案要綱」が吉田茂首相に答申された。新皇室典範案は十二月の第九十一帝国議会に提出され、衆院本会議で審議が始まる。衆院、貴族院で審議の末、同月下旬に原案通り可決した。ただ、すんなりと法案が通ったわけではない。ある意味、平成よりも白熱した論戦が行われたといっていい。

衆院では社会党の及川規が「意思の自由こそは人格の本質〔略〕象徴たるの故をもって、人間の本質たる意思の自由を否定するがごときは、不当のきわみであり、意思の自由の否定は、人間の否定であり、人間の否定はやがて人間天皇の否定であるのであります」と主張した。

貴族院でも天皇退位論者であった東京帝大総長の南原繁が、新憲法により天皇は神秘的、非現実的な存在から自然的、人間的な天皇に変化したとして「いったん皇位に就かれた以上は、いかなる場合、いかなる事由の下においても、終生、その地位に留まらなければならぬということは、そこに依然としてあまりにも不自然な、また非人間的な考え方が入っているのではないか」と述べた。

しかし、法的に退位を認め、裕仁天皇の退位を誘引して社会的混乱が生じることは避けたいということは共通認識としてあり、新典範法案は無修正で議会を通過。一九四七年五月三日、日本国憲法とともに施行される。(2)

退屈と窮屈に慣れた生活

明仁皇太子はこの年の一月を葉山で過ごしていた。バイニングは英語の稽古をしてほしいという求めに応じて葉山の御用邸を訪ねた。待っていた皇太子はどこか物憂げな様子だった。バイニングは「何かおもしろいことをなさいましたか」と聞いた。葉山には義宮も来ていたが、風邪を引いていたため、皇太子は一度しか会っていないという。あとは海岸でウニを取り、侍従と散歩したことなどを話した。

バイニングは十三歳の男の子にしてはひどく退屈な休暇だと思った。次の週も葉山に行くと、天皇家の子供たち全員が待っていた。一列に並んでバイニングと握手し、英語で「ご機嫌いかがですか」とあいさつした。十七歳の孝宮和子内親王と十一歳の義宮正仁親王、七歳の清宮貴子内親王はバイニングと初めての対面だった。

義宮は葉山で過ごしたあとの二月、宮殿の焼け跡に建てられた住居に移り住んだ。焼け残った宮殿の一部を改築したものだった。かつての皇后の静養室で、皇太子誕生のときに産殿として使われていた。ここは「義宮御殿」と呼ばれることになった。兄弟別居は建物によって固定化された。

皇太子が葉山での冬休みを終えて小金井に戻ったあと、バイニングの個人授業が週一回から二回に増えた。バイニングは中等科の授業を含めると週に三回は皇太子と接することになったが、皇太子の生活を見るにつけ、葉山で感じたのと同様、あまりに退屈で束縛されていると感じた。彼女はそういう生活から皇太子を解放してあげたいと願ったが、皇太子はそれほど窮屈に感じていない様子だった。

「殿下のお住居から学校や光華殿へほんの数歩歩いてゆかれるときでも、お一人ではなく、侍従がお伴をするのであった。私が数週間にわたって提議した揚句、ようやく、侍従は学校の建物までお伴するが、そこで別れて別の入口からはいるというところまで改められた。なお悲しいことには、殿下はより大きな自由への欲求を感じてさえおられない御様子なのであった。私の気持をよく理解し共鳴してくれた松平夫人が、お稽古に行かれるときはお一人がよいでしょうと申し上げると、殿下は「なぜなのか」と答えられるのだった(3)」

三学期の授業が始まったが、この年の冬はことのほか寒かった。小金井の教室は一日中氷のように冷たく、氷点下六度近くになることもあった。あまりの寒さで欠席する学生も多く、皇太子のクラスでは三人が結核で休学した。バイニングはコートを着て手袋をしたまま教えた。バイニングも学生たちも手にしもやけができた。

それでも学生たちは快活さを失わず、勉強に専念していた。そのうちバイニングは皇太子がもっとも楽しそうで、自然にふるまえるのは他の学生たちと一緒のときだと気がついた。休み時間に教室で同級生と談笑し、ピンポン室めがけて駆けていく姿。「そうした正常な幸福な友人関係がどんなに殿下の魂をはぐくみ、うるおすかを物語っていた(4)」。

バイニングは皇太子が教室以外で友人と触れ合う機会を多くする必要があると考え、週二回の個人授業のうち一回に皇太子の同級生二人を参加させたいと思った。

四月の新学期が始まってからバイニングの希望が実現した。人選は学習院の教員、侍従、そして皇太子と相談して行い、明石元紹と草刈廣が選ばれた。個人授業は光華殿の一室で行われていたが、最初のころは英語のゲームで遊んだという。クッキーと紅茶が出た。

バイニングが「大人になったらどこの外国に行きたいか?」と皆に聞くと、草刈は「アメリカに行きたい」と答えた。「ジミー、あなたは？」と聞かれた皇太子は躊躇せずに「イギリスです」と言った。明石は英国王室のことが念頭にあったからだろうと思った。(5)
同じ場面と思われる記述が『皇太子の窓』に書かれているが、皇太子は米国も見てみたいと言ったという。バイニングが米国のどこを見たいかと聞くと皇太子は山や農場、都会、川や野生の動物、魚などの名を挙げた。皇太子はフランスとイタリアにも行きたいが、中国には全然行きたくないと話した。(6)

このあと学期ごとに新しい同級生が呼ばれるようになった。明仁皇太子はバイニングが思いも及ばぬ生徒を推薦することがあった。皇太子自身、この個人授業がその生徒のためになるという理由で推薦することもあった。バイニングは皇太子が人の性格と個性を見抜く資質があることに気がついた。バイニングは皇太子より少し英語ができる生徒とあまり英語力のない生徒の二人を選びたかったが、皇太子は自分よりも上手に英語を話せる生徒を選ぶことには断固として反対した。(7)

中等科二年の新学期が始まる前の一九四七年三月七日、皇太子は二週間余りの関西旅行に出発した。奈良、京都の名跡や伊勢神宮を訪れた。移動は特別に用意された専用列車で、穂積東宮大夫兼侍従長以下が随行した。駅頭や沿線、沿道に多くの奉迎者が並んだ。皇太子の動静は新聞で逐一報じられ、さながらミニ巡幸だった。

伊勢神宮参拝の際は同年代の地元の中学一年生との問答が新聞に掲載された。ただ、問答は直接ではなく、侍従を通じてのものだった。

―皇太子さまの一番お好きな学科は何でしょうか

「どの学科も一生懸命勉強していますが、なかでも歴史などは好きです」
―英語はどんな風に勉強していられますか
「ヴァイニング夫人とブライスさんについて、会話の勉強をしています」
―御趣味やお好きな運動をお知らせ下さい
「乗馬と水泳が好きですが、このごろはピンポンもやつています」
―ラジオの放送などもお聞きになりますか
「毎日聞いています。野球や相撲の放送はおもしろいと思います」
―新聞や雑誌などはどんなものをお読みになりますか
「いろ〳〵な新聞を読みます。雑誌ではリーダース〔ズ〕・ダイジエストなどを読んでいます」

（三月十四日付け朝日新聞大阪版）

裕仁天皇の戦争責任をめぐって退位論がささやかれるなか、戦後の新たなシンボルとして若きプリンスに期待する声が高まりつつあった。超絶した存在ではなく、庶民と変わらない親しみの持てる「人間・皇太子」が意識してアピールされた。

バイニングには関西旅行から帰った皇太子が生き生きした様子に見えたので、旅行はよい結果をもたらしたと思った。しかし、一年たったあと皇太子は「あまり面白くなかったんです。みんなが集まって来てぼくを見ようとするものですから(8)」と話したという。過度な持ち上げ方は十三歳の皇太子には居心地が悪かったのかもしれない。

聖心女子学院への転校

三月二十五日、学習院初等科で初等・中等・高等科の合同卒業式が裕仁天皇の臨席のもと行われた。迎えた院長は前年十月に就任した安倍能成。官立時代最後の卒業式となった。三十一日には教育基本法・学校教育法が公布された。義務教育が三年延長になり、六年間の小学校の上に新制の中学校を置く六・三・三制と男女共学が規定された。そして宮内省の管轄下にあった学習院は「財団法人学習院」として独立した私学となった。

皇太子が新制の学習院で中等科二年に進学した四月、正田美智子は聖心女子学院の中等科に入学した。雙葉学園の中等科に進まなかったのは母・富美子の要望だった。美智子は五反田の祖母・きぬの家から四谷の雙葉まで電車通学をしていたが、当時の混雑は殺人的で、子どもには苛酷だった。美智子は乗り換えの駅で降りることができず、遅刻することもしばしばだった。満員電車を詠んだ少女・美智子の歌がある。

人ごみの電車で折れし花を持ち心悲しきたそがれの道(9)

富美子は中学に進学してからも美智子に通学苦を味わわせたくなかった。雙葉と同じカトリック系の聖心女子学院が港区の三光町（現・白金一丁目）にあり、徒歩で通える距離にあったため転校を決断した。

始業式当日、教室で生徒一人一人の名が呼ばれた。「マサダさん」と教師が言うと、美智子はすっと立ち上がり「ショウダです」とはっきりと澄んだ声で答えた。皆が一斉に目を向けた。ウェーブした髪に丸い色白の顔はクラスメートに強い印象を与えた。聖心でも美智子は目を引く存在だった。転校生ということもあったが、やはり清楚な容貌が同級生のなかでひときわ目立った。

中等科の授業は戦災を免れた教室が使われたが、疎開していた生徒の多くが東京に戻って来たため収容しきれず、特別教室が作られた。

聖心はこの当時は特別な学校だった。在校生の三分の一はクリスチャン。礼節に厳しく、入学すると「心の中で一から十までゆっくり数え終えてから頭を上げる」というお辞儀の仕方を教えられた。制服は白のブラウスに深緑のジャンパースカート、通称チッタカカと呼ばれていたボレロを組み合わせていた。公立の学校と比べるとモダンでおしゃれ、かつ高級で個性的だった。聖心には裕福な家庭の子女が集まっていた(10)。

歩いて通学する美智子に同じ方向から通う仲良し三人がすぐできた。これに教室で席の近い友だちを入れて仲良し六人組ができ、高校卒業までいつも行動をともにすることになる。六人は勉強するのもいたずらをするのも一緒だった。

あるとき担任の男性教師が教室に入るなり一斉にノートの切れ端などを丸めた紙つぶてが飛んできた。担任は「だれだ!」と叫んだが、生徒たちはクスクスと笑うだけだった。このいたずらに美智子も参加していた(11)。美智子は友人にミミズの入った箱の贈り物をするいたずらで茶目っ気ぶりを発揮したこともあった。

当時の同級生は「おたがいに運動が好きで、放課後よく残って、バレー、バスケットや二人三脚、バトンタッチの練習などをやったものです。すごく足の速いひとで〝カモシカ少女〟だなんて評判でした。エビのように背を円くして、大股に走る姿をよく覚えています。対抗リレーなど彼女がラストを走ってよく勝ちました」と話している(12)。

疎開先の学校ではどこでも成績がトップクラスだった美智子も聖心では勝手がちがった。自信のあった英語で美智子を上回る学力の生徒が何人もいた。英語教育に力を入れていた聖心で初等科から生え抜きの生徒にはかなわなかった。人一倍負けず嫌いの美智子は猛烈な勉強を始め、高等科に進むころには皆に追いつき、やがて追い抜くことになる(13)。

疎開中、少ない本を何度も読み返していた美智子は、中学生になってもよく読書した。「中学高校時代は、ただただスポーツに熱中していましたので、夜はすぐ眠たくなってしまい、読書の量はあまり多くありませんでした(14)」と後年回想しているが、その読書内容は中学生としては驚くほど豊潤なものだった。当時は吉屋信子などの少女小説が全盛で、クラスで回し読みされており、美智子もよく借りて読んだ。とくに松田瓊子(けいこ)の『七つの蕾』が人気で、美智子はかなり順番を待ってから借りることができた。

中学生時代、美智子はその美しい書き出しにひかれて『奥の細道』を読んだことがきっかけで、以後『竹取物語』『土佐日記』『更級日記』などの古典に親しむようになった。旅する俳聖・松尾芭蕉の『奥の細道』は「月日は百代の過客にして、行きかふ年も又旅人也(月日は永遠の旅人であり、行き過ぎていく年もまた旅人である)」という言葉で始まっている。美智子がひかれたのはここに漂う無常観なのか、「旅」へのあこがれなのか。平成の天皇、皇后は芭蕉のように日本各地をめぐり、その土地を詠うようになる。

美智子は中高生時代を通じて両親から本を買ってもらったことはなかったという。ただ、古典を読みたくて、父・英三郎に手もとの辞書を譲ってもらった。博文館の『新修漢和大字典』(昭和十九年刊行)と三省堂の『廣辞林』(同五年)だった。美智子は辞書を引いて単語を調べ、繰り返し音読し、「あとは想像力に頼るという、誠に乱暴な読み方[15]」で古典を一冊一冊、時間をかけて読み進めた。

このとき父から譲られた辞書二冊は、その後、表紙を何度か製本し直し、皇后になってからも使い続けた。少女時代に親しんだ古典から得た言葉に対する感性、とくに古語についての知識が「歌人・美智子」を大きく育てることになる。

中高校生時代の美智子の読書の楽しみに友人との回し読みのほか、神田や神保町の古本屋めぐりがあった。「この頃の私の文庫本との出会いは、ほとんどが古本屋さんです。本居宣長の『うひ山ぶみ鈴屋答問録』、ヘンリー・ハドソンがパンパスでの思い出を記した『はるかな国とほい国』、フィリップの短編集『小さき町にて』等は、皆この頃に見つけた懐かしい本です[16]」と皇后になってから語っている。

「今振り返って、私にとり、子供時代の読書とは何だったのでしょう。何よりも、それは私に楽しみを与えてくれました。そして、その後に来る、青年期の読書のための基礎を作ってくれました。それはある時には私に根っこを与え、ある時には翼をくれました。この根っこと翼は、私が外に、内に、橋をかけ、自分の世界を少しずつ広げて育っていくときに、大きな助けとなってくれました[17]」

歌、文筆、記者会見、講演などを通じ、「言葉の人」「発信する皇后」との印象を強くする美智子の豊かな精神の土壌は、聖心の中高生時代に培われていった。

小泉信三との初対面「実に好少年」

明仁皇太子は四月、中学二年生となった。新学期を迎える直前の三日、裕仁天皇とともに明治神宮外苑競技場でサッカーの東西対抗戦を観戦した。天皇と皇太子が公の場でそろって出るのはこれが初めてだった。人間的な父子の姿を見せる演出でもあった。

十九日には裕仁天皇、良子皇后が初めて小金井の御仮寓所に皇太子を訪ねた。ともに昼食をとったあと、皇太子の案内で中等科の校舎、光華殿の個人授業を受けている教室、寄宿舎光雲寮の皇太子の部屋を見学した。そして、御仮寓所近くでとれたジャガイモをふかして皆で食べた。

同月二十七日、皇太子にとって重要な出会いがあった。小泉信三との初対面である。

小泉は前年四月に東宮御教育参与に就任したものの、やけどの回復に時間がかかり、参与としての職務を果たせないでいた。一年たってようやく小金井の皇太子を訪ねることができた。

東宮大夫の穂積が「これは小泉先生です。最近まで慶應大学の総長をしていらした方でございます」と紹介すると、皇太子ははっきりした声で「どうぞ、よろしく」と言った。そしてそのあとで「身体をお大事に」と付け加えた。

小泉は「僕の顔をご覧になって「痛そうだ」とでもご同情下さったのであろう」と思った。それから侍従らを交えて茶菓の時間になった。イチゴジャムとハムサンド、ドーナツ、缶詰の桃と紅茶が出た。このときになって初めて小泉は皇太子の顔を見上げた。

「失礼な申しようであるが、実に好少年である。十四歳の少年としてご身長はまず普通であるが、お顔色と肉付きとが実にお宜しい。張り切った感じで、日に焼けられたお顔は琥珀色に輝いている。お目は大きくないが、黒目がちで、何か興味をお感じになった時に、生き生きとかゞやく。また、それは後でお歩きになる時見上げたのであるが、大きく手を振ってお歩きになると、お尻の肉がぷりぷり動く」[18]

皇太子とはまず野球の話題になった。小泉がベーブ・ルースを知っているか尋ねると、皇太子は知っていると答えた。テニス、ピンポン、水泳、乗馬と話が進んだ。皇太子はテニスは軟球でやってい て、ピンポンが得意なこと、水泳は巻き足(立ち泳ぎ)ができること、乗馬では二度落馬したことを話した。

歓談はノーベル賞や小泉がリーダーズ・ダイジェストで読んだクイズなどに及び、四十分ほどでお開きになった。小泉は御仮寓所近くの竹やぶでとれたタケノコをお土産にもらって帰った。

五月三日、日本国憲法と新皇室典範が施行された。天皇は統治権の総攬者から日本国および日本国民統合の象徴になった。

「神」とされていた天皇は「人間宣言」で自ら神格を否定した。

では、同じ人間が〝転生〟した「象徴」とは何なのか。戦後憲法学の大家、芦部信喜は「象徴とは、抽象的・無形的・非感覚的なものを具体的・有形的・感覚的なものによって具象化する作用ないしはその媒介物を意味する。たとえば、白百合の花は純潔の象徴、鳩は平和の象徴であるとされる」とみている。

もう一人の憲法学の泰斗、清宮四郎は同様に「日本国または日本国民の統合という無形の抽象的存在を、有形的・具体的に表現または体現するものであることを意味する」と言う。

象徴となった天皇は何をすればいいのか。芦部は「憲法一条の象徴天皇制の主眼は、天皇が国の象徴たる役割をもつことを強調することにあるというよりも、むしろ、天皇が国の象徴たる役割以外の役割をもたないことを強調することにある」と言い、清宮も「特別の行為を必要とするものではない。

憲法にも、象徴としての天皇の行為そのものについてはなんらの規定もない」と解釈する。[19]
憲法学のどこを探っても象徴の具体的役割は示されていない。清宮とともに戦後の憲法学をリードした宮澤俊義は、明治憲法で明記されていた天皇の権限を全廃する代わりに、その一部だった象徴としての役割を残すという消極的意味しか見出さなかった。宮澤は戦後憲法での天皇は何ら実権を持たない「虚器」と見なし、内閣の書類に機械的に署名し判を押すだけのロボット的存在であるべきだと考えた。それ以外の行為はむしろ有害であるとする。

天皇を意志ある人間と見なさない点で神格化された戦前の天皇観と表裏一体であり、この解釈が戦後長く主流であった。平成の天皇が「反旗」を翻すまでは――。

新憲法が施行された日、宮内省が宮内府に改められた。旧憲法下で宮内省は内閣の管轄外にあったが、宮内府は内閣の一部になった。天皇が任命していた宮内大臣は宮内府長官となり、任命権は内閣総理大臣に移った。

五月三日はバイニングが初めてマッカーサーと対面した日だった。オランダ大使夫妻、東京裁判のウェッブ裁判長夫妻、米軍の将官ら約二十人とともにアメリカ大使館に昼食に招かれたのだ。マバイニングはマッカーサーに皇太子が前途有望で頭脳もすぐれており、性格も立派だと話した。マッカーサーはバイニングに、思うような皇太子教育の機会を与えられているか聞いた。そして、天皇について親しみと同情を込めた口ぶりで「この奴隷の国にあってはナンバー・ワンの奴隷だったが、今自由人にされているところだ。彼は本当に飾り気のない率直な人で、民主的な人だ」と語った。[20]

「奴隷」という言葉は三笠宮の意見書を想起させる。ただ、マッカーサーは、天皇は戦後自由になったと言ったが、三笠宮は退位の自由が認められないなら「鉄鎖につながれた内閣の奴隷」という認識だった。

一対一で会いたいというマッカーサーの求めで、バイニングは五日後の五月八日に第一生命ビルのGHQオフィスを訪ねた。マッカーサーは皇太子について、性格や勉強ぶり、日常生活などを知りたがった。マッカーサーは皇太子の家庭教師に米国人を選んだことについて、「日本側の姑息な政治工作と考えたか」と聞いたという。このことから、バイニングは家庭教師選びにGHQは関与しておらず、天皇の「英断」だったと確信したが、彼女はブライスやフェラーズが動いていたことを知らなかった。[21]

バイニングは日本滞在中、計七回執務室でマッカーサーに会うことになる。そこでの会話の内容を日記などに書き留めていたらしく、著書で一部を紹介している。なかには歴史的に注目すべきものがある。

一九四五年九月二十七日の第一回天皇・マッカーサー会見の内容である。この場で天皇は戦争責任を認め「自分の身はどうなってもかまわない。国民を救ってほしい」と語ったと伝えられているが、公式の記録にはそのような言葉は記されていない。戦争責任問題への波及を恐れ、通訳だった外務省参事官の奥村勝蔵がその部分を削除して記録を作ったのではないかといわれている。バイニングの著書『天皇とわたし』にはマッカーサーの話が次のように書かれている。

「戦争にたいする責任を取る気があるのかと質すと、天皇はこう言われた。「お答えする前に一言いわせていただきたい。閣下がわたしをどう扱おうとそれは構わない。わたしはそれを甘んじて受ける。絞首刑にしてもかまわない。ただわたしは戦争を望んだことは一度もなかった。一つにはわれわれが勝てるなどとわたしが考えなかったからだ。それにもましてわたしは軍拡派を好まなかったし、信用していなかった。戦争を阻止するためにわたしはできることをした。(22)」」

のちに公開されたバイニングの日記の一九四七年十二月七日の条にマッカーサーから聞いた話として、同じ内容の記述がある。会見からまだ日も浅く、マッカーサーの記憶も確かだったとみられ、この内容が天皇の実際の発言にもっとも近いと考えられる。

学友とケンカ、「絶交する」

五月末、十一歳から十六歳までの男女十一人が小金井の明仁皇太子を訪ねた。雑誌で「いま日本でだれが一番好きか」という人気投票を行ったところ、当時大人気だったラジオ講座「カムカム英語」の講師・平川唯一やプロ野球「青バット」の大下弘を抑えて皇太子が一位になった。それを受けて、少年少女代表が皇太子にいろいろ質問しようという企画だった。ただ、直接問答ははばかられたようで、穂積東宮大夫が皇太子の答えを代弁した。

少年たちからは「金のハシでダイヤの茶碗で食事をしていると聞いたんですが」という質問があった。穂積は「とんでもない、お弁当箱はアルマイトでみなさんのと同じようにところどころへこんでいますよ、お菜はまあ、魚の切身にお芋が二つ三つ――」と答えた。

四十余りの質問に答えたあと、穂積は言った。「つまり皇太子さまはみなさんと同じ子供なんです、みなさんの好きなことが皇太子さまもお好きなんです(23)」。

東宮職は国民と変わらない皇太子像のアピールに懸命だった。

あたりまえのことだが、思春期を迎えていた皇太子の実像は、一般の中学生と大差なかった。ときには同級生とケンカもした。あるとき橋本明は思うところがあり、教室の皇太子の机のふた（開閉式に

なっていた）の裏に白墨で「忠告」を書き連ねた。翌日の朝、教室にやってきたところ、怒りで真っ赤になった顔の皇太子が、

「橋本、あれを拭け」

と迫った。橋本は「拭きます」と言って、机の裏を拭き始めたが、白墨はなかなか落ちず、いい加減なところでやめた。

「もっとキレイに拭け」

皇太子のもの言いにカチンときた橋本は「なんでそんなに暴君ぶりを発揮する。わけも分らんのにおこるとは何ごとか」と言い返した。皇太子は少し黙ったあと、

「今後橋本と絶交する」

と言い渡した。橋本が「絶交されてもかまわないが、まず話をしよう」と言うと、皇太子は「それじゃ話をきこう」と応じて話し合った結果、絶交は取りやめになった。

昼休み、橋本はこの〝トラブル〟を聞きつけた担任教師に呼ばれた。事情を話したところ、「よろしい、君のいう主旨は非常にいいから、そういう精神を忘れないようにしろ」と言われた(24)。戦前であればひどく叱られたであろう。学習院も「国民と変わらない」皇太子像を意識した教育をめざしていた。

ただ、皇太子はまだ人間、いわゆる他者に対する関心に欠けるところがあった。バイニングによると、このころの皇太子の興味はほとんど魚類に限られていたという。バイニングは将来の天皇としてもっと興味の範囲を広げることが必要だと考え、物語や歴史、観察などを通して民衆に対する認識を呼び覚まそうとした。

そして、皇太子に小金井から宮城へ向かう際、自動車の窓から人間観察をするように言った。皇太子は子供、学童、赤ん坊、男と女、店の主人、米国人、オーストラリア人、農夫、職人等々、自分が見た民衆の姿をリストにしてバイニングに報告した(25)。

六月三日、宮城の紅葉山養蚕所前で裕仁天皇、良子皇后と宮内記者会の記者十人が立ち話をする機会があった。明仁皇太子ら子供たちの教育について話がおよび、天皇は「国民の期待にそうよう立派な人格の人間として成長してくれれば良いと思う」と話した。この場にいた読売新聞記者の小野昇は天皇がとくに「人間」という言葉に力を入れて答えたと感じた(26)。

七月九日、小金井でのバイニングの授業が初めて記者に公開された。これも人間・皇太子の素顔を国民に知ってもらう試みの一つだった。授業では二十二人の学生が赤、青二班に分かれて英語のスペル競争が行われた。皇太子と三人の同級生が恥ずかしそうに黒板の前に並んだ。

> 「ブリッジ・ブリッジ?」とすがすがしい青のワンピース姿のヴァイニング夫人がスペルをたゞすと「B…R…I…D…G…E」皇太子さまは発音もお上手にスラ〱とお答えになる。〔略〕紺のつめえり服をキッチリ着ておられる殿下は両手を軽く前にくまれて、クラスメートの中でも一ばん日にやけて健康そうなお顔をたえずニコ〱とほころばせておられる。
>
> （七月十日付け時事新報）

七月十四日、バイニングは宮城の吹上御苑にある観瀑亭で天皇、皇后、皇太子らとのお茶会に招かれた。バイニングは日本滞在を終えたのちに「わたしは午餐や、お茶、晩餐の折りに陛下の右に座る光栄に浴したのは、数えてみると、十六回に及んだ。他にも陛下とは皇太子のご教育の件で、二度ほど皇后陛下を交えて長時間にわたってご相談申し上げたことがあるが、それは日本側にとっても先例のない事であった[27]」と書いている。

天皇から深く信頼されたバイニングがこの時期に強く進言していたのが、夏休み期間中だけでも天皇、皇后と皇太子、義宮ら家族が一緒に生活すべき、ということだった。来日してバイニングが驚いたのは、天皇、皇后と子供たちが別々に暮らしているという事実だった。バイニングにはこうした生活は非人間的であり、淋しく不自然な生き方と映った。せめて皇太子と義宮の兄弟だけでも同居すべきではないかと考えていた。

数日後、夏の休暇中に過ごす沼津の御用邸は家族が一緒に過ごすには設備が不十分なので無理だという天皇の回答がバイニングに伝えられた。

しかし、このような表面的理由ではなく、天皇が別居に関する本心を語ったことがあった。前年十一月二十七日に拝謁した御用掛の寺崎英成に親子別居について、「〔皇太子が同居すると〕女官が甘やかす怖ある事〔日本婦人は米英婦人とハ異る〕」「皇太子ハ他日天皇となる。天皇ハ皇太子を私有すべからずとの思想」と二つの理由を述べた。天皇は「事柄のいゝ悪いハ別」と話したという[28]。さらに詳しい心情をこの年の九月に那須御用邸で拝謁した前侍従次長の木下道雄にも語っている。

「予の親としての真情から云えば手許に置きたい。予の住居は狭いから一緒に住むというわけにはいかぬが、少なくとも義宮や内親王と同様宮城内に居て欲しい。しかしこれを実現する為には家も建てねばならぬし、又目白の学習院に中等科の校舎を建てねばならなぬ。政府の財政が果たしてその負担に耐えるや否や疑わしい。もし政府に於てこれを負担する意思ありとするも、国民が目下住居の欠乏に苦しておる際に、かかる私情の為に資材、経費を用うることは慎みたい[29]」

明仁皇太子が家庭を持つころにはこの旧習は打破されるのだが、それには時代状況も影響している。

太って日焼けした顔、あだ名は「チャブ」

夏休み前の七月十八日から二十一日まで、皇太子は修学旅行で茨城県を訪れた。ただ、小金井の御仮寓所から御料車で出発し、水戸で同級生と合流する特別扱いだった。そして恒例の水泳合宿のため二十三日から沼津に向かった。義宮も沼津入りした。しかし、皇太子は御用邸の西附属邸、義宮が東附属邸に宿泊し、兄弟同宿とはならなかった。

八月初めからは同級生らが遊泳場にやってきた。指導はやはり猿木恭経だった。皇太子の泳ぎは群を抜いており、一貫匁(約三・七五キロ)の錨を持っての立ち泳ぎや水書ができるようになっていた。遠泳も行った。朝八時に十人ほどの学生とともに御用邸前の海から六キロほど先の淡島を目指して泳ぎ始めた。三時間、最後まで泳ぎ切ったのは皇太子とあと一人だった。

皆で和船を漕ぐ練習もした。皇太子はとてもうまかった。皇太子は八月四日の夜、和船に乗ったときのことを歌に詠んだ。

日は暮れて舟乗り行けばいさり火が沖の彼方に見えつかくれつ[30]

この沼津水泳合宿以降、皇太子に「チャブ」というあだ名がついた。丸々と太って日焼けした顔が茶色いので、蚊取り線香を入れる素焼きの茶ブタそっくりということだった。つけたのは同級生の鳥尾敬孝だった。クラスのほとんどがあだ名で呼び合うようになった。裕仁天皇の御学友時代には考えられないことだった。同級生同士のフラットな友情が育ちつつあった。

この年の夏をバイニングは軽井沢で過ごしていた。バイニングは暑さに弱く、東京の猛暑を避けるため、宮内府が三井家の山荘を借りて提供した。

山荘は愛宕山の中腹から下の方にあり、高いモミの木に囲まれて、背後にはカラマツの林があった。木立の合間からは近くの離山や浅間山がよく見えた。晴れた日には遠方の日本アルプスの頂も顔を出した。大気は澄み切っていて、周辺にはモミの木の芳香が漂っていた。バイニングは「ごみごみした東京からやって来ると、その香りに酔いしれる思いであった[31]」と書いている。この環境を気に入ったバイニングは、日本滞在中の夏は軽井沢で過ごすことになる。このことがのちに明仁皇太子の運命を大きく変えることになった。

八月の終わりごろ、バイニングは那須御用邸に集まった天皇一家を訪ねているが、ここで皇太子から以前訪ねた登呂遺跡のことなどについて話を聞いた。皇太子は生き物だけではなく、歴史にも興味を持ち始めていた。「日本人の起源の問題に関する殿下の御興味はあくまで客観的で、以前の日本の史書に見られた神聖起源の痕跡などまったくとどめないものであった[32]」という。

これはバイニングが受け止めた以上に重大なことだった。記紀神話を基盤として成立している天皇制で、将来の天皇がその神話を史実とみなしていないということだった。

バイニングの家庭教師の契約は当初一年間で、この年(一九四七年)十月十五日までだったが、日本側の強い要望で一年間延長することになった。九月十二日に新たに交わされた契約では、俸給は二千ドルから三千ドルに増額された。そして、皇太子の個人授業の回数を増やし、皇后と内親王らの英語レッスンも週二時間増やすことになった。

バイニングは九月中旬から休暇のため一時米国に帰国することになった。その前に小金井の御仮寓所で明仁皇太子と昼食をともにした。バイニングは初めて御仮寓所に入ったのだが「皇太子はこの家が好きではなかった」と書いている。皇太子は疎開するまで住んでいた赤坂の東宮仮御所が空襲で焼けてしまったことを悲しんでいたという。

「殿下の大好きなそのお住居を焼いた焼夷弾は、殿下に戦争を身近に感じさせ、いまのこのわびしい仮住居の御生活は、殿下に癒しがたい傷痕をお与えしたに相違ない(33)」

バイニングの不在中、宮内府内には皇太子の教育をめぐって不穏な空気が漂っていた。九月十八日の入江相政侍従の日記に「東宮様のこの夏以来の御傾向は誠に憂ふべきものであることを話す。侍従長も悉く同感で東宮職の現状は深憂に堪へないと云つて居られた(34)」という記述がある。

入江の日記にはこのあとも皇太子の教育に対する不満がいくつか書かれているが、その「憂い」について具体的な記述がないため、何を批判しているのかわからない。バイニングの「行き過ぎた」民主化、人間化教育で「天皇としてのエレメント」が洗い落とされつつあるという危機感であろうか。入江は記紀神話を史実と考えていない皇太子の歴史観をどこかで耳にしたのだろうか。

十月、明仁皇太子のテニスのコーチに元慶應義塾大学のテニス選手の石井小一郎が就任した。皇太子は以前からテニスに親しんでいたが、石井のコーチ就任で本格的に打ち込むようになる。テニスというスポーツが皇太子の人生に与えた影響の大きさを考えると、重要な出会いであった。

石井は小泉信三が慶應の庭球部長時代に活躍したことから、小泉との関係でコーチに就任したと思われがちだが、実際は宮内府式部頭の松平康昌が就任を依頼したのだった。石井は小泉ほか慶應庭球部の先輩数人に相談して依頼を受けることにした。

十月六日、石井は松平とともに初めて小金井の皇太子を訪ねた。皇太子は色黒で健康そうに見えた。石井のコーチは中等科の授業がない毎週木曜の午後二時からと決まった。十日後の十六日が初練習だった。まず、光華殿で海外の名選手のテニス映画を見て石井がプレーについて説明。それからコートに出て乱打をした。

「殿下はそれまでに軟式のテニスをおやりになったので、ある程度フォームはできておられるが、まだ腕力もお弱く、身体の動きも敏捷というわけにはいかない。しかし、俗にいう「呑み込みの早い」よい運動神経をお持ちであることがすぐわかった[35]」というのが石井の感想だった。

翌週はサービスとバックハンドの練習をした。サービスは難しそうだったが、バックハンドは呑み込みが早かった。ただ、皇太子は学校のテニス部員でもあり、毎日級友とテニスをしているようなので、一週間たつとせっかく教えたフォームが壊れるような気がすると石井は思った。

石井は毎回三―四時間指導した。慶應では厳しい指導で知られており、小泉もハードトレーニングを期待していた。しかし、石井の皇太子への指導は小泉から見るとかなり甘いものだった。皇太子だから手加減したということではなかった。

「なにぶん、皇太子という特別な地位におられるため、単に学習院の授業を受けられる他に、課外講義や、御見学や、各界の一流の人々によるいわゆる御進講がたくさんあって、まったくお忙しい御日常でした。したがって、毎週一回、三、四時間をテニスの時間としてお割きになるのは容易なことではないと思われました〔略〕御勉強の方が非常にお忙しいために、テニスだけがお楽しみの時間のようにお見受けしましたし、まだ中学生でもあられたので、いわゆる短期講習会的でなく、ゆっくりやるような方針をとったからでした(36)」

十月十三日、新憲法・新皇室典範のもとで初の皇室会議が開かれ、十一宮家五十一人の皇籍離脱が決定、翌日宮内府から告示された。これにより皇族親睦会は解散し、旧皇族の新たな親睦会「菊栄親睦会」(命名は裕仁天皇)が結成された。同会は天皇、皇后、皇太后を名誉会員として、月一回の例会と春秋の大会を行うことになる。多くの元皇族たちは多額の財産税支払いに苦しみ、土地や建物を売り払い、いわゆる「宮様商法」にも失敗して没落していく。

十一月に入り、学習院は明仁皇太子が中等科を卒業する二年後の三月に小金井校を目白か戸山に移転する方針を固めた。皇太子が卒業したあとは小金井に校舎を置く意味がなくなることと、学生の遠距離通学も問題だった。目白に移転する場合は新たな校舎を建てる必要があったが、戸山には四谷の初等科に移ることになっていた三年生以上の女子の校舎があった。財政的に窮迫していた学習院ではこれを利用することになり、移転先は戸山になる。

十二月二十三日、明仁皇太子は十四歳になった。この日の毎日新聞は皇太子の日常を次のように紹介している。

毎朝六時に起床。六時半には光雲寮で寮生と体操と運動。四十分ほど自習して、七時半から食堂で他の学生と一緒に朝食。中等科での授業。放課後は四時半までテニス。バイニングの英語個人授業が週二回、ブライスの授業が一回、武内義雄の書道と東洋文化の特別授業が一回。スポーツはピンポン、乗馬、水泳などなんでもやるが、この一年はテニスに力を注いでいる――。

記事では個人授業のおかげで英語の上達が早く、この年の春以降は毎日英文で日記を書いており、会話も達者だとしているが、やや誇張ではないかと思われる。

翌二十四日には小金井の御仮寓所で誕生日のお祝いの会が開かれ、教育参与の小泉、坪井、安倍らが招かれた。参加したテニスコーチの石井は出された料理が質素なことに驚いた。

大鯛の尾頭付きとはいかないまでも小鯛くらいは出るものと思っていたが、配給もの以外はないようだった。民間の接待よりはるかに淋しいもので、出てきた料理を全部挙げると、こはだの栗づけ二切れ、ほうれん草のおひたし、ニンジンとごぼうの煮付け、小魚とほうれん草の汁、半月の煮付け、お新香、盛り切りご飯一杯、ミカン一個、おしるこ――だった。

しかし、一同は楽しく歓談し、皇太子も途中から会に顔を出した。酔った安倍が皇太子の手を握り「You are 50 years younger than me」と言い、「モシモシ亀よ」の歌を歌った。あとで「than me」はおかしい、とひやかされた。(37)

〈昭和23年〉「復興日本のシンボル」と失われる自由

一九四八(昭和二十三)年になった。元日の東京新聞に「『世代の希望』お健やかに」という見出しの記事とテニスをする明仁皇太子の写真が掲載された。記事は「世界に誇つていいプリンス・アキヒトを持つことはこの日本および日本人の、今一つの希望」というバイニングの言葉を紹介する。復興日本のあすを担うシンボルとして、成長する皇太子への期待はますます高まっていた。それは戦後、「神の子」の時代には考えられなかった自由を手にした皇太子の生活が、徐々に窮屈になっていくことでもあった。

年明け早々の一月四日から十日まで、皇太子は千葉県の戦災復興状況を視察する旅を行った。寺院や学校、魚類の孵卵所、蓮の栽培所、測候所、出土品陳列室などを見学し、山に登ったり、小学校の女子のダンスや男子の寒中水泳を見た。ただ、バイニングはこの旅行を次のように書いている。

「どこへおいでになっても群衆が押しよせ、ある所では、殿下が観に行かれた景色の前に立ちふさがってしまうのであった。皇太子というものは公衆のものであって、もはや自分自身でどうにもならぬ存在であることや、身分の低い人民たちが当り前のように享受している秘密や自由というものは自分には手のとどかぬ貴重な所有物であることなどを、殿下はいましみじみと悟られつつあった」[38]

天皇の全国巡幸は前年十二月の中国地方を最後に中断されていた。専用列車を使い、多くの随員、報道陣を引き連れた巡幸に対してGHQからぜいたく過ぎるという批判があった。宮内官僚の「傲慢、横柄」な態度も不評を買っていた。

また、東京裁判の結審が近づき、年内には判決が出される見込みになっていた。それにともない、天皇が判決を機に退位するのではないかという憶測が流れはじめていた。これらもあって天皇はしばらく「身を慎む」ことになり、以後一年半巡幸は行われなくなる。その代わりとして皇太子の「ミニ巡幸」が企画された可能性もある。

千葉を訪れた翌二月にはもう〝関西巡幸〟の計画がもちあがっていた。関西は前年に旅行したばかりなので、これを聞いた侍従の入江は「さう毎年いらつしやらなくてもよさゝうなものだのに」「少しをかしいと思ふ」と日記に書いている[39]。結局、関西旅行は行われなかった。

この年の三月初め、小泉信三が下落合のバイニング邸を訪ねた。意外なことだが、これが初顔合わせだった。バイニングは小泉の顔に残るやけどの痕を見て「この文明世界で、人間が同じ人間にこれほどの苦難を負わせることができるものかと、いたわしさとおそれとで胸がふさがる思い」でショックを受けたが、しばらく話をするうちに、やけどのことをすっかり忘れてしまった。バイニングは傷痕のことなど超越した小泉の性格に感銘を受けつつ思った。

「終戦までは、肉体的欠陥のある者は皇族方の前に出ることさえ許されなかったことを思えば、小泉博士が皇太子殿下の教育参与に任命されたことは、博士の栄誉として、また、日本に起りつつある大きな変化を示すものとして、注目すべき事実だと思われる」(40)

小泉のバイニングに対する第一印象は「女学生のような、実に感じの良い人」だった。二人は会うたびに相手に好印象を持つようになり、肝胆相照らす関係になる。そして、旧弊を打破して明仁皇太子の人間教育に邁進する。

四月、皇太子は中等科三年生になり、義宮は初等科を卒業して中等科に進学した。このころ、中等科卒業後の進路をどうするか議論になっていた。侍従や教育参与にはこのまま高等科に進むべきだという意見と、学校教育は中等科までにして、その後は家庭教師による特別教育を行うべきだという意見があった。

特別教育は御学問所構想の流れをくむものだが、単なる先例主義ではなく、日本の高等教育への不信感に起因していた。高校の教育は大学受験に備えるあまり競争過多の実情があり、皇太子の教育はそのような詰め込み教育ではなく、もっと広く自由なものであるべきだという考えだ。一方で皇太子が一般の学生と同じ環境で学ぶ利益は不都合を補ってあまりあるという主張がなされた(41)。バイニングは皇太子が高等科に進学すべきという意見だった。

結局、明仁皇太子は高等科に進むことになる。新憲法のもとでの民主主義社会で皇太子の民主化された人間教育が進められていた。逆コースの箱入り教育は現実的ではなかった。

三月に成立した新内閣の芦田均首相はＧＨＱからの圧力もあり、宮内府の改革に乗り出そうとしていた。まず着手したのは旧時代を引きずっているとみなされていた松平慶民宮内府長官と大金益次郎侍従長の更迭だった。当初、長官候補に挙がったのは新憲法担当の国務大臣を務めた金森徳次郎だった。松平は後任に小泉を推していた。

四月七日、芦田は長官に金森、侍従長に鈴木一(はじめ)（侍従次長、鈴木貫太郎元首相の長男）の人事案を裕仁天皇に奏上した。天皇は「政府が変わるごとに宮内府の長官が交代するのはおもしろくない」「現在の長官、侍従長ともよく気が合う」と難色を示した。十三日、芦田を訪ねた松平が更迭延期を望む天皇の意向を伝えたが、芦田は「それは宮中のためによくない」と突っぱね、長官候補に金森に代わって元駐米大使の堀内謙介の名を挙げた。

しかし、ＧＨＱからは堀内は松平と同じ旧勢力だという指摘があったことと、堀内自身に就任を断られたことで、次の候補として銀行家、教育家で新渡戸稲造の弟子であった田島道治(みちじ)を考えた。

二十二日に芦田が田島に就任を打診したところ、「意外のこと」として即答しなかった。この際、田島は自身が天皇退位論者であることを話している。田島は何度も長官就任を断ったが、芦田はあきらめずに再考を求めた。五月十日、田島は長官就任を受け入れる。

田島は侍従長に堀内謙介を希望したが、またもや堀内が断ったため、旧来の知人で同じ新渡戸稲造門下の元外交官・三谷隆信(みたにたかのぶ)に打診し内定した。芦田は五月二十一日に葉山御用邸で天皇に新長官・侍従長人事を奏上した。

この際、芦田は宮中改革の一環として一家団欒のため住居を宮城から赤坂離宮に移したらどうかと提案した。しかし、天皇は、離宮は住居としての設備がなく生活に不自由だと一蹴する。次いで芦田は「皇太子の教育は昔風をすて、自由奔放な教育を御願いしたい」と言った。天皇が「具体的にどうすればいいか」と問うので、芦田は松平らと同様に守旧的とみられていた東宮大夫の穂積の更迭を主張した。[42]

田島と三谷は爵位を持たない「平民」だった。「華族集団」に囲まれた天皇、皇室を戦後民主主義に適合させるための必要な人事改革だった。この人事は宮内府内にかなりの軋轢(あつれき)を生んだ。侍従の入江は「今度の宮内府の人事について色々聞き皆で歎く。長官、次長、侍従長と一遍に行つたら一体後はどうなるのだらうか。実に馬鹿々々しいつまらないことである[43]」と日記に書いた。

天皇も不満で、二十九日にも拝謁した芦田に苦情を言った。芦田は「政府をやめようかと一瞬考へた[44]」。もしこのとき内閣総辞職していたら、天皇による政治介入、違憲行為になるところだった。

裕仁天皇は戦前のように国政について内奏するよう求め、芦田を困惑させていた。新憲法における象徴天皇の役割について、天皇自身の理解が追いついていなかった。

田島と三谷の認証式は六月五日に行われ、正式に新長官・侍従長が就任した。田島に初めて会ったバイニングは「誰からでもすぐ信頼される人」という印象を受けた。田島の英語はカビが生えていると思ったが、その後に磨きをかけて数カ月後にはかなり上達した。「氏は確かに宮内庁(ママ)〔宮内府〕内に新風をもたらし、いままで固く閉ざされていたいくつかの扉がさっと開かれたかの観があった[45]」と感じた。

田島、バイニング、小泉。皇太子の人間形成に大きな役割を果たす役者がここにそろった。

バイニングが来日して一年七カ月がたった五月十六日の日曜日、明仁皇太子が初めてバイニング邸を訪問した。義宮も一緒だった。皇太子が教師の自宅を訪ねる。これも新たな試みだった。松平信子が接待を手伝った。

「全体として固苦しい訪問で、英語の充分喋れない小さい男の子としてはあまり愉しい訪問だったとは思えない。お茶と一緒にさしあげたサンドウィッチとお菓子とキャンデーはおいしかったとしても、お愉しかったはずがないのである」

このようにバイニングがいう訪問だった。その日が終わり、妙に疲れたバイニングは心のなかで「これが最初なのだ、手始めなのだ」とつぶやいた(46)。以後、皇太子はバイニング邸や小泉邸を頻繁に訪れるようになり、自分以外の人々の生活空間を知ることになる。

バイニングは米国人の生活も明仁皇太子に見てもらいたいと思った。日本でそれを見ることができる絶好の場所があった。占領軍の家族のために作られた住宅地区ワシントン・ハイツである。旧代々木練兵場(現・代々木公園)の広大な敷地には住宅のほか学校、教会、映画館などがあり、米国そのものの環境だった。六月十日、バイニングは皇太子と五人の学友を連れてワシントン・ハイツを訪れた。

彼らは車三台に分乗して敷地内を見て回った。そしてアメリカン・スクールの授業を参観した。授業で米国の子供たちは日本の養蚕業について調べたことを報告しているところだった。翌日、バイニングが皇太子に感想を聞いたところ、子供たちが自由でのびのびしていることに興味をひかれたと答えた。そして、しばらく考えるように黙ったあと「なぜあんなに自由なんですか」と聞いた(47)。

小泉を皇太子教育の最高責任者に

六月十九日、衆参両院で「教育勅語」などの詔勅の根本理念が基本的人権を損なっているなどとして、それらの失効確認と排除の決議を行った。「一旦緩急あれば義勇公に奉じ以て天壌無窮の皇運を扶翼すべし」と国家危急の場合は天皇のため命を投げ出すことを刷り込んだ「民衆の憲法」は教育の場から完全に消えた。

物心がつき戦争の歴史と民主主義について学んだ明仁皇太子は、天皇制について疑問を持つようになっていた。学友の橋本明は「皇太子は一時期、父陛下の歩まれた道に疑問を覚えたことがあった」[48]とのちに書いているが、このころから高等科にかけての時期とみられる。青春期を迎えた皇太子の煩悶が始まろうとしていた。

七月一日、「宮城」は「皇居」と呼ばれることになった。戦後の民主化の風潮のおり、「城」が封建的な印象を与えるため、改めてはどうかという声があった。一八六八(明治元)年に明治天皇が旧江戸城を居所に定めた際は「東京城」と命名。七三(同六)年に火災で焼失し、八八(同二十一)年に新たな宮殿が落成するとともに呼称を宮城とすることが告示され、以来六十年続いた。軍服を脱いだ天皇から「武」をイメージさせる居所の名も削除された。

七月四日、裕仁天皇、良子皇后と貴子内親王が小金井の明仁皇太子を訪ねた。先着していた義宮と和子内親王とともに、一家で昼食をとり、皇太子の案内で光華殿北側の雑木林を散策した。高い松の木がある美しい雑木林で、そのなかを小径が幾すじも通じていた。春にはナルコユリの花が咲き、カッコウの鳴く声が聞こえた。秋は青いリンドウの花が咲いた。林の先に厩(うまや)があり、皇太子が愛乗していた初霜がつながれていた[49]。

このころ皇太子はスクーターを愛用しており、天皇もそれを借りて試乗した。この年は十月二十四日にも天皇一家が小金井に集合しており、ピンポンなどで団欒の時間を過ごした。

東京裁判が四月に結審して以降、八月十五日の終戦記念日もしくは判決の時期に合わせて天皇が退位するという憶測がさかんに報じられていた。これまで終戦直後と新憲法の公布と施行時に退位が噂されたが、今回はより信憑性をもって語られていた。五月に週刊誌に掲載された三淵忠彦最高裁長官の発言が退位を勧告したと海外で誤って報道されたことも要因だった。天皇の退位は少年皇太子の即位でもある。

これは単なる憶測ではなく、芦田首相と田島宮内府長官の間で真剣に話し合われていた。七月八日、二人は万が一、天皇退位となった場合は責任をとる決心をしなければならないと話をしている。八月二十九日に芦田と会った田島は「退位問題について自分は白紙」と言い、三カ月仕えてみて天皇に退位の意思がないと推察していると話した。就任時は退位論者だった田島は天皇に接したことや諸情勢を知るうちに意見を変えていった。

田島は退位が難しい理由として、摂政の適任者がいないことと皇太子が若年であることなどを挙げた。摂政候補である高松宮への不信感も述べている。田島は、私心がなく、職に就いた者は信頼する裕仁天皇の人柄に心服している旨話しており、考えを変えたのは天皇の影響が大きかったとみられる。(50)

退位以外で田島の大仕事は皇太子の教育であった。田島は東宮大夫の穂積について、就任直後に次のようなメモを書いている。

- 役目大事の積極性なし――責任回避の消極性あり
- 気の利いた通俗話しの範囲
- 東宮仮御所の行動
- 部下心服せず

・後任にあっといふ人あれば更迭すべきこと
・客観的要件〇〇（原文ママ）――主観的要件皆無

そして、田島は七月二十三日、小泉信三に大夫就任を打診する。しかし、三十一日に使いが小泉の断りの手紙を持ってきた。福沢諭吉の教えもあり、小泉は官職に就くつもりはなかった。

それでも田島はあきらめなかった。参与というアドバイザー的な立場ではなく、なんとしても小泉を皇太子教育の最高責任者の役職に就けようと説得を続けた。田島が訪問し小泉が断るということが何度も繰り返された。田島はのちに日記を調べたら九回小泉を訪問していたと回想している。また、手紙も五回は出したかもしれないという(51)。

小泉に執心する田島に裕仁天皇は「小泉以外の人物を探したのか」「小泉はスパルタ的ではないだろうね」などと聞いたという(52)。天皇はバイニングによって進められている民主主義教育が戦前的なものに回帰することを警戒していたのだろうか。

田島は小泉の慶應の先輩であり、三井財閥の指導者・元日本銀行総裁の池田成彬（しげあき）にも説得を頼んだ。田島が粘りに粘って七カ月後の翌一九四九（昭和二十四）年二月、小泉は東宮職御教育常時参与という役職を引き受けた。皇太子の教育に全責任を負う事実上の大夫、侍従長であった。田島がこれほど惚れこまなければ、その後の小泉による「象徴天皇学」はない。皇太子の天皇観、平成の天皇のあり方も違うものになっていたことだろう。

田島がここまで皇太子教育に腐心していたのは、この時期の明仁皇太子の性質に問題ありと周囲が考えていたためだろう。裕仁天皇や東宮侍従の黒木（西郷）は皇太子が思いやりに欠け、自己中心的だと懸念していた。(53) すぐれた教育者の指導で将来の天皇にふさわしい「仁」の心を養おうとしていた。その適任者は小泉以外いないと思い定めていた。(54)

この年の夏も皇太子は沼津で水泳の日々を過ごした。学習院の合宿は八月二日から十日間で、十八人が参加した。皇太子とともに中等科一年生の義宮も加わった。皇太子は七キロの遠泳を完泳して泳力一級を得た。

皇太子は御用邸から出て、二晩だけ学友らとともに寮に寝泊まりした。指導教員の猿木は「学友たちとおなじお部屋で、御自分で蚊帳を吊られ、布団を敷いてお寝みになられました。非常に愉快そうにしていらっしゃいました」(55) と話している。

沼津では八月二十日から一週間ほど、橋本明ら学友三人が明仁皇太子の発意で御用邸に招かれ起居をともにした。皆で遠泳をしたが、「海に入ると、親王は強靭だった。速度をあげ長い距離を一気に泳ぎ切った」(56) と橋本は書いている。

舟で夜釣りも楽しんだ。御用邸では皇太子と学友は二つの部屋に分かれて寝た。皇太子はバイニングに「朝から晩まで、いろんなことについて、愉快にお喋りした」と手紙を書いた。バイニングは学生たちに夏休み中に一番おもしろかったことを英語で書くように宿題を出していたが、皇太子らはこのときのことを英語作文に書いた。

バイニングはこの夏、皇太子と義宮が一緒に沼津の御用邸で過ごしたことを喜んだ。夏休みが終わって会ってみると、皇太子は日焼けして幸福そうで、「夏の間に三センチも背が高くなられたかと思われるほどだった」。

御仮寓所から校舎、光華殿へ向かうときも伴を連れずに一人で歩くようになった。「時には、ただ一人の侍従と一人の護衛とを人の気づかぬように後の方に従えただけで、小金井の町まで通りを歩いて行かれ、本屋の人ごみにまじって、誰にも気づかれずに、本をお買いになったりすることもあった[57]」。

福沢諭吉『帝室論』の講義

明仁皇太子が沼津で夏休みを過ごしていた八月十五日の戦後三回目の終戦の日。読売新聞に天皇に関する世論調査が掲載された。天皇制の存続支持は九〇・三％、天皇の在位への支持は六八・五％だった。一方、皇太子に譲位した方がよいは一八・四％、退位して天皇制を廃止した方がよいは四％という結果だった。

同月二十六日、同じ読売新聞に国際法学者の横田喜三郎東京大学教授の「天皇退位論」が載り話題になった。戦後に何度もあった退位論は、東京裁判判決を控えたこの年がピークだったが、国民の大多数は裕仁天皇と天皇制を支持していた。

この年の五月にバイニングは安倍能成から天皇の退位はほぼ確実だという話を聞いていた。バイニングは「皇太子が十四歳で即位されるようなことがあれば、殿下として持っておられるわずかな自由でさえも失われ、そのご成長も妨げられるに違いない[58]」と思って悲しんだ。それも杞憂に終わろうとしていた。

九月二十二日、小泉信三は裕仁天皇に「福沢諭吉について」と題する進講を行った。小泉にとって初めてのことだった。陪聴した侍従の入江は「実によく纏（まとま）つたもの」「少しも無味乾燥でなく実に面白いものであつた[59]」と感心している。二十九日と十月六日にも立て続けに小泉の進講があった。天皇も小泉の話と人物を大いに気に入ったようで、三回目の進講後に表御座所に呼んで、皇太子の教育について話し合っている。

小泉の明仁皇太子への本格的な進講も始まった。十一月十一日午後、小金井を訪ねた小泉は皇太子と石井小一郎のテニスの練習を見学。試合の審判も務めた。小泉は「殿下のボレーの練習を今日見て、あまりに上手になられたので驚いた。まだ欠点はたくさんあるが、とにかく、テニスぶりも品格がある」と石井に言った。皆で夕食をとったあと、「福沢諭吉の『帝室論』」をテーマに進講を行った。皇太子は一時間以上、終始身動きもせず端然として講義を聴いていたので、陪聴していた石井は敬服したという。(60)

福沢の『帝室論』は明治憲法施行前の一八八二（明治十五）年に書かれた。「皇室は政治の外に仰ぐべきもの」「皇室の御任務は実に日本民心融和の中心とならせらるること」と説き、皇室の尊厳を政治が乱用することを諫めた。政治の世界は「火の如く、水の如く、盛夏の如く、厳冬の如く」苛烈で、政府の法令は「水の如く」冷たく、情の薄いこと「紙の如く」であるが、皇室はその対極にあるべきだという。

「帝室は独り万年の春にして、人民これを仰げば悠然として和気を催す可し」「帝室の恩徳は其甘きこと飴の如くして、人民これを仰げば以て其慍（いかり）（＝憤り）を解く可し」(61)

英国型の「君臨すれども統治せず」の立憲君主制を説いたもので、皇室を仰ぎ見ることで春のように人々を温かな気持ちにさせるべきという面では象徴天皇制の先取りでもあった。

十一月十二日、東京裁判の判決でＡ級戦犯の東条英機ら七人の絞首刑が言い渡された。裕仁天皇は退位しなかった。事前にマッカーサーから首相の吉田茂（芦田内閣は十月に総辞職）を通じて退位すべきではないというメッセージが天皇に伝えられていた。

判決後、A級戦犯被告二十五人は連合国軍最高司令官マッカーサー宛てに再審査の嘆願書を出した。裁判所条例でマッカーサーに減刑の権限があったからだ。マッカーサーは連合国で構成する諮問機関の対日理事会代表に意見を聞いた上で二十四日に判決支持を表明し、一週間以内に刑を執行するよう準備を命じた。十二月一日までには執行されるはずだった。

しかし、二十九日に被告弁護人が東京裁判には被告を裁く管轄権がなく、判決は無効だとして米国連邦最高裁へ訴願を提出した。この決着がつくまで刑の執行は延期される。

十二月二十日、連邦最高裁は審理する権限がないとして申し立てを却下した。二十一日、マッカーサーは停止していた刑の執行を二日後に行うよう命じた。十二月二十三日、明仁皇太子十五歳の誕生日である。刑は同日午前零時一分から三十五分の間に執行された(62)。感覚的には二十二日の深夜である。GHQ側にはクリスマス前に刑の執行を終わらせたい気持ちがあった。

平成以降、刑の執行日が意図的に明仁皇太子の誕生日に設定されたという言説が流布された。いずれ皇太子が即位すれば、天皇誕生日がA級戦犯処刑の日となる。天皇誕生日ごとに日本人に日本の戦争犯罪を想起させる狙いがあったのだという。

しかし、GHQやマッカーサーにそのような意図があったことを示す資料はない。反東京裁判史観から派生した俗説だった。実際、平成の天皇誕生日に東京裁判を思い出す日本人はほとんどいなかった。

十二月三日、バイニングがいつものように英語の個人授業のため小金井へ行くと、明仁皇太子はこの日具合がよくないのだが、授業はやると自分で決めたところだと聞いた。出てきた皇太子は顔が土気色で苦痛のためひきつっているように見えた。バイニングは何度も授業を切り上げようかと聞いたが、皇太子は最後までやると言った。授業が終わって廊下を歩いているとき、皇太子は苦しそうに体を曲げていた。

皇太子は盲腸炎を患っていた。午後十時、皇居内の宮内府互助会病院に入院。四日の午前二時過ぎから手術を受けた。小金井から皇居へ車で送られる途中、皇太子は満足げに「これで試験を受けないですむな」と言ったという(63)。

皇太子は六日に退院。静養のため宮内府庁舎の書斎で過ごすことになった。わが子が間近で起居する絶好の機会である。天皇、皇后はこの日から皇太子が小金井に帰る前日の十一日まで毎日見舞った。

〈昭和24年〉
「私はすべての生き物が好きです」

一九四九(昭和二十四)年一月、冬休みが終わる前に明仁皇太子はバイニング邸に招かれた。二度目の訪問で、五人の学友も一緒だった。

うちとけた雰囲気をつくるため、バイニングは宝探しゲームをした。家のなかの各場所に紙に英語で書かれた手がかりを隠しておく。その手がかりには「勇気の象徴を探せ」などと書かれていた。この場合は応接間の梅の生花のところへ行けという意味だった。そのあとは英語のクイズゲームをした。最初の訪問が固苦しかっただけに、この日の気の置けない訪問は皇太子を楽しませた(64)。

このころからバイニングは裕仁天皇、良子皇后と明仁皇太子の教育について話し合うようになった。これは社交的なものではなく、正式な相談相手という意味合いだった。一月十八日、葉山御用邸に招かれたバイニングは天皇、皇后と「刻々変貌しつつある世界における皇太子なるものの教育と、そこに含まれている数々の問題、伝統から来る制約、戦争の余波、現代世界の混乱、日本の皇太子殿下の御性格と殿下の必要とされるもの、宗教的信仰の源の問題」などを心おきなく話し合った。(65)

約一週間後、東宮大夫の穂積重遠と御用掛の野村行一がバイニングを訪ね、中等科卒業後の明仁皇太子の教育方針について最終決定が行われたと告げた。それは高等科に進まず特別教育を受ける案とバイニングが主張していた他の学生と同様に高等科で学ぶべきという案の折衷だった。

皇太子は高等科に進学し、週四日は学校での授業、二日は個人授業を受けることになった。二日ある個人授業のうち一日は学校で行うことにした。そうすれば皇太子は昼休みなどを他の同級生と過ごすことができるからだった。

この冬の学友を交えた個人授業でバイニングにとって興味深い議論があった。古代ギリシャの「デイモンとピシアス」の物語である。

ピシアスは暴君を非難したことで死刑の判決を受ける。彼は家に帰って年老いた両親の今後の生活の手配をするため二週間の猶予を願い出る。親友のデイモンがピシアスが帰って来なかったら自分が身代わりになると申し出た。ピシアスは両親のもとを訪ねて戻る途中、嵐にあって帰りが遅れる。デイモンが断頭台にひかれていくとき、ピシアスがよろめきながら帰ってきた。暴君は二人の友情に心を打たれて赦免する。

バイニングは明仁皇太子と学友にこの物語をどう思うか尋ねた。皇太子は「これは結構な物語だが、人間は決してそんな行動はとらない」ときっぱりと言った。皇太子は暴君がピシアスを許したのは正しくないと考えた。他の人間も同じ罪のために処刑されているのに、ピシアスだけを許すのは法律を侵すことになると主張した。

バイニングは「王様がわるい法律をつくった場合でも、王様はそれを変更してはいけないと殿下はお考えですか」と聞くと、皇太子は「王様が朝令暮改という態度をとれば、国民は王様を信用しなくなります」と答えた(66)。

別の日の個人授業では特別に興味を感じている事柄について英語で話す準備をしてくるように言った。皇太子は自分が生物学に興味を持つようになった由来を話した。幼いころ、父・裕仁天皇の研究室やそこで見た書物の思い出。難しくて読めなかったが、挿画を見るのが楽しみだったこと。父が挿画を説明してくれ、動物や植物の名前を教えてくれたこと。蛾や蝶に興味を持っていた姉の成子内親王がいろんな知識を教えてくれたこと。葉山で岩の間の水たまりで小さな生き物を見つけたり調べたりするのが楽しみだったこと。沼津で魚類に注意を向けるようになったこと――。

皇太子は最後に「私はすべての生き物が好きです」と言った(67)。

一月二十四日は歌会始が行われた。この年の題は「朝の雪（あした）」。明仁皇太子は詠進のため前年十一月末に歌を詠んでいた。

朝ぼらけ山空高く澄みわたりはだれをなして積る白雪

前の年の三月に皇太子の和歌の指導役となった五島茂によると、この歌は皇太子が疎開先の奥日光から帰京する朝、雪が名残を惜しむように降った情景を詠んだものだという。

五島は「夜あけの山空の高くすみわたつた蒼さ一色の空のもとに白雪が斑雪（はだれ）〔まだら雪〕をなして白

砂のごとく地にふりつもっている。自然の一こまを鋭く切り取った高いしらべの切々たる基底を思わずにはいられない」と評している。[68]

一月三十日、皇居のパレスコートで明仁皇太子と義宮が学友を招いてテニスの練習をした。コーチとしてデビスカップ日本代表選手の隈丸次郎、藤倉五郎が呼ばれていた。ここでまた一つの出会いがあった。学友からは同級生の織田正雄と弟で学習院中等科一年生の和雄が練習に参加した。兄弟の父は一九二八(昭和三)年のアムステルダムオリンピックの三段跳びで日本人初の金メダルを獲得した織田幹雄だった。

初めて皇太子と対面した和雄は緊張して目を合わせることもできなかった。白いテニスセーターを着た皇太子は颯爽としていて、テニスも上手に見えた。しばらくすると天皇も見学に出てきて、和雄はますます固くなった。

練習が終わると、義宮御殿にお茶の用意がしてあるので一緒に来るように言われ、兄弟と同行した母親とともに三人が皇太子と一緒に大型のリンカーンに乗った。しかし、助手席に母親、後部座席に皇太子、義宮、正雄が乗ると和雄が乗る場所がなかった。皇太子は、

「僕の膝に座れよ」

と言った。和雄が遠慮していると、「まあ、いいじゃないか。座れよ」と勧める。和雄は恐縮しながら皇太子の膝に座ったが、体重をかけないように中腰で踏ん張った。車での移動時間は五分程度だったが、和雄には何倍も長く感じた。この日のことは鮮やかに脳裏に焼き付いて、何十年たっても覚えていた。[69]織田和雄はのちに明仁皇太子と正田美智子を結びつけるキーマンとなる。

二月二十六日、小泉信三が東宮職御教育常時参与、野村行一が東宮大夫に正式に就任した。前大夫

の穂積重遠は最高裁判事に転出した。学習院院長の安倍能成は小泉の常時参与就任についてこう語っている。

「小泉君が傷を受けた後も、人を正視する前からの習ひを改めず、わるびれず、ひねくれず、さもしくなく、しかも明るく堂々たることは、国際的関係の多かるべき皇太子の指導者としても、最適といつてよからう」[70]

明仁皇太子は小泉ら参与に囲まれて月に一度は夕食をとり、様々なテーマで自由に談笑するようになる。参与らが天皇、皇后ともくつろいで話をする機会も多くなった。皇太子の周辺に新時代の風が吹き始めた。小泉を三顧の礼ならぬ「十数顧の礼」で迎え入れた田島長官の功績だった。

皇太子、幻の留学計画

そして、明仁皇太子がまもなく中等科を終えようというこの時期、留学計画がまた持ち上がる。一九八八(昭和六十三)年七月に読売新聞が報じた米国公文書館所蔵の秘密文書によると、一九四九年二月十七日に米国国務省の極東局長がアチソン国務長官に宛てた覚書に、ＧＨＱの国務省代表でマッカーサーの政治顧問でもあったシーボルトの私信の内容として、皇太子の留学計画が書かれていた。

それによると、中等科卒業後に米国の全寮制私立高校、次いで英国で大学教育を受けさせる可能性を皇后が非公式に打診してきた。シーボルトは賛成意見で、極東局長は皇太子の英語力では全寮制高校への適応は難しく、大学教育は米国より英国の方が良いという意見だった。国務長官も同意見だったという。

英国が留学先として良い理由は、米国には戦時中からの日本への敵意が残っており、人種差別の事件が起こる可能性があること。英国留学なら米国が日本を植民地にしているという非難をかわせることなどを挙げた[71]。

良子皇后が打診したということには首をかしげざるを得ないが、皇太子留学の話が日本側にあったのは事実である。三月八日に小泉ら参与と侍従長、次長が会食し、皇太子の「御洋行時期」について話し合っている[72]。同月十六日には会合した田島、野村、小泉、バイニングが、皇太子は英米両国に留学することが望ましいという意見で一致した。問題は日本での教育が終わる前にするか後にするか、英米どちらを先にするかということだった[73]。

また、皇太子留学が教育とは別の、やや驚くべき理由で検討されていたという記録がある。

同年六月一日、占領を終わらせるための講和条約に関して、天皇の「密使」としてGHQとは別に国務省サイドと接触していた宮内府式部頭の松平康昌が、ニューズ・ウィーク誌東京支局長のコンプトン・パケナム邸を訪れた。パケナムは国務省とのパイプ役を担っていた。松平は明仁皇太子の教育に関して宮内府内で意見の対立があり、GHQとの関係でも葛藤があると話した(同日付けで宮内府は宮内庁となり、松平は式部官長になっている)。パケナムは日記に次のように記した。

「皇太子が1950年1月頃に留学することはほとんど決まった。その決断は、第3次世界大戦の可能性を視野に入れて宮内府でくだされた。反対意見もあったが、天皇は、何が起ころうが、たとえ死ぬことがあっても、(第3次世界大戦を前にして)日本に残る決意だ。一方、天皇は、天皇としての神聖な責任を感じながらも、外国にはじめて出かけた経験のある皇太子として、自分の息子が外国に行くべきだと意を固めている[74]」

にわかには信じがたい話で、日本側にはそのような記録はいっさいない。また、この時期、第三次世界大戦の危機がそれほど深刻に考えられていたとも思えない。松平康昌は徳川慶喜の孫で、当時宮内府(庁)から一掃されようとしていた守旧派の生き残りでもあった。田島や小泉、バイニングが持ち込んだ新風への反発から、パケナムに誇張した話をしたのだろうか。

松平は八月中旬にもパケナムに「側近たち(と天皇)は皇太子が留学することに満場一致で賛成しているのです。しかし、占領軍高官たちは彼らのプログラムにしたがうことを主張しているのですよ。われわれとしては(GHQの案に)同意することができないので(一九五〇年一月の留学の予定を)延期する以外に手がないのですよ」[75]と話している。

皇太子の教育を担当していた小泉、バイニング、そして田島や天皇側近の入江などはこの時期のことを日記や書簡に詳細に記録している。もし松平の言うような理由で留学が検討されているなら記述があるはずだが何もない。先の皇后の打診も含め、米国側の記録には真偽が不確かなものがある。

明仁皇太子の留学計画は徐々に外に漏れ、秋を迎えるころには公知のことになっていた。十月一日の時事新報に「皇太子留学に両論　宮内廳筋は「早期」に傾く」という記事が掲載された。

「「感受性の強い少年期に英米に留学するのが殿下御自身のためのみならず、日本のためにも望ましい」と主張する一派と、これとは反対に「皇太子は日本の大学を修了し日本人として立派に成人してから英米に留学するのがよい」と力説する二つの意見が対立し未だいずれとも決定にはいたっていないが、目下のところ宮内廳筋は「早期留学」説にかたむいているといわれる」

これは田島、小泉、バイニングらの議論そのものだが、記事は皇太子留学が外交論議になっており「将来日本の安全保障をどこに求めるか」に絡んで注目されているとしている。

のちの単独講和・全面講和論議の先駆けのような話で、日本はスイスのように永世中立の立場をとるか、米国陣営に加わるかという意見対立があり、後者を主張する一派が皇太子にアングロ・サクソンのデモクラシーを研究体得させるべきと考えているという。皇太子の英米留学は日本の安全保障の軸足が米国陣営にあると示すことになり、国策に重要な影響を与えると観測している。

かなり大ごとにとらえられているが、パケナムの日記にある第三次世界大戦云々は、こういった情報が錯綜した結果なのかもしれない。

明仁皇太子の留学計画が報じられたあとの十一月二十八日、裕仁天皇と田島との間で留学について突っ込んだ会話があったことが田島の備忘録『拝謁記』に記されている。天皇はバイニングが日本での契約が満期となって帰国する際、一緒に皇太子が渡米したらどうかと提案した。[76]

バイニングは一九四六(昭和二十一)年十月に来日して以降、契約の更新があったが、日本での仕事は三年ほどだろうとほのめかされていた。この年の秋には三年になる。彼女は皇太子の中等科卒業で自分の仕事は終わり、秋には帰国することになると考えていた。だが、宮内庁はあと一年の契約延長を申し出てきた。バイニングは断るつもりだったが、田島と小泉は強く慰留した。田島は皇太子が女性の精神的感化を必要としており、教育に関しては彼女のどんな提案も歓迎すると言った。バイニングは日本に呼び寄せていた姉のバイオレットと秘書兼通訳の高橋たねと相談した末に申し出を受けることにした。

バイニングの契約が一年延びたとしても、帰国時には明仁皇太子はまだ高校生だった。裕仁天皇が早期の留学を唱えたのは、日本と米国ほか連合国側との講和条約が締結され、独立が成った際に自身の退位もあり得ると見て、皇太子が天皇に即位する前に留学するべきと考えていたからだった。[77]

二十八日の会話での天皇の提案に対し、田島は皇太子がバイニングとともに米国に渡ることも可能ではあるが、留学の時期は「高等学校御卒業の上といふことが一応考へられまするが、次第によれば平和克復の時〔講和条約締結〕の直後といふことも却てよろしいかとも存じます」と返答した。そして、留学期間は一年半程度で、米国の規模の小さい「英国風の学校」に短期間滞在してから同国を旅行後に英国へ渡り、ケンブリッジかオックスフォードで学ぶのがいいと申し出た。

田島は留学は皇太子が婚約を決めてからの方がいいと話した。天皇は「それはそうだ、私は離れてるから東宮ちゃんがどんな考かわからないし、恐らくはそんなこともまた何も考へてないだろうが」と言った。ただ、外国へ行くと離婚歴のある女性と結婚するために王位を返上した英国のエドワード八世のようなこともありえるので難しい、との懸念も示した。天皇は「婚約後は交際をすべきだと思ふが、又交際の結果いやになるといふことも考へられてこれは六ケしい」と言い、恋愛にも一長一短があると考えていた。

後日、田島が恋愛結婚と見合い結婚について皇室の考えを聞いたところ、天皇は「恋愛はとてもで丁度三笠宮位がよいと思ふ、私と高松宮は全然古い風で秩父宮は少し違ひ三笠宮位がいゝと思ふ」と述べており、皇族に恋愛結婚は難しいとみていた。(78)

翌二十九日、天皇は留学に絡んでこの時期の明仁皇太子の性向についてある懸念を田島に語っている。

「東宮ちゃんはむしろ西洋など余り好かぬではないかと思ふ。ねまきも pajama でなく着物だ。私も義宮も pajama だが。大体教育を受ける頃が戦争右翼思想時代故、日本独善的で西洋をあまり尊重せぬ傾向で私たちの時代と違ふ。例へば Vining を常識はあるが智識はないと批評したりする故、外国の事物にすべて批判的である故、永く旅行したいとは思はぬと思ふ。然し今日内外の状況上、当然洋行はせねばならぬ[79]」

「世襲の職業はいやなものだね」

一九四九年三月の明仁皇太子の中等科卒業が近づいてきたころ、問題が生じていた。皇太子の卒業後、中等科は小金井から戸山に移転することになっていた。皇太子は目白の高等科に通うことになる。小金井に住み続ける意味はなくなるので、バイニングは皇居内で弟の義宮と一緒に暮らすべきだと考えていた。しかし、侍従たちは全員がこれに不賛成で、小金井の光雲寮を改装して皇太子が週三日暮らす案を持ち出した。残り三日は御仮寓所、あと一日は皇居で過ごせばいいという。

バイニングは皇太子が居場所をあちこち変えると生活に一貫性がなくなり、よい影響はないと見ていた。皇太子は高等科まで毎日片道四十分、自動車で移動しなければならない。寮を存続させることで、そこに入る学生は往復四時間の通学を強いられる。入寮は志願制だったが、酷だと思った。それに皇太子が小金井での生活を嫌っていることをバイニングは知っていた。

しかし、侍従や田島、小泉らは小金井での寮生活に不都合はあるものの、それを上回る利点があるとして、小金井残留案を通した。バイニングは不服だったが、「開闢(かいびゃく)以来はじめて日本の皇太子が自分と同年配の少年たちの中にたちまじって、若い者同士の民主主義的な雰囲気の中で生活しようとしておられるのだ。こうした民主主義こそ、自然で、無意識で、流れる水のように従順で執拗で、古くてしかもつねに未来に属するものなのである[80]」と思うようにした。

卒業を間近に控えた三月十二日、朝日新聞の連載記事「日本の年輪」が十代の代表として皇太子を取り上げた。

「一国の将来はこの世代がにぎる、いわば国家のホープ、そしてこのホープ中の一方のチャンピョンはまず皇太子さまであろう」

メディアは皇太子を「日本のホープ」と呼ぶようになっていた。バイニングがさかんに「皇太子は日本の将来のホープ」と〝宣伝〟していたため定着していた。

三月二十六日、学習院の卒業式が新宿区の戸山校舎で行われた。裕仁天皇、良子皇后が出席し、明仁皇太子が中等科を、姉の順宮厚子内親王が高等科を卒業した。皇太子は両親が見守るなか、安倍能成院長から卒業証書を受け取った。中等科小金井校は二十四日の終業式をもって閉鎖された。

高等科に進学したときの皇太子の身長は百六十一センチ、体重は四十八キロ。戦中戦後の栄養不足から、当時の同年代男子の平均身長は百五十二、三センチほどしかなく、皇太子はかなり高い方だ。最初の登校日、皇太子の姿を見て学友たちがざわめいた。

「チャブが七三に分けているらしい」

皇太子は中等科時代のイガグリ頭から髪を伸ばしていた。丸刈りは軍隊の慣習であり、大きな力に対する服従の証しだった。頭髪に関して自由を得た皇太子は、ポマードをあてた髪を学友らに見せて得意満面だった。「コテを当ててね。毛を倒すのが大変なんだ」と話す皇太子は大人びて見えた。同級生たちはこぞって真似をして、一学期が終わるころにはクラスのほとんどが髪を伸ばしていた。(81)バイニングはぷんぷん匂うポマードで教室が息苦しかったと述懐している。

高等科では中等科からの進学組のほか、他の学校から受験で入学した「新顔」が二、三十人加わった。一年生は三組で百十人になった。明仁皇太子はA組で、三年間同じだった。担任は渡辺末吾。諸橋徹次と久松潜一が高等科でも引き続き授業を行った。

週二日の個人授業は倫理(小泉信三)、数学(杉村欣次郎)、国語(久松)、西洋史(山中謙二)、日本史(家永三郎)、自然科学(小谷正雄、坪井忠二)、英語(バイニング、ブライス)、フランス語(前田陽一)、音楽(小松耕輔)、美術史(矢崎美盛、田沢坦)、和歌(五島茂)、弓道(大内義一)だった。(82)

大内の弓の指導は初等科四年生からで、日光に疎開中も続けていた。裕仁天皇が青少年時代に猫背の矯正で苦労したこともあり、弓道の練習は姿勢矯正の狙いがあった。おかげで姿勢はかなり良くなったようだが、青年期になっても猫背の傾向は残り、侍従や教育参与から再三注意されていた。

明仁皇太子は月曜に光華殿、火曜は学習院で個人授業を行い、水曜から金曜まで他の学生とともに通常の授業を受けた。水曜の放課後は二、三人の学友とバイニング邸を訪れ、くつろいだ雰囲気で英会話の練習をした。木曜はブライスの個人授業だった。

高等科での最初の授業でバイニングは英語の学力を試験するため、口頭で「何に興味を持っているか。将来何になりたいか」を質問し、答えを書かせた。皇太子の好きなスポーツは水泳から乗馬に変わっていた。

将来の希望について、学生たちの答えは様々だった。医者、科学者、銀行家、教師、ジャーナリスト、実業家、官吏、政治家、哲学者、作家、旅行家――。「偉人」という答えもあった。バイニングは明仁皇太子がどう答えを書くか興味があった。皇太子は「ぼくは天皇になるだろう」と書いた。当然のことだが、バイニングは「殿下が何に<u>な</u>り<u>た</u>い<u>か</u>ということは問題外だったのである。殿下は御自分の運命を自覚し、その運命を甘んじて受け容れられたのであった」(83)と感じた。

後年、皇太子は記者会見で「皇室に生まれなかったら、どんな人生を送られたと思いますか」と聞かれ、このときバイニングの質問に答えたことを回想し、「普通の日本人という経験がないので、何になりたいと考えたことは一度もありません。皇室以外の道を選ぶことができるとは想像できません」[84]と答えている。

はたしてそうだろうか。この年代で将来の夢を語れないことは残酷なことではないのか。三学期に入った翌年一月のことだが、学友の橋本明は皇太子の暗い言葉を記憶している。それは高等科での憲法の講義の時間だった。皇太子は隣の席の橋本を見つめて、ふっと言葉を漏らした。

「世襲の職業はいやなものだね」

日本国憲法第二条「皇位は、世襲のものであつて、国会の議決した皇室典範の定めるところにより、これを継承する」を指して言ったのだろう。皇太子は微笑んでいたが、橋本にはその屈託のなさが「かえって親王の深層部分を押し隠している」ように見えた。

「将来の生活について選択権がない。皇太子は天皇になる以外に選択すべき道がない。意外性を当初から望むべくもない青春は、矢張り、灰色の世界を皇太子の生活環境に植えつけるものであったのだろうか」[85]

ときに激しく感情が起伏する、悶々とした皇太子の青春時代が始まろうとしていた。

一九四九年四月、小金井の旧光雲寮は、高等科学生寮「清明寮」として再開した。学習院中等科が小金井を引き払い、皇太子だけがここに孤立することを避けるため、わざわざ通学に不便な場所に寮を残した。約三十人の学生がここから目白の高等科に通った。高等科三年生が半数で、あとは一、二年生だった。皇太子も水曜から金曜までの週三日は寮で過ごすことになった。バイニングは清明寮について次のように描写している。

建物はH字形をしていて、正面の棟には、さむざむとした勉強室、食堂、暗い台所、湯殿が並んでおり、台所には御飯を炊く大釜と、冷たい水の出る蛇口がたった一つついている木製の流しがあった。裏手の棟には寝室が並んでいたが、南向きだったから、お天気のよい日には陽がよくあたるかも知れない。どれも同じ十畳の部屋で、昼間蒲団をしまっておく押入れがついていた。どの部屋にも低い木の机が二つ置いてあって、生徒はその机の前の畳に坐って勉強するのである。照明はただ天井からさがっている、白い笠のついた電灯が一つあるきりだった。殿下の部屋は、新しい畳の数が多いだけで、他の部屋とまったく同じだった。侍従が一人隣室に寝泊りし、他に御学友が一人殿下と御同室になるはずであった。(86)

寮での起床は午前五時半。日直の寮生が廊下の太鼓を叩いて皆を起こす。お茶がらを使って畳の拭き掃除、朝礼、体操、朝食、登校という生活だった。暖房設備は図書館にダルマストーブ、一室二人の八畳部屋に火鉢が一つだけで、冬の寒さは厳しかった。(87)皆、寝る前に唯一ストーブがある図書館で勉強して温まってから床に入った。

寮で皇太子と一年間同部屋だった岩倉具忠は「ある時、「温まったらそのまま布団に入って寝られるように、夕方の四時ごろから布団を敷いておこうじゃないか」と皇太子さんと語らって、敷いちゃった。これが舎監に見つかりまして、「万年床はいかん、すぐしまいなさい」と、えらくお目玉をくらいました。二人で一所懸命、押入れに布団を押し込みましたね(88)」と話す。食糧事情も悪く、食べ盛りの皇太子はご飯にソースをかけて食べることもあった。

朝、登校するとすぐにピンポン室へ行き、授業が始まる八時半までピンポンをやるのが日課だった。

皇太子はピンポンに熱中していて、休み時間に皇太子を探すときは、ピンポン室に行けば大抵見つかった。腕前は抜群に強く、学友の入江為年によると「強い人には右手で普通になさるが、弱い人には左手で、わざ〳〵高い、打ち込みに絶好な球をお出しになつて、相手がむきになつて打つ球が、ネットへ引つか〻つたり、ノウーバンドで台の外へとび出るのを見ては、おからかいになる[89]」という調子だった。

マッカーサーとの対面

五月二十八日、小泉信三は三田の自宅に初めて明仁皇太子を招いて夕食を用意することになった。皇太子の経験のために民間の家を見せる必要があるとの考えからだった。テニスコーチの石井小一郎、藤倉五郎、隈丸次郎と東宮侍従の戸田康英、同侍医の佐藤久が相伴した。小泉家でカレーとビフテキを用意したところ、皇太子は猛烈な食欲を示し、カレーを三度おかわりした。食事は気楽な雰囲気で、皇太子はとても楽しそうだった。

小泉がのちに広尾に家を建ててからは、皇太子は何度も訪れた。学習院の学友数人と一緒のこともあった。到着は午後六時で、九時に発つのが決まりだった。楽しい歓談が続いたときは三十分ほど延長することがあったが、警備の事情もあり、それが限度だった。小泉の二女・妙は「何と不自由なお身の上かとお見送りのたびにお気の毒になってしまうのでした」と語っている[90]。

バイニングも明仁皇太子に新しい経験をさせようと試みた。六月八日、自宅に皇太子と学友（橋本明、斯波正誼）とともに同年代の米国、オーストラリアの少年トニイとジョン二人を招いた。バイニングは彼らがゲームの「モノポリー」で遊ぶのを見守った。この様子を見学していた小泉は、田島長官に手紙で報告している。

殿下は至極愉快げに遊ばされ、トニイの滑稽なる言動に快笑し給ふこともあり、日本人同志とも英語で御話しになり、順番が来ればdicesを取って次の者（ジヨン）に渡しておやりになる。ジヨンはThank youと答へてそれを振る。diceの目の結果、殿下が支払ひをなさることもあり、受取らるゝこともあり、Thank youとお答へになりつゝ、紙幣代りのカアドを受け取らるゝその御様子など、極めて自然にて、ヴア夫人は屢々(しばしば)満足の体にてウナヅイてゐました。〔略〕遊戯終つて後、階下にて菓子、サンドヰツチ、フルウツジユウスの御饗応がありました。ヴア夫人の図ひで、食堂は少年のみ。卓の一端に殿下、その左右にトニイとジヨン、その次ぎに斯波と橋本といふ席順でした。吾々大人は次ぎの間で、やはりフルウツジユウスやコカコラを飲みながら、食堂の談話に時々耳を傾けてゐました。食堂の談話は断ゆることなく、屢々笑声がきこゑて来ました。殿下は沼津の海で、銛をゴムの弦で射て魚を捕る話をせられ、かなり長時間に亘つて会話をリイドせられ、ヴア夫人姉妹と小生とは相顧み、微笑して黙頭(うなず)かることも屢々でした。殿下の御口癖はHave you ever seen…?といはれることで、両外国少年に対し色々の事を質問せられ、前後二時間許りの後、一同と握手せられ、夫人姉妹には丁寧なる礼辞をお述べになつてお帰りになりました。[91]

このころ、皇太子の「初体験」の試みが矢継ぎ早に行われたが、最大のビッグイベントが待っていた。マッカーサー元帥との会見である。

六月二十七日の月曜日、梅雨の合間の晴れて爽やかな日だった。午後六時四十五分ごろ、バイニングは運転手付きの黒のシボレーで皇居の義宮御殿に皇太子を迎えた。皇太子は学習院の夏の制服の黒ズボンに白の上着、白い学帽姿だった。小泉と野村東宮大夫が見送り、シボレーはＧＨＱ本部の第一生命ビルに向かった。

護衛の車なしのお忍び訪問だった。会見が無事終わるまで公表しないようにという天皇の要望があったためだ。小泉は事前に「日本の皇太子がただ一人で西洋人と同乗して、西洋人に会いに行かれた最初の日として、こんどのことはわが国の歴史に記録されるでしょう」とバイニングに話した。そして「これは、皇室ばかりでなく、日本の全国民があなたを信頼していることを示すものです」と付け加えた。そう言われてバイニングは固唾をのんだ。[92]

車はお堀端にあるビルに五分ほどで着いた。皇太子はいよいよ占領期日本の「帝王」と相まみえることになる。ビルの前では元帥の副官のバンカー大佐が出迎えた。来客ノートに「六月二十七日、明仁」とサインした皇太子は午後七時ごろ、バイニングとともにマッカーサーの部屋に案内された。皇太子はマッカーサーと握手した。

「はじめまして（ハウ・ドウ・ユー・ドウ）、殿下（サー）。よくいらっしゃいました」とマッカーサーが言うと、「はじめまして（ハウ・ドウ・ユー・ドウ）、元帥（ジェネラル）、あなたにお目にかかれて嬉しく思います」と皇太子は答えた。[93]

皇太子十五歳、マッカーサーは六十九歳。孫といっていい相手だが、皇太子を子供扱いするような話し方はしなかった。小さな丸テーブルをはさんで三人は椅子とソファに座った。マッカーサーはパイプに火をつけた。

バイニングはまるで録音していたかのように会見の詳細な内容を日記に残している。[94] それによると、会話はすべて英語で、次のようなものだった。

元帥　お元気ですか？〔ハウ・アー・ユー・ゲッティング・アロング〕（彼の声はパイプで多少くぐもったようであった上、この熟語は皇太子にとって耳新しいものだったのでバイニングが補った）

バイニング　（小さな声で）お元気ですか？〔ハウ・アー・ユー〕

皇太子　とても元気です。ありがとう。

元帥　お父上によく似ていらっしゃる。（バイニングに向かって）似てらっしゃるねえ。

バイニング　ええ、そうですわね。でも、お母上の面影もおありになると思います。

元帥　私はお母上は存じあげないが、外見の他にもいろいろお父上に似ていらっしゃるようだ。

　それから元帥は皇太子に何歳かと尋ねた。

皇太子　アメリカ式では十五歳です。

元帥　日本式では十六歳ですか。

皇太子　十七歳です。

元帥　十五歳にしてはなかなかしっかりしていらっしゃる。

〔略〕

元帥　お父上には、どのくらいお会いになりますか？

皇太子　週一回、いえ、週二回です。土曜と日曜に皇居に行き、そのとき父に会います。

元帥　そこで、お母上にもお会いになるのでありませんか。

皇太子　はい。

元帥　ご両親にもっとたびたびお会いになりたくありませんか。お父上に、もっとたびたび会わせてくれるようお頼みになったことはありますか。

皇太子　いいえ、ありません。

元帥　ご両親に毎日お会いになりたくはありませんか？

皇太子　（考え深げに）この方法が良いのです。（それからつけ加えて）この方法も良いのです。

〔略〕

元帥　どの大学に進まれるのですか？

皇太子　決めていません。

元帥　どうして決めないのですか？（間）あなたのお友だちはどこの大学に行きたがっているんですか？　東京大学？　早稲田？

皇太子　東京と学習院です。

元帥　そうお決めになったら、お父上にお話なさい。あなたのご希望には多大の留意を払われるだろうと確信しております。

皇太子　あなたはどの大学に行かれたのですか？

元帥　ウエスト・ポイントに行きました。

皇太子　ウエスト・ポイント？

元帥　軍事学校です。

皇太子　あー、そう、そう、そう。

元帥　いつかご覧になりたいと思われることでしょう。いつ、お父上のように世界を旅行しようと思っていらっしゃるんですか？

皇太子　（とてもチャーミングに笑いながら）わかりません。

元帥　世界を見るのはいいことです。合衆国や英国をお訪ねになるといい。外国の大学で勉強されるといい。アメリカには、ハーバード、エール、プリンストンが、英国にはオックスフォードとケンブリッジがあります。世界は狭くなりつつあります。他の国々を見、他の人々を知り、理解し、友人になるというのはいいことです。

皇太子　はい、私もそう思います。

ここでマッカーサーは皇太子に留学を勧めているが、のちに猛反対に回る。会見が終わるころ、マッカーサーは「殿下は、このキャンディ一箱を差しあげることをお許し下さるだろうか？」とへりくだってバイニングに聞き、皇太子にプレゼントした。皇太子は「どうもありがとう」と言って受け取った。

マッカーサーは最後にもう一度、「あなたは外見以上に、いろんな点でお父上に似ていらっしゃる」と言った。バイニングは「これは、まさに歴史的会見だったと思います。ありがとうございました」と言って、立ち上がった。皇太子が立つと、マッカーサーは「さようなら、サー。おいで下さってありがとう」と言い、二人は握手をした。

会見は二十分ほどで終わった。バイニングは会見の成功を確信した。

「私は、征服者である一人の将軍が、昨日までの敵の息子をくつろがせ、前途有為の少年に対する年長者の温かい興味といったものを示しながら、しかも同時に一国の皇太子への当然の恭敬の色を見せながら、殿下に話しかけている姿を見た。私はまた、敗戦国の皇帝の子息が、昨日までの敵の頭目に面と向いあって、おめも臆しもせず、少年らしい威厳を保って、率直に受け答えしている姿を見た。今日この世界で、こんなことが起り得たのを目のあたりに見て、私は嬉しくてならなかった」(95)

バイニングのこの過剰なまでの感動は、息子が面接試験に堂々と臨んだ姿を見た母親の感情といってもいい。

明仁皇太子の車が皇居に戻ると、田島、小泉、野村が待ち構えていて、バイニングから会見の報告を聞いた。バイニングは「オー、殿下はすばらしいお出来でした」と両手を胸に組み合わせて言った。物静かなバイニングにしてはめずらしく興奮した口調だった。小泉は日記に書いた。

「ヴァイニング夫人帰来、殿下元帥御会見の様を語る。その面は花の如く輝やきて、その声少女の如く高し」(96)

皇太子はホッとしたためか、それとも会見の出来に満足したのか、口笛を吹きながら裕仁天皇に話をしに行った。

バイニングが帰宅するとまもなく、バンカー大佐から電話があった。「あなたがお聞きになりたいだろうと思ってお知らせするのですが、殿下は物の見事に元帥の試験にパスされたようです。元帥は部屋から出て来るとすぐ、殿下から実によい印象を受けた、殿下は落ち着いて、まことに魅力的なお方だった、と言っていましたよ」と伝えた。(97)

バンカーに電話させたのはマッカーサーであろう。占領期、大半の日本人は米国人に対して卑屈だった。「帝王」相手ならなおさらであろう。皇太子にそのような態度は微塵もなかった。マッカーサーはそこに好感をもったのかもしれない。ただ、皇太子は卑屈という感情を知らずに育ってきたのではあるが――。翌日の新聞各紙には会見の事実だけが短いベタ記事で掲載された。

小金井の御仮寓所全焼

一九四九年の夏も例年のように明仁皇太子は沼津で水泳の日々を過ごした。ただ、この夏は新たな経験が加わった。軽井沢のバイニングの別荘に泊まったことだった。皇太子が軽井沢を訪れたのはこれが初めてだった。軽井沢訪問は七月の初めごろに皇太子と侍従の間で話が持ち上がった。宿泊は八月十一日から三日間と決まった。

十一日夕、皇太子は沼津から果物一箱と燻製のハムを土産にやって来た。夕食では用意された食事をすべて平らげ、ヨット遊びや魚釣り、標本採集など、この夏にしたことを英語で話した。夕食後は軽井沢で夏休みを過ごしていた織田正雄ら学友が訪ねてきた。そして、生まれて初めて隣室に侍従が控えない環境で寝た。翌朝、バイニングに「よく眠れた」と言った。

別荘に滞在中、皇太子は学友らと鬼押出しなどへ遠足に出かけ、テニスをして過ごした。持ってきた日本語訳の『風と共に去りぬ』を読みふけった。朝の食卓では日光に疎開していたころの話をバイニングにした。「日光は退屈な所だったけれど、湯元はよかった」と話した。バイニングは朝食後に手伝いの女性らと聖書を読む習慣があったが、皇太子は注意深く真剣に聴いていた。何も意見は言わなかったが、退屈な様子ではなかったという。(98)

バイニングは「私は何とかしてこの御訪問の間だけでも、その御身分上いたし方なくつきまとう形式的な、またともすれば装飾的にもなりがちな環境からすっかり脱した、真の自由な、型にはまらない、のびのびとした、一般人のするような経験をして頂きたいと望んだ」(99)のだった。

軽井沢訪問はバイニングの狙い通り、明仁皇太子に深い満足感を与えた。後年、バイニングとの思い出を聞かれ、このときの軽井沢滞在を挙げている。[100] それはバイニングが意図した以上の意味を皇太子の人生にもたらす。皇太子は軽井沢の自然環境がすっかり気に入り、翌年以降、毎夏軽井沢を訪れるようになる。

十一月十二日、田島宮内庁長官は高松宮を訪ねた。午前十時半から一時間話をしたのだが、その内容が〝不穏〟であった。田島の日記には「いろいろ御話承る。東宮様御洋行、御譲位のこと、立妃のこと、皇后様のこと、東宮寮生活のこと」[101]とある。皇太子の留学が新聞にも取り上げられて間もない時期で、「洋行」はその話題だろう。

問題は「譲位」が話題になっていることだ。前年の東京裁判終結で天皇の退位論は収まったはずだが、高松宮に退位についての意見があったのか。そして「立妃」すなわち皇太子妃の話が出ている。明仁皇太子はまだ十五歳だったが、高松宮はいまから準備しておく必要があるとでも言ったのだろうか。

結婚は早すぎるにしても、皇太子の周辺に「女っ気」がないことは問題だと小泉らは考えていた。皇太子は女性と交友し会話する経験に乏しかった。学習院は男子校であり、周りを囲んでいるのは男性侍従だけである。これでは将来の皇太子妃探しにも差支えが出る。

小泉は手始めに女性とのテニスの場を設けることを考えた。小金井のテニスコートで小泉の二女・妙、テニス選手の山岸成一夫人の桃子、石井小一郎夫人の悌子の三人が皇太子の相手をした。小泉と大夫の野村が観戦した。

石井は「かねて懸案となっていた女流選手によるお相手を今日は実現した。(略)二十代、三十代、四十代の女のサンプルを御覧に入れたわけではないが、いろいろの意味でお相手の選択はむずかしい」[102]と書いている。とにかく女性に慣れてもらおうということだった。皇太子妃探索までは前途遼遠の感があった。

十二月二十三日、皇太子は十六歳になった。

◎きょう皇太子さま16回の誕生日　心身共にハツラツ　スゴイ英語の上達ぶり

身長一六一センチ（約五尺三寸）体重四八キロ九九（十三貫六十匁余）スポーツは乗馬の高等技術や障害飛越を練習中のほか弓、スカール、ヨット、ハンドボールをやりテニスは最も熱心で指導の選手たちから「見込みあり」と折紙つけられ、ピンポンはクラスの主将、水泳も学校の助教をつとめる腕前―〔略〕勉学のほうにもハツラツと学業成績は同級生中の四、五番目、とくに英語にたいする打込み方はクラスメートの群を抜き――

（十二月二十三日付け時事新報）

新聞に掲載されるのはこのような〝ご祝儀記事〟ばかりで、明仁皇太子の自我の悩みなど誰も知らなかった。

二学期が終了し、皇太子は暮れも押し詰まった十二月二十七日、避寒のため義宮とともに葉山御用邸に向かった。その翌日、事件が起きた。小金井の東宮御仮寓所が火事で全焼したのだ。

二十八日午後七時ごろ御仮寓所食堂から出火、木造の建物はあっという間に火に包まれた。皇太子の身の回り品、蔵書六百数十冊、小さいころからの写真のアルバムなど記録類が灰燼に帰した。愛犬の「多摩」は無事だった。

その夜、葉山の明仁皇太子に義宮付きの皇子傅育官の東園基文が火事のことを伝えた。皇太子は義宮、元朝鮮王族の李玖とトランプをしている最中だった。席を外して知らせを聞いた皇太子はびっくりした様子だったが、「それで怪我人はなかつたか」と聞いた。そして「今勝負の途中だから、あとから詳しいことはきくから……」と、それ以上何も聞かずにまたトランプの場に戻った。

東園は「その職務にあるものの責任を感じさせるようなことをは決して仰有らない(103)」と感心した。幼少期、山田康彦傅育官から厳しく説諭された浅野老侯の話が生きていたともいえる。バイニングはこの話を聞いて「王者にふさわしい立派な態度」と称賛し、小泉は「厩(うまや)火事のようだ」と喜んだ。孔子が厩が焼けたとき、けが人はなかったか、とだけ聞いた故事だ。

しかし、皇太子が火事に恬淡としていたのはそういうことだけではなかった。バイニングも認めているが、そもそも小金井の住まいが好きではなかった。大人たちの事情で不便で温かみのない生活(環境面でも心理面でも)を強いられていることにうんざりしていたとみられる。焼失した住居を惜しむよりも、もうあそこに住むこともなくなったと清々した気持ちもあったのではないだろうか。

〈昭和25年〉

「外ヅラの悪さでは天下一品」

明けて一九五〇(昭和二十五)年の元日、読売新聞に「皇太子よ國民と共に」と題する三笠宮の手記が掲載された。三笠宮は小金井の御仮寓所火災の二日後の十二月三十日朝に現場を検分しており、そこで思ったこととして次のように言う。

「国民の非常に多くは、こんどの東宮様と同じに着のみ着のまゝで焼け出された人たちか、あるいは海外から「いのち」ひとつでひきあげてきたひとびとであります。そして東宮様のばあいは書籍にせよ、ラケットにせよ、またはタイプライターにせよまもなくお手にはいるでしょうが、国民のなかにはこれからなん年働いたら戦前の生活水準にもどれるかわからない人たちが少くないと思います」

三笠宮は明仁皇太子にこの火事のことを一生忘れないでほしい、と呼びかける。そして、焼け出された皇太子が当面の間は皇居の義宮御殿と清明寮で起居することになり、家族がともに暮らすべきだという持論に一歩近づいたと歓迎している。

三笠宮は皇族に特殊な「先生だか家来だかよくわからない—というより両方の性格を兼ねそなえた—人たちとの共同生活」はどうしても割り切れないと言う。「こんどの火事によつてあたらしい生活様式に東宮様が移られることは、私にとつては非常に興味があることなのです」と、これを機に皇太子の「特別待遇」をやめ、その生活がより人間的なものに変わることを期待した。

バイニングと同様の主張であり、かつて述べた「日本の民主化には、まず皇室の民主化からはじめるべき」という考えにも沿った意見であった。このとき三笠宮は三十四歳。成年男子皇族ではもっとも皇太子と年齢が近く、その境遇と葛藤を理解しやすかったのではないか。

同じ元日の東京新聞には、髪を七三に分けた制服姿の青年皇太子とバイニングが散歩する写真と記事が載った。

◎人々のしもべに　皇太子様の人間修業

大波のよせては返す荒磯によくも住むかなうろくす〔魚のうろこ〕のむれ

皇太子さまはこう歌われるようにいつもジッと自然を観察するのが大好きだ、その自然観察の時と同じ熱心な目を今度はアメリカの社会と人生問題にも向けられ出した、学習院の寮生同士の自由研究も「日本民族の起源」と四つに組んで徹夜でノートをまとめられる〔略〕「人の主たるものは人々のサーヴアントたれ」——人間修業の道をこゝに求められつゝ、国民の大きな期待に応えられようとしている

記事の見出しは「しもべ」と訳しているが、サーバントは「奉仕者」であろう。クエーカー教徒のバイニングの教えがもとになっているのは明らかだが、やや唐突感のある記事だ。明仁皇太子自身にも国民に奉仕する具体的なイメージはなかっただろう。迷う皇太子の心にバイニングが指し示した灯火だったのか。

五日、宮内庁長官の田島道治は前日に御殿場の秩父宮を訪ねた際にあずかった皇太子の教育に関する意見書の内容を裕仁天皇に説明した。このあと田島はその意見書を小泉に渡した(104)。どのような内容の意見書だったかわからないが、秩父宮も三笠宮同様、皇太子の教育、生活に問題ありと見ていたのだろう。

皇太子は年明け早々の一月二日から八日まで長野県の志賀高原にスキーに出かけた。初めてのスキー旅行だった。橋本明ら学友も同行した。日本スキーの草分けといわれる猪谷六合雄（いがやくにお）と千春（のちに冬季五輪で日本初のメダリスト）父子の指導を受けた。

このスキー旅行も皇太子に生活的熱意が乏しい傾向があるということで企画されたものだった(105)。皇太子は相手の話を聞いても相槌も返事もしない傾向があり、そのことも懸念されていた。皇太子のスキー旅行について、天皇は「自分が皇太子のころは行けなかったのでうらやましい」と田島にこぼし

ている。近代以降の天皇では明治天皇にもっとも自由があり、次いで大正天皇で、自分には自由がないと言う。ただ、皇太子としては大正天皇、そして自身の順で自由があり、現在の明仁皇太子が「一番自由がない」とも話していた(106)。

明仁皇太子に熱意が乏しいと見られていたのは、性格の問題というよりも、自由のない境遇への懐疑、煩悶であったかもしれない。皇太子は平衡感覚に優れていて、スキーはすぐに上達した。夜は皆とトランプ遊びなどに興じ、この旅行中は明るい笑顔に満ちていた。ところが、冬休みが明けて三学期が始まると一変していた。

登校して来た皇太子からは、スキー旅行中の笑顔は忽然と消え失せていた。「学校はつまらない」とぼやくこともあった。橋本によると「このころの皇太子は感情の起伏、振幅の度合が激しい性格であり、周囲にいる者に異和感を与えやすかった」という。ある学友は「殿下の周囲には人がいるようであるが、案外少ない。それもうなずける」と日記につづった。

憲法の授業で「世襲の職業はいやなものだね」とつぶやいたのもこのころだ。「世襲という職業への疑惑、嫌悪、自家撞着が揺れ動き、喜びからウツウツとした心情への移転、勤勉から怠惰、快活から孤独感への変身を交互に容易にさせていたと分析できる状態だった(107)」と橋本は見ていた。

バイニングはこの学期の個人授業で憲法の人権に関する問題を英語で討論する課題を出していた。日本国憲法の英文と日本文を入手して見せると、皇太子は「変な日本語」で書かれていると言った。多くの日本人が新憲法には翻訳の臭みがあると批判しているため、そうなのかと問うと、皇太子はそうではなく「文語体と口語体が混じった日本語だからだ」と答えた。

バイニングが誰でも理解できるように口語体の方がいいのではないかと聞くと、皇太子は「文語体

の方がいい」と主張した。文語体の方が美しいし、憲法は美しい言葉で書かれねばならないというのだ。(108)

一方、当時さかんに論じられていた、漢字を全廃してローマ字表記にすべきという「日本語ローマ字化論」には賛成した。自国語の美しさにこだわっていた皇太子の、この矛盾した態度にバイニングはとまどった。これは言葉へのこだわりというよりも、基本的人権を保障した新憲法と自分の境遇との矛盾への悶々とした気持ちの現れだったのかもしれない。

橋本はこの時期の皇太子の公式行事での無表情と仲間内でくつろいでいるときの楽しげな様子を見ると、「これが同一人物かと疑いたくなるほど極端な差」があり、「外ヅラの悪さでは天下一品と評しても良かった」と書き残している。(109)人間的な面と非人間的な面を交互に見せる二重性。どうしようもない反発心が皇太子の心に渦巻いていた。

息子・為年が皇太子の学友であった入江相政侍従は、一月十七日の日記に「午后戸田君が来て東宮様はじめ宮様方の御教育問題について大いに議論する。これらの問題は数百回やるのだが、それでも尽きる事がない。戸田、東園両君が帰つてから黒木君が来る。又色々やり合ふ」(110)と書いている。東宮侍従の戸田、黒木ら大人たちは皇太子の「外ヅラの悪さ」に翻弄されていた。

小金井の御仮寓所が焼失して以来、皇太子は週四日を清明寮、三日を義宮御殿で過ごしていたが、渋谷区の旧東伏見宮邸の常盤松御用邸を東宮仮御所にすることが決まり、二月十一日に入居した。

高台にある二階建て洋館だったが、建物の一翼は和式で、畳敷きの寝室がいくつかあった。建坪は四百坪。庭園とテニスコートもあった。二階に皇太子の寝室の日本間、書斎、隣に個人授業用の洋室があった。玄関に向かって右翼は東宮職の管理棟として使用された。家具、調度品は赤坂離宮にあったものが持ち込まれた。スチーム装置はなく、洋間にはガスストーブ、日本間には火鉢が置かれた。冬は寒かったが、小金井よりずっとましだった。

バイニングは「私たちは特にお稽古にあてられた部屋で授業をした。部屋には黒板、四角いテーブル、まっすぐな椅子、ピアノ、飾り戸棚があった。窓は庭に面していて、ずっと下に続く町の屋根が見える。殿下が一般の人々の住居の見える所にお住まいになるのはこれが初めてだったので、私は殿下がそこに見える生活に興味をお持ちになるかどうか知りたかった」[111]と書いている。

明仁皇太子は新しい家を気に入った。友人には「いままで住んだ家のなかで一番好きだ」と話したが、がっかりすることがあった。東宮職は皇太子が常盤松で過ごすのは週の半分で、残りは従来通り小金井の清明寮で寝起きすることに決めた。皇太子は不満だった。寮生に親しい顔ぶれがいなくなっていたこともあった。ある学友に「こんな生活を続けなきゃならないなんて、まったくいやになってしまう」と話した。[112]

バイニングは新しい東宮仮御所で、こんどこそ皇太子と義宮が一緒に暮らすことを期待していた。当初、週四日は義宮が仮御所で過ごす慣例ができたが、バイニングが帰国したあとは取りやめになった。

このころ明仁皇太子は学友とよく将棋をさした。短気を起こして投了したあと、「あの局は詰まっていなかった」とむしかえすことがあった。学友が「じゃあ、もう一回やろう」と言うと、「侮辱している」と怒り出すなど、手がつけられないほど荒れることもあった。[113]

この時期、バイニングは米国のストダードに皇太子の留学を相談する手紙を書いている。日本で皇太子の留学が議論されているとして、一年間米国の全寮制高校で過ごすとすれば、どのプレップ・スクール（寄宿制学校）がよいか推薦してほしいという内容だった。ストダードは東部、中西部など計六校を挙げた返書を送ってきた。しかし、六月になってバイニングは「計画は棚上げになった」とストダードに通知した。[114]

明仁皇太子の「外ヅラの悪さ」を矯正する試みの一つが三月十七日になされた。日本に滞在していた英国の詩人エドマンド・ブランデン夫妻が離日することになり、常盤松の東宮仮御所で送別を兼ねた晩餐会が催された。ブランデンは小金井の寮でシェークスピアに関する講演をしたことがあった。皇太子は初めて、このようなパーティーのホスト役を務めることになった。

晩餐にはバイニング、小泉信三夫妻、ブライス夫妻、野村行一東宮大夫、松平信子御教育参与や東宮侍従らが出席した。こういう席で「いつもは「イエス」か「ノー」とだけしかおっしゃらないことが多い」皇太子をバイニングは心配して見守っていた。皇太子は、はにかみがちではあったが、「十六歳の少年としてはこれ以上望めないだろうと誰もが思うほど、いろいろお話しになった」という。[115]

バイニングと小泉はこの夜の皇太子のホストぶりを「ひいき目なしに」絶賛した。しかし、それはやはりひいき目ではなかっただろうか。自身の境遇に懊悩し、公の場でいつも仏頂面だった皇太子が一夜にして社交的な人間に変身するとは思えない。大人たちが押しつけた役割と期待に応えるため、必死の演技をしていたのではないか。皇太子はこういう処世を身につけた、青年らしくない青年に成長しつつあった。

竹山パーティーでの内面的成長

一九五〇（昭和二十五）年四月、正田美智子は聖心女子学院高等科に進学した。占領軍に接収されていた池田山の邸宅は差し押さえが解除になり、正田一家は自分たちの家に戻っていた。一階の居間にはドイツ製のピアノがあった。美智子は家に友人を呼び、ピアノの演奏をした。東大に通っていた兄の巌が友人を連れてきて、皆で夕食後にチェロやフルートを持ち出して演奏会を始めることもあった。[116]

美智子は高等科でも「ミッチ」と呼ばれて皆の人気者だった。勉強はクラスのトップに躍り出ようとしていた。相変わらず読書も熱心で、寺田寅彦の随筆にひかれて『藪柑子集』『橡の実』『觸媒』などを読んだ。皇后になってから次のように回想している。

「国語の時間に、一人作家を選び、その作品を元に放送劇を書く宿題が出た時には、迷わず寅彦の「団栗」をえらびました。一生懸命脚色したのですが、「これはやはり原作のままがよいようです」という先生の評がついて返って来ました。寅彦のもので今も記憶に残っているのは、この「団栗」の他、「藤の実」、「病院風景」、「病院の夜明けの物音」、「柿の種」の中の幾つかの短編等です。学校の生物や物理は決して好きな科目ではありませんでしたのに、その後も中谷宇吉郎や朝永振一郎、最近では日本海溝を探ったクサヴィエ・ルピション等、科学者の著作に愛着を感じるのは、もしかしたら、この時期に寅彦の作品に親しんでいたためかもしれません」

原書もアルフレッド・テニソンの *Enoch Arden*、ジョージ・エリオットの *The Mill on the Floss* を辞書を頼りに高等科卒業までに読み通した。美智子は中学時代から教材で与えられた英詩を好んだが、「面白いことにこうした時、詩の意味の説明というのはほとんどなく、ただひたすらに暗記をするよう命ぜられ、また、生徒の方もそうなればそれで出来てしまうという不思議な年頃でした」と語る。[117]

中高時代に英詩に親しんだことが英語の修養となり、言葉の美しさに触れる得難い経験になったという。美智子は皇太子妃、皇后となって、歌や文章を通じて、そのたぐいまれな言葉の力を開花させることになるが、その基礎は三光町での中高等科時代に養われたといえる。

美智子はこの時期についてこうも語っている。

「私共が中高時代を過ごした昭和二十二年から二十八年頃まで、とりわけその後半は、混乱の中にも日本の社会がある種のエネルギーをもって動いていた、どこか熱っぽい時代でした。「文化」という言葉が、新鮮な響きを伴い、大切なことを語る語調で話し合われていました。又、少しずつ男女交際の場も広がり、理解ある家庭で開かれる幾つかの集まりに、年少の「おみそ(みそっかす)」として加えられた私共年代の者は、丁度自分の兄か若い叔父くらいの年齢の大学生や社会人が、年長者も交え、夢中になって語り合う文学論に耳を傾け、たどたどしい理解の仕方の中で、少しずつ作家や作品の名に馴染んでいったのではなかったかと思います[118]」

美智子の言う「男女交際の場」と「理解ある家庭で開かれる幾つかの集まり」の一つが、高等科一年を終えたころから参加した「竹山パーティー」だった。

建築学者の竹山謙三郎が青年男女のために東京・中野区の自宅を開放し、毎月一度、音楽と教養のパーティーを開催していた。美智子の母・富美子が竹山と知り合いだったことから、この会に加わることになった。竹山の兄は『ビルマの竪琴』で有名な竹山道雄である。

会は紅茶やケーキを前に座談に花を咲かせ、その後に音楽を聴き、社交ダンスを楽しむという内容だった。毎回二十人ほどが参加し、兄の巌も加わることがあった[119]。また、後年カミオカンデで世界初のニュートリノの観測に成功し、ノーベル物理学賞を受賞することになる若き日の小柴昌俊も会のメンバーだった。美智子はいつも白のブラウス、黒のスカートという地味な装いで参加していた。皇太子妃に決定したとき、竹山はこのころの美智子について新聞に寄稿している。

毎月家でつづけている若い人たちの教養の会が初めて開かれたのは昭和二十六年の春のことであった。美智子さんは、私たちとはその以前からお知り合いだったお母さまにつれられて、初めて私の家にみえたのである。

聖心高女の一年を終ったばかりで、ようやくのびかかった髪を二つに分けて後でとめていた。同級生の私のメイたちと一しょに一番後の席に座って、お話が少し長くなると、クックッと騒ぎ出して幹事さんに振り返られていたが、それでももうよくお手伝いができて、家内の用意するお茶やお菓子を持ち回ってくれた。一生懸命にお盆を運ぶ足もとを心配そうに、でもほほえみながら見つめていたお母さまの姿をいまだに思い出す。

一番年下のグループだったので、いつも会員たちから子供扱いにされていたけれども、この間にも彼女の内面的成長はいちじるしかったに違いない。しかし我々はこれに気がつかないで時々失敗をやった。

幹事の一人に彼女をかわいがっていた若い外交官がいた。白セキの貴公子で、また大のロマンチストでもあったから、家では彼のことを王子さまと呼んでいた。この王子さまがヨーロッパに赴任したとき、彼女に手紙をよこしたが、それにはアンデルセンのお話しか書いてなかったので「ミチコそんなに子供じゃない」といささかおかんむりだったそうである。

（一九五八年十一月二十七日付け毎日新聞夕刊）

明仁皇太子と対照的に、美智子は学校も勉強も社交も充実した高校生活を送っていた。もちろん、彼女なりに青春の悩みはあっただろう。しかし、皇太子が直面していた実存的煩悶は想像もできなかったに違いない。

宮内庁長官の田島は、皇太子の高等科二年が始まって一カ月ほどたった五月三日の日記に皇太子の欠点として、やはり「温かみが足りない」と記している[120]。同じ日にバイニングが提案していた義宮との同居問題の記述がある。義宮が週のうち数日は常盤松の仮御所に泊まりに来ることを指しているとみられるが、これも完全な同居を拒絶する宮内庁側の弥縫策だった。親兄弟と同じ屋根の下で暮らせない「温かみの足りない」生活を強いておいて、皇太子にそれが欠けているというのはあまりの言い方のようにも思える。

初等科時代から皇太子の生活を熟知していた学友の橋本明は、肉親の愛情に親しく触れる機会が乏しく、将来の天皇として「剛健な気質」を養うという名目で孤高の環境を押しつけることを不自然と見た最初の外部の人間はバイニングだと言っている。「非人間的な家庭生活を強いられてきた皇太子は青春期、どうしようもなく情緒不安定で、どちらかといえば暗い性格に落ち込みやすかった。移り気で勉強嫌いであり、冷酷なまでの非情を身につけていた[121]」という。

明仁皇太子が幼いころ、動作や勉強の速度が遅いことを問題視する傅育官に対して必死でかばったのが父・裕仁天皇だった。いま、バイニングが青年皇太子を母のようにかばった。側近から注意がましい発言が出ると「それはまだ殿下はお若いからです」「あれで最善なのです」などと言い、皇太子の良いところを見つけて伸ばしていこうという姿勢を示した。いつしかバイニングの「東宮びいき」

と言われるようになった[122]。

一方、裕仁天皇は明仁皇太子と義宮の同居について別の心配事を述べていた。皇太子が「夜おそくおきてない習慣にかへて貰ふ事が先決」だと言う。裕仁天皇は明治天皇も宵っ張りであり、その結果、命を縮めたと考えていた[123]。

田島は皇太子が結婚後に子供ができたときは東宮御所で同居すべきだと考えていた。後年、それを聞いた裕仁天皇は「私は本来は勿論同居希望説で田島の考へてる事は賛成」と言った。しかし、皇室の事情では容易ではなく、「出来るものなら今直ちに私の時代から実行できる筈だ」と述べ、旧宮家では「御同居で御育てになつた方々の方に問題の多いといふ事も考へて見なければならぬ。之は矢張りお甘かしになる為ではないかと思ふ」との見方を示した[124]。

「殿下の勉強と修養は日本の明日の国運を左右する」

バイニングが五月十二日、明仁皇太子との訪問以来ほぼ一年ぶりにマッカーサー元帥を訪ねたことが皇太子の教育方針に動揺を与えることになった。バイニングが皇太子の留学が検討されていることを話すと、元帥は「それは大きな間違いだ」と反対した。一年前、皇太子に留学を勧めていた態度を豹変させたのだ。元帥は「(皇太子が外国で教育を受けることに)憤慨しない日本人は一人としていないでしょう。彼が帰国した時、もう天皇としての地位がないことに気づくかもしれません。彼の首さえ危なくなるかも知れないのです」と言う。

驚いたバイニングがそう考える理由を尋ねると、「日本の占領が終わると、国内の急進派、ソ連、中国から天皇制反対の圧力がかかり、海外留学から帰ってても居場所がなくなってしまうかもしれない。

〔皇太子は〕東大へ進み、卒業してから旅行しては」と説明した。[125] マッカーサーの変心は冷戦の深刻化によるものだった。

約二週間後の二十五日、バイニングは田島、小泉にマッカーサーの留学反対意見を伝えた。田島はこれを深刻に受け止めた。「帝王」が反対している以上、この計画を進めるわけにはいかない。宮内庁内で皇太子の留学計画は急速にしぼんでいく。バイニングがストダードに「留学は棚上げになった」と書簡を送ったのは翌月初旬のことだった。

六月二十五日、北朝鮮軍が三十八度線を越えて韓国に侵攻し朝鮮戦争が始まった。マッカーサーは吉田茂首相に自衛隊の前身となる警察予備隊の創設を指示。七月からは公務員や報道機関から共産党員と同調者を追放するレッド・パージが始まり、社会は不穏な空気に包まれていた。

この年、明仁皇太子の夏休みに大きな変化があった。恒例だった沼津の水泳合宿は行わず、前年のバイニングの別荘宿泊ですっかり気に入った軽井沢で過ごすことになったのだ。皇太子は八月二日から ほぼ一カ月、中軽井沢の千ヶ滝プリンスホテルに滞在した。もとは朝香宮の別邸で、戦後、西武グループの創業者・堤康次郎が購入してホテルとして営業していた。

この夏以降、皇太子の軽井沢での定宿となり、一九六〇年代半ばから一般の人が泊まれない皇室専用ホテルになる千ヶ滝プリンスホテルにはテニスコートがあり、皇太子は軽井沢で夏を過ごしている学友を呼んでゲームを行った。沼津の水泳合宿に対して、軽井沢はテニス合宿の趣があった。

皇太子は「軽井沢に御用邸があればいいのに」と言うほどだった。[126] 裕仁天皇は「テニスと乗馬なら ば那須で出来る、外に原因があるか」といぶかしんだが、めずらしく「軽井沢の話をあとからあとから」話す皇太子に、「どうも軽井沢の空気全体が余程気に入つたらしい」と納得した。[127]

八月八日、軽井沢の皇太子のもとに小泉が訪ねてきた。ここで小泉は将来の天皇としての心得に関する「進講」を一時間数十分にわたって行った。この年の三月七日、小泉は裕仁天皇に皇太子の教育について話した。その場で天皇は、幼少時の回想、自身の責務に対する常日ごろからの覚悟、皇室の伝統について語った。

小泉はこの話を皇太子に対する天皇の思いと受け止め、帰宅後に覚書を作った。それをもとに四月下旬に「御進講覚書」(128)を作成しており、軽井沢での話はこれにもとづいたものとみられる。小泉は今日の日本と皇室の位置と責任について述べた。

近世以降の歴史では戦争で敗れた国や革命が起こった国では多くの場合、民心が王室を離れ、王制が終わりを告げるのが通則になっている。第一次世界大戦後のドイツ、オーストリア、ロシアがそうであったし、第二次世界大戦後のイタリアも王制を廃して共和制になった。しかし、日本は例外的に民心が皇室を離れなかった。なぜなのか。責任論からいえば、天皇は大元帥であり、開戦の責任がないとはいえないが、民心が皇室を離れなかったことの大半は天皇の君徳による。

もし敗戦と同時に日本の君主制が崩壊していたら、日本は収拾のつかない混乱と動揺に陥っただろう。日本国民が皇室を仰いで心の喜びと和やかさの泉源を感じ、国民統合を全うできたのは幸福である。終戦前は天皇と国民が直接触れ合う機会は少なかったが、国民は天皇が平和を愛好し、学問芸術を尊重し、天皇としての義務に忠実であり、人への思いやりに深いことを知っていた。これが敗戦の混乱動揺を最小限にくい止めたゆえんである――。

小泉はこの君徳ということをよく考えてほしいと念を押した。御進講覚書は「君主の人格その識見は自ら国の政治によくも悪るくも影響するのであり、殿下の御勉強とは修養とは日本の明日の国運を左右するものと御承知ありたし」という言葉で終わっている。

立憲君主制または民主主義国家における君主はいかにあるべきか。明確な回答はなく、難しいテーマだが、『帝室論』から導き出した小泉の答えであり、実存的な苦悩のなかにいる皇太子に前を向いて進む動機を与えようとしたのかもしれない。

皇太子は小泉の講話を姿勢を正して聴いていた。「自分の責任の重さを知った」という意味の言葉もあったという。話が終わって起立し、「どうもありがとう」と言った[129]。

八月二十九日の雨の日、バイニングは軽井沢で皇太子の英語の個人授業を行った。この夏最後のレッスンだった。十月で日本滞在は丸四年となる。皇太子周辺にはさらなる雇用延長を望む声もあったが、彼女は潮時だと思っていた。

バイニングは教師ではなく作家だった。自分の仕事に戻るときが来ていた。窓のそばの机で『ジュリアス・シーザー』の話をし終わってから、バイニングは皇太子にこの秋には永久に米国に帰ることを伝えた。

「もう日本に来てから四年になる、その間に殿下は少年から青年におなりになった、私としては、お教えすべきことはみんなお教えしてしまったような気がする」と思っていた。バイニングは皇太子が何と言うか待った。皇太子は真剣な面持ちでしばらく間をおいてから言った。

「いつかまた日本に来て下さいますか？」

バイニングはまた日本に来るであろうこと、米国でも「お目にかかりたい」こと、皇太子が米国で勉強することになればよいと思うことを伝えた。それを聞いて、皇太子は喜びに顔を輝かせたという[130]。

明仁皇太子は三十一日に軽井沢から帰京した。二日後の九月二日に田島と小泉がバイニングの後任について話し合っている。この場では皇太子妃を探すことも話題になった。[131] 翌年に十八歳になる皇太子は皇室典範で成年とされ、皇室の慣例で成年式と立太子の礼を行う予定だった。立派な大人として遇されることになる。そのことも考慮に入れた皇太子妃選定の始動であろう。

小泉と会った前日の一日、田島は裕仁天皇に皇太子の留学と進学についてマッカーサーと話し合ってはどうかと申し出ている。天皇は「留学は兎に角、私は洋行は必要だと思ふ。私もいつて見聞を広め有益だつた」と答えた。一方、進学に関しては「大学は南原〔繁〕総長の間は東大はいやだから、学習院の方がよいと思ふ。南原がやめた後なら東大でもよいが」と語った。[132] 退位論を唱えた南原に天皇は不信感を持っていた。

「自分で考えよ!」

九月十三日、田島はバイニング邸を訪問し、明仁皇太子の家庭教師の契約が十月十五日で終了し更新しないことと、以後帰国までの期間は好きなように過ごしてほしいという裕仁天皇、良子皇后の「思し召し」を伝えた。バイニングの後任の英語家庭教師は普連土学園園長のエスター・ローズに決まった。

ローズはバイニングと同じくクエーカー教徒で、一九一七年にフィラデルフィア・ミッション・ボードから派遣されて来日、教師として女子教育に力を尽くした。戦時中は帰国していたが、フレンズ奉仕団として強制収容された日系人の支援に努めた。四六年に再来日し、戦後の日本への食糧などの支援組織「ララ」の駐日代表も務めた。天皇の信認も厚く、クリスチャンの田島との交流も深かった。バイニングの後任としてこれ以上ないといえる人物だった。

十月、明仁皇太子は学習院高等科馬術部の主将になった。主将は二年生が務めることになっており、二年生の間で話し合いによって決まった。幼少期から馬に親しんできた皇太子の馬術の技量は、部員のなかでも抜群だった。元騎兵少尉で傅育官時代から馬術の指導をしてきた東園によると、同級生と一緒に馬に乗るようになってから急速に熱が入ったという。皇太子は人一倍負けず嫌いで競争心が激しかったためだ(133)。

馬術部で他校と対抗戦を行うとき、周囲が気を遣って気性の荒い難馬を避けて、おとなしい良馬を皇太子にあてがうことが多かった。皇太子はこれが不満で、かえって負けん気に火がついた。あえて難馬に騎乗することを望むこともあった。この時期の皇太子自身が荒れる難馬でもあった。

「彼は生涯の大半を自分の角を矯める努力に費やさなければならなかった人物である。抑え難い覇気と闘った明仁親王は、高校生のころ、最も青年らしく、悩み方も近視眼的だった」と橋本明は言う。

友人が皇太子の様子を観察し、自由に解放されないことや肉親とともに暮らせないこと、見物的な気分で見られること、女性に接する機会が少ないことなどを「殿下の悩み」として十一項目にまとめたこともあった(134)。皇太子は強い自我を抑えるのに苦労していたが、その強い意志は天皇となる人間には必要なものでもあった。

バイニングの任期は十月十五日をもって終わることになった。学習院での最後の授業に皇太子は風邪のため出席できなかった。個人授業はバイニングが離日するまで続けることになっていたので、皇太子にとっては最後ではなかったが、侍従を通じて「先生の最後の授業に出られず残念だ」と伝言した。

最後の授業でバイニングは黒板に「自分で考えよ！」と書いた。

「私はあなた方に、いつも自分自身でものを考えるように努めてほしいと思うのです。誰が言ったにしろ、聞いたことを全部信じこまないように。新聞で読んだことをみな信じないように。調べないで人の意見に賛成しないように。自分自身で真実を見出すように努めて下さい。ある問題の半面を伝える非常に強い意見を聞いたら、もう一方の意見を聞いて、自分自身はどう思うかを決めるようにして下さい。いまの時代にはあらゆる種類の宣伝がたくさん行われています。そのあるものは真実ですが、あるものは真実ではありません。自分自身で真実を見出すことは、世界中の若い人たちが学ばなくてはならない、非常に大切なことです(135)」

民主主義の真髄を説いた言葉だった。民主主義の根幹は、国家のような大きな力や他者に付和雷同することなく、個人が自由な意思を持ち、考えることにある。戦後、付け焼刃的に民主主義を受容した日本人に欠けていることだった。

皇太子は直接聞くことはできなかったが、その教えは十分心に刻まれていたとみられる。なぜなら、「何ごとも鵜呑みにしない」は長じてのちの明仁天皇の考え方の基軸となったからだ。

十二月四日、バイニングは横浜港からデンマーク船ピーター・メルクス号で帰国の途についた。教育だけではなく、孤独な皇太子の心を見抜き、その境遇に深く同情し、改善に力を注いだ。皇太子は慈母の愛で包み、教え諭す存在に初めて出会った。皇太子の心の窓は広い世界に向けて、まちがいなく大きく開かれた。

若草の萌ゆる谷間に山鶏(さんけい)の白き尾をひきてあらはれにけり

皇太子は赤坂離宮にいたころを思い、二年前に詠んだ歌を色紙に書き、自身の英訳を添えて、帰国するバイニングに贈った(136)。

日本を去ったあと、バイニングは皇太子の将来について示唆に富むことを書いている。

いつの日か天皇となるべきこの少年の前途はどうであろうか？　この少年は将来に何を約束しているのであろう？　彼は政治的権力は持たないであろう。しかし解放された日本において、大きな道徳的な影響力をもつことになるであろう。彼はどんな人間になるだろうか？

ある意味で、殿下がもっておられない資質は、もっていらっしゃる資質と同じく重大だといえるであろう。最初殿下を知った当時、私の気にかかった、みずから進んで事に当られる意欲の欠如というものを、殿下はかなりのところまで克服なさった。殿下が生れながらにそなえておられる大きな威厳には、時に尊大と思われる内気さが結びついている。公的な人物にとっては実に大きな財産となる、あの愚者をもよろこんで寛容する能力を、殿下はどうやら欠いておいでになるように見受けられる。ひとをよろこばせようとお努めになるときの殿下の持前の魅力によって、殿下は友達をおつくりになるに違いないが、また殿下がそういう努力をなさらない人たちの恨みを買うことになるかも知れない。一方殿下は、軽々しいお方でもなく、狂信的なお方でもない。社交的な顧慮から、相手の言うことにすぐ賛成したり、また、急激に熱狂したり、冷却したりなさるお方でもない。

殿下はなかなか他人に信用をおかれないが、ひとたび信用なさると、それに忠実である。殿下は自分に対しても、他人に対しても正直である。また謙遜である。明確な、分析的な、他に左右されない、並すぐれた知力をもたれ、独創的な思想への素質もそなえておられる。強い責任感と、日本および日本国民への深い愛情とをもっておられる。御自分の使命を自覚し、真摯にそれを受け容れておられる。綿密で、思慮深くあられるが、事にあたっては、思いきって伝統を断ち切ることのできる、あの真の保守主義者の能力をもっておられる。殿下は、かけがえのない平衡輪ともなり安全弁ともなる、あのユーモアの感覚をもっておられ、さらに、それなくしては真の偉大さがあり得ないあの資質――「惻隠（そくいん）の情」をもっておられる。[137]

第5章

成長への旅立ち

エリザベス女王の戴冠式に出席した明仁皇太子
(前列左から4番目)=1953(昭和28)年6月2日

〈昭和26年〉
目白清明寮と終生の友

一九五一（昭和二十六）年元日の新聞各紙は、この年に成年式を迎える明仁皇太子をこぞって大きく取り上げた。朝日新聞は「皇太子さま　今後の教育はどうなる」の見出しで、「日本の若きホープ」は、高等科卒業後は大学に進学するのか、もしくは特別な教育プログラムを用意するのか、または海外に留学するのか、という話題を取り上げた。

他紙を出し抜いたのが読売新聞だった。史上初の皇太子紙上インタビューを掲載したのだ。宮内庁担当の小野昇記者が東宮侍従の黒木従達に交渉して実現させた。学問、スポーツ、芸術など五項目三十の質問に対して、文書で十九の回答があった。

侍従と相談した回答であろう。どんな雑誌や本を読んでいるかという問いには、「雑誌は『リーダース〔ズ〕・ダイジェスト』『文芸春秋』『中央公論』『科学朝日』『採集と飼育』『ライフ』『ロンドン・ニューズ』などを読んでいます。本は最近では『月曜物語』（ドーデー著）『狭き門』『ソビエト紀行』（ジイド著）『今の日本』（小泉信三著）を読みました。それぞれ面白く思いました」(1)と、かなり具体的に答えている。

一方、バイニングのどんな点に感心したかとの質問に対しては「信頼すべき方だと思いました」と一言だけで、実にそっけない。気にかかるのは、「希望」と「理想」に関する質問への回答だった。希望については質問項目の半分しか答えがなかった。「国内旅行で一番好きなところや、学生生活、日常生活で改善したい点などは沈黙された」と注釈がある。理想に対しても答えるべき言葉がなかったのか、六問あった質問のうち一つしか答えなかった。その一つは「若い世代に対するお言葉なり、ご感想を」という質問で、答えは「お互いにしっかり勉強して、世界平和のために努めましょう」という侍従が代弁したようなものだった。

小野は「まだ、それほどハッキリしないのだろうし、殿下という特別の立場における慎重さにもよるのだろう」と理解を示しているが、希望と理想というこの年代の若者がもっとも胸を熱くしていることに対して、皇太子は具体的なイメージを持てていないということだった。

前年暮れに行われたこのインタビュー記事の打ち合わせが「皇太子妃取材合戦」の始まりだったという話が伝わっている。雑談中、小野記者が黒木侍従に「皇太子様のお妃選びもそろそろ始まっているのでしょうか」と何気なく聞いたところ、機嫌の良かった黒木の表情が一変し、「そんなことは考えていない」と口をつぐんでしまったという。黒木の不自然な態度は逆に「お妃選びが始まっている」と小野に確信させ、読売新聞はすぐに内偵取材を始めた。これが火付け役になって各新聞や雑誌の取材合戦がスタートしたという(2)。

しかし、これでは黒木はあまりにも隠しごとが下手な大根役者だ。すでに田島道治と小泉信三が皇太子妃について話し合ってはいたが、かなり漠然としたものだった。この時期のベテラン皇室記者の藤樫準二によると、たしかに黒木は約九百家の全華族を対象にコツコツと候補者リストを作っていたというが、本格的な選考に入ったのは一九五五(昭和三十)年秋からだった(3)。小野は黒木の様子に過剰反応したともいえる。いずれにしても、皇太子をめぐる報道は、実存の悩みなどそっちのけで「お妃」が大きなテーマになっていく。

三月十四日、明仁皇太子は皇居の御文庫で天皇、皇后、厚子、貴子内親王とともに『国民の中の天皇』『日本の象徴天皇』という映画を見ている。この映画のテーマについて、皇太子が天皇と何を話したのか。自己の実存についての悩みをぶつけたのか。興味のあるところだが、会話の内容については記録はない。(4)

同月二十六日、皇太子は山形県の蔵王にスキー旅行に出かけた。この旅行の帰途、皇太子は学友とともに乗ったバスから初めて沿道の人々に「会釈」を行った。これには前段の話があった。

明仁皇太子が皇居のテニスコートで練習したあと、警備のオートバイの先導で常盤松の仮御所に戻ったときのことだった。御料車にはテニスコーチの石井小一郎と戸田康英侍従が陪乗していた。御所に近づくと、皇太子の車と気づいた人たちが立ち止まって礼をしている。しかし、皇太子側からは何の応答もせず、知らん顔だった。「何故ちょっとでも会釈するなり、手を振るなりしてあげられないのか」と違和感を持った石井は、戸田にそのことを言った。

戸田は「永い宮中のしきたりで一々応答しないことになっている」と答えた。納得できない石井は、恩師である小泉にも同じことを聞いたが、回答は戸田と同じだった。「君徳」を説く小泉にも、国民との触れ合いという意識は薄かったようだ。

ただ、戸田の頭に石井の苦言が残っていたのか、のちに石井にスキー旅行での会釈は「テストケースだった」と話したという。(5)これが皇太子の自発的な行動だったのか、それとも「外ヅラの悪さ」を矯正するため戸田が考えた訓練だったのかはわからない。

四月、皇太子は高等科三年生になった。立太子の礼の日程に関して、十二月二十三日の皇太子十八歳の誕生日前後に成年式と一体化して行われるであろうという観測記事が新聞に出た。皇室行事としては戦後もっとも大きなものになり、新憲法・新皇室典範のもと、立太子の礼をどう位置づけるか注目された。政府は憲法七条の天皇の国事行為のうちの「儀式を行うこと」に該当すると解釈した。

四月十一日、目白の学習院構内の東側敷地、目白通りに面した一角で新しい寄宿舎「目白清明寮」の落成式が行われた。高等科三年生の皇太子は目白の寮で学生生活を送ることになった。

これにともない小金井の「清明寮」は閉鎖された。皇太子は常盤松の仮御所に移居して以来、週の半分は小金井の寮で過ごして目白の高等科に通学していたが、さすがにこのような生活は非効率すぎた。宮内庁は都心部で寮に使えそうな建物を物色したが適当な物件が見当たらず、新築は予算上無理だった。そこで大きな役割をはたしたのがテニスコーチの石井だった。

石井は三菱地所系の陽和不動産の常務を務めていた。「誰かが建てて貸してくれないか」と小泉から相談された石井は、社長の北原浩平を口説き、寮の建設が決まった。寮は陽和不動産が所有し、宮内庁に貸し出す形にした。

寮は鉄筋コンクリートの三階建てで延べ五百六十平方メートル。六畳よりやや広い二人用の部屋が十四室あり、各部屋に二段ベッドとロッカー、勉強机が備え付けられていた。二階の二室だけは皇太子と義宮が使うことを想定して他の部屋より一・五倍広く、二段ベッドではなく二つのベッドが並んで置かれた。各階に洗面所と共同トイレがあり、一階には大食堂兼読書室、台所、大小の浴室、洗面所、宿直室があった。バラックのような小金井清明寮とは天と地ほど違う快適な環境だった(6)。

目白清明寮が落成した日の夕刻、マッカーサー連合国軍最高司令官が前年に勃発した朝鮮戦争に対する戦略観の相違からトルーマン大統領に解任されるという衝撃的なニュースが伝わった。占領日本に六年近く君臨した「帝王」は、十五日に裕仁天皇との最後の会見(十一回目)を済ませ、十六日に疾風のように日本を去っていった。

清明寮の入寮式は二十五日に行われ、明仁皇太子と橋本明ら高等科の約二十人が入寮した。ルームメイトは同学年の松尾文夫だった。一年下の手塚英臣(のちの侍従、掌典長)が同室だったという文献が多いが、手塚は小金井清明寮までの同室者である。

松尾の祖父は二・二六事件で岡田啓介首相の身代わりで殺害された岡田の義弟の松尾伝蔵陸軍大佐。叔父は終戦時の内閣書記官長の迫水久常である。松尾は前年の夏、沼津の御用邸に何人かの学友とともに呼ばれていた。

「箱根で何泊かして、沼津に行った。水泳とかいろいろやりましたけどね。あとから考えると〝品定め〟だったんだろうね、新しい寮のルームメイトの。それでどういうわけか私がパスしたようだ。まあ運命だね。清明寮は三階建ての立派な近代建築で、スチーム暖房も備わっていた」と松尾は言う。のちに皇太子が学習院大学に進学したころは学生運動が激しくなり始めており、「夜になると寮の地面の下からインターナショナルの歌声が響いてきた。警戒のため、皇太子はときどき東宮仮御所に戻っていた」とも話している。(7)

松尾は橋本同様、のちに共同通信記者となるが、橋本のように皇太子に関して記事を書いたり発言したりすることはいっさいなく、沈黙を守り通した。それゆえ皇太子が気兼ねなく心を許して話をできる相手であった。松尾は明仁皇太子の終生の友となる。

皇太子は常盤松の東宮仮御所がありながら、週三日寮で起居することになった。ただ、年配の侍従らに囲まれて暮らす仮御所よりも、松尾ら同じ学生と一緒の寮の生活の方が精神的には健全だっただろう。

安倍能成学習院院長は「皇太子の御教育については、日本国で唯一無二の地位にすわられる方であると共に、国民から超絶して居られてはならず、国民に内在されなければならぬといふ、むつかしい地位に運命づけられておいでになる。その為には我々の話だけ聞いて居られては、面白くもないしお為になることばかりではない。どうしても同年輩の学友の間にもまれて、談笑も切瑳もされねばならぬ。それには皇太子のやうな特殊な離れた生活をして居られる方には、寄宿寮の生活が一番好い(8)」と語っている。

初の皇太子妃報道、実名で候補六人

清明寮に入って間もない五月十三日は天皇一家が集まる団欒の日曜日であり、母の日でもあった。一家は厚子、貴子内親王がいる呉竹寮に集まり、内親王の手料理で昼食をとった。

和子内親王は一年前に旧華族の鷹司平通(としみち)と結婚して寮を出ていた。裕仁天皇、良子皇后が呉竹寮を訪れた際、内親王らがよくふるまった料理は、ご飯に鳥のスープをかけ、それにハムや錦糸卵、ネギ、小エビを粉にしたものをお好みでかけて食べるものだった。明仁皇太子はこれを「呉竹料理」と呼んでいた(9)。

この団欒四日後の十七日、天皇一家を突然の不幸が襲った。皇太后の急死である。皇太后は赤坂の大宮御所で午後三時半に突然狭心症の発作に襲われ、侍医による応急措置を受けたが四十分後に死去した。六十六歳だった。危篤の急報を受けた裕仁天皇、良子皇后は大宮御所に駆けつけたが、臨終に間に合わなかった。

明仁皇太子は常盤松の仮御所で二人の学友とともにエスター・ローズの個人授業を受けていた。授業が終わり、目白の清明寮へ戻るために仮御所を出たあとに皇太后危篤の連絡が入った。携帯電話などない時代であり、皇太子も祖母の死を看取ることはできなかった。その後、皇太子は大宮御所で霊前に拝礼したときのこと、亡き祖母を悼む気持ちを歌に詠んだ。

御園生（みそのふ）の草木は青くにほへども音しづまれるとののきざはし

今一度あひたしと思ふ祖母宮に馬の試合の話をもせず(10)

皇太后は「貞明皇后」と諡（おくりな）され、六月二十二日に皇族の墓所である文京区の豊島岡墓地で葬儀が行われた。戦後初の皇族の葬儀だった。これまでの慣例では未成年皇族は葬儀に参列しなかったが、このときは明仁皇太子や義宮ら未成年の皇族が参列した。戦後の新例だった。

さらに葬儀では鳥居が設置されなかった。占領下であり、政府・宮内庁は「葬儀費用の国費支出が新憲法の政教分離の原則に抵触する」とGHQから指摘されることを恐れた。見かけ上の宗教色を薄めるためだった。

旧皇室服喪令に準じ、天皇は皇太后死去の日から一年間、皇太子は百五十日間喪に服すことになり、各種祝賀行事が取りやめになった。これにともなって、この年の皇太子の誕生日前後に予定されていた成年式と立太子の礼は天皇の喪が明ける翌年に延期されることになった。

学友の橋本明は、祖母を失った皇太子の悲しみは深かったと言う。その喪失感と実存の悩みが折り重なったのか。この時期、皇太子のイライラはつのっていった。「常盤松御所二階の居間東端翼に置かれた皇太子の机面は微細な穴で覆い尽くされていた。羽虫が飛び込んで来る。それを三角錐の一端や千枚通しで刺し殺した跡であった。無聊（ぶりょう）であり孤独な青年の姿がそこに映し出されてはいなかったか」と橋本は書く。

イラ立ちは義宮にも向けられた。義宮はこの春から週に四日は常盤松の仮御所に泊まりに来ていた。ふだんは「お兄さま」「義坊ちゃん」と呼び合う仲の良い兄弟だが、街の本屋にふらりと立ち寄るなど、自分と比べてはるかに自由な生活を送っている弟の話を聞くと、皇太子の心は穏やかではなかった。

傅育官の村井長正の影響でキリスト教に深い関心を持った義宮はその話をしたがったが、皇太子は批判的だった。学友と談笑しているときに義宮が入り込もうとすると、「うるさい、あっちへ行け」とかんしゃくを起こしたという(11)。英語教師のブライスも皇太子の近況として「前途光明なきこと、単調なこと、性的年頃のこと」を田島長官に話した。心配した田島はすぐ小泉に電話している(12)。

義宮のキリスト教へののめり込みは裕仁天皇にも田島から報告された。天皇は「義宮さんとてもいつ皇位継承するといふ事がないとはいはれないので、矢張り偏らぬ事がよいと思ふ」「勿論日本人の大多数が基督教になつたといふ場合は、象徴としてもそれでい丶かも知れぬが(13)」と言い、その後も明仁皇太子に次ぐ皇位継承順位の義宮が一つの宗教に傾斜することに懸念を示した。

また、明仁皇太子についても、移居したころは喜んでいた常盤松の仮御所が近ごろは気に食わない様子なので「どうも女気のない事でうるほひのない為か」と案じている(14)。田島も「男ばかりのうるほひの足らぬ事が無意識に御不満かとも存じます」と応じている。田島は後日、皇太子の性向として「御自分のきらいないやな事は少しもなさらない様に御見受け致しました」として、将来の天皇としては気の進まないこともやるべきと裕仁天皇に報告している。天皇は「確かにその傾向がある」と憂慮した。[15]

そんな明仁皇太子の精神的煩悶をよそに、七月二十九日の朝日、読売新聞は宮内庁が内々に皇太子の結婚準備を進めているという記事を掲載した。お妃報道の嚆矢だった。

朝日新聞は、皇太子は今年十八歳の成年であり、「大正天皇、今上陛下の御結婚当時を先例とし候補者の内調査を非公式に行っているものである」と書いた。大正天皇は十二歳ごろからお妃探しが始まり、二十歳で結婚。父・裕仁天皇は十七歳で婚約が内定し、二十二歳で結婚している。

そして、将来の日本国の象徴となる天皇の皇后としてふさわしい女性であることが条件だとして、北白川家、久邇家など元皇族十一家から選考が始められているとしている。次に五摂家などの旧華族、徳川家、元公爵家などの順で選ばれるであろうと推測。「非公式のお見合いの形をとられるはずで、さらに皇太子さまの恋愛の場合も考慮されるなど、人間皇太子の御意思を十分に尊重する」という。「人間皇太子」といいながらも恋愛はイレギュラーとされており、お妃候補も元皇族・華族しか想定されていない。これが当時の一般的な意識だった。

読売新聞は同日夕刊で候補として元皇族の令嬢六人の実名を報じた。伏見章子（あやこ）、久邇通子・英子・典子の姉妹、朝香富久子、北白川肇子（はつこ）である。久邇家の姉妹と伏見章子は写真まで大きく掲載された。記者が各家庭を突撃取材した様子も書かれていた。プライバシーへの意識が薄い時代とはいえ、やり過ぎの感がある。皆未成年で、久邇典子、朝香富久子はまだ九歳だった。

しかし、これは「皇太子妃は元皇族もしくは華族から選ばれる」という先例をもとにした推測記事に過ぎず、この時点で宮内庁が六人をリストアップしていたわけではない。お妃報道はこの記事でパンドラの箱が開いた。以後七年近くにわたって〝過剰報道〟が繰り返されるのだが、皇太子妃は元皇族か華族という先入観が払拭されることはなかった。

この「先入観」には根拠があった。記事が出る前に取材を受けた田島は「平民の子は才色兼備でもどうかと思ふ。矢張り貴族階級に限られる。少なくもそこから〔皇太子妃選考は〕始められる」[16]と話していたのだ。記者たちはこの感触をもって取材にあたっていた。

異性と交流する機会がない

明仁皇太子はこの年の夏も軽井沢へ向かった。八月の一カ月を当地で過ごした。この時期の皇太子について小泉はバイニングへの手紙で「殿下は御健康そうで、朝はよく勉強され、夜は早く床に就かれます」と書いている。軽井沢滞在前に義宮と一緒に沼津で過ごしていたのだが、そこを訪ねた際の「殿下らしい会話」を手紙で紹介している。

「沼津にまだいられたある日、私は二人の殿下をお訪ねしました。昼食のテーブルで、共産主義について私の書いた小さな本について話していました。もし、お読みになりたければコピーを差し上げますと申しましたら、正仁親王はすぐに読みたいと云われました。明仁殿下からは、「他に忙しいことがあるのですぐには読めないが、この休み中に読まないとは言えない……」とのお言葉、もちろん喜んで献上いたしました」[17]

皇太子のもの言いは厳密と言えばそうだが、人との交流では言わずもがなのことだ。義宮の反応が自然で相手も好感を持つだろう。小泉は皇太子の社交下手を踏まえた上で「らしい」と書いたのだろうか。

九月八日、サンフランシスコ講和会議において、日本占領を終結させる対日講和条約が調印された。翌年の講和条約発効＝日本独立を機に、こんどこそ天皇が退位するのではないかという臆測が広がった。

この前後の田島長官の日記には小泉や安倍能成と「abdi〔abdication＝退位〕」について話した記述がある。書き方は断片的だが、退位すべきではないという主旨だったとみられる。[18]この話のなかでも常に明仁皇太子のことが話題になっており、田島が気にかけていたことがわかる。

十月二日の日記には吉田茂首相と「東宮御教育及御配偶方針のこと」を話したと書かれている。[19]皇太子妃に関する報道が新聞だけではなく雑誌でもなされていたためだろう。「方針」についての具体的記述はないが、この時期（九月二十九日）に裕仁天皇は田島に「東宮ちゃんの外国へ行くのはいつか知らぬが、その時迄には妃殿下はきつぱりときめたいと思ふ」と語っている。天皇は「老婆心」としながらも、留学先で外国人女性と恋仲になってエドワード八世のような事態になることを心配していた。[20]

また、「四年とか三年とか普通の学生のやうに東宮ちやんは留学するといふ事は出来ぬ。私の外遊のやうではないにしても、学校に入学して学問するといふではなく、学生生活の経験の為の短期の留学といふ事はあるかも知れず」（十月二十二日）とも話しており、[21]本格的留学ではなく、外国生活を経験することが主であると考えていた。

十月二十日、正田美智子は十七歳になった。翌日登校した美智子は「ミッチ」「タァコ」と呼び合う親友の萩尾敬子（たかこ）（のちのシャンソン歌手の須美杏子）に詩を書いた便箋を渡した。

むく鳥は／せんだんの実／むくの木かげ／むく鳥は／夢に生きて／夢に死ぬ(22)――

それからも美智子はときどき「はい、タァコ」と詩を書いた紙を笑顔で差し出した。あるときこんな子守歌が書かれてあった。

ねんねの　ねむの木　眠りの木／そっとゆすったその枝に／遠い昔の夜の調べ／ねんねの　ねむの木　子守歌
薄紅の花の咲く／ねむの木陰でふと聞いた／小さなささやき　ねむの声／ねんねねんねと歌ってた
故里の夜のねむの木は／今日も　歌っているでしょか／あの日の夜の　ささやきを／ねむの木　ねんねの木　子守歌(23)

この詩は美智子が皇太子妃になってから〝発掘〟され、『ねむの木の子守歌』として曲が作られレコード化された。美智子妃は著作権を日本肢体不自由児協会に譲り、協会は印税を基金として「ねむの木賞」を設け、肢体不自由児のために活動した人を表彰することになった。

美智子は心に様々な夢を秘め、あふれる思いを詩に託す少女だった。

美智子が「タァコ」にむく鳥の詩を渡した十月二十一日、明仁皇太子は学習院の修学旅行で東北地方に出発した。まず単独で十和田湖、七戸、八戸などを回り、二十六日に中尊寺で同級生らと合流し、二十九日に帰京する変則的な旅だった。

ただ、同級生らと合流してからは同じ三等車に乗り、列車が駅に着くと真夜中でも起きて、ホームに集まった地元の人たちに会釈したという。[24] 皇太子妃報道の影響か、このころは女子学生に人気で、中尊寺ではサインを求められたこともあった。

皇太子の教育参与たちは相変わらず頭を悩ませていた。小泉は十一月初旬、バイニングの元秘書兼通訳で、当時米国に留学していた高橋たね宛ての手紙で東宮仮御所にピアニストの原智恵子を招いて音楽会を開いたことを書いている。次は同じくピアニストの安川加壽子に頼んでみようかとも思案している。彼女らを招くのは音楽鑑賞のためではなく、皇太子が女性に慣れるためだった。

「御承知の通り、異性との御交際の機会が少ないことが、いつも私達ちの遺憾とするところであり、而かも妙齢の人々は差支へがあり、この点中々厄介です。貴女がこちらに御出でになれば御知恵を拝借したいところです」[25] と小泉は書いているが、かなり不自然で無理のある〝配慮〟だった。同年代の異性とのごく自然な場を設けるべきではなかったか。

このころ、学習院院長の安倍は雑誌への寄稿文で「殿下の御資質の中では何よりも正直でおありなのが喜ばしい」としながらも、そのため心にもないことを言うのを嫌うので表現が消極的になり無愛想になる傾向があると分析している。この雑誌でのテーマは「皇太子の教育はどうあるべきか」で、英語教師のブライスも文を寄せている。

ブライスは「日本の皇太子であるのと、普通の日本の少年であるのと、どちらがいい」と思うかと聞いたときのことを書いている。皇太子の返事は「僕は普通の子供になったことがないからわかりません」だった。これも正直ゆえともいえるが、相手の思いに頓着しない、取りつく島のない答えともいえる。それでもブライスは皇太子に同情する。

「両親と離れて一人で暮し、半ば神様扱いをされ、金は一文も持たずに、望みのかなえられぬことはなく、何でももらって、何一つ与えない——これだけでも、どんな聖人でもその性格をスポイルするのに充分である」と。

そして「こういう彼を慰めることのできる人、あるいは如何に考え、何を感じたらいいかということなどを彼にいえる人は、かりにいるにしてもごくわずかなものだろうと思われるのだ。殿下は外見は冷ややかだが、その奥には感じやすい精神、温い心をかくし持っていられる」と言う。

ブライスも小泉、安倍と同様、皇太子が異性との交際に乏しいことを問題視している。

「婦人はこの世の中で一つの役目を持っている。恐らく他にかけがえのない独自の働きだ——つまり男性を人間的にし、男性の心の中に女性的なやさしさと感情のデリカシーを呼びさます働きである。(略)皇太子は同年輩の、同じような身分の若い婦人たちと親しくならなければだめだ。これは一番大切なことである」(26)

ブライスの女性観は現代では問題があるが、皇太子に必要なのは奪われた「温かい家庭」の再構築、すなわち伴侶と築く自分自身の家庭であった。しかし、その伴侶と出会い、家庭を作るのはまだ先のことだった。

十二月二十三日、皇太子は十八歳の「成年」を迎えた。新聞各紙に側近を通じて発表された一問一答が掲載された。

——青年(ママ)に成られたご心境は……

皇太子　特に改まった心境というほどでもありませんが、物ごとを正確につかみ、しっかりした知識を持つようになりたいと感じています。
――この機会に青年に対して何かお言葉はありませんか。
皇太子　ともどもによい判断とモラル・バック・ボーン（道徳的支柱）のある人になりたいものです。
（一九五一年十二月二十三日付け毎日新聞朝刊）

社交下手を反映したような、面白味のない回答である。この時期、こういう答えが限界だったことは理解できるが、皇太子に本当の心を語らせない壁があった。
記事の筆者は裕仁天皇の人間性を強調した報道で戦争責任の回避に努め、戦後危機にあった天皇制をサポートし続けていた皇室記者の藤樫準二だ。皇太子がいま熱心に打ち込んでいるスポーツは乗馬だと紹介して、「生れ変った青年日本をそのまま浮彫したような馬上の殿下」と精一杯持ち上げた。

〈昭和27年〉
庶民の家にあこがれる

一九五二（昭和二十七）年は貞明皇后の喪中であるため皇室の新年行事は行われなかった。このため、裕仁天皇、良子皇后と明仁皇太子、義宮は年末から葉山で過ごしていた。一月五日、皇太子はお忍びで鎌倉の橋本明の家を訪ねた。世間一般の中流家庭の正月を経験することが狙いだった。侍従の戸田と学友の千家崇彦が同行した。橋本家の五人の家族のほか、橋本が親しくしていた渡辺節子ら同じ年の女子五人が呼ばれた。

皇太子はお屠蘇と雑煮を初めて味わった。橋本の家の各部屋を見た皇太子は「私の家は七百坪ぐらいありますかね、広すぎる。三十二坪とはいいなあ。非常に住みよくできている。私もこういう家に住んでみたい」と感想をもらした。[27]

橋本家では皇太子を囲んで食事をし、皆で歌を歌った。男女に分かれて百人一首もした。皇太子が複数の同年代の女性とこれほど和気あいあいと時間を過ごしたのは初めてではなかったか。女性への接近作戦は小泉のややピント外れの配慮よりも学友の方が巧みだった。

これより二日前の三日、宮内庁長官の田島は新年あいさつのため葉山御用邸附属邸の明仁皇太子、義宮を訪ねていた。義宮の応対ぶりは好感が持てたが、皇太子は相変わらずの無表情で田島は心配になった。七日には宮内庁で皇太子妃候補の範囲についての第一回目の打ち合わせが行われている。[28]

田島は十一日にこの打ち合わせについて裕仁天皇に報告した。候補選考はまず学習院の名簿で行われ、結婚の時期を勘案して高等科一年から初等科六年までが適格とされた。天皇は皇太子の結婚の時期について「さう早く結婚はせぬが、まづ二十四、五位か」とした上で、「若い時は左程でないが年をとると女の方が早く老いる故、五つ位違ふ方がよい。去りとて十は多過ぎる」と話している。そして「家柄関係で従来血のつながる所となる事も已むを得ぬが従弟はいかぬ。又いとこ以上離れた方がよい」と注文をつけ、「単数ではなく少数ながら複数候補者を東宮ちゃんに出すといふ今の長官の考え方はいゝ」と語った。[29]

明仁皇太子の情操に不安をいだく田島に小泉は再三手紙でその成長ぶりを書き送っていた。目白清明寮では定期的に寮生の研究報告会が催されていたが、二月一日の会の報告者は皇太子だった。小泉はその様子を手紙に書いている。

皇太子の研究テーマはモンテーニュだった。冒頭、皇太子はどもって咳ばらいを繰り返すなどうまくいかない。小泉はどうなることかと思ったが、そのうち調子が上がり、論旨も用語の使い方も合格点といえるものになった。

「殿下が御報告の中に理性と信仰、ギリシア哲学とキリスト教の問題がモンテヱヌによって如何に考へられたかを御叙べになり、彼れが傲然として「吾れは疑ふ」といはず、「吾れ果して何をか知る」Que sais-je? といふ言葉でその思想を言ひ現したことを御指摘なされましたのは、なか〳〵に興味あることでした」[30]

ただ、報告中の態度については、言葉は明晰だが少々早口になるため聞き取りが困難なこと、ノートを読むときに目を落としたままなので、ときおり目を上げて聴衆に話しかけるようにすべきだと注意事項を書き添えている。

二月六日、英国国王のジョージ六世が死去し、新女王のエリザベス二世が即位した。このことが鬱屈していた明仁皇太子の心の窓を開くきっかけとなるのだが、それはまだ先のことだった。このころ三木武夫を幹事長として改進党が結成され、小泉は総裁就任を打診されたが、「学問教育以外のことはできず、生涯やるつもりもない」と断っている。[31] 総裁には重光葵が就任した。

「銀ブラ事件」の造反有理

二月下旬、明仁皇太子はひととき自身の身分から〝脱走〟した。周囲に何も告げずに街に出たのだ。本屋にふらりと立ち寄る義宮の自由な生活にも刺激を受けていたのだろう。世にいう「銀ブラ事件」である。

目白の清明寮で「銀座に行く」と皇太子と示し合わせた学友の橋本明は、同級の千家崇彦も誘った。午後七時すぎ、三人は寮を出た。遅番で寮の侍従室に出勤してきた佐分利六郎侍医が目白駅近くで三人とすれ違った。佐分利が新任侍従の浜尾実にそのことを告げると、浜尾は「橋本が殿下に街をお見せしたいと申し出ていたので、目白付近ならと許可しました」と答えた。佐分利は「銀座に行くと言っていたが、まさか……」とつぶやいた。

しばらくして皇太子の消息不明がわかり大騒ぎになった。侍従らに非常呼集がかかり、皇太子の行方を捜索していると、警衛の警察官から連絡が入った。皇太子たちは新橋駅にいるという。慎重な千家があらかじめ知らせておいたのだ。

三人はラッシュアワーの時間帯の山手線を渋谷、品川を経て新橋に着いた。皇太子は学習院の制服制帽の上に紺のコートを着ていた。誰にも気づかれなかった。追従していた警察官が何度も帰るように説得したが聞き入れなかった。侍従の黒木はただちに警視庁に連絡し、地元の築地署がひそかに非常警戒網を張った。目白署からは私服警官が銀座に向かった。

三人は銀座に着くと、橋本がいったん離れ、明仁皇太子と千家が喫茶店「花馬車」に入った。二人は紅茶を注文した。店でも皇太子に気づく客はいなかったが、支配人が「よくお越しくださいました」とあいさつに来たので、二人は驚いて店を出た。そして松坂屋付近で橋本と合流した。橋本は女友だちと一緒だった。皇太子が正月に橋本の家で楽しい時間を過ごしたときに同席した女子の一人、渡辺節子だった。

銀ブラ事件の前のことだった。寮で皇太子が橋本に「ちょっと〝アレ〟に電話しないか」と言った。橋本が「いいよ」と答えると、皇太子はうれしそうな顔をした。「アレ」とは渡辺節子のことだった。

橋本は寮の管理人窓口の電話で杉並区に越していた節子に電話した。橋本は受話器を皇太子に渡すと、三十分も話をしていたという。「脱走」を決行するなら節子も誘おうと言ったのは皇太子だった。寮を出る直前に連絡したので到着が少し遅れたのだ。

四人は銀座をそぞろ歩き、洋菓子店の「コロンバン」に入った。二階の窓際の席に座り、また紅茶とアップルパイを注文した。皇太子は終始上機嫌だった。橋本と千家が店内の様子をうかがうと、警察官らしい男たちが何人かいた。店のウエイトレスも気がつき始めた。潮時だと思った橋本らは店を出た。皇太子は節子と並んで歩いた。橋本の後ろから顔見知りの目白署の私服警官が近づき、「やりましたね」と声をかけた。

四人は山手線に乗って帰途についた。新宿駅で節子が「さようなら、楽しかったわ」と言って降りた。皇太子ら三人は目白駅から清明寮に戻った。寮では「お戻りになりました」と大声が上がるなど、ひと騒ぎになった(32)。

侍従室に出頭した橋本と千家は「最も信用していた君たちに裏切られた」とさんざん絞られた。野村行一東宮大夫は、のちに詫びにきた二人に「君たちの行動は情においては理解もできるが知においては許し難く浅薄、阿呆である。労働運動はなお苛烈であり、ご身分がバレて労働者に取り囲まれるような事態も起こり得たかもしれない」と叱責した(33)。

三年前の第三次吉田茂内閣発足以降、冷戦の激化にともなうレッド・パージが行われていた。戦後の民主化政策の後退が進み、「逆コース」という言葉が叫ばれていた時期だ。日本共産党は非公然の「山村工作隊」などを組織し、武装闘争を展開していた。このあと五月一日には皇居前広場でデモ隊と警官隊が衝突する「血のメーデー事件」が起きるなど不穏な情勢があった。

皇太子はのちの記者会見で銀ブラ事件の動機は「電車に乗ってみたかった」からだと答えている。[34]たまには電車にも気軽に乗れるような自由で人間的な生活を与えてほしいという〝造反有理〟の行動でもあっただろう。側近たちはその人間としての心を理解せず、自由への配慮を怠っていたとも言える。知において浅薄だったのはどちらだったのか。

数日後、皇太子は群馬県の加羅倉温泉へスキー旅行に出かけた。これにはめずらしく小泉と野村が山のふもとまで同行した。小泉はその理由を「土地の共産党党員達で、スキー場に行かれる殿下のじゃまをしようとしているとのうわさがあったから、ずっと目的地迄御一緒したわけです[35]」とバイニング宛ての手紙に書いている。銀ブラ事件で動揺したためだろう。ただ、そういう行動こそ皇太子の生活を息苦しくしていることに小泉らは気がついていない。

銀ブラ事件から間もない二月二十七日、田島は藤沢市鵠沼の秩父宮別邸を訪れた。田島は同月十九日付けで秩父宮から翌年行われる英国女王エリザベス二世の戴冠式に、良い経験になるので皇太子を天皇の名代として送ってはどうかという手紙を受け取っていた。その内容はおおむね次のようなものだった。

- 皇太子の海外旅行(留学)は口にするは容易であつても今の世界情勢では現実には其のチヤンスがなか〳〵ないと思はれる。
- 戴冠式には各国王室の方々を始め、各国の代表的人物が多数集るから、それらの人と知己になられることは大いに意義がある。
- エリザベス二世と皇太子とは年齢も近く、親交を結ばれることは将来日英両国の親善の上に大変

好都合であろう。(36)

田島は皇太子が参列することは想像もしていなかったが、秩父宮の意見は筋が通っていると思い、三谷隆信侍従長に話した。しかし、三谷は消極的だった。小泉と東宮大夫の野村にも話した。東宮職では以前から皇太子の参列は話題に上っていたが、小泉らは否定的だった。

田島が二月二十九日にこのことを報告すると、裕仁天皇は「東宮ちゃんとしては又とない機会」だとして賛成した。天皇がすぐに良子皇后に話すと、皇后は「早い。若過ぎる」と難色を示した。しかし、天皇が自身が英国に行った年と比べると一年程度の違いだと言うと、皇后は賛成した。そして再び田島を呼んで言った。

「実は、東宮ちゃんが余り長く留学といふ様な事は此社会情勢では私は余りすかぬので、その意味での留学とか、洋行とかいふ事は取止めたいと思ふ位だ。アメリカが留学などいふ時でも之をやっておけば、それを断るにもいゝしネ」(37)

天皇は明仁皇太子の英国女王戴冠式参列が留学に代わる海外経験の場になると考えていた。

田島は三月初めに吉田首相や侍従長、小泉らともこのことを話し合っている。同月十一日に侍医から皇太子の健康状態は欧州旅行に耐えられるとの返事を得た。(38) 幼いころから気管支が弱いためよく風邪を引き、百日咳などを患ってきた皇太子に海外への長旅が可能なのか心配だったのだろう。

学習院高等科卒業を間近に控えた三月下旬、明仁皇太子は裕仁天皇とともに葉山御用邸で過ごしていた。二十二日、そこへ吉田茂首相が訪ねてきた。天皇に拝謁した吉田は皇太子の英国女王戴冠式出席について言上したとみられる。吉田は天皇に会う前に皇太子に拝謁していた。意外にも初顔合わせだった。

皇太子が待つ部屋に入る前、吉田は敷居の外で慇懃(いんぎん)に一礼。前に進み出てからも鞠躬如(きっきゅうじょ)として頭を下げ、「かねて御目通り致したく存じ居りましたところ図らず今日相叶(かな)ひまことに難有(ありがた)き事に存じまする」と古風にあいさつした。皇太子は「どうぞ」と席をすすめ、吉田は一礼して着席した。

皇太子が「大変お忙しいやうですが、御健康いかゞですか」と聞くと、吉田はうやうやしく礼を述べた。同席した小泉が皇太子が高等科を卒業することを話すと、吉田は「私も学習院の卒業生でございます」と言った。

このあと乗馬や皇太子が学んでいるフランス語の話になり、予定の十分が過ぎた。小泉は田島への手紙に皇太子は終始快調で、よく笑い、楽し気に応答、「下様(しもざま)の語にて申せば大馬力の御奮発と見えました」と書いた[39]。マッカーサーや吉田のような大物に対峙するとき、不思議と社交下手を克服できたようだ。

英国女王戴冠式への出席を機に学習院大学退学を検討

三月二十六日に高等科の卒業式、四月二十一日に学習院大学の入学式があった。明仁皇太子は同大政経学部政治学科に入学した。入学時の身長は百六十四・八センチ、体重五十二・五キロと報じられている。

一年生約八百五十人のうち女子学生は百十四人。それでも皇太子にとって初めての男女共学だった。父・裕仁天皇の影響もあり、生物研究に興味があった皇太子は理学部を希望していたが、「皇室関係者の意見によって政経学部政治学科を選択しなければならなかった[40]」と同級生の藤島泰輔は証言している。

大学では一般学生と一緒に政治学、法学、経済学、社会学、日本史、国語学、英語、フランス語などの講義を受けたが、東宮仮御所での個別授業も引き続き行われることになった。個別授業は最高裁長官の田中耕太郎が憲法、東大教授の山中謙二が西洋史、同教授の前田陽一がフランス語、ブライスとローズが英語を受け持った。小泉の「象徴天皇学」も続いた。清明寮では月曜から金曜までの週五日を過ごし、土日に常盤松の仮御所に戻るようになった。(41)

四月二十八日午後十時半、サンフランシスコ平和条約と日米安保条約が発効した。六年八カ月の占領が終わり、日本は独立したのだ。この日に条約発効を設定したのは、翌日が天皇誕生日だったからだろう。二十九日の東京新聞夕刊は「独立の朝・喜びの天皇誕生日」の見出しで、条約発効を報じる朝刊を読む天皇の写真を大きく掲載した。

平和条約には英国も批准しており、日本側は女王からの祝電を期待した。しかし、英国からは何も送られてこなかった。ロンドンの朝海浩一郎(ちょうかい)公使は不審に思って英国外務省に問い合わせると、「其の前日まで技術的には敵であった国に対し、翌日平和関係が回復したからといって、手のひらを反すように祝電など出せるものではない」との返答だった。(42)

日本側はエリザベス女王戴冠式への皇太子参列で関係修復を期待していたが、英国は一定の距離を置こうとしていた。

日本独立を機に、こんどこそ天皇が退位するのではないかという臆測が広がっていた。五月三日、皇居前広場で独立記念式典「平和条約発効と日本国憲法施行五周年記念式典」が行われた。ここで天皇は公の場で初めて、「退位せず、国民と共に国家再興に尽くすことで責任を負っていく」という意思を表明する。

「身寡薄なれども、過去を顧み、世論に察し、沈思熟慮、あえて自らを励まして、負荷の重きにたえんことを期し、日夜ただおよばざることを、恐れるのみであります。こいねがわくば、共に分を尽し、事に勉め、相たずさえて国家再建の志業を大成し、もつて永くその慶福を共にせんことを切望して、やみません」

前日の二日、閣議決定により戦後初の全国戦没者追悼式が新宿御苑で行われていた。天皇は追悼の「お言葉」を述べた。

「今次の相つぐ戦乱のため、戦陣に死し、職域に殉じ、また非命にたおれたものは、挙げて数うべくもない。衷心その人々を悼み、その遺族を想うて、常に憂心やくが如きものがある。本日この式に臨み、これを思い彼を想うて、哀傷の念新たなるを覚え、ここに厚く追悼の意を表する(43)」

終戦の詔書をベースにしたもので、以後の戦没者追悼式で形を整えられながら定型化していく。追悼式には裕仁天皇、良子皇后のほか皇族代表として三笠宮夫妻が参列したが、明仁皇太子の姿はなかった。このころの皇太子はむしろ戦争と無縁の新生日本のホープとして、その写真が雑誌の表紙などを飾るようになっていた。

五月初旬、日本で皇太子と過ごした日々をつづったバイニングの著書 *Windows for the Crown Prince* が米国で出版されベストセラーになった。日本でもすぐに翻訳書が『皇太子の窓』として発売され、こちらもベストセラーの一位になる。

日本ではそれまで天皇や皇太子の素顔をここまで正確に描写した書物はなかった。侍従などの側近が皇室の内情を外部に公表することはご法度だった。四年にわたって皇太子と密接していた外国人という特異な立場ゆえに可能な歴史的書物となった。

貞明皇后の死去による延期で成年式と立太子の礼が独立の年と重なり、バイニングの著書もあって明仁皇太子への注目度はがぜん高まっていた。戦争責任がつきまとう裕仁天皇に対する人心は複雑だったが、皇太子はいまだに不安定な天皇制にとって救世主といえる存在になりつつあった。

この年の六月下旬の田島道治の『拝謁記』には、明仁皇太子が学習院大学で学業を続けることについて、裕仁天皇の注目すべき発言が記されている。天皇は大学には高等科から進級した学生以外に受験で外部から進学した学生がおり、彼らが「進歩的」で左翼傾向があることに懸念を示した。田島は「場合によりますれば御やめ願つてもよろしいと考へて居ります」と答えた。天皇は皇太子がやめると学習院の声価に傷がつかないかと心配したが、田島は退学について小泉とも話し合ったが、具体的に考えているわけではないと言った。

天皇は自分が御学問所をやめたのは欧州訪問の機会だったので、皇太子が英国女王の戴冠式に行くことになったら、そのときに退学するのがいいと思うと話した。それを受けて田島は「実は小泉と先日話合ひましたのは、矢張り戴冠式へ御出掛の機会を捕へるがよろしいと申合つた次第」で、英国へ出発時に退学するか、休学して渡英し、帰国後に退学する方がいいか比較研究すると言った。(44)

裕仁天皇は明仁皇太子が大学で左翼思想に影響されることを心配して、長く在学しないことを求めていた。田島と小泉も皇太子の大学進学は社会一般の空気を経験させる程度と見ていたのか、学業をまっとうする必要はないという考えだった。

この年の夏も皇太子は軽井沢で過ごした。そして正田美智子も軽井沢にいた。父・英三郎は軽井沢ゴルフ倶楽部のある南ヶ丘に別荘を買った。美智子は高校三年から毎夏この別荘で過ごすことになる。皇太子の定宿の千ヶ滝プリンスホテルとは車で二十分程度の距離だ。正田家は離山にも別荘があった。戦時中はそこに疎開しており、戦後も夏の避暑で使っていたので、美智子の夏は中学生のころから軽井沢だった。

友人の一人は中学時代に軽井沢のテニスコートで会った美智子の印象について、「ちぢれた髪に、黒いビロードのリボンを二つつけ、白のブラウス、白のショートパンツというお姿でした。目もとがとても印象的で、それだけでもすぐ親しめるような感じだったことを、忘れません」と語っている。別荘に遊びに行くと、美智子は両親と友人の前で兄とピアノとチェロの二重奏を披露した。美智子の好きなベートーベン、バッハの曲が多かったという。ある夏の日、美智子は十人ほどの友人と妙義山にハイキングに出かけたが、帰りが夜の九時ごろになってしまった。英三郎がきびしく叱責する姿を見た友人は、温かい家庭だが、教育は厳格だと思った(45)。

皇太子と美智子が別々に軽井沢の夏を楽しんでいた八月下旬、英国から天皇に翌年のエリザベス女王戴冠式への招待状が発送される模様だとの非公式情報が新聞に掲載された。九月七日、英国のデニング駐日大使は岡崎勝男外相に書簡を送り、女王の戴冠式は明年六月二日に挙行されるため、「天皇陛下の御名代を御差遣いただければ」という英国王室の要請を伝えた(46)。これは宮内庁に連絡され、田島長官は十一日に吉田首相と話しあった。

十二日、宮内庁と内閣は協議の結果、英国の招請を受けて裕仁天皇の名代として明仁皇太子を差遣することを決定。翌日、田島が天皇に伝えた。英国側には二十日に書簡で返答し、十一月七日の閣議で正式に決定された。

明仁皇太子の英国訪問は平和国家として国際社会に復帰した新生日本のお披露目にもなる。皇室にとどまらず、戦後日本外交の重大プロジェクトであった。皇太子への期待はとてつもなく大きなものがあったが、田島ら宮内庁幹部の頭を悩ましていたことがあった。皇太子の社交下手と英語力だった。

これまで述べてきたように、自身の特殊な立場への懊悩と青春期の複雑な感情から、皇太子の人への接し方には波があった。英語もバイニング、ブライス、ローズの個人授業にもかかわらず、会話力はさほど上達していなかった。これも積極的に会話しようとしない対人能力の問題が影響していたとみられる。

それが如実に現れたのが九月のオックスフォード大学ラグビーチームの来日時だった。皇太子は秩父宮妃とともに試合を観戦後、選手らとのお茶会に出席した。この場にいたデニング大使は、まったく会話をしようとしない皇太子の態度にショックを受けた。大使は本国へ「皇太子が公の場に慣れていないという印象を受けた」と報告している。また、与えられた職務に不満で、無言で不満を発しているようにも見えたとも書いている(47)。

国の儀式の立太子礼と「臣・茂」

九月三十日、宮内庁は明仁皇太子の立太子の礼と成年式を十一月十日に行うことを告示した。宮殿は空襲で焼失していたため、宮内庁庁舎三階の講堂を仮宮殿として改装して式場とすることになった。

十月十日、皇太子の姉・順宮厚子内親王と旧岡山藩主で元侯爵家の池田隆政との結婚式が高輪の光輪閣で行われた。裕仁天皇、良子皇后ともに出席予定だったが、天皇は同月初めから風邪を引いていたため欠席した。入江侍従は天皇は熱も下がっていて出席は可能だったにもかかわらず、田島長官が強引にやめさせたとして、「スターリンのようだ」と批判した(48)。

田島、三谷の「平民長官、侍従長」同時就任以来、入江や松平康昌ら旧華族系の宮内庁幹部は田島の宮中改革に懐疑的で、入江の日記には田島批判が頻繁に登場する。それは明仁皇太子の教育批判にもつながっていた。小泉とバイニングが敷いた民主化路線への批判勢力が宮中に内在し続けていた。これは皇太子妃選考にも影響することになる。

十月十九日、皇太子は清明寮の寮生十二人とともにかつての疎開地・奥日光に二泊三日のセンチメンタル・ジャーニーへと出かけた。皇太子の立太子の礼が近づいてきたため、どこかへ遠足に行こうという寮生の発案だった。光徳小屋という山小屋に南間ホテルから蒲団を持ち込み、食事当番を決めてカレーライスなどを作って食べた。夜は皆で山の歌などを放歌高吟した。気がつくと疎開時に歌っていた軍国歌謡ばかりになっていたことに気がつき、座が白けてしまった。すると皇太子が、

「よし、これからはイデオロギー抜きでゆこう」

と言ったので、皆また盛り上がって歌い出したという。就寝時には皇太子を蒲団むしにしてふざけ合った(49)。

十月下旬の週刊朝日に「この頃の皇太子さま」と題した記者座談会が掲載された。そこでの話題は立太子礼に次いで皇太子妃に及んだ。ある記者は「第一の候補が五摂家、皇族だ。それから先は判らない」「民間は考えの対象においていないかといったら、それはまだ判らない。人物のよい人があれば銀行員であろうが、何であろうが(宮内庁は)かまわないというのだが」と言う。

そして有力候補として、先に読売新聞が報じた伏見章子、久邇通子・英子・典子姉妹、朝香富久子、北白川肇子の名をそのまま挙げる。このなかで十八歳の伏見、十三歳の北白川の二人が有力候補で、

とりわけ北白川が最有力だとしている。別の記者は従来の皇族の結婚は当事者の意思と無関係に決められていたが、「本人同士が好きになるかどうか、本人の自由というものを尊重すべきだと思うが」と述べる。

だが、田島長官はじめ宮内庁内には恋愛反対論者が多いという事情も語られている。皇太子に恋愛のチャンスがあるかどうかについて、記者たちは「非常に少い」と語り、「われ〳〵主権者とは違うナ。（笑）」と冗談めかして語っている。[50]

田島は十一月初旬、裕仁天皇に「小泉が東宮様と二人だけで、いろ〳〵御話の際、比較的早く結婚したいとの意思を表明されたといふ事をきゝました。早く御結婚となりますれば、妃殿下の年令は東宮様に近くといふ事になります」[51]と話している。

立太子の礼が間近に迫ると新聞各紙は様々な皇太子関連記事を掲載した。十一月一日の東京新聞は乳人の野口善子と進藤はなに感慨を語らせている。二日の時事新報には皇太子の文書インタビューが載り、外遊の希望について「いずれは行きたい希望です、できるだけ広く世界各国を見学したいと思います」と答えている。最近読んだ本としてドストエフスキーの『カラマーゾフの兄弟』とカミュの『異邦人』を挙げている。[52]

十一月十日、立太子の礼の日の朝。明仁皇太子はモーニングにシルクハット姿で常盤松の東宮仮御所から儀装馬車に乗った。皇居までの沿道で二十万の人々が馬車列に日の丸の小旗を振った。それは皇太子への祝賀と同時に独立日本を祝うパレードでもあった。

皇居ではまず成年式として、午前十時から宮内庁庁舎仮宮殿の「表北の間」で「加冠の儀」が行われた。

雅楽の「君が代」が奏されるなか、天皇、皇后の前で未成年の装束である闕腋袍（けってきのほう）の束帯と空頂黒幘（くうちょうこくさく）をかぶった皇太子が「加冠の座」に着く。三谷隆信侍従長が空頂黒幘を脱がせ、成年の冠をかぶせる。永積寅彦侍従が冠の白い緒〈懸緒〉の余った部分をハサミで切り落とすパチンという音が響き渡った。

この儀式は古来伝わっていたものではなく、モーニングにシルクハットで臨むという案もあった。しかし、宮内庁次長の宇佐美毅（たけし）が「昔の装束で」と吉田首相に提案して了承されたという。のちに宮内庁長官になる宇佐美は退官後にこんなことも話している。

「侍従長が冠をおのせするんですが、ラジオに音がなにも入らない。で、なにかないかということで、冠の緒を結んであまったところを切るのに、京都（御所）のお蔵の中から、天皇さまのお使いになった古い和バサミを探し出して、切れるようにして「プツン、プツン」。これで音が出た」[53]

約二十分で儀式を終えた皇太子は天皇、皇后の前に進み出て、「ここに礼を備え明仁に冠を加えたまう。まことに感喜のいたりなり。いまよりいよいよ思いを身位にいたし童心を去り、成徳にしたがい、温故知新もって負荷の重きにたえんことを期す」と成年の覚悟を読み上げた。

小泉はバイニングへの手紙に書いた。

「天皇陛下に感謝される御言葉を読まれた時、すばらしい態度をみせられました。発音は明確で正しく、お声は力強く、しかも感じよく穏やかでした（二年前まで貴女が教えていられた頃、殿下はどちらかといえばやさしすぎる声で話されましたから、こうなられるとは貴女も期待されなかったと思いますが）」[54]

儀式の模様はNHKラジオで放送され、国民は新生日本のシンボルにふさわしい、明仁皇太子のはつらつとした声を聞いた。「本番に強い」皇太子の面目躍如だった。

十一時から同じ表北の間で立太子の礼「宣制の儀」が行われた。天皇、皇后の前で皇太子は皇嗣のみが着用する黄丹袍姿。これは裕仁天皇が皇太子時代に着用していたものだった。田島長官が宣制の座に進み、「昭和二十七年十一月十日立太子の礼を挙げ明仁親王の皇嗣たることをあまねく中外に宣す」と宣制を行った。

このあと吉田茂首相が「茂謹みて言す　伏して惟みるに天皇陛下立太子の礼を行ひ　皇太子殿下の皇嗣たることを周く中外に宣せしめたまふ　洵に慶賀の至に堪へず　茂恭しく惟みるに――」と寿詞を奉読したが、終盤に文面にはない「臣・茂」と読み上げたことで、「時代錯誤の逆コース調」と批判されることになった。

「宣制の儀」を終えた後、「壺切御剣の儀」が行われた。皇嗣に伝えられる剣が天皇から勅使（三谷侍従長）を通じて皇太子に渡された。皇太子は宮中三殿に拝礼。午後からは仮宮殿表西の間で「朝見の儀」があり、皇太子は謝恩の辞を述べ、天皇、皇后から祝いの言葉を受けた。皇太子には最高位である大勲位菊花章頸飾に次ぐ大勲位菊花大綬章が親授された。

この日の儀式は国の行事として行われたため、皇族、内閣総理大臣ほか、衆参両院議長、最高裁長官、認証官、各国大公使、地方公共団体代表、各界代表など三百人あまりが参列した。先例では加冠の儀は宮中三殿の賢所で行われたが、今回は国の儀式としたために日本国憲法の政教分離原則に従い、宮殿で実施された。

皇室記者の藤樫準二は「なにしろ新憲法の初国儀であるだけに宮内庁も緊張し、式次第や服装について検討をかさねたが、時代的なズレもあって、そのころは「いまさら束帯や衣冠姿はおかしくて。」という議論が圧倒的だった。そしてエンビ服にしたらどうか、モーニングにしたらどうかと、さんざんにもめたあげくが古装束にもどってしまった」と書いている。藤樫によると、参列者のなかには風邪引きが多く「ゴホンゴホンのせきがときどき耳ざわりだった」らしい[55]。

馬術大会、目前での死亡事故

翌十一月十一日の朝、宮内庁前の広場は参賀に訪れた約二万の人々で埋まった。明仁皇太子は裕仁天皇、良子皇后とともに宮内庁庁舎正面玄関上のバルコニーから、日の丸の小旗を持ち、バンザイを叫ぶ人々に手を振った。「お出まし」は午前二回、午後三回に及んだ。二重橋前には長い行列ができ、参賀者は十五万人を超えた。千葉県夷隅郡西畑町から参賀に来た八十九歳の女性は「この年になつて立派に成長された皇太子さまを見られるなんて、あといつ死んでも心置きありません」と涙を流した[56]。目を潤ませていたのは参賀者だけではなかった。長官の田島も参賀の様子を見て「少々感情的になり一寸(ちょっと)べそ[57]」という状態だった。十九年前の誕生の日を彷彿とさせる感動が人々にあった。日本のホープへの期待だったともいえる。

明仁皇太子は忙しかった。十二日から十四日まで各界代表者を招いた宮中祝宴があり、十五日は皇居前広場で開かれた東京都主催の奉祝都民大会に出席した。集まった五万人を前に皇太子は「ここに皆さんの厚意に対し深く感謝を表します」と人々に「皆さん」と呼びかけた。天皇とは違った、国民との近さを感じさせる語りだった。

十七―十九日は報告参拝のため、伊勢神宮と奈良の神武天皇陵を訪れた。移動にはこのために新調された御料列車が使われた。帰京後の二十三日は皇室の祭祀でもっとも重要な新嘗祭に初めて臨んだ。皇太子の成年式と立太子の礼を見届けて、大任を果たしたと考えた田島は十六日に辞職願を書いた。

しかし、数日後、小泉に皇太子妃が決まるまでは続けるべきだと説得されている[58]。

同時期、外務省、内閣法制局、宮内庁は皇太子外遊について協議に入っていた。皇太子の外遊を事実上の国事とみなして、費用は皇室の経費の適用外とすることが合意された。また、小泉信三が首席随員となることを想定して、公務員ではない小泉のために閣議決定で「首席随員を委嘱する」という辞令を出し、威容を整えるために小泉に叙勲の沙汰を願うことになった。十一月末の時点で随員候補に小泉、松平信子、外務省参事官の松井明の名が挙がっていた[59]。

十一月三十日、皇居内の馬場で裕仁天皇、良子皇后が臨席する「立太子記念馬術大会」が催され、明仁皇太子は中障害飛び越えトーナメントに参加した。小泉やテニスのコーチの石井らも見守っていた。前日の雨で馬場はぬかるんでおり、良いコンディションではなかった。

競技が始まり、皇太子の二、三走前に出場した慶應義塾大学の森村準次選手の馬が障害に前脚をひっかけて転倒。森村選手は前方に投げ出され馬の下敷きになった。すぐに担架に乗せられて運び出されたが、頭蓋底骨折で即死だった。皇太子ら他の選手の気持ちも考え、森村選手は重傷ということにして伝えられた。

石井は「こんな事故があった上に、馬場のコンディションも悪いから殿下の競技参加は取りやめになるのではないかと私は思った。仄聞するに、両陛下は大変ご心配になり、特に皇后様は取りやめになさりたいお気持があって、小泉先生や侍従さん方に御下問があったように伺った[60]」と語っている。

しかし、明仁皇太子の馬術を指導している小林運治や戸田侍従らは、皇太子の技量であれば心配はないと返答した。小泉も皇太子一人が競技をやめるのはよくないとの考えで、競技は続行された。

皇太子は「嶺雪」に騎乗して馬場の入り口で事故の一部始終を見ていた。皇太子は森村選手をよく知っていた。観戦していた明石元紹が皇太子のもとに行くと、「森村さんどうした？　大丈夫だったかな？」と心配そうに話していたが、これから自分が障害を飛ぶのは当たり前という態度で準備していた。[61]

皇太子はスタートした。「私は殿下が一つの障害をお飛びになるたびに思わず目をつむった。神に祈ったというと大げさになるが、どうか無事に最後まで飛んで頂きたいという気持ちでいっぱいであった」と石井は言う。皇太子は十二カ所ほどの障害を無事飛び越えて完走、三位に入賞した。その夜、森村選手の家に皇太子の使いの侍従が弔問し、霊前に花を供えた。[62]

明石はのちに「殿下も未曾有の人身事故を目の当たりにして、動揺がなかったはずがない。その恐怖心が少しでも表情や動作に出ると、敏感な馬は気配を察知して過失に結びつくものである。この日の完全な騎乗ぶりは、若い殿下の勇気と精神の安定を証明し、また殿下の馬術がホンモノになった証拠であると、私は心から感心した」[63]と書いている。

皇太子はお愛想なしの社交下手という欠点はあるものの、ここ一番に強さを発揮する芯の太い青年に成長していた。それは国の威信を背負って未知の外国へ旅立つのには適した資質だった。

欧米十四カ国訪問が決定

十二月二日、宮内庁で皇太子渡英に関する首脳会議が開かれ、首席随員を三谷隆信侍従長にすることが内定した。それまで首席随員には山梨勝之進や最後の海軍大将の井上成美などが内々に検討されていた。裕仁天皇は小泉を希望した。しかし、小泉は固辞した。天皇の侍従長が皇太子の旅に同行するのは異例のことだが、今回の外遊が国家と皇室にとって重大プロジェクトであるということだった。

随員は十六日の閣議で決定した。三谷以下、松井明、吉川(きっかわ)重国式部官、佐藤久侍医、東宮侍従の戸田康英と黒木従達。このほか外務省、総理府の事務官らが加わった。小泉は官職に就かないという信条と高齢であること、松平信子は娘の勢津子妃が嫁いだ秩父宮の病状が悪化している事情から随員にはならなかった。また、官位に就いていないことから、訪問国首脳との席次の点で英国側が難色を示したという。(64)

閣議では旅行の詳細も了承された。英国訪問前後にカナダ、フランス、イタリア、スペイン、ベルギー、オランダ、デンマーク、ノルウェー、スウェーデン、スイス、米国。のちに西ドイツも加わり、バチカンを含めると十四カ国の旅になった。期間は六カ月で、出発は翌年の三月三十日。横浜港からプレジデント・ウィルソン号でカナダに向かい、北米大陸を横断し、ニューヨークからクイーン・エリザベス号で欧州に渡ることになった。

三谷は「皇太子さまが無事にご使命を果たしてお帰りになることを第一の念願としています。随員の数はできるだけすくなくということでこのメンバーがきまりました。あるいは現地に行ってから手不足のことがあるかも知れませんが、全力を発揮してこの任務を果したいと思います(65)」との談話を発表した。

閣議で随員、訪欧の計画が決定された十六日、駐日英国大使のデニングは明仁皇太子を大使館のディナーに招待した。皇太子の社交術を確かめる狙いがあったとみられる。皇太子は最初居心地が悪そうだったが、自分の役目を果たそうと努力しているように見えた。ときどき英語を話したが、デニングは「文法ばかりで会話を殆ど習っていないのは明らかだった」と厳しい評価だった。裕仁天皇も「東宮ちゃんが西洋人と英仏(語)で話すとつかれるといふ話だが、東宮ちゃんは出来るだろうか」と外国人との交際への不安を田島に語っていた(66)。

ただ、外国公館でのディナーが初体験であったにもかかわらず、皇太子はその雰囲気に飲まれることもなく端然としており、デニングは「よく教育されている」と感心した。乗馬やテニスの話題になると皇太子は自然に話を弾ませ、英国に行ったらダービーを観戦し、アスコット競馬場へ行くことを望んでいると語った。デニングは一九二一(大正十)年裕仁天皇が皇太子時代だったころの訪欧と比較して感慨を記している。

「〔三十年前に現在の裕仁天皇が英国などの訪問から戻ったとき〕この大使館で開かれたディナーに私は出席したが、そのときに比べると息子が父よりマナーにおいても態度においても向上されていることが窺えた。昔の皇太子〔裕仁天皇〕は国王の健康を祈って乾杯を提案することすらできなかった。昨夜は私が天皇のために乾杯を提案すると、すかさず皇太子はためらうことも緊張することもなく女王のために乾杯を提案した(67)」

社交下手といわれる皇太子が公の場になると振る舞いが一変するのはなぜか。この時期の皇太子について、小泉は次のように語っている。

「殿下には、固より長所も短所もおありになる。ただ一つ、何人にも言い得るのは、殿下が義務心の強い(dutiful)方であること、これである。いかなる場合にも、それは殿下の義務であります、の御注意、もしくはその暗示は、たやすく殿下を動かすことが出来る。時として、気の進まれぬことでも、それが義務とあれば、殿下は常に一所懸命になさる(68)」

十二月十三日に学習院で開かれた立太子の礼・成年式のお祝いの会で明仁皇太子は「皇太子たること、これは私の運命であり、私の意志をこえたことであります。〔略〕しかし私は私に与へられた運命を逃避することなく、運命の奥に使命を自覚し、これを果すことが私の現在考へる最もよいいき方ではないかと思ひます(69)」と述べている。

「天皇になる」ということは職業のように選択することではなく運命――。実存の迷いを経て、明仁皇太子は自分が生きる意味について回答を出そうとしていた。

十二月二十三日に皇太子は十九歳の誕生日を迎えたが、これに先立って初めて「記者会見」が行われた。宮内記者会の記者たちは常盤松の東宮仮御所一階の応接間で皇太子と対面した。公式記録では記者会の質問に対して皇太子は「文書回答」でエリザベス女王戴冠式参列を控えた感想などを述べたことになっている。

「会見」に参加した日本テレビ記者の星野甲子久によると、宮内庁側から事前に「直接殿下に話しかけないでほしい」という注文があったという。記者会見で話しかけるなとは「おかしな注文」だったが、ともかくも直接会わなければ皇太子の実像をつかむことはできない、と記者会ではそれを受け入れた。「会見」では皇太子の両脇に野村行一東宮大夫と小泉信三教育参与が座った。そのときの様子を星野はこう書いている。

「こうしてはじまった記者会見は、記者たちが、小泉参与か野村大夫に話しかけるというかたちで進められた。さして広くもない部屋でのことだったから、当然ながら記者の質問は殿下にも聞こえていたわけなのだが、質問もお答えも、大夫か参与をへて、つまり、ワンクッションおいて、届き返ってくるということになった。なんともまどろこしい話なのだが、宮内庁がこうした形式にこだわったのは、つまりは、人ズレしていない皇太子殿下が、記者たちの質問につまっても困るし、まちがった(70)お答えをなさるようなことがあっては、なお具合が悪いという老婆心的な発想からはじまったことで皇太子を世界の大海原へ送り出そうというのに、このような箱入り対応がとられていた。
――」

〈昭和28年〉「荒潮のうなばらこえて船出せむ」

一九五三(昭和二十八)年、独立後初めての元日を迎えた。新聞各紙は裕仁天皇、良子皇后と明仁皇太子、義宮、清宮貴子内親王の一家が和やかに談笑する写真を大きく掲載した。

記事の中心は三月からの皇太子外遊と皇太子妃だった。外遊後にお妃選考が本格化し、皇太子が二十三歳になるころをめどとしていると予想する。候補者の年齢差は二歳から五歳まで。相手は人物本位で皇太子の意思を尊重するとされているが、現在の生活環境では女性と接触する機会が少ないため、恋愛結婚は無理。従来通り旧皇族・華族から皇太子妃が選考されるであろうという見方が大半だった。

年明け早々の週刊誌はまたしても伏見章子、北白川肇子らこれまで皇太子妃候補にされてきた旧皇族の六人の令嬢の名を挙げた。消息筋の話として、皇后が久邇宮家の出身なので「久邇家から迎えることに積極的」「皇太子さまはK元伯爵の長女がお好きらしい」などの話を書いたが、憶測というより作り話に近かった。そして新聞と同様、皇太子妃は旧皇族の範囲から出ることはないという関係者の話を載せていた。(71)

この年の元日は戦前の「新年朝賀の式」に当たる「新年祝賀の儀」が初めて行われ、内閣総理大臣、国務大臣、衆参両院議長と議員、最高裁長官、都道府県知事ら約六百人が参列した。「新年祝賀の儀」は日本国憲法第七条の天皇の国事行為「儀式を行うこと」に該当するとして、以降毎年行われるようになる。この日、皇太子は年末からの風邪のため皇居には参内しなかった。

二日には一般参賀が行われ、天皇、皇后が宮内庁庁舎のバルコニーから手を振った。独立後最初の参賀ということもあり、約六十四万もの人々が皇居を訪れた。これは昭和、平成を通じて破られなかった最高記録である。

晴れやかな日本再出発の正月だったが、長期間結核の療養を続けていた秩父宮が三日夜になって危篤となった。前年十一月末から容体が悪化し、大みそかに重態に陥っていた。裕仁天皇はただちに藤沢市鵠沼の秩父宮別邸に向かう準備を整え、行幸の車列も用意された。

しかし、天皇が見舞いに駆けつけるとかえってショックを与えるという周囲の判断で取りやめとなった。そうしているうちに秩父宮は四日未明に死去した。五十歳。死因は肋膜炎、肝炎などを併発したことによる心臓衰弱だった。宮内庁は秩父宮の死は明仁皇太子の外遊に影響しないと発表した。

皇太子の出発まで二カ月となった一月下旬になると、外遊関係の報道が頻繁になされるようになる。外遊費用は一億一千万円、英国女王への贈り物として蒔絵の漆器が用意されている――などだ。

そして皇太子が横浜から乗船する客船プレジデント・ウィルソン号が同月三十一日に同港に入港した。この船はアメリカン・プレジデント・ライン社の「太平洋の女王」といわれていた豪華客船。皇太子乗船に備え、サンフランシスコで新装を施してやってきた。横浜港には見物人が続々と詰めかけた。新聞には皇太子専用船室の写真や「バイニングに手紙を出して皇太子の好き嫌いを徹底的に調べた」というコックス船長の手記が掲載された。宮内庁からは三谷侍従長ら九人が検分に訪れた。

二月二日、明仁皇太子は開会中の国会を初めて傍聴した。外遊の準備という名目だった。十一日には歌舞伎を観劇した。「英国ではシエークスピアの古典劇などもご覧になるだろうし、社交界ではきつとわが国古来の歌舞伎なども話題にのぼるだろうから」(東京新聞)ということだったが、出発直前の押っ取り刀の社会見学だった。

五日は秩父宮の死去で延期されていた歌会始が催され、明仁皇太子は成年皇族として初めて出席した。この年の題は「出船」。皇太子外遊に合わせたのであろう。

荒潮のうなばらこえて船出せむ広く見まはらむとつくにのさま[72]

皇太子の歌は上々の出来だった。侍従の入江相政は「東宮様の御哥がなか〱いゝ[73]」と日記でほめている。

十八日、明仁皇太子の訪英について打ち合わせるため帰国した松本俊一駐英大使が裕仁天皇、良子皇后に英国の情勢について進講した。戦時中の捕虜虐待で同国には根強い反日感情があり、日本側がもっとも懸念することだった。おそらくそのことについて松本は説明したとみられる。

このことが同日の国会の衆院外務委員会で問題になった。国の出先機関である駐英大使を皇室の私的な用件で呼び出したのか、との質問が出た。皇太子の渡英は皇室の私事なのか、国事なのかということだ。答弁した高辻正巳内閣法制局参事官は渡英が憲法七条の天皇の国事行為の代行という解釈を取らず、「国事行為以外の天皇の儀礼的行為の代行」であるとの見解を示した。

七条で列挙されている国事行為に当てはめるとしたら十項の「儀式を行うこと」になるが、皇太子の外国訪問に適用するには無理があった。しかし、私的行為とすることは予算の支出上避けたい。前年十二月三日の衆院外務委員会で渡英の法的根拠を問われた宮内庁の宇佐美毅次長は、象徴天皇として国会の開院式に出席するなど公の立場でなされる事実上の行為があり、「今回の御名代派遣につきましても、単に私的な交際ということでなく、一国の象徴としての行為と考えられます」と答えていた。

憲法の厳格な解釈では、天皇の公的な行為は国事行為のみであったが、政府・宮内庁は皇太子の外遊を機に国事行為以外の公的行為があることを明確化した。「こうして「事実上の国事—公事」概念が成立し、これがその後、国事行為でもなく私的行為でもない中間的な行為である「公的行為」の原型となった[74]」という解釈がある。

明仁皇太子は二月二十三日、欧米訪問を報告するため伊勢神宮へ向かった。社会見学を兼ねて鳥羽の真珠島を見学後に奈良県へ移動。神武天皇陵、橿原神宮を参拝し、正倉院や東大寺などの古刹を〝猛勉強〟して二十八日帰京した。

旅行の最後には大阪の小児病院施設を訪問した。ここで皇太子は「一言もものをいわれなかった」(三月一日付け朝日新聞)と報じられている。三月二日に大正天皇、貞明皇后陵を参拝した。十六日には明治神宮、靖国神社にも渡欧報告の参拝をしている。皇族の外国訪問前には先帝御陵への参拝が慣例となるが、この時期は靖国神社も対象だった。

欧米への出発を二日後に控えた同月二十八日夕、常盤松の東宮仮御所で裕仁天皇、良子皇后と義宮、貴子内親王、秩父宮妃、高松宮夫妻、三笠宮夫妻、池田隆政・厚子夫妻で皇太子の送別の晩餐が催された。天皇は自身が皇太子時代の訪欧の思い出を語った。

同日の毎日新聞には「船出を待つ皇太子さま」と題した藤樫準二記者の〝餞別〟記事が掲載された。藤樫は天皇が「私は西回り、東宮ちゃんは東回りで行って、やっと二人で世界を一周することになるね」と語ったこと、皇后が旅先のカナダが寒いことを気遣って手製のセーターを届けたことなどを紹介した。

藤樫は出発前の勉強や気疲れのせいか、皇太子が「立太子の礼の時より少しやせられたよう」だと何気なく書いている。はからずも旅行後に発覚する病魔を予見したような書きぶりだった。

欧州へ向け旅立ちの三月三十日。明仁皇太子は午前十一時過ぎに皇居を訪れ、宮内庁庁舎で裕仁天皇、良子皇后、親族と昼食をともにした。午後一時半からは元皇族、閣僚、山梨勝之進元学習院院長らがシャンパンの杯をあげた。二時前、庁舎正面玄関で天皇、皇后と報道各社の写真撮影を受けてからオープンカーに乗り込んだ。皇宮警察音楽隊が「君が代」を演奏するなか車列は出発。見送りの宮内庁職員ら約千五百人からバンザイの声が上がった。

横浜港までの京浜国道の沿道には早朝から多くの人々が集まり、日の丸の小旗を振った。見送りの群衆は五十万人といわれ（百万人と過大に報じた新聞もあった）、出発パレードの観を呈した。

横浜港でも十数万人が見送りに訪れた。満艦飾の船が汽笛を鳴らし、花火が打ちあがった。二カ月前に放送が始まったばかりのテレビはその模様を実況中継した。裕仁天皇、良子皇后は明仁皇太子を見送ったあと、御文庫のテレビで出発までを見守った。皇室行事の映像がリアルタイムで報じられた初例であった。

三時十分に大桟橋に到着した皇太子はウィルソン号に乗船した。出発に先立って船内で吉田茂首相をはじめとした閣僚、衆参両院議長、最高裁長官、訪問国の大使らが旅の安全を祈って乾杯した。皇太子は出発にあたってのメッセージを読み上げた。

このあと皇太子が甲板に出て見送りの人々に手を振っているうち、午後四時ごろになって船は出航した。ブラスバンドが「いかりを上げて」を演奏。港の全船舶が一斉に「一路平安を祈る」汽笛を鳴らした。まだコートが必要なほどの寒さだったが、皇太子は四時五十分まで甲板に立っていた。

まさに国をあげての大プロジェクトが始まった観があり、新聞は当日の夕刊から大紙面を組んだ。午後四時の出発が夕刊に載ったのは、予定稿を突っ込んだからだった。その奉祝一辺倒の紙面の片隅に「御渡欧反対のビラ　横浜市内の電柱にはる」というベタ記事が掲載されていた。皇太子の車列が通った道の電柱などに「皇太子渡欧費を戦争犠牲者に」「天皇制復活のための皇太子渡欧反対」などのアジビラが貼ってあったという（同日付け朝日新聞夕刊）。

裕仁天皇は船中での安全を気にしていたが、田島は「各国それ〴〵充分注意致す事と存じます。〔略〕今回はボデーガードは一人もおつれになりませぬ故、其国々を信頼する事と存じて居ります」(75)と説明していた。

皇太子外遊という国家プロジェクトを報じるため、新聞、通信社は空前の取材体制で臨んだ。外貨不足で一般国民の海外旅行など考えられなかった時代に約二十人の記者、カメラマンが同行した。このほか先行して現地に入った記者もいた。毎日新聞は藤樫準二ら二記者とカメラマン一人を派遣。作家の獅子文六、画家の高畠達四郎に委嘱して特派員とした。このことを各記者の顔写真入りの社告で報じたほどだった。

藤樫はのちに、かつて裕仁天皇が皇太子時代の外遊は「日本も世界の五大国と自称し、隆々たる国力の全盛期時代」だったが、「それにひきかえ、このたびは、ようやく独立したとはいえ、敗戦国の皇太子としてまことに肩身のせまい思いをされた外遊であった」と書いている。その悲哀は、戦前は皇族の海外旅行にパスポートは必要なかったが「こんどは戦後はじめてのことで、いちおう検討の結果、随員と同様に皇太子さまも「外交旅券」をお持ちになったほうが無難という結論で、一一四一四号を携行される始末だった」というところにもあらわれていた。(76)

船内で元気いっぱいの皇太子

東京湾を出ると船はかなり揺れて船酔いする乗客も多かったが、明仁皇太子は意気軒昂で、夕食時にワインを飲んで「気分がいい」と上機嫌だった。食後はラウンジで映画を見た。二時間もかかるというので随員が再三途中退席を促したが、最後まで見続けた。

翌日も船の揺れは激しかったが、皇太子は食事も平気でビーフシチューなどを「うまい、うまい」と平らげた。船内でデッキ・テニスやピンポンに興じた。随員の吉川重国は「お若いから始終なにかしておられる。まったく休まれるひまがない」と随行記の『戴冠紀行』に書いている。(77)

四月二日、ピンポン・トーナメントがあり、明仁皇太子は外国人の青年と対戦した。かなり手ごわい相手で、二対一で惜敗した。吉川は「殿下のピンポンはすばらしい。相手が強くても少しもいじけられることなく、なかなかのクロス・ゲームであった」(78)と書く。「いじけることなく」はこの時期の日本人を代表した感想であったか。

同行した記者は船内でリラックスしてゲームなどを楽しむ皇太子の様子を毎日打電し、写真も数日遅れで新聞に掲載された。同行記者と将棋を指すこともあり、皇太子への親近感は増していった。甲板にいたとき、一人のカメラマンが撮影を申し出ると「写真は皆と一緒に願いたい」と答えた。不公平がないようにとの配慮だった。

吉川は「ある記者曰く「殿下に対する本当の感じを得た」と。私も十九才の青年ということについてはかねがね考えていたが、十九才のプリンスについてはこのたび本当に認識をあらたにした」(79)と感心した。三谷隆信も田島道治宛ての手紙で「船客との関係も円満で、外人方面に於ても殿下の御評判は満点です」(80)と誇らしげに書いている。

四月六日午前八時、ウィルソン号はハワイ・ホノルル港に到着した。皇太子は船上でキング州知事らの出迎えを受け、ハワイの日系人の現地での労苦に言及した海外で最初のステートメント(声明)を読みあげた。

吉川は「殿下の御態度は日本におられる時とまったく変らない。自分の子供のように感じるわれわれ随員にとっては、見ていて痛々しい気がした」が、堂々と知事に応対して落ち着いてステートメントを読む皇太子に頼もしさを感じた。ある記者が「殿下のスケールは大きい」と言った(81)。

明仁皇太子は上陸後、パンチボウルの国立墓地に花輪をささげた。日本総領事館前には多くの日系人が集まり、歓呼の声を上げた。「畏れ多い、もったいない」と平伏して涙を流す日系一世の高齢者もいた。歓迎ぶりは国内以上で、新聞は「沿道を埋める十万人」と報じた。皇太子はハワイ大学付属の水族館を見学、夜のワイキキビーチの散策などのあと午後九時過ぎに船に戻り、ウィルソン号は同十時に港を出た。

船は十一日午後にサンフランシスコ港に接岸。皇太子は到着してすぐ日本語でステートメントを読み上げた。ハワイほどではなかったが、ここでも多くの日系人の出迎えを受けた。皇太子一行は港から車で空港へ。カナダ空軍の特別機で同国のビクトリアに向かい、午後六時半ごろ到着した。

明仁皇太子にとって生まれて初めての飛行機だった。多少緊張した様子で、途中何度か雲のなかで飛行機が揺れた際、「あまり〔気分が〕よくないね。船のほうがよいよ」と吉川に言った(82)。当初、日本政府は日本出発から飛行機という案だったが、万が一を懸念した天皇の意向で、往路だけは船にした経緯があった。

十三日、バンクーバーに移動した皇太子は、第一次世界大戦の日本軍義勇兵記念墓地を訪れて供花した。約千人の日系人が出迎えた。同日夜、一行は列車に乗り、トロントへ向かった。大陸を横断する鉄道の旅である。

翌午前四時半ごろ、カムルーという小さな駅に停車したところ、近傍数十キロの範囲から集まった日系人二百人ほどが暗闇のなかで立っていた。明仁皇太子は後部デッキで彼らと対面した。このような情景は列車が停車するたびに駅頭で見られた。吉川は「停車駅ごとにこう歓迎されてはたまらないが、お迎えする人の感激はいかばかりか、またこの気持が通じてか殿下も自発的にこの歓迎にこたえておられる」と日誌に書いた[83]。

列車内で四泊し、十七日朝にトロントに到着した。夜の州知事の招宴のあとトロント大学の大講堂で日系人約千七百人の奉迎会があった。「君が代」斉唱のあと代表者二人が奉迎の辞を述べ、皇太子が答辞を読んだ。そしてカナダ国歌を斉唱した。

翌日また列車に乗り、ナイアガラの滝を見学して十九日に首都オタワに着く。総督代理とカナダ首相が出迎え、儀仗隊の閲兵があった[84]。「異境に聞く君が代に加えて、われらのプリンスの堂々たるお姿を見ては感激せざるを得ない」。吉川は身が引き締まる思いで見ていた。

二十一日午前四時半過ぎに列車はオタワを出て、同七時にモントリオールに着く。航空機製作所見学やモントリオール港巡覧、在留邦人歓迎会などのあと、夜十時半過ぎに出発。翌二十二日朝にニューヨークのグランド・セントラル・ターミナル駅に到着した。駅からは派手にサイレンを鳴らす警察のオートバイの先導で一行の車列はホテル・ピエールに向かった。警備は厳戒をきわめていた。ホテル玄関ではバイニングが待っていた。皇太子を撮ろうとするカメラマンに押し倒されそうになったが、バイニングは笑みを浮かべて車から降りた皇太子と握手した。約二年ぶりの再会だった。カメラマンからは撮影のため何度も握手をしているポーズを要求された。皇太子は笑顔で応じながら「カナダではもっと静かでしたよ」とバイニングにつぶやいた。皇太子はバイニングと二人で朝食をとり、太平洋の船旅とカナダでの体験について語った(85)。

英国にくすぶる捕虜問題と経済摩擦

四月二十二日午前十時半、明仁皇太子一行は英国に渡るため慌ただしくクイーン・エリザベス号に乗り込んだ。八万三千トンは当時世界一の客船で、太平洋の旅で乗船したウィルソン号をはるかに上回る大きさだった。皇太子が過度に注目されることもなく、かえって気楽な旅になった。航海中、英国から出迎えで乗り込んでいた朝海浩一郎公使が差し入れたマージャン牌で同行記者と卓を囲んだりした。

この日の夜、随員の間で英国での日程について協議が行われた。朝海公使から、戦時中の捕虜問題と現在の対日経済摩擦で英国内の反日感情は予想以上に激しく、同国政府関係者から「一部人士の対日感情があまりよろしくないから、気をつけたが良い」と注意されたという報告があった。

これまでの歓迎が大きかっただけに、随員たちには前途への楽観を諌め、訪英中は「なるべく目立たぬよう」という暗黙の了解が生じたという(86)。日本の新聞もロンドン特派員電で英国内に皇太子訪英について賛否両論があることを報じていた。

ただ、皇太子はリラックスして船旅を楽しんでいた。昼食で好物のカレーライスを三人前平らげたこともあった。ピンポンのトーナメントに参加して、一、二回戦を勝ったあと「相手は老人だからちょろいよ」などと軽口を叩いた。

二十六日の午後、吉川が甲板に出ると、同行の記者が「勝ちました、勝ちました」と興奮してやってきた。ピンポン・トーナメントの決勝まで進んだ皇太子がチェコ人を破って優勝したのだ。(87)

明仁皇太子が船上のピンポンで優勝した四月二十六日、日本では広尾の聖心女子大学で入学式が行われた。正田美智子は同大文学部外国語外国文学科の学生になった。

同大は皇后の実家であった旧久邇宮邸の敷地に創設され、一九四八(昭和二十三)年に開学した。久邇宮邸の正門はそのまま大学の正門として残った。御殿は文化庁の登録有形文化財に指定され、現在も大学構内に保存されている。

美智子が入学したころは進駐軍から譲り受けたカマボコ兵舎を利用した校舎が建っていた。学生数は四学年合わせても四百人に満たなかった。学長はマザー・エリザベス・ブリット。バイニングが来日する際、同じ船に乗り合わせて友人となったブリットである。

ブリットは一八九七年にニューヨークで生まれ、ケンウッドの聖心女子大学を卒業後、修道生活に入った。米国各地の聖心の姉妹校で教鞭をとったのち、日本ミッション(使命)の命を受けて一九三七(昭和十二)年四月に来日。三光町の聖心女子学院外国人部の学長に就任した。しかし、日米開戦により本国に送還される。戦後の再来日後、聖心女子大学の初代学長に就任した。(88)

開学から五年と歴史の浅い大学だったが、その間にはのちに著名となる優秀な卒業生が数多くいた。

一期生には国連難民高等弁務官となった緒方貞子、参院議員の紀平悌子、作家の須賀敦子、二・二六事件で殺害された教育総監・渡辺錠太郎の娘で、聖職者となりノートルダム清心女子大学学長を務めた渡辺和子らがいた。二期生には児童文学者の猪熊洋子、四期生に作家の曽野綾子がいる。

美智子は一年生のときに福祉委員長を務めた。二年生で学年の自治会副会長、三年生で自治会長に選出されることになる。四年生で再選され、全学生自治会の会長（プレジデント）になった。自治会の役員は立候補ではなく指名で選出された。人望がなくては就任できなかった。自治会長は週一回、全学生が集まって開く自治会の司会をするが、美智子は事前に学生の写真帖を調べ、同級生と下級生の名を覚えていたという。

クラブ活動はテニス部と合唱部に入った。テニスは在学中に新進トーナメントのシングルスで優勝、関東学生ランキング四位の実力だった。合唱部ではメゾソプラノのパートに入り、上級生の卒業式や学内のクリスマスカロルに参加した(89)。

美智子の三年後輩でのちに終生の友人となる絵本研究家の島多代は「清楚な美しさが際立つ方で、テニスをはじめ、運動も万能。「カモシカ少女」と呼ばれて、当時から全学生が仰ぎ見ていましたが、それでいて、常に人に奉仕される姿勢を貫かれていました(90)」と話している。

島はのちに「美智子さまが皇太子妃、皇后になってからの活動、言葉に見られる、人の痛みをわが痛みと感じるような考え方は、聖心での教育が大きい」と話している。一九九八（平成十）年十月二十三日に開かれた大学創立五十周年記念式典で、皇后美智子は祝辞のなかで次のように述べている。

「４年間の在学期間を通じ、修道女の方々は、聖心会創立者の望みに添い、又先生方も皆そのお気持ちを尊重され、私共一人一人の学生が、少しでも真理と愛に目覚め、これを求めてくように、又、自分たちの自由を知り、これを生かすと共に、集団生活の中で、他者の自由にも思いを向けること等、事に当たり、心を込めてお教え下さいました。また、私共が生涯にわたり学び続けていけるよう、学問の方法を教えて下さると共に、学問を愛する心と、自らの考え、判断する力を養うための、様々な助力を与えて下さいました。〔略〕在学中シスター方は、私共に度々に競い合う機会を与えられ、お互いの切磋琢磨の大切さをお教えになりましたが、それにも増して、学生同士が共に働き、協調して事を成し遂げる訓練を重視なさり、度々にその機会を、私共にお与えになりました。それぞれが責任を分担して共に働き、一つずつ事を成した後の喜びが、どんなに快いものであったか、今も友人との間で、度々に話し合います(91)」

聖心の教育理念は「一人一人の人間をかけがえのない存在として愛するキリストの聖心(みこころ)に学び、自ら求めた学業を修め、その成果をもって社会との関わりを深める」ことにあるという。美智子がキリスト教のミッションによって建学された学び舎で向学の志に胸を膨らませて大学生生活を始めたころ、明仁皇太子は最大のミッションの地、英国に一歩を記そうとしていた。

四月二十七日午前、船はフランスのシェルブール港に寄港し、一行はいったん上陸。夕刻に出港し、深夜に英国のサウサンプトンに着いた。駐日英国大使館の接伴員のサイモン、元駐日武官のピコット少将らが出迎えた。ピコットは裕仁天皇が皇太子時代の訪英でも接伴員を務めており、親日人士の一人として今回の皇太子訪英のため尽力した。

明仁皇太子は英国の記者を前に英語でステートメントを読み上げた。反日の定評のあるデイリー・エキスプレスの記者もいたので、吉川は気をもんだが、翌日の記事は好意的だったという(92)。

ただ、ニューカッスル市では計画されていた皇太子歓迎のレセプションが市民の反対で取りやめになるなど、それまでの同国の新聞では皇太子訪英を歓迎しない記事が掲載されていた。首席随員の三谷は、船中で朝海公使とこの日サウサンプトンで出迎えた松本駐英大使からそのことを聞いていた。ところが翌二十八日の各新聞の論調はがらりと変わり、「不愉快な記事は一掃された」という。三谷はチャーチル首相から新聞界の有力者に工作があったと聞いた。[93]

新聞が好意的になったのは、皇太子のステートメントを読むときの態度が良かったこともあるだろう。「本番」での強さがまた発揮されたのだ。

船中での様子を見た朝海公使も「十九の青年にしては確かに物なれたもの。船客のあしらいなども無理に威厳をとりつくろって居るというところもなし。オド〱したところは少しもなし。極めて自然にふるまはれつゝも立派である」と日記に書いている。朝海は侍従の戸田、黒木と「矢張り育ちだ」と感心し合った。[94]

ただ、英国内の反日感情が完全に収まったわけではなかった。シンガポールで捕虜となった部隊があったケンブリッジ、日本との貿易摩擦の要因となっている紡績業の拠点ランカシャー地方では根強い反日熱があった。英国滞在中に明仁皇太子が滞在予定のアームストロング男爵邸のあるノーサンバーランド州ロスベリーでは、極東捕虜協会支部が「われわれは戦争中の日本軍の虐待を忘れられない」として、皇太子訪問に反対し、招待した英国政府を非難する声を上げていた。

反日世論を緩和したチャーチルの配慮

四月二十八日朝九時に列車でサウサンプトンを出て、午前十時半にロンドンの主要ターミナルのウォータールー駅に着いた。英国民の感情に気遣って、在留邦人の出迎えもこれまでの訪問地のようなバンザイの歓声は上がらず、子供たちが日の丸の小旗を無言で振るだけだった。

明仁皇太子は手を上げて会釈し、宮内庁が買い入れてあったダイムラー車で日本大使館へ向かった。ニューヨークのように警備車両が随伴することもなく、一般の車に混じってロンドンの街を走った。皇太子に気づく人はいなかった。関心さえ持たれなかった。女王の戴冠式に招かれた数多くの王族、外国賓客の一人にすぎなかった。

この日、英国側から三十日に皇太子をチャーチル首相主催の午餐会へ招待することと、五月五日のエリザベス女王との会見が発表された。女王と首相の会見は当日に発表する慣例だったが、日本大使館が働きかけて事前発表することになった。日本側は反日的空気をなんとか和らげようと手を尽くしていた。

四月二十九日、皇太子はバッキンガム宮殿で記帳。夜は日本大使館で天皇誕生日祝賀のレセプションに出席した。五百人近い来客があり、それほど広いわけではない大使館は人で埋まった。三谷は「想像以上の盛会で、英国民の対日感情好転の兆」[95]と感じた。

明仁皇太子は翌三十日午前に大英博物館を見学し、チャーチル首相主催の午餐会に出席した。非公式なものだったが、首相や国防相、国務相、大蔵次官のほか、野党・労働党のアトリー党首や労働組合幹部、「反日的」なデイリー・エキスプレス紙の社主ら新聞社幹部、日本にゆかりのある人々など三十数人が招かれた。野党、マスコミ関係者を参加させたのは、反日世論を緩和しようというチャーチルの配慮だった。

冒頭、チャーチルが「天皇陛下に乾杯」と言うと、皇太子が「女王陛下に乾杯」と応じた。食事が進むうち、チャーチルが立ち上がり、予定外のスピーチを行った。

「日英両国の間には嘗(か)っては、失敗もあり、不明もあったが、いまやこれらのことはすべてすぎ去った過去のことである。殿下には過去に対する責任はない。唯(ただ)将来あるのみの幸福な方である。〔略〕英国には女王は統御するけれども、支配しない。大臣は過を犯すが、女王は過失をおかさないという原則があるが、我々政治家はしばしば意見を異にし、激しい論争をする。しかし結局は平和のうちに議をまとめて進む。どうか殿下もこの我々のやり方を御覧になって御帰国願い度(た)い(96)」

祖父が孫に対するように、立憲君主制の要諦を優しく語りかけた。明仁皇太子は後年、この午餐会を次のように振り返っている。

「チャーチル首相が首相官邸の午餐会に招待してくれましてね。握手するなり、私を慈しむように接してくれました。いろんな思いが私にも伝わってきました。チャーチルさんは私を抱えるようにして椅子まで案内してくれ、席に座らせてくれた。本当に慈父のようでした(97)」

翌日から数日間は博物館、バレエ鑑賞、航空機製作会社、自然動物園の見学、日英協会会長で親日人士の一人のハンキー卿との午餐、バレエ鑑賞、在留邦人との園遊会などの予定をこなし、乗馬も楽しんだ。五月四日夜に行われたジャパン・ソサエティーの晩餐で簡単な英語のスピーチをした。吉川によると、同席の英国女性が発音の良いことに感心していたという。「殿下は御態度がまことによろしい。お若いに似合わず堂々としておられるから十九才だといっても外人は信じられぬという(98)」と吉川は書き留めた。

五日はバッキンガム宮殿でエリザベス女王と会見した。夫のエジンバラ公フィリップも一緒で、明仁皇太子一人が部屋に招き入れられた。皇太子は裕仁天皇からの祝辞を読み上げ、女王は謝辞を述べた。そして、ほとんど通訳を介さず、十分間ほど立ったまま会話した。

滞英中の重大行事の一つであり、気をもんでホテルで待っていた吉川ら随員に対し、戻って来た皇太子は女王の服装がワンピースのアフタヌーン、エジンバラ公がモーニングに縞シャツ、白カラーであったこと、部屋に絨毯が敷き詰められていたこと、帰る際はベルが鳴って扉が開かれたなど、会見の模様を事細かに語った。吉川はその冷静な観察眼に感心した。

一つ大任を果たしてホッとしたのか、皇太子は吉川に「買い物に行こう」と言った。吉川と二人で高級ブランド街のボンド・ストリートに出かけたところ、偶然散歩中だった毎日新聞の藤樫準二記者らと出くわし、皇太子の方から一緒に行かないかと誘った。皇太子と藤樫らはまず傘を物色した。

「傘屋にはピンからキリまであって、殿下もあれこれと種類の多いのに迷っておられた。象牙の柄のついたスマートなのを選ばれ、定価札をのぞきこまれて「これは上等すぎる」と一笑して戻された。あとでそっと定価札をのぞくと、五十二ポンド(五万円以上)とあった。結局籐の柄の七ポンドにきめられた(99)」

吉川はもう少し高いものを勧めたが、皇太子は「これでたくさんだよ」と言って自分の財布から代金を支払った。吉川の日誌には次のように書かれている。

「お買物は内地では御自身でなさらぬので、選択に時間がかかる。御自身でお金を支払われたいので、五ポンドばかり差し上げたら、これで楽しそうにお買物をされ、「吉川さん、お金足りますか」という調子。夕食時、なにをどこの店で、いくらで買ったと他の随員に話されるのがお楽しみらしい(100)」

明仁皇太子が女王と会見した五月五日、日本では「皇太子様の御結婚と教育」という記事が朝日新聞に掲載された。宮内庁首脳には皇太子妃について「皇太子さまのお留守中にできるだけの調査をすませよう」という考えがある。結婚前に「皇后教育」を受けるため、二年間くらいの婚約期間が必要であり、年齢差は二―五歳が適当なので、現在十四―十七歳の少女が選考対象。範囲は皇室の品位、釣り合いの関係から元皇族、元華族が常識的とされているが、これらの人々は斜陽族が多いのが悩み――という内容だ。

そして教育の問題。学習院大学は前期二年、後期二年で、前期で五十二単位をとらなければ後期へ進級できない。二年生に復学する皇太子がこれまで取得した単位は二十。帰国予定の十月初めから翌年三月までに残りの単位を取得するのは無理とされている。東宮職は皇太子の個人特別授業を単位に繰り入れるよう申し入れており、大学側は近く教授会で討議する。東宮職は「皇太子さまは大学を〝卒業〟するのがどうしても必要なわけでもない」と否決された場合の伏線を張っているという。

この単位問題と、まだ気づかれない健康問題が皇太子の旅先に漂う暗雲であった。

このころ、東京では裕仁天皇と田島長官がまた皇太子妃について語り合っている。天皇は婚約と結婚の期間が離れるのはよくないと言う一方、皇太子妃となり将来の皇后となればそのための特別な準備も必要であり、かつ普通の家庭のようなことも必要なので、なかなか難しいと話した。

田島は「候補者数名又は十数名を私共で選定致しまするのが大変」と言った。皇太子妃像について、田島が女官長を通じて良子皇后の意見を聞いたところ、特別の要望はなく「やさしい人がいゝ」という返答だった。天皇は外国との交際もあるため、外国語ができることと、「あまりおとなしくても困る。ものもいわぬ様な人は気持ちが分らぬし」と注文をつけた[101]。

厳粛かつ華麗、戴冠式の盛儀

五月六日、明仁皇太子一行はスコットランドのエジンバラに着いた。八日にスコットランド貴族のアソル家の居城ブレア・キャッスルを訪れた。父・裕仁天皇が皇太子時代に訪問したゆかりの地で、三十数年前のことを記憶している人もいた。当時天皇が植えたブナの木が見事に成長しており、皇太子も同じくブナの若木を植樹した。

九日から十七日まではアームストロング男爵邸に宿泊した。本来はニューカッスルに向かうはずだったが、反日感情の強い同地を訪れるのを避けた。同男爵家の初代は幕末や日露戦争の日本海海戦で使用されて有名となったアームストロング砲の開発者である。同家の邸宅一帯は広大な自然公園になっており、車で一巡するのに二時間を要したという。[102]

当時、英国で取材していた毎日新聞記者の横川信義はアームストロング夫人から皇太子の印象を聞いている。夫人はもっとも強い印象を受けたのは「あの若さで、非常な責任観念をもっていられること。これは普通の青年に見るのは非常にめずらしい」と答えた。

横川はこれを聞いて「皇太子にはその地位から強制される意識のために普通の青年に見られるはずの溌剌(はつらつ)さが欠けていたとこの夫人はいわんとしたのでは無かろうか。〔略〕自分の肩にのしかかった重荷を意識している時の皇太子は我々が見ていてもむしろ痛々しいくらいだった」[103]と書いている。

小泉信三が皇太子の長所として義務心の強さを称賛したが、それは強制的に大きな責任を負わされているためであり、皇太子から若者らしさを奪っていると見ている人間もいた。

皇太子がアームストロング邸に滞在していた十四日、小泉は妻とともに羽田空港から飛行機でロンドンに向かった。

首席随員を断った小泉だが、吉田首相から皇太子の随員に加わらなくてもいいから、ぜひ同行すべきだと強く勧められていた。「殿下御帰りの暁、その御教育参与者が戦後の西洋を知らなくてはお役を辱めるであらうと考へ、さういふ意味で承諾しました(104)」と知人への書簡で書いており、あくまで自らの勉強のための視察と考えていた。

十七日午前、明仁皇太子はアームストロング邸を辞して、ダーラムを経由して夜ロンドンに戻った。日本大使館で数日前に到着していた小泉夫妻と夕食をともにした。翌日は小泉も同行してオックスフォード大学を訪問した。ここで皇太子は風邪を引いて熱を出してしまう。初めての海外旅行、ハードスケジュール、そして責任と重圧。疲れが出るのは当然だった。予定を変更して二十一日にロンドンへ戻り、二十三日まで休養することになった。

五月二十八日、皇太子はバッキンガム宮殿で女王主催の園遊会に出席した。広大な庭園に七千人もの招待客が集まっていた。女王はエジンバラ公、皇太后とともに招待者に会釈していた。この場でタイの王族のチュラ・サクラボングスが親切に世話をしてくれ、女王のところに連れて行ってくれた。ホテルに戻った皇太子が上機嫌なので吉川が聞くと「自分が主役になるよりはるかに楽だ」ということだった(105)。


夜ふけて街を歩けば歩道の上はこよひを明かす人々にうまる(106)

戴冠式前夜を詠んだ明仁皇太子の歌だ。六月二日、いよいよその日となった。朝から小雨が降り寒かった。午前七時五十分、皇太子は英国王室差し回しの車に乗り、各国代表のカー・プロセッション（自動車列）に加わった。三谷侍従長、松井参事官、サイモン接伴員が陪乗した。女王の馬車列が圧巻だった。スタンドで観覧していた吉川は次のように描写している。

「いよいよクィーンの行列になる。前後につく騎馬の数はおびただしいもので、そのみごとなこと、まったく見とれるのほかない。ステート・コーチのりっぱさも、写真や絵でたびたび見ていたが、実際目の前を静々と進む情景はほんとうに筆紙につくせぬ。優雅というか、豪華というか、金色燦然たるもので、その内にエジンバラ公と並んで、静かに手をあげられるクィーンの姿には外国人のわれわれでも息をのむくらいの気品ある美しさがある」(107)

日本の新聞は「エリザベス女王戴冠の盛儀　宮殿前に徹夜四万人」「延々続くお伽の行列　雨の沿道に二百万人」と報じた。

明仁皇太子の車は九時にウェストミンスター寺院に着いた。皇太子は随員と別れ、一人で一番の入り口から院内に入った。席は祭壇に向かって右側の第一列。ソ連、ネパール、日本、サウジアラビア、イラクの順の並びだった。皇太子の隣のサウジアラビアの王子はのちのファハド国王である。皇太子は後年、「随員を連れずに一人で心細くなかったか」と聞かれたとき、「いや、初めて「自由になれた！」と思った。ある程度手順を聞いていたので、一人でも何とかなるだろうと思っていた」と答えている。(108)

午前十一時十五分、純白のローブ姿の女王が入場し、祭壇までの百メートルをゆっくり進んだ。エジンバラ公、皇太后、王族、首相が古式の大礼服に勲章を帯びて続く。奏楽が絶え間なく流れ、厳粛かつ華麗な光景であった。参列者は七千五百人。式次第は美しく装丁された小冊子として各席に配られていて、聖歌、聖句、祈禱、誓文などの次第が書かれていた。三谷は次のように書いている。
「金と宝石とにかがやく此の儀式の内容はあくまでも宗教的なものであった。豪華な冠や、衣装や、荘厳な音楽は眼をうばい、耳を聾するばかりであるが、歌詞により聖句により儀式の意味するところは、皇帝の責任を強調するとともに、皇帝の上に神の祝福をいのる願いである。決して単なる祝いや慶びの言葉ではない。むしろ皇帝はこれでもか、これでもかとその重い責任を反省させられて、負担の重さに心暗くなるのではないかと思った」(109)

女王二十七歳。カンタベリー大主教から重さ二キロの純金製の王冠を戴冠された。同時にロンドン塔近くから祝砲が六十二発とどろく。明仁皇太子は身を乗り出すようにして式の進行を見つめていた。式を終えた女王はバッキンガム宮殿に戻り、何度もバルコニーに立って国民の歓呼に応えた。それは深夜十二時過ぎまで続いた。皇太子は午後五時半ごろにホテルに戻った。退屈はしなかったが、式の間ほとんど立ったままだったので疲れたと言って、十時半ごろには寝室に入った。

式での皇太子の席次は十三番目(人数では十七人目)だった。寺院内の席は聖壇と向かい合った一角の最前列。ソ連のマリク駐英大使、ネパールの王族夫妻に次ぐ場所で、その横にはサウジアラビアの王子、イラクの皇太子がいた。一九三七年に行われたエリザベス女王の父ジョージ六世の戴冠式に天皇の名代で出席した秩父宮の席次が一番だったことと比較し、当時は「冷遇された」という見方もあった。しかし、毎日新聞の横川記者は「皇太子の席次は悪くなかった」と書いた。

「英王室と親戚関係に当るノルウェー王室などと肩をくらべようなどと考えたら、考える方が間違っているのだ。順位などにこだわる必要は少しもないのである。そんなことよりも、今日皇太子が英国その他の国々で一部の人々の心の中に蒔かれた小さな種子が、将来国際親善の上に目に見えぬプラスとなることを祈る方がはるかに重要だと思う」[110]

明仁皇太子自身、「戴冠式には、いろいろな国の若い皇太子が来ていて、彼らと話ができたのが楽しかった」と回想し、旧敵国と見られ嫌な思いをしたことはまったくなかったと語っている。[111]

「日英親善の急速促進」は日本の新聞の過大評価

六月四日の夜はバッキンガム宮殿で各国代表を招待した晩餐会が開かれた。明仁皇太子一人の参加で、ホテルに戻った後、随員らにケント公夫妻と親しく歓談したことなどを語って聞かせた。吉川は「殿下は先日来、方々のパーティーでお知り合いがたくさんでき、どこへ出られてももうまったく、退屈されることがないのみならず、近ごろはかえってパーティーを楽しんでおられる」と喜んだ。

翌日はまた宮殿で告別レセプションがあった。顔見知りが増え、次々に皇太子にあいさつに来た。エリザベス女王とも短い会話をした。女王は「もうだいぶ御滞在も長くなりますね。今後何日くらい英国におられます」と聞いた。この日はカンタベリー大主教のガーデンパーティーもあって忙しかったが、移動で地下鉄とバスに乗って皇太子はご満悦だった。[112]

翌六日は楽しみにしていたダービー観戦だった。エプソム競馬場には競馬好きのエリザベス女王も顔を出していた。ダービーでは女王の馬が二番人気だった。皇太子は「どの馬にするか」とはしゃいで馬券を買っていた。第一レースが終わると女王の使いが来て「よろしければ女王と一緒にご覧になりませんか」と伝えた。皇太子は喜んでロイヤルスタンドへ行き、女王とエジンバラ公、皇太后、マーガレット王女、グロスター公、ケント公とともに第二レースを観戦した。[113]

英ロイヤルファミリーとの競馬観戦を日本の新聞は異例の厚遇として写真付きで報じたが、小泉は日本にいる田島への書簡で別の見方を示している。

「英国民及び王室の殿下に対する御歓迎は適度というべきであらうと思ひます。〔略〕そこに或る限度が置かれてあるやうに僕には感じられました。これは三谷君とも語り合つた事ですが、吾々としては心に置いて然るべきこと、思ひます。右の写真の如きも、日本の新聞が、殿下が女皇と御一緒に競馬を御覧になつたことを大した事のやうに取り扱はねばよいが、と案じられますが、多分案じる通りになることでせう。女皇と日本の皇太子の写真を、イギリスの新聞は別段騒がず、日本の新聞だけが大騒ぎするとあつては、不体裁ではありませんか[114]」

皇太子訪英は戦後日本最大の外交プロジェクトでもあり、その期待から新聞は連日大報道を続けていたが、それが誤解を招くことを外務省も懸念していた。松本駐英大使は「日本の新聞が過大にこれを評価してこれを機会に日英親善関係が急速に促進される等と考える事はとんでもない事で、殿下の御訪英が日英の親善関係の扉を開いたとは言い得るが、前途は遼遠である[115]」と日本のメディアの認識を批判した。

六月九日にロンドン塔を見学した明仁皇太子は英国の旅を終え、船でフランスに向かった。夕刻カレーに到着、夜九時半過ぎに列車でパリに入った。到着時のステートメントはフランス語で読み上げた。翌十日はエリゼー宮でオリオール大統領との会見と午餐会など。十一日はルノーの工場、ベルサイユ宮殿の見学、夜は外務大臣主催の晩餐会があった。

「殿下が社交にすっかり慣れられたのには感心する。今夜も実に多くの人と話しをされ、またその御態度もやわらかみが一段と加わったせいか、ただおりっぱだというだけでなく、親しみが感ぜられる[116]」と吉川は評価した。

明仁皇太子の社交下手がこの旅で改善されたとしたら、それは自身の肩にかかる責任と義務によるものだったのか。

十二日から十八日まではルーブル博物館やフォンテーヌブローの森見学、オペレッタやバレエ鑑賞、競馬観戦など観光で過ごした。セーヌ河畔の古本屋に立ち寄り、三時間半にわたって本を物色したりした。

「フランス語の本をこんなに買われ、はたしてどれだけお読みになられるか。ともかく本を蒐集されることはよい御趣味だ[117]」と吉川は書いている。最大のミッションだった英国での戴冠式出席を終え、皇太子はリラックスしていた。

パリにはマッカーサーの後任のGHQ最高司令官だったリッジウェーが北大西洋条約機構（NATO）軍最高司令官として駐在していたため〝表敬訪問〟している。大使館で開かれた在留邦人のレセプションには画家の藤田嗣治も顔を出した。

十八日は列車でパリを離れ、スペインとの国境に近いバイヨンヌに入った。夕食後には随員ら一同で海岸を散歩した。日本出発以来、初めて誰にもかまわれない時間だった。バスク地方でドライブを楽しんだあと、二十二日朝にスペインの首都マドリードに着いた。皇太子に提供された列車はのちに国王となった王族のファン・カルロスの御料車だった。

スペインでの歓迎はかなりのもので、駅頭で随員が人波にもみくちゃにされ、皇太子を見失ってしまうほどだった。日本の新聞は「スペインで熱狂的な歓迎」「何処へ行っても拍手の波」と報じた。

到着した夜、大使館で久しぶりの日本料理の夕食が出た。皇太子はこのころの若者がよくやったように、ご飯にトマトケチャップをたっぷりかけて食べた。

六月二十四日はエル・パルド宮殿でスペインの独裁者フランコ将軍と会見した。両国の駐在大使と通訳のみが在室を許されたが、会見の間、フランコがほとんど一人でしゃべっていた。マドリードではプラド美術館見学、スペイン舞踊鑑賞などで過ごす。同国の習慣で昼食が午後二時、夕食が九時から十時とかなり後ろにズレており、随員ともども閉口した。

二十七日にはトレドに移動。ここでも対日感情は非常によく、吉川によると「一般の人々の歓迎ぶりは、今まで行ったどこの国にもまさり熱狂的であった[118]」という。翌日はバルセロナに入ったが、ここでも知事、州議会議長などが出迎え、盛大に歓迎された。これまで各地の顕官貴官との会見や観光施設訪問が主だったが、同地ではめずらしく孤児、貧困家庭の男児約五百人を収容する少年寮を訪ねている。

夜には再びフランスに向け列車で出発したのだが、停車駅ごとに群衆が集まり拍手の嵐となり、子供まで競って皇太子に握手を求めた。「殿下の人気は大したものであった。これを見て接伴の人々もおどろいていた[119]」と三谷は記している。

二十九日午前にカンヌに到着。午後はモナコ公国の海洋博物館を見学した。南仏では水泳やテニス、カジノ見物などしながら七月一日まで静養した。二日、ニース駅でイタリア政府差し回しの特別列車に乗った。皇太子の車両は大統領専用車だった。

もっとも楽しかったベルギー王室との交流

七月三日午前にローマに着いた。プラットホームには赤絨毯が敷かれ、スペインと同様の大歓迎だった。明仁皇太子は日本語でステートメントを読み上げた。大統領との会見のためクリナーレ宮殿へ向かう車には九台のオートバイが護衛についた。吉川は「一般民衆はスペインのように大騒ぎしないが、目礼をする者あり、また制服の軍人は全部殿下のお車のみならずわれわれの車の通過するまで敬礼している」[120]と記した。

翌四日は無名戦士の墓に花輪をささげ、大統領主催の午餐会、ローマ市長の歓迎レセプションなどに出席した。夜もかなり遅くなって日本大使公邸で日本人ばかりの気楽な夕食をとった。皇太子は米飯のイタリア料理を三度おかわりする食欲を示した。

六日午前はバチカンでローマ教皇ピオ二世と会見した。吉川は「殿下は丁重に法王〔教皇〕に対し英語でお話しされていたが、なかなか普通の人にはできないと感服」[121]した。三谷もこのころ田島道治に送った手紙で「殿下は十九才の青年としては、普通人に比して遥かに成長しておられますが、然し子供らしい処も中々御ありで、我儘も仰言ることがあるが、まづ素直で御伴を困らせるやうなことはありません」[122]と書いている。

午後はサン・ピエトロ寺院など市内の史跡を見学。公使官邸での夕食で皇太子はスパゲティを二度おかわりし、相変わらずご飯にケチャップをかけて食べた。ローマでは名所観光と野外歌劇鑑賞などで過ごし、九日にナポリへ移動した。ソレント、カプリ島、ポンペイ遺跡を見学。十一日はフィレンツェに入り、ドゥオーモ寺院、ウフィツィ美術館などを見て回った。

このころ日本の新聞には過熱する週刊誌の皇太子妃報道に関する記事が掲載されている。七月十二日付け東京新聞は、候補とされた令嬢の写真をある社が入手し「古い写真が順次複写に複写を重ね修正され似ても似つかぬ顔になつて最近の雑誌にのり、当人ははずかしくて外出もできないという、乙女心には痛ましい悲劇」を紹介した。ジャーナリストの大宅壮一は「いま流行のクイズ的な要素がジヤーナリズムの中に入ってきた」として、皇太子妃報道が競馬の予想的なものになっていると批判するコメントを同紙に寄せている。

ただ、メディアの先走りともいえなかった。小泉信三は「旅窓様々に考へ、また侍従の意見等もそれとなくたゞしましたが、殿下御帰朝の後、御婚約の問題は早速取り上げられて然るべしとの持論に対する確信を強くしてゐます」と、九日付けでロンドンから田島に書き送っている。(123)

しかし、明仁皇太子にとってもっと深刻な記事が同時期に出ていた。学習院大学の単位不足の問題だ。現状では約三十単位が不足していたが、宮内庁が要望する個人授業を単位に組み入れるのは「特別扱い」として七月の教授会で批判の声が上がっていた。

また、学生側からも「学習院は昔の東宮御学問所ではない。厳正に単位査定を行うべきである。ほかの学生に単位不足で落第するものがあるのに、皇太子さまの場合だけ適当に操作されるのは困る」と批判が出ていた（七月十三日付け朝日新聞）。結局、単位問題は九月中旬の教授会まで持ち越されることになった。

七月十四日に明仁皇太子はまた発熱し、十七日まで静養した。皇太子が静養中の十五日、田島が小泉から届いた手紙のことを裕仁天皇に話している。小泉がやはり皇太子が早く結婚することを望んでいると書いていることを言うと、天皇は「淋しいのだろう」と言った。田島は「女王陛下の御徳もDuke〔エジンバラ公のこと〕の御人柄でよくなります故、今後は妃殿下の御選択は余程慎重でなければなりませぬ」と述べた。

このとき、学習院大学の単位問題も話題になった。田島が卒業の必要はなく、卒業になりたければ五年をかけても結構と言うと、天皇は「五年にのばす事は私はいかんと思ふ」と反対した。その理由は学友が変わるのは悪いからということだった。田島がそれほど悪いことでもないのではと言っても「何としても御聞きなく、強く数回繰り返し、無理を学習院に頼むのはいかん、そして場合によつたら此際を機として学習院は奇麗さつぱり止めて単独で勉強する事にするのがいい」と大声で主張したという。

天皇は皇太子が大学で左翼学生と交流する可能性をよほど恐れていたのか、二十日も「奇麗さつぱり」やめるべきと繰り返した。皇太子には公務もあるので普通の学生のようにはいかず、何年在学してもダメだという。田島は「根本には東宮様に対する例の御みびいきにて、完全に御出来上りの方の如き御前提」で天皇が話していると見た。皇太子はまだ人間的に完成されておらず、学業等の修養が必要と考えていた田島は「陛下の御再考を厳粛に御願する外なく、その為には陛下の思召に副はぬ言葉を時々申上ぐるの外なしと思ふ」と『拝謁記』に記した。(124)

ただ、小泉も裕仁天皇とほぼ同意見だった。七月末に欧州から田島に送った手紙に「学習院に無理を頼み込んで、強いて四年御卒業工作をすることは(少くも今日となつては)禁物と思ひます」と書いている。「然らば五、六年かゝつても構はぬと申し得るか。これは世間で受ける説でせうが、事実上は価値少なしと思ひます」という。

小泉は明仁皇太子が大学まで学ぶ「最も強き理由」の一つは「クラスメートを御持ちになること」と考えていた。単位を得るため留年することは、高等科もしくは初等科以来の級友と離れてしまうことになり、皇太子にとって苦痛になるという。「(名は)聴講生でも何でも」いいから学習院に通学を続け、正規の学生と同等以上の学力をつければよいと見ていた。(125)

明仁皇太子は七月十八日にベネチアに入った。ゴンドラで夜景見物、サン・マルコ寺院などを観光し、フランスのリヨン、パリを経由して二十二日にベルギーのブリュッセルに着いた。パリでは戴冠式後にしばらく英国に滞在していた小泉と再会したが、小泉はベルギーには同行せず、またしばらくフランス、イタリアを見て回っている。

ブリュッセルではラーケン宮で国王ボードワン一世と父のレオポルド三世に迎えられた。レオポルド三世は第二次世界大戦でナチスに妥協的だったことから国民の信を失い、二年前に退位して皇太子に王位を譲っていた。ボードワン国王は二十二歳の独身。非常にフレンドリーな性格で、その接待も格式ばったところのない温かなものだった。年の近い皇太子はすぐに打ち解けた。

午餐会の席で皇太子と国王が親し気に会話しているのを見た吉川はうれしくてたまらず、「これだけ殿下にお供していると、多少は御様子でお気持がわかる気がするが、きょうの殿下はほんとうに親しい友人とでも話しをされる時の愉快さを味わっておられるようだ」(126)と感じた。

明仁皇太子はラーケン宮に二泊したが、国王が運転する車で馬場を訪れたり、ともにピンポンをしたりして過ごした。皇太子は「じつに家庭的で気持ちがよい」と楽しげだった。

二十四日、国王と王室の人々に別れを告げてラーケン宮をあとにし、博物館見学や首相主催の晩餐会などを終えて次の宿所の日本大使公邸に入ったのは深夜十二時近かった。

しかし、皇太子はラーケン宮でのことがよほど楽しかったようで、「吉川さん、忘れぬうちにラーケン宮の話をしよう」と言い、「記録係」の吉川に筆記を求めた。この日くたびれ果てていた吉川は「今夜はおそいから」と断ってホテルに戻った。二日後、皇太子は吉川を呼び、メモを読み、図を描きながらラーケン宮の話をした。(127)

若き君の運転し給ふ自動車は日のもるる林馬場へと急ぐ[128]

ラーケン宮での思い出を詠んだ明仁皇太子の歌である。ここでの三日間は、この長い旅で一番の楽しい日々となった。ボードワン国王とは終生の友情が育まれ、日本の皇室にとって、ベルギー王室は欧州でもっとも親交の深い王室になる。

明仁皇太子は七月二十七日にオランダのハーグに着いた。駅からホテルまで車で移動中、沿道で手を振る一般市民の姿も見えた。戦時中、インドネシアでの抑留問題で同国の対日感情が悪いと聞いていた吉川はややホッとする。

夕刻にホテルに着いた皇太子は記者会見に臨み、英語でステートメントを読んだ。皇太子はオランダで起きた水害に対する同情と、日本の水害に対するオランダの同情への感謝を述べた[129]。

ユリアナ女王以下、オランダ王室の接遇はベルギー同様に形式ばらずフレンドリーなものだった。女王との家族的雰囲気の午餐会が気に入った皇太子はホテルに戻ると吉川に「きょうのパレスの様子を忘れぬうちに話す」と言った。

アムステルダムでは美術館でゴッホやレンブラントの絵を見た。オランダには三十一日まで滞在したが、「最初予期していたよりはるかに気持のよい歓迎を受け、不愉快なことは少しもなかった。しかし二、三悪意ではないが、ジャワでの財産を失ったとか、戦争以来オランダは財政的に非常に苦しいとか、座が白けてしまうようなこともあった[130]」と吉川は記している。

吉川は大きな見落としをしていたと言わざるを得ない。外交儀礼である王室の歓迎とオランダ国民の感情には落差があった。「自分たちは戦争のことを忘れ、未来に向けて踏み出したのだから、相手もそうだろう」という思い違いがこの時期の一部日本人にあった。その認識ギャップが尾を引き、約二十年後に裕仁天皇が同国を訪問した際、手ひどいしっぺ返しを受けることになる。

日本人にとっても戦争の傷は乾ききっていなかった。皇太子がオランダ入りする直前の二十五日、アッツ島で玉砕した八十二柱の遺骨が十年ぶりに故国に帰り、追悼式が開かれていた。しかし、日本から皇太子に同行した記者の記事には、ヨーロッパの戦争の傷跡や対日感情に触れたものは少なかった。

北欧王室の家庭的な接待

七月三十一日、明仁皇太子一行はアムステルダムの空港からオランダ航空機で西ドイツのフランクフルトに飛んだ。三谷によると「今まで欧州の旅行は汽車または自動車によっていたが、これからは航空機によることにした」(131)のだという。フランクフルトほか、各地にはまだ戦時中の空襲の廃墟が残っていた。

大統領主催の晩餐会など、西ドイツでの各種歓迎は行き届いたものだった。ドイツ儀典局では関係部局が総動員で歓迎に奔走しており、日本に関係があり、日本語のできる人間が接待に務めていた。いずれも戦前の日本の皇室をよく知っていたという。ハイデルベルク大学やドイツ復興を現す製鉄精錬工場などの見学、ライン川下りなど約一週間の日程は忙しかったが、きわめて合理的に計画されており要領がよかった。明仁皇太子はじめ一同はドイツの接待ぶりを絶賛した(132)。

八月五日、皇太子は飛行機でフランクフルトからデンマークのコペンハーゲンに着いた。このころには「飛行機は楽だ」と皇太子は空の旅を好むようになっていた。デンマークでの反応は大歓迎でも反日でもなく「一般はきわめて無関心というか、殿下の御来訪を知らないといったところ(133)」だった。ただ、国王フレデリック九世以下デンマーク王室は温かく皇太子を迎えた。

八日、グラステン離宮で皇太子は国王から最高勲章の白象勲章を贈られた。そのあとの午餐会は王室一家と気の置けない雰囲気で開かれ、食後には離宮の庭で国王、王妃と写真撮影をするなどして交歓した。

十日、双発二十人乗りの貸し切り小型機でコペンハーゲンを発ち、ノルウェーのオスロに到着した。途中、上空から島嶼、森林、岩山などスカンジナビア半島の地形を眺めた。明仁皇太子はホテルに到着してすぐ新聞記者の取材に備えてステートメントを読む練習を始めた。吉川は「われわれと違い、国が変るごとに、このステートメントを読まれることになるので、たいへんであるが、もうすっかり慣れられた(134)」と記した。

ノルウェー王室は八十一歳の国王ホーコン七世と五十歳のオラフ皇太子が迎えた。ホーコン七世は第二次世界大戦でナチスに侵攻された際、徹底抗戦の姿勢を示し、ロンドンに亡命後もＢＢＣ放送で国民に抵抗を訴え続けた。オラフ皇太子はロンドンで自由ノルウェー軍を組織して最高司令官に就任した。ベルギーの前国王とは対照的に、戦後、ノルウェー国王と皇太子は国民の熱狂的な歓呼のもとに凱旋し、英雄となった。

ノルウェー王室も飾らない態度で皇太子を迎えた。とくにオラフ皇太子は王族らしくない腰の低さで随員にも丁寧に話をするので、吉川は「本当に皇太子なのか」と疑ったほどだった。

ノルウェーでは船からフィヨルドを見学した。皇太子は甲板を歩き回って写真を撮影した。同国滞在中、八月八日までの十日分の日本の新聞が届き、皇太子と随員はともども読みふけった。その新聞のなかには皇太子の進級問題の記事もあった。

吉川は「殿下はどういう気持で読まれるかしらぬが、これだけ種々と苦労を重ねておられる殿下に、少なくともこの御旅行が終るまで、不愉快なお気持はおさせしたくない[135]」と思った。

各種歓迎行事や博物館見学などで過ごし、皇太子は八月十六日にスウェーデンのストックホルムに入った。空港では先着していた小泉信三夫妻が出迎えた。翌十七日は王宮とノーベル賞の授与式が行われるシティー・ホールを見学した。国王は避暑中で不在だった。

この日の夜は日瑞協会主催の晩餐会があった。来客約百五十人。吉川は「殿下にしたがって百五十人握手するのはいい加減うんざりする。痛いほど強く握手する人もあるから、殿下は始終これではたいへんだと御同情申し上げる[136]」と書いている。

同日のストックホルム夕刊各紙一面に明仁皇太子がホテルの玄関で三人の子供にサインをしている写真が大きく掲載された。握手に力が入っていたのはそのせいだったのか。スウェーデンではなぜか子供に人気があり、行く先々でサインを求められた。

二十三日、皇太子はソフィエロ離宮に滞在していた国王グスタフ六世と王妃を訪ねた。午餐の席で国王は日本を訪問したときに鵜飼いを経験したことがおもしろかったと語り、皇太子は鴨猟の話をした。吉川は「北欧の王宮は殿下を家庭的に遇され、いずれも多少の差はあるが、情愛と誠意をもって迎えられたことは、お供をしていてとくに感銘深いものがある[137]」と感じた。

二十四日にはスイスのチューリヒに着いた。明仁皇太子はホテルでの記者会見でフランス語でのステートメント読み上げを行ったが、このときの皇太子の顔色が悪かった。飛行機のなかで気分が悪いことを訴えていた。この日の公使主催の晩餐会は断り、自室で佐藤侍医と黒木侍従とともに夕食をとった。翌日も頑張って大統領との会見、晩餐会をこなしたが、やはり疲労の様子が見られた。

皇太子の症状は風邪と診断され、二十六日から二日間は完全静養することになった。日本食が食べたいと言って、昼におにぎり、夜は好物のケチャップご飯を食べた。小泉が部屋を訪ねると、皇太子はベッドで日本の文学書を読んでいた。顔色は悪く、鼻声だった。三谷は「殿下の御疲労は御病気というほどのものではなかった」[138]と書いているが、はたしてそうだったのか。

小泉は「殿下が頑健で御在りにならぬことは常に忘るべきでなく」と田島に書き送っている。また、赤ワインが好きだった皇太子がこの旅行中にほとんど飲まなくなったことも報告している。「殿下がアルコホルに対する御嗜好を殆ど失はれたのではないかと思はれるほど、酒類に対し無趣味におなり遊ばされた」[139]。

スイスでの日程はほぼ休養にあてることになった。日本を発って五カ月。これまで十三カ国を訪れ、公式行事の連続だった。国を代表して各国要人と会うなど、極度の緊張をともなう場面が何度もあった。日程は明らかに過重であり、十九歳の青年に過大な負担を負わせていた。

吉川や三谷ら随員の手記を読むと、詰め込み過ぎの日程について驚くほど無頓着で、皇太子という地位にあるのだからやって当然と考えていた節がある。皇太子は旅行中、二度風邪でダウンしたが、それだけですんだのが不思議なくらいだった。

スイスではユングフラウヨッホを訪れ、レマン湖で憩うなどして明仁皇太子は元気を取り戻していった。ジュネーブではかつての国際連盟本部を見学した。そして九月七日、欧州大陸に別れを告げ、最後の訪問国の米国に向かった。

スイスからロンドン経由で夜の大西洋横断飛行だった。途中、飛行機の電機装置に故障があり、カナダのモンクトンに着陸して修理を行った。このため予定より一時間半遅れて、九月八日午前十時にニューヨークの国際空港に着いた。大勢の記者、カメラマンが押しよせて大変な騒ぎになった。皇太子は例によってステートメントを読み上げた。

吉川は「率直にいって殿下にも出来、不出来は多少はあるが、きょうはすばらしい。態度、発音、すべてがパーフェクトといいたい。どうも殿下は一般的にいって、むずかしい場面になると、実力以上のものを出されるようだ(140)」と大満足だった。

政治的だったアメリカの対応

ニューヨークから飛行機を乗り換え、正午ごろワシントンに到着した。飛行場には国務長官のジョン・フォスター・ダレスが出迎えた。日米安保条約が発効してまだ一年半ほど。ダレスは日本再軍備と米軍の恒久的駐留を要求し、安保条約を成立させた立役者である。ただ、日本では再軍備に拒否反応を示す国民が多かった。出迎えは日本の世論への配慮もあった。皇太子は元首クラスの賓客用の迎賓館ブレアハウスに宿泊した。ワシントンでまた小泉が合流した。

九月九日はアーリントン墓地を訪れた。明仁皇太子の車が到着すると二十一発の礼砲がとどろき、ワシントン地区司令官が迎えた。無名戦士の墓で「君が代」とアメリカ国歌が吹奏され、陸海空の兵士の捧げ銃のあと、皇太子は花輪を捧げた。

昼はニクソン副大統領主催の午餐会、夜はダレス国務長官が主催する晩餐会があった。ダレスはスピーチで、日本の急速な復興を祝福するとともに、冷戦の真っ只中にある国際社会に復帰した日本の今後の役割に言及した。皇太子は「私はこの機会を利用して、日米両国間の友好増進に尽くされたダレス長官のご努力に感謝の意を表します」とあいさつしたが、先の戦争や講和条約には触れることはなかった。

欧州でも戦争に触れたスピーチは皆無だった。戦争に言及することは憲法に抵触する政治的なものになる可能性がある上、裕仁天皇の戦争責任論議を呼び起こすことになりかねず、皇太子にそのような発言をさせる発想自体がなかった。英米など西側諸国も冷戦激化にともない戦略的な重要性が増した日本に配慮し、あえて戦争に関する発言を求めなかった。

十日、明仁皇太子はホワイトハウスでアイゼンハワー大統領と会見することになった。当初、大統領は休暇に入るためワシントンでの会見はできないと伝えられていたが、急遽予定が変更された。大統領との会見は日本側の強い要望ではあったが、米国側の再考は冷戦下での日本との関係を重視したためだった。

大統領執務室に皇太子を迎えたアイゼンハワーは笑みを浮かべてその手を握った。部屋には天皇からの贈り物として皇太子が持参した皇室用の馬車の図が刺繍された屏風が置かれていた。大統領は「妻がこれを見たらすぐ私から取り上げてしまうでしょう」と言って笑った。会見は三十分弱だった。同席した新木栄吉駐米大使によると、大統領は次のように語ったという。

「日本の極東に於ける重要なる地位に鑑み、その発展は自由諸国の共に深く期待するところであり、殊に米国はその中心的地位に立ちおるので衷心これを祈つて止まないものである。日本の国防については憲法上の問題その他の困難については自分も充分に承知しているが、米国としては日米両国間に於て論議し、相談すべきことは互いに心中を披瀝して充分に話合い、日本の自立発展の為には米国はあくまで尽力して行きたいと思う。目下日本に駐兵しているのは全く一時的の事であつて、永く継続すべき事柄ではない。日本が差当たりの侵略に対抗することが出来、他国の応援が到着する迄維持が出来るようになれば駐留軍は引揚げるべきである」[141]

儀礼に終始した欧州各国と違い、米国は生々しかった。

明仁皇太子個人にとって米国滞在の楽しみはフィラデルフィアに恩師バイニングを訪ねることだった。十三日、皇太子はフィラデルフィアの空港に着いた。バイニングが迎えに来ていた。松井明が随伴して、皇太子はバイニング邸に宿泊した。バイニング邸は街の中心部から車で約三十分。吉川は「東京ならばちょうど高円寺というあたりだ。閑静な樹木の多い高台で、住宅地としては申し分のない場所だし、家も小じんまり」していると書いている。[142]

バイニングによると「アメリカの国務省には訪米する王族は個人の私邸ではなくて、警備がはるかに楽なホテルかクラブに宿泊していただくという内規があったが、彼らは皇太子殿下のためにこの規則に二つの例外を認めた」[143]という。バイニング邸とこのあと宿泊することになるワイオミングのロックフェラー家の別荘だった。

翌日はバイニングとともにクエーカー教徒の住宅自給作業場で「日本ではとてもご覧になれないと思われる大衆のほんとうの仕事ぶり」(九月十五日付け中部日本新聞夕刊)を視察、ベンジャミン・フランクリンの墓に花輪を捧げ、『皇太子の窓』の出版社社長招待の午餐会に出席したりした。夜はアメリカに留学している学習院卒の若者らがバイニング邸の皇太子を訪ねて歓談した。

十五日は明仁皇太子が見学を希望していた農場を訪れた。この日、皇太子はこれまでに訪れた土地やそこで会った女王、国王、フランコのような独裁者やローマ教皇について、夜遅くまでバイニングに語って聞かせた。

十六日昼前、明仁皇太子はバイニング邸を出た。家の前には四百人近い群衆が集まって歓声を上げていた。皇太子は手を振って応えた。午後にニューヨークに着いた。同市に入ると警備が急に物々しくなり、八台のオートバイと二台の警察車両が前後を護衛し、四十二番街やフィフス・アベニューなどが通行止めになった。サイレンを鳴らしづめで走るので、歩道やビルの窓は見物人でいっぱいになった。(144)夜はヤンキー・スタジアムでニューヨーク・ヤンキースの試合を観戦した。

十七日もニューヨーク市内の視察で、証券取引所、市役所、ニューヨーク・タイムズ社を回った。この日、皇太子はオープンカーに乗り、随員の車や記者の報道バスなど十一台が続いた。車列は三百メートルにもなり、大パレードのようになった。国連本部ではハマーショルド事務総長に会い、総会を十五分ほど傍聴した。皇太子は日本の国連加盟が早期に実現することを切望する旨の声明を発表したが、政治的に踏み込んだ声明はこのとき問題視されることはなかった。

夜はジャパン・ソサエティーの晩餐会があり、約千五百人が出席した。明仁皇太子は食前に約三十分、一部の参加者の挨拶を受けたが、米国人、日本人を問わず握手で応じた。小泉によると「日本人、殊に日本婦人の、あまりに深く低頭することを顧慮(145)」したものだった。

晩餐会にはロックフェラー三世、ダレス国務長官、バイニングらも出席した。ニューヨーク在住のマッカーサーも招待されていたが、このときは不在だったらしく出席しなかった。ダレスはここでも日米の安全保障に言及したスピーチを約二十分にわたって行った。小泉は「かかる機会のものとしてはやや国際政治論が多すぎたと、自分は思う(146)」との感想を持った。

続いて皇太子のスピーチ。「自分はアメリカに来て多くのモニュメント(記念碑)を見て感心したが、更にそれ等のモニュメントがそのため建てられたその人々のことを考えた」という趣旨を述べた。小泉は「お話は短いものであったが、御態度は悠揚迫らず、御発音は明晰で、よく聴きとれた」と満足した。

小泉の席に近い人たちが「大なる成功」とささやき、晩餐の終わった後は多くの人がバイニングに祝辞を述べていた[147]。バイニングもうれしかったようで、随員の吉川に「おめでとう」と日本語で語りかけた[148]。

日系人街をオープンカーで巡る

九月十八日はバイニングも同行して故フランクリン・ルーズベルト大統領夫人を訪ね、大統領の墓前に花輪を供えた。夜は公開されたばかりのオードリー・ヘプバーン主演の映画『ローマの休日』を鑑賞した。バイニングは「礼儀作法をかなぐり捨ててローマでの自由な一日を楽しんだ王女の体験をお楽しみになった(この映画はわたしの推薦だった)[149]」と書いている。バイニングのちょっとしたいたずらだったのか。吉川ら随員は明仁皇太子の境遇を思いひやひやしながら見ていたという。

十九日から三日間はボストンで過ごし、ボストン美術館やハーバード大学を訪問した。ボストンの日本協会主催の午餐会で元駐日大使のグルーがあいさつに立ち、皇太子誕生の日の自身の日記を引用して感慨を語った。皇太子は二十一日にここまで同行したバイニングと別れ、飛行機でデトロイトに向かった。デトロイトではミシガン大学やフォードの工場を見学した。

六カ月の旅もあと三週間となった。二十二日、吉川は松井と過密日程が続いたニューヨークで皇太子がまた倒れるのではないかと心配したことを話し合ったが、「これからはロス・アンジェルス、サン・フランシスコでの多少の公的行事はあるが、なんといっても峠を下る気持ですべてが楽しい。きようではほんとうに百里の道を九十九里来た気がする」(150)と重圧から解放された気分になっていた。

二十三日は鉄道でシカゴに入った。シカゴは日系人が多く、駅では七百人が日の丸の小旗を振って出迎えた。皇太子が手を振ると一斉にバンザイを三唱した。二十五日はシカゴから鉄道でアイオワ、ネブラスカ、コロラドの各州を通過してワイオミング州に入った。皇太子はロックスプリングスにあるロックフェラーの山小屋に招かれ、二十八日まで滞在した。

ロックフェラー家はここに広大な土地を所有していた。ロッキー山脈を望む見渡す限りの大平原が広がり、西部劇の世界そのままの地だった。皇太子はイエローストーン公園で鱒釣りをし、至近距離で熊と遭遇するなど自然を満喫した。

二十九日に飛行機でロサンゼルスに着いたが、霧が深くてなかなか着陸できず、上空を三十分以上も旋回した。アメリカでは霧による飛行機事故がよく起きており、随員らは気が気ではなかった。ロスも日系人が多い土地柄で、空港ではバンザイの歓呼で迎えられた。

翌三十日にハリウッドのMGM撮影所を見学。そのあと明仁皇太子は日系人街をオープンカーに乗って回った。沿道では日の丸と星条旗の小旗を振った多くの日系人がバンザイを叫んだ。皇太子はオープンカーで立ち上がって手を振った。感激した群衆は皇太子の車を取り囲んで歓声を上げた。吉川は「随行するわれわれも涙が出る」と書いている。このあと皇太子は日本人墓地で二世部隊の殉国碑と慰霊塔に供花した。

十月二日、サンフランシスコに入った。夜、オペラを観劇したが、このオペラハウスは二年前、サンフランシスコ講和条約が調印された場所だった。三日には同地でも日系人の歓迎園遊会が開かれた。一世から三世まで約二千人が集まった。儀式ばった歓迎文朗読や記念品の献上式があり、戦前の日本人がそのまま凍結されて残っているようだった。

そして、七日、いよいよアメリカ大陸を離れ、日本へ戻る日が来た。深夜十二時、日付けが八日に変わったころに皇太子一行はサンフランシスコのホテルを出発して空港へ向かった。午前一時前にパンアメリカン航空のクリッパー機がハワイに向け飛び立った。

ところが出発して間もなく、飛行機の四つのエンジンのうち一つが故障して引き返すことになった。もとの空港に戻ったとき、皇太子は「これが三度目の米大陸訪問だ」と冗談を言ったが、この旅行中は飛行機でヒヤリとすることが多かった。午前三時過ぎ、別の飛行機に乗り換えて再出発した。[151]

一行が機上で目を覚ますとハワイだった。時差が三時間あり、ホノルルの空港に着陸したのは午前十時五十分だった。夕刻から知事公邸でお茶の会があったが、日本訪問を控えてハワイに滞在していたニクソン副大統領が出席した。九日は一万人以上が集まった日系人の歓迎会があり、皇太子は拡声器を使ってあいさつした。会場を去る際はあちこちでバンザイの声が上がった。

十日は邦人経営のパイナップル農場を見学、ワイキキビーチで水泳を楽しんだ。午後十一時過ぎ、明仁皇太子一行を乗せ東京に向かうパンアメリカン航空特別機が飛び立った。空港ではたくさんの日系人が提灯を振って見送った。六十人乗りの特別機は乗員のほかは一行十一人のみ。吉川ら随員は機内のバーで祝杯を上げた。皇太子はすでに床に就いていた。

ウェーキ島で燃料補給をした後、機は十二日午前十一時過ぎに東京に到達した。予定より早かったため、東京上空をひと回りすることになり、皇居の上を飛んだ。皇太子は窓に顔をあてて眺めていた。ちょうどそのころ、裕仁天皇と良子皇后も御文庫のテラスから皇居上空を飛ぶ飛行機を見上げていた。

半年の旅より帰りいま望む雲の合間の日の本の土

刻々に大きく見え来る母国の街操縦室よりあかず眺めぬ[152]

「帰国」と題してこのときのことを詠んだ明仁皇太子の歌だ。

特別機は十一時半ごろ羽田空港に着陸した。半年ぶりの日本である。義宮と清宮貴子内親王、吉田首相、勅使の稲田周一侍従次長らが出迎えた。

この日はテレビで皇太子帰国が実況中継された。小雨が降っていたが、皇太子はオープンカーに乗って皇居に向かった。沿道には出迎えの人波が切れ目なく続き、新聞は二十万人と伝えた。皇太子は皇居まで手を振り続けて奉迎に応えた。これを見ていた吉川は次のように感じていた。

「多数の人が出ていたにもかかわらずなんとなく淋しい感じ、つまり一般がわきたたぬ感じがしたのはどういうわけだろうか。ハワイ、加州の歓迎が、人数が少なくとも熱狂的であったのに比較すると、つつましくふるまう内地日本人の慣習でであろう[153]」

「国運をかけた」といってもいい戦後日本外交の一大イベントが無事終わった、宴の後のさびしさといえるだろうか。

日本の身の丈を知った旅

正午過ぎに皇居に着いた明仁皇太子は裕仁天皇、良子皇后に対面し、旅の報告をした。そして各皇族、親族と昼食をともにした。帰国にあたって「今回の旅行に当り、私は欧米十四ケ国を訪問し、到る所王室を初め官民の温かい配慮と懇ろな待遇を受けたことは、私の永く忘れることのできない感銘であります。また各地に活躍する多くの同胞からも熱誠溢れる歓迎を受け、たいへん嬉しくかつ心強く感じました[154]」とするメッセージを発表した。

明仁皇太子の帰国前の十月十日と十一日、毎日新聞に藤樫準二記者の「皇太子さまに随行して」と題する総括記事が二回にわたって掲載された。藤樫は裕仁天皇が皇太子時代の訪欧と比較して「あたかも世界の五大強国と称し、軍艦を仕立て、随員も三十余名という華やかさであった。ところが今回の御旅行は敗戦後の貧困な新日本をバックに、十四ヵ国を歴訪されたことは、十九才の青年皇太子には負担が重すぎたように思われた」と書いた。

過密なスケジュールと行く先々での歓迎に応えなければならない負担はかなりのもので、皇太子は「フラフラされながら」日程を無理やりこなしており、「こんなことは一度や二度でなかった」という。日程だけではなく、天皇の若きころの欧州旅行と比べるとはるかに難しい旅だったと藤樫は言う。各国は外交儀礼として賓客扱いしてくれたが、国によっては冷淡な場合もあった。それを乗り越えて大役を果たした皇太子はめざましい成長を遂げたと称賛する。

明仁皇太子は欧州で深く印象を受けたこととして、「街が清潔であったこと」「道路は各国とも立派であったこと」「国民の生活水準が日本より高いように見えたこと」の三点を挙げた。平成以降に日本を訪れた外国人が持つような印象だが、敗戦から十年を経ない日本はまだまだ復興途上で貧しかった。皇太子帰国の二日後、入江相政侍従は次のように日記に書いた。

「昼食の時侍従長と黒木君が来て一緒に食事。欧米の民度の高い話が出、日本人の小うるさゝ、せゝこましさなどが話題になる。田中徳さん〔共同通信記者〕がゐて併し娘を売つてゐる人のことを忘れてはいけないといふ。全くその通りで、東宮様も外から見た祖国の貧しさをお忘れになつてはいけない」[155]

明仁皇太子は四十代半ばになってからの記者会見でこの旅の印象を聞かれ、「国民が豊かでなければいけないということを非常に感じましたね。一人一人が豊かになっていくことが望ましいと感じました」[156]と述べている。

皇太子にとって、世界のなかでの日本の位置、身の丈を知る旅だった。そして、皇室にとっても、戦争責任がつきまとい外国訪問が困難な裕仁天皇に代わって、皇太子が国際親善を担っていく画期となる。報道で国民が知った皇太子の各国の王族、要人との会見、スピーチ、社交、あこがれの欧米名所めぐりなどは、まだ不確かだった戦後の新しい皇室像、象徴天皇像をイメージさせることにもなった。

明仁皇太子が大任を果たしたことを喜んだ裕仁天皇だったが、田島に「皇太子の外遊は非常に好評だが、その皇太子の外遊の結果といふやうなものは十年、二十年の後に出るものであるにも係らず、世間は早速に何かの具体的の事実の動きがないと承知せぬ国民性」なので、宮内庁は何か施策を考えるべきではないかと話している[157]。

皇太子は帰国後も忙しかった。十月十五日は約五万人が詰めかけた日比谷公園での「皇太子殿下御帰朝都民奉祝会」に臨席。同月下旬に軽井沢で静養したものの、十一月初旬には伊勢神宮と神武天皇陵、橿原神宮、明治天皇陵に帰朝報告のため関西へ向かった。

そして伊勢のあと奈良に入って皇太子はまた倒れた。三十八度以上の発熱のため、以降の予定をキャンセルして帰京することになった。

風邪と発表され、世間では大事ないように思われたが、そうではなかった。十二月の二十歳の誕生日の直前、結核と診断されたのだ。外遊中何度か発熱していたのも、過密日程の疲れと重い責任によるストレスで体力が落ちたときに、すでに感染していた結核菌が活性化したのではないかとみられる。ストレプトマイシンなど特効薬が開発されていたとはいえ、この時代はまだ結核は死の病として恐れられていた。まして皇室ではこの年の一月に秩父宮が結核で死去したばかりだった。裕仁天皇、良子皇后の驚愕はいかばかりだったか。

しかし、その反応、苦悩をうかがわせる記録はない。『昭和天皇実録』にも皇太子の結核に関する記述は一切ない。入江や小泉など天皇、皇太子の側近の日記、手紙などこの時期の資料にもまったく出てこない。あえて触れなかったのか、公表する際に削除されたのか。国民に対してもひた隠しにされた。幸い皇太子に重度の発症はなく、投薬治療を秘かに行っていくことになる。

（中巻へつづく）

注

第1章　万世一系と「神の子」

(1)伊藤隆・広瀬順皓編『牧野伸顕日記』(中央公論社、一九九〇年)三八六頁
(2)藤樫準二『千代田城――宮廷記者四十年の記録』(光文社、一九五八年)三三頁
(3)森暢平『近代皇室の社会史――側室、育児、恋愛』(吉川弘文館、二〇二〇年)一九七～一九八頁では、田中光顕は当時、宮内大臣の一木喜徳郎の排斥運動をしており、一部新聞が内容を詳しく書かずに田中の一木攻撃をセンセーショナルに報じたことが、「側室」と結びついて臆測されたとしている。
(4)『牧野伸顕日記』四三七、四五一頁
(5)半藤一利『B面　昭和史1926―1945』(平凡社、二〇一六年)一四九頁
(6)一九五九年十一月二十七日付け毎日新聞夕刊六頁の梅林寺こうのコメント、千田夏光『ドキュメント　明仁天皇――新天皇はどう育てられたか』(講談社文庫、一九八九年)三六頁
(7)牛嶋秀彦『ノンフィクション　天皇明仁』(河出文庫、一九九〇年)六二頁
(8)妙義出版社出版部編『皇太子殿下・立太子記念御写真帖』(妙義出版社、一九五二年)一四頁
(9)永積寅彦『昭和天皇と私　八十年間お側に仕えて』(学習研究社、一九九二年)一四九頁
(10)吉田伸弥『天皇への道』(講談社文庫、二〇一六年)二一～二二頁
(11)『昭和天皇と私　八十年間お側に仕えて』一五一～一五二頁
(12)ジョセフ・C・グルー『滞日十年』(石川欣一訳、ちくま学芸文庫、二〇一一年)一八九頁
(13)一九三三年十二月二十四日付け朝日新聞夕刊
(14)木戸日記研究会校訂『木戸幸一日記』上巻(東京大学出版会、一九六六年)二九四頁

(15)『牧野伸顕日記』五五二〜五五三頁
(16)『千代田城——宮廷記者四十年の記録』三三〜三四頁
(17)『ドキュメント　明仁天皇——新天皇はどう育てられたか』三〇頁
(18)同三一頁
(19)『高松宮日記』第二巻(中央公論社、一九九五年)一八四頁。このほかの歌は「うれしくも豊さかのほる　天つ日の日つきの御子のうまれたまへる」「朝まだき　うまれませしは　みこと聞き　しばしは夢とうたがひてけり」「かくばかり　うれしきことのまたかある　まちにまちたる今日のあれまし」。
(20)野上彌生子『野上彌生子全集　第Ⅱ期』第四巻(岩波書店、一九八七年)二三九頁
(21)『木戸幸一日記』上巻三〇四頁
(22)河井弥八著、高橋紘ほか編『昭和初期の天皇と宮中　侍従次長河井弥八日記』第六巻(岩波書店、一九九四年)二二七〜二三〇頁
(23)『高松宮日記』第二巻一九六頁(一九三四年一月七日)
(24)同一九六頁
(25)『牧野伸顕日記』四四頁
(26)木下道雄『側近日誌』(文藝春秋、一九九〇年)四一〜四二頁(一九四五年十一月十一日)
(27)「小倉侍従日記」昭和天皇戦時下の肉声」(文藝春秋二〇〇七年四月号)一二九頁(昭和十四年十二月七日)
(28)『昭和天皇と私　八十年間お側に仕えて』一五九〜一六〇頁
(29)『昭和　二万日の全記録　第三巻　非常時日本　昭和七年〜九年』(講談社、一九八九年)二一七頁
(30)『ドキュメント　明仁天皇——新天皇はどう育てられたか』六一頁
(31)同六二頁
(32)広幡忠隆『頭陀袋』(日本海事振興会、一九六一年)八四〜八五頁
(33)原田熊雄述『西園寺公と政局』第三巻(岩波書店、一九五一年)三二九〜三三〇頁
(34)本庄繁『本庄日記』(原書房、一九六七年)一九二頁(一九三四年八月二十九日)

(35)同一九二〜一九三頁
(36)正田英三郎小伝刊行委員会編『正田英三郎小伝』(日清製粉、一九九〇年)三〜一〇頁
(37)岩川隆「美智子妃の母　正田富美子さんの三十年」(週刊文春一九八八年六月九日号)、正田富美子「私の結婚」(実業之世界一九五五年六月号)
(38)渡辺満子『皇后陛下美智子さま　心のかけ橋』(中央公論新社、二〇一四年)二五二頁
(39)『皇太子殿下・立太子記念御写真帖』三四頁
(40)『昭和天皇実録　第六』(東京書籍、二〇一六年)六九六頁
(41)『本庄日記』二〇二頁
(42)『牧野伸顕日記』六二六頁
(43)『鈴木貫太郎伝』(鈴木貫太郎伝記編纂委員会、一九六〇年)一六〇〜一六一頁
(44)『牧野伸顕日記』六二六頁
(45)同
(46)『木戸幸一日記』上巻四一七頁
(47)『本庄日記』二一五頁
(48)『牧野伸顕日記』六五四頁
(49)『昭和天皇実録　第六』八〇〇頁
(50)入江為年監修、朝日新聞社編『入江相政日記』第一巻(朝日新聞社、一九九〇年)一三頁
(51)一九三五年十二月二十三日付け中外商業新報
(52)『本庄日記』二六五頁
(53)『昭和天皇実録　第七』(東京書籍、二〇一六年)二九頁
(54)『本庄日記』二七五頁
(55)同
(56)『高松宮日記』第二巻三六七頁

(57)『頭陀袋』八八頁
(58)入江相政『いくたびの春――宮廷五十年』(TBSブリタニカ、一九八一年)一八四頁
(59)『皇太子殿下・立太子記念御写真帖』四九〜五〇頁
(60)『昭和天皇実録　第七』二七七頁(一九三七年一月二十八日)
(61)『皇太子殿下・立太子記念御写真帖』三六頁
(62)薗部英一編『新天皇家の自画像』(文春文庫、一九八九年)三五〇頁(一九八三年十二月二十日)
(63)『天皇への道』四八頁
(64)『皇太子殿下・立太子記念御写真帖』四六頁
(65)『昭和天皇実録　第七』三一三頁
(66)『天皇への道』四九〜五〇頁
(67)同五〇頁
(68)天皇陛下ご即位十年に際し(平成11年)天皇皇后両陛下の記者会見　平成11年11月10日(宮内庁ホームページ)
(69)渡邉允「陛下のお側にお仕えして」(「祖国と青年」平成二〇年四月号)
(70)『入江相政日記』第一巻一〇五頁
(71)一九三七年十一月二十八日付け朝日新聞朝刊
(72)原田熊雄述『西園寺公と政局』第六巻(岩波書店、一九五一年)一七五頁
(73)橋本明『平成の天皇』(文藝春秋、一九八九年)九九〜一〇〇頁、明石元紹『今上天皇つくらざる尊厳』(講談社、二〇一三年)四一〜四三頁
(74)『皇太子殿下・立太子記念御写真帖』四七頁
(75)『今上天皇つくらざる尊厳』四三頁
(76)木下崇俊「初めてのデパート」(〈御学友アンケート〉新天皇の思い出『昭和天皇の時代「文藝春秋」にみる昭和史・別巻』、文藝春秋、一九八九年)六四四〜六四五頁
(77)『千代田城――宮廷記者四十年の記録』一四一頁

(78)小野昇編『若き皇太子』(第一出版社、一九五二年)
(79)『皇后陛下　美智子さま　ご還暦記念写真集』(ＰＨＰ研究所、一九九四年)八四頁
(80)「「小倉庫次侍従日記」　昭和天皇戦時下の肉声」一二一頁
(81)『昭和天皇実録　第七』八〇二頁
(82)「「小倉庫次侍従日記」　昭和天皇戦時下の肉声」一二六頁
(83)『頭陀袋』八六～八七頁
(84)山梨勝之進先生記念出版委員会編『山梨勝之進先生遺芳録』(山梨勝之進先生記念出版委員会、一九六八年)一三〇～一三一頁
(85)義宮の別居をめぐる裕仁天皇と百武侍従長とのやりとりは「「小倉庫次侍従日記」　昭和天皇戦時下の肉声」(一九三九年十二月五日)一二七～一二九頁
(86)同(一月十七日)一三〇頁
(87)『昭和天皇と私　八十年間お側に仕えて』一六三頁
(88)「「小倉庫次侍従日記」　昭和天皇戦時下の肉声」(一九四〇年一月十九日)一三〇頁
(89)『平成の天皇』一一五頁
(90)『入江相政日記』第一巻二〇五頁
(91)同二〇八頁
(92)『千代田城——宮廷記者四十年の記録』一四一～一四二頁
(93)学習院の歌委員会「学習院の歌」
(94)『平成の天皇』一一四頁
(95)『天皇への道』七一～七二頁
(96)「「小倉庫次侍従日記」　昭和天皇戦時下の肉声」(一九四〇年四月八日)一三三頁
(97)『皇太子殿下・立太子記念御写真帖』五〇～五一頁
(98)同一八〇頁

(99)同一八一頁
(100)『平成の天皇』一一七頁
(101)『今上天皇つくらざる尊厳』四八頁
(102)同四九頁
(103)『平成の天皇』一一八頁
(104)久邇邦昭『少年皇族の見た戦争――宮家に生まれ一市民として生きた我が生涯』(ＰＨＰ研究所、二〇一五年)六八頁
(105)『平成の天皇』一一八〜一一九頁
(106)「「小倉庫次侍従日記」 昭和天皇戦時下の肉声」(一九四〇年四月三十日)一三三頁
(107)同一三三頁
(108)『入江相政日記』第一巻二二七頁
(109)同二二七〜二二八、二三三頁
(110)『今上天皇つくらざる尊厳』五三頁
(111)『平成の天皇』一二四頁
(112)『今上天皇つくらざる尊厳』五四頁、『平成の天皇』一二四頁
(113)『皇太子殿下・立太子記念御写真帖』五九頁
(114)『平成の天皇』一二五頁
(115)『天皇への道』七八〜七九頁
(116)『平成の天皇』一五三頁
(117)八條隆充「行司差し違え」(〈御学友アンケート〉新天皇の思い出)六四一〜六四二頁
(118)『皇太子殿下・立太子記念御写真帖』一八四頁
(119)『平成の天皇』一九〇頁
(120)同

(121)『皇太子殿下・立太子記念御写真帖』一八〇頁
(122)『平成の天皇』一六一~一六二頁
(123)同二一三~二一四頁
(124)『天皇への道』八八~八九頁
(125)高橋紘『昭和天皇 1945―1948』(岩波現代文庫、二〇〇八年)二三七頁

第2章 亡国の危機に

(1)『平成の天皇』一八〇~一八一頁
(2)同一八五頁
(3)同一八七~一八八頁
(4)『今上天皇つくらざる尊厳』五七頁
(5)皇后陛下お誕生日に際し(平成16年)宮内記者会の質問に対する文書ご回答(宮内庁ホームページ)
(6)『入江相政日記』第一巻二五三頁
(7)明仁皇太子の避難計画の詳細は、柴田紳一「昭和十六年皇太子避難計画について」(国學院大學日本文化研究所紀要、二〇〇四年)を参照
(8)同七〇頁
(9)同
(10)『昭和天皇実録 第八』(東京書籍、二〇一六年)四九六頁
(11)『平成の天皇』一九八~一九九頁
(12)「「小倉庫次侍従日記」 昭和天皇戦時下の肉声」(一九四一年十月十日)一五一頁
(13)同一五三頁
(14)『平成の天皇』二〇二~二〇三頁
(15)『今上天皇つくらざる尊厳』五八頁

(16)『平成の天皇』二〇八頁
(17)二〇一八年十二月二十三日付け読売新聞朝刊「初等科4年作文の指導記録」
(18)『平成の天皇』二〇九頁
(19)『皇太子殿下・立太子記念御写真帖』二四頁
(20)同八五頁
(21)「小倉庫次侍従日記」昭和天皇戦時下の肉声」一五九頁
(22)「日光の皇太子さま――陛下の周辺・その三」(『昭和史の天皇』五　読売新聞社、一九八〇年)六一～六二頁
(23)『入江相政日記』第一巻三二三頁
(24)一九四二年十二月二十三日付け朝日新聞朝刊
(25)『昭和天皇実録　第九』(東京書籍、二〇一六年)六～七頁
(26)『皇太子殿下・立太子記念御写真帖』一二〇頁
(27)一九四三年五月三十日付け日本産業経済
(28)「小倉庫次侍従日記」昭和天皇戦時下の肉声」一七一頁
(29)『平成の天皇』二三一頁
(30)「小倉庫次侍従日記」昭和天皇戦時下の肉声」一七一頁
(31)『皇太子殿下・立太子記念御写真帖』九九頁
(32)『今上天皇つくらざる尊厳』六七頁
(33)同
(34)二〇一八年十二月二十三日付け読売新聞朝刊「初等科4年作文の指導記録」
(35)『平成の天皇』二三五頁
(36)同二二六～二二七頁
(37)一九四三年十二月二十三日付け日本産業経済
(38)原田熊雄述『西園寺公と政局』第五巻(岩波書店、一九五一年)二七九～二八〇頁

(39)二〇〇五年十二月四日付け朝日新聞朝刊
(40)学習院百年史編纂委員会編『學習院百年史　第二編』(学習院、一九八〇年)三四九~三五一頁
(41)同三五二頁
(42)同
(43)『皇太子殿下・立太子記念御写真帖』一八九頁
(44)「日光の皇太子さま――陛下の周辺・その三」六五頁
(45)『平成の天皇』二三三頁
(46)同
(47)二〇一八年十二月十七日付け読売新聞朝刊「天皇陛下　疎開の日々　初等科教授の記録」
(48)「皇后美智子さま51人の証言」(文藝春秋二〇〇三年十一月号)二七五頁
(49)『平成の天皇』二三五頁
(50)「日光の皇太子さま――陛下の周辺・その三」六六頁
(51)同六五頁
(52)『今上天皇つくらざる尊厳』七二頁
(53)『學習院百年史　第二編』三六九頁、『平成の天皇』二四一頁
(54)二〇一八年十二月十七日付け読売新聞朝刊「天皇陛下　疎開の日々　初等科教授の記録」
(55)『平成の天皇』二四四頁
(56)『新天皇家の自画像』三一〇~三一一頁
(57)『學習院百年史　第二編』三七九頁
(58)『平成の天皇』二四八~二四九頁
(59)同二五〇頁
(60)同二五七頁
(61)『昭和天皇実録　第九』四九九頁

(62)『學習院百年史　第二編』三六二～三六三頁
(63)『平成の天皇』二五七～二五八頁
(64)同二五八頁
(65)「日光の皇太子さま――陛下の周辺・その三」七二頁
(66)「皇后美智子さま51人の証言」二七六頁
(67)大下英治『慈愛のひと　美智子皇后』(光文社、一九九一年)七六～七八頁
(68)工藤美代子『美智子さま　その勁き声』(毎日新聞出版、二〇一九年)三四頁
(69)「美智子さま物語」(主婦と生活一九六八年四月号)
(70)「だれにも愛され慕われた」(週刊読売一九五八年十二月七日号)二〇頁
(71)皇后陛下お誕生日に際し(平成6年)宮内記者会の質問に対する文書ご回答(宮内庁ホームページ)
(72)第26回ＩＢＢＹニューデリー大会(１９９８年)基調講演　子供の本を通しての平和――子供時代の読書の思い出――美智子(宮内庁ホームページ)
(73)同
(74)橋本明「皇太子に宛てた「天皇の手紙」」(新潮45一九八六年五月号)六一～六二頁
(75)『今上天皇つくらざる尊厳』八三頁
(76)『學習院百年史　第二編』三八三頁
(77)『皇太子殿下・立太子記念御写真帖』五五頁
(78)「日光の皇太子さま――陛下の周辺・その三」五九頁
(79)『昭和天皇拝謁記　初代宮内庁長官田島道治の記録　4　拝謁記4　昭和二七年七月～二八年四月』(岩波書店、二〇二二年)一〇六頁
(80)「日光の皇太子さま――陛下の周辺・その三」七三頁
(81)『天皇への道』一九一～一九二頁
(82)『側近日誌』四七～四八頁

頁
(83)木下道雄『新編　宮中見聞録　昭和天皇にお仕えして』(日本教文社、一九九八年)五〇~六七、七三~八五頁
(84)「皇后美智子さま51人の証言」二七七頁
(85)渡辺みどり『美智子皇后の「いのちの旅」』(文藝春秋、一九九一年)三二~三四頁
(86)「日光の皇太子さま――陛下の周辺・その三」七五頁
(87)子供の本を通しての平和――子供時代の読書の思い出――美智子(宮内庁ホームページ)
(88)『皇后美智子さま　全御歌』(新潮社、二〇一四年)二一九~二二〇頁
(89)皇后陛下お誕生日に際し(平成16年)宮内記者会の質問に対する文書ご回答(宮内庁ホームページ)
(90)『平成の天皇』二八六頁
(91)『若き皇太子』九四頁
(92)高杉善治『平成の天皇青春の日々』(読売新聞社、一九八九年)四〇頁
(93)同四七~四八頁
(94)「日光の皇太子さま――陛下の周辺・その三」八六~八八頁
(95)『平成の天皇』二九二頁
(96)「日光の皇太子さま――陛下の周辺・その三」九〇~九三頁
(97)『皇太子殿下・立太子記念御写真帖』一四二頁
(98)『平成の天皇青春の日々』六一~六三頁、『平成の天皇』二九二~二九三頁
(99)『今上天皇つくらざる尊厳』六五頁
(100)『天皇への道』一四八~一四九頁
(101)一九四五年八月十一日付け日本産業経済
(102)「日光の皇太子さま――陛下の周辺・その三」一〇六~一〇八頁
(103)『平成の天皇青春の日々』六五頁
(104)二〇一八年十二月十七日付け読売新聞朝刊「天皇陛下　疎開の日々　初等科教授の記録」

(105)藤田尚徳『侍従長の回想』(中公文庫、一九八七年)一五二頁
(106)秦郁彦『裕仁天皇五つの決断』(一九八四年、講談社)九一頁
(107)「日光の皇太子さま——陛下の周辺・その三」一一二頁
(108)筆者取材。宮内庁関係者らに語った言葉から
(109)同
(110)『平成の天皇青春の日々』七一頁
(111)『今上天皇つくらざる尊厳』九〇頁
(112)同九〇~九一頁

第3章　師との出会い

(1)『平成の天皇青春の日々』七五頁
(2)上前淳一郎「終戦秘録「皇太子を奪取せよ」」(文藝春秋一九七六年八月号)一四五頁
(3)『平成の天皇青春の日々』七六頁
(4)同七六~七七頁
(5)同八四~八五頁
(6)上前淳一郎「〝皇太子を奪取せよ〟」(文藝春秋一九七六年九月号)三二三頁
(7)『平成の天皇青春の日々』八九頁
(8)「終戦秘録「皇太子を奪取せよ」」一五二頁
(9)『裕仁天皇五つの決断』一〇〇~一〇一頁
(10)「日光の皇太子さま——陛下の周辺・その三」一一七~一一八頁
(11)同一一八頁
(12)『側近日誌』四八~四九頁
(13)『學習院百年史　第二編』三九三頁、徳川義寛『徳川義寛終戦日記』(朝日新聞社、一九九九年)二九六頁

（14）「皇太子に宛てた「天皇の手紙」」六六～六七頁
（15）同六七頁
（16）『新天皇家の自画像』五一一頁
（17）『學習院百年史　第二編』五五五頁
（18）『昭和天皇　1945―1948』一三七頁
（19）『學習院百年史　第二編』五五八頁
（20）工藤美代子「「皇后美智子さま」秘録」第14回（週刊新潮二〇一四年九月十一日号）
（21）「〝ミッチィ〟の横顔　生いたちとその人柄」（週刊朝日一九五八年十二月七日号）一二一～一二三頁
（22）『若き皇太子』六八～六九頁、宮内庁東宮職編『皇太子同妃両殿下御歌集　ともしび』（婦人画報社、一九八六年）一一頁
（23）「日光の皇太子さま――陛下の周辺・その三」一二六頁
（24）『學習院百年史　第二編』三九三～三九四頁
（25）吉村昭『戦艦武蔵ノート』（岩波現代文庫、二〇一〇年）五～六頁
（26）『高松宮日記』第八巻（中央公論社、一九九七年）一七四頁
（27）『側近日誌』一三～一五頁、「特集日本の皇太子」（サロン一九四九年）四四頁
（28）『學習院百年史　第二編』三九三頁
（29）『天皇への道』一七三～一七四頁
（30）「日光の皇太子さま――陛下の周辺・その三」一二九頁
（31）『新天皇家の自画像』一〇一、三一一頁
（32）天皇陛下お誕生日に際し（平成5年）天皇陛下の記者会見　平成5年12月20日（宮内庁ホームページ）
（33）「日光の皇太子さま――陛下の周辺・その三」一三〇頁
（34）『昭和天皇実録　第九』（東京書籍、二〇一六年）八七二頁
（35）「日光の皇太子さま――陛下の周辺・その三」一三二～一三三頁

(36)『側近日誌』三八頁
(37)同四〇～四一頁
(38)同五三頁
(39)『昭和天皇実録　第九』八九八頁
(40)『側近日誌』五九～六〇頁(現代文に修正)
(41)『昭和　二万日の全記録　第七巻　廃墟からの出発　昭和二〇年～二一年』(講談社、一九八九年)一七八頁
(42)『側近日誌』六〇頁
(43)『學習院百年史　第二編』五三〇頁
(44)同五三一～五三二頁、『今上天皇　つくらざる尊厳』九八頁
(45)『高松宮日記』第八巻二一〇頁
(46)『若き皇太子』六九頁
(47)入江為年監修、朝日新聞社編『入江相政日記』第二巻(朝日新聞社、一九九〇年)二四頁
(48)『皇太子殿下・立太子記念御写真帖』一三六頁
(49)『側近日誌』九四頁
(50)オーテス・ケーリ編訳『天皇の孤島　日本進駐記』(サイマル出版会、一九七七年)一八二～一八三頁
(51)東宮侍従の栄木忠常の日記(一九四五年一月)には「イギリスに二年、アメリカに一年」という留学構想が記されていた(二〇一八年四月二十九日のNHKニュースなどによる)。
(52)主な式典におけるおことば(平成2年)天皇陛下のおことば　学習院初等科校舎建築50周年記念祝賀会　平成2年3月7日(水)(学習院初等科)(宮内庁ホームページ)
(53)学習院百年史編纂委員会編『學習院百年史　第三編』(学習院、一九八〇年)四一～四二頁
(54)『回想のブライス』(回想のブライス刊行会事務所、一九八四年)四四～四八頁
(55)『側近日誌』一一四頁
(56)象徴としてのお務めについての天皇陛下のおことば(平成28年8月8日)(宮内庁ホームページ)

(57)『學習院百年史　第三編』四三頁
(58)『昭和天皇実録　第十』(東京書籍、二〇一七年)三九頁
(59)『回想のブライス』一六三～一六四頁
(60)東野真『昭和天皇二つの「独白録」』(日本放送出版協会、一九九八年)一五三頁
(61)『高松宮日記』第八巻三一三頁
(62)安倍能成『安倍能成　戦後の自叙伝』(日本図書センター、二〇〇三年)六七頁
(63)『側近日誌』一六五頁
(64)同一六三～一六四頁
(65)『昭和天皇実録　第十』二七頁
(66)『高松宮日記』第八巻三〇一～三〇二頁
(67)『ノンフィクション　天皇明仁』一七八頁
(68)瀬畑源「明仁皇太子の教育に関する一考察」(『年報・日本現代史九号』二〇〇四年)八八頁
(69)『山梨勝之進先生遺芳録』一三四頁
(70)『アルバム　小泉信三』(慶應義塾大学出版会、二〇〇九年)五七頁
(71)塩田潮『昭和をつくった明治人』(文藝春秋、一九九五年)一六四頁
(72)『若き皇太子』一〇六頁
(73)『千代田城――宮廷記者四十年の記録』一四四頁
(74)二〇一八年十二月十七日付け読売新聞朝刊「天皇陛下　疎開の日々　初等科教授の記録」
(75)「皇后美智子さま51人の証言」二七八頁
(76)佐佐木信綱主宰『心の花』(一九四六年七月号、四七年八～九月号)
(77)『慈愛のひと　美智子皇后』九三～九六頁
(78)『天皇への道』一九七頁、『學習院百年史　第二編』五六〇頁
(79)藤島泰輔「ジミーと呼ばれた頃」(知識一九八六年一月号「特別企画　皇太子の世紀」)、藤島は皇太子初登校

の日を六月二十八日と書いているが、記憶違いとみられる。
(80)橋本明『知られざる天皇明仁』(講談社、二〇一六年)五六頁
(81)『今上天皇 つくらざる尊厳』一〇七～一〇八頁
(82)同一〇九頁
(83)『昭和天皇実録 第十』一一〇頁
(84)同七三頁
(85)『平成の天皇青春の日々』一二四～一三〇頁、『天皇への道』二一一～二一四頁
(86)エリザベス・グレイ・ヴァイニング『天皇とわたし』(秦剛平／和子訳、山本書店、一九八九年)一六～一七頁
(87)同一九～二〇、二三～二四頁
(88)同二七頁
(89)『天皇とわたし』二四頁には八月四日に知らされたと書かれているが、ヴァイニング『皇太子の窓』(新装版)(小泉一郎訳、文藝春秋、一九八九年)二六頁では八月七日となっている。
(90)『天皇とわたし』三三頁
(91)『學習院百年史 第三編』二一八頁
(92)同一六六～一六九頁
(93)『皇太子の窓』二〇頁
(94)同二八～二九頁
(95)同三〇～三一頁
(96)同三七頁
(97)同一〇〇頁
(98)同三八～四三頁
(99)同五〇～五一頁

(100)同五二〜五三頁
(101)『今上天皇　つくらざる尊厳』一一〇〜一一二頁
(102)『皇太子の窓』五五頁
(103)同五八〜五九頁
(104)同六五頁
(105)六五〜六七頁
(106)「皇太子時代の「アイ・シャル・ビー・エンペラー」　バイニング夫人インタビュー」(文藝春秋一九八九年三月特別号「大いなる昭和」)六〇八頁
(107)『皇太子の窓』六二頁
(108)同七四頁
(109)二〇一六年十一月三日付け日本経済新聞電子版「三笠宮さまの意見書全文」より。
(110)所功『皇室典範と女性宮家——なぜ皇族女子の宮家が必要か』(勉誠出版、二〇一二年)一一〇〜一一五頁。戦後に皇籍を離脱した十一宮家は朝香・賀陽・閑院・北白川・久邇・竹田・梨本・東久邇・東伏見・伏見・山階の各宮家。
(111)『皇太子の窓』八六〜八八頁
(112)同八四頁
(113)小野昇『天皇記者三十年』(読売新聞社、一九七三年)二六三頁

第4章　日本のホープ、青春の煩悶

(1)『慈愛のひと　美智子皇后』九八〜九九頁
(2)井上亮「「女帝」「退位」で激論　新「皇室典範」は三ヵ月半で作られた」(文藝春秋SPECIAL二〇一七年冬号)
(3)『皇太子の窓』九七頁

(4)同九九頁
(5)『今上天皇　つくらざる尊厳』一一八～一一九頁
(6)『皇太子の窓』一二四頁
(7)同九九頁
(8)同一二四頁
(9)『心の花』(一九四七年八月号)
(10)「『皇后美智子さま』秘録」第19回(週刊新潮二〇一四年十月十六日号)
(11)『慈愛のひと　美智子皇后』一〇三～一〇四頁
(12)「〝ミッチィ〟の横顔　生いたちとその人柄」二四頁
(13)工藤美代子『皇后の真実』(幻冬舎、二〇一五年)一八二頁
(14)「三光町時代の読書」(宮内庁侍従職監修『歩み　皇后陛下お言葉集　改訂増補版』海竜社、二〇一九年)三九五頁
(15)同三九六頁
(16)同三九七頁
(17)子供の本を通しての平和――子供時代の読書の思い出――美智子(宮内庁ホームページ)
(18)小泉妙『父　小泉信三を語る』(慶應義塾大学出版会、二〇〇八年)二〇〇～二〇一頁
(19)芦部信喜『憲法　第八版　高橋和之補訂』(岩波書店、二〇二三年)四五～四六頁、清宮四郎『憲法Ⅰ　統治の機構　第三版　法律学全集三』(有斐閣、一九五七年)一五四頁
(20)『皇太子の窓』一一八～一一九頁、『天皇とわたし』一三二～一三三頁
(21)『天皇とわたし』一三六～一三七頁
(22)同一四一頁
(23)一九四七年五月二十九日付け読売新聞
(24)『皇太子殿下・立太子記念御写真帖』一九八～一九九頁

(25)『皇太子の窓』一二五頁
(26)『昭和天皇実録　第十』三三六〜三三七頁、『天皇記者三十年』二六一頁
(27)『天皇とわたし』八七頁
(28)寺崎英成、マリコ・テラサキ・ミラー編『昭和天皇独白録　寺崎英成　御用掛日記』(文藝春秋、一九九一年)二五八頁
(29)『側近日誌』二二〇頁
(30)『學習院百年史　第三編』二一八頁
(31)『天皇とわたし』一六〇頁
(32)『皇太子の窓』一四四頁
(33)同一四九頁
(34)『入江相政日記』第二巻一六六頁
(35)石井小一郎『テニスと私』(私家版、一九八〇年)一三頁
(36)同一〇〜一一頁
(37)同一五〜一六頁
(38)『皇太子の窓』一六〇頁
(39)『入江相政日記』第二巻二一三頁
(40)『皇太子の窓』一八九頁
(41)同一八七〜一八八頁
(42)『芦田均日記』第二巻(岩波書店、一九八六年)八六、九〇、九五〜九七、一〇七、一一二、一一三頁
(43)『入江相政日記』第二巻二三九頁(五月二十八日の条)
(44)『芦田均日記』第二巻一一八頁
(45)『皇太子の窓』一九三頁
(46)同一七八〜一七九頁

(47)同一八三頁
(48)『知られざる天皇明仁』二六頁
(49)『皇太子の窓』二〇四頁
(50)『芦田均日記』第二巻一五二、一八二～一八三頁
(51)加藤恭子『田島道治　昭和に「奉公」した生涯』(TBSブリタニカ、二〇〇二年)二〇八～二〇九、二一二頁
(52)同二三九頁
(53)裕仁天皇は一九四九年八月三十日、田島道治に「東宮さんは義宮さんと違ふ思ひやりが足らぬ」と発言している(『昭和天皇拝謁記　初代宮内庁長官田島道治の記録　1　拝謁記1　昭和二四年二月～二五年九月』岩波書店、二〇二一年、二七頁)。また、東宮侍従の黒木従達も四八年十月十日に田島に対して「皇太子自己中心、思ひやりなし、我儘」と嘆いていた(『昭和天皇拝謁記　初代宮内庁長官田島道治の記録　6　田島道治日記』(岩波書店、二〇二二年、二二三頁)。
(54)田島は一九四九年二月二十八日に明仁皇太子に拝謁した際、教育の責任者として「小泉日本に於ける唯一の適任」と言上している(『昭和天皇拝謁記　初代宮内庁長官田島道治の記録　1　拝謁記1　昭和二四年二月～二五年九月』六頁)。
(55)『皇太子殿下・立太子記念御写真帖』一〇六頁
(56)『知られざる天皇明仁』六八頁
(57)『皇太子の窓』二〇一～二〇二頁
(58)『天皇とわたし』一一五頁
(59)『入江相政日記』第二巻二五一頁
(60)『テニスと私』一八～一九頁
(61)小泉信三『ジョオジ五世伝と帝室論』(文藝春秋、一九八九年)九九頁
(62)東京裁判ハンドブック編集委員会『東京裁判ハンドブック』(青木書店、一九八九年)七〇～七一頁

(63)『皇太子の窓』二三五〜二三六頁
(64)同二三三〜二三七頁
(65)同二三九頁
(66)同二四一〜二四二頁
(67)同二四二〜二四三頁
(68)『皇太子殿下・立太子記念御写真帖』一四二頁
(69)織田和雄『天皇陛下のプロポーズ』(小学館、二〇一九年)一〇〜一四頁
(70)『安倍能成 戦後の自叙伝』一七〇頁
(71)一九八八年七月二十二日付け読売新聞朝刊「皇太子さま　幻の留学計画」
(72)『昭和天皇拝謁記　初代宮内庁長官田島道治の記録　6　田島道治日記』四六頁
(73)『皇太子の窓』二五九頁
(74)青木冨貴子『昭和天皇とワシントンを結んだ男――「パケナム日記」が語る日本占領』(新潮社、二〇一一年)八八頁
(75)同一〇〇頁
(76)『昭和天皇拝謁記　初代宮内庁長官田島道治の記録　1　拝謁記1　昭和二四年二月〜二五年九月』五九〜六〇頁
(77)同七一〜七二頁
(78)同六一、六八〜六九頁
(79)同六二〜六三頁
(80)『皇太子の窓』二六〇頁
(81)『知られざる天皇明仁』七六〜七七頁
(82)『天皇への道』二八一〜二八二頁
(83)『皇太子の窓』二七〇頁

(84)『新天皇家の自画像』五六七頁
(85)『知られざる天皇明仁』八五〜八六頁
(86)『皇太子の窓』二五九〜二六〇頁
(87)冨田ゆり、丸山美季「学習院・目白清明寮の歴史的価値について」（学習院大学史料館紀要二〇一六年三月）一〇頁
(88)岩倉具忠「〝万年床〟」（〈御学友アンケート〉新天皇陛下の思い出）六三六頁
(89)『若き皇太子』九五頁
(90)『父 小泉信三を語る』二〇九〜二一〇頁
(91)『昭和天皇拝謁記 初代宮内庁長官田島道治の記録 7 関連資料』（岩波書店、二〇二三年）四九〜五〇頁
(92)『皇太子の窓』二八七頁
(93)『皇太子の窓』二八九頁
(94)「ヴァイニング夫人の日記より 明仁親王――マッカーサーとの秘密会見記」（文藝春秋一九八九年三月特別号「大いなる昭和」）六一四〜六一七頁。全文は次の通り。

元帥　お元気ですか（ハウ・アー・ユー・ゲッティング・アロング）？（彼の声はパイプで多少くぐもったようになり、この熟語は殿下にとって耳新しいものだった）
バイニング　（小さな声で）お元気ですか（ハウ・アー・ユー）？
皇太子　とても元気です。ありがとう。
元帥　お父上によく似ていらっしゃる。（私に向かって）似てらっしゃるねえ。
バイニング　ええ、そうですわね。でも、お母上の面影もおありになると思います。
元帥　私はお母上は存じあげないが、外見の他にもいろいろお父上に似ていらっしゃるようだ。（これは、殿下に少々ご説明申し上げねばならなかった）
それから元帥は殿下に、何歳かと尋ねた。

皇太子　アメリカ式では十五歳です。

元帥　日本式では十六歳ですか。

皇太子　十七歳です。

元帥　十五歳にしてはなかなかしっかりしていらっしゃる。

皇太子　（笑いながら）背はそれほど高くありません。

元帥　今、何年生ですか。学校には何人の生徒がいますか。

皇太子　知りません。学習院には小、中、高、大とありますので、全部で何人の生徒がいるのか……。私のクラスには三十人の生徒がいます。

元帥　（私に向かって）学習院は貴族の学校ですか。

バイニング　今は違います。

元帥　放課後は友人に会いますか。

皇太子　（放課後（アフター・スクール）の意味が分からず、私が助ける）はい、友人たちとテニスをします。

元帥　それはいい。友人がいないと寂しいものです。野球はしますか。

皇太子　いいえ、テニスを。

元帥　テニスね。いいスポーツだ。フォレストヒルでおこなわれたデヴィスカップで日本の選手が、アメリカの偉大な選手であるチルデン、ジョンソンと試合をしたのを覚えていますよ。

皇太子　（うなずく）

元帥　ゴルフは？

皇太子　まだです。

元帥　水泳は？

皇太子　はい、泳げます。

バイニング　水泳がお得意です。

元帥　そうですか。一九二八年のアムステルダム・オリンピックではアメリカ代表の団長でしたが、その年、日本は新泳法を編みだして、多くの種目で優勝しました。アマチュア・スポーツはとてもいい。

皇太子　「アマチュア」とは何ですか。(私が意味を説明)元帥はどんなスポーツをなさいますか。

元帥　(ちょっと驚いて)若い頃にしました。昔は水泳もテニスもしました。しかし、野球が最も得意でした。
野球はいいですね。

バイニング　殿下は最近ハンドボールをなさっています。

元帥　ハンドボールは知りません。新しすぎて。でも、バスケットボールはいいゲームですよ。

皇太子　バスケットボールをなさったんですか?

元帥　(すこし残念そうに笑いながら)いや、若い頃は(ザッツ・シンス・マイ・デイ)やりましたが、それ以来やっていません。

殿下は「シンス・マイ・デイ」がわからずちょっと間があいた。元帥は別の話を始めた。

元帥　お父上には、どのくらいお会いになりますか?

皇太子　週一回、いいえ、週二回です。土曜と日曜に皇居に行き、その時父に会います。

元帥　そこで、お母上にもお会いになるのですか?

皇太子　はい。

元帥　ご両親にもっと度々お会いになりたくありませんか。(殿下が、これを理解するのに元帥はもう一度この質問を繰り返さなければならなかった。そして元帥は二回目をこういいかえた)。お父上に、もっと度々会わせてくれるようお頼みになったことはありますか?

皇太子　(私が、おわかりになるようお助けしたあとで)いいえ、ありません。

元帥　ご両親に毎日お会いになりたくはありませんか?

皇太子　(考え深げに)この方法が良いのです。(それからつけ加えて)この方法も良いのです。

バイニング　明仁殿下は、今では他の少年たちと一緒に、寄宿舎で三昼夜を過ごされます。

元帥　他の少年たちと?　ウム、そりゃいいね。それがお好きですか?

皇太子　はい、好きです。

元帥　毎日曜日、教会に行かれますか?

バイニング　（教会というのは殿下にとってはキリスト教の教会のことなので、殿下にむかって）今まで教会にいらしたことはおありませんわね？
皇太子　はい、ありません。
元帥　私が言ったのは皇居の中の神社のことだ。彼はどのくらい行くのかね？
　私がその質問を殿下にすると、そう度々ではありません、年に二回です、と殿下はおっしゃった。
元帥　あー、わかりました。ブライス氏（学習院での殿下の教師）には会いますか？（私に向かって）彼は仏教徒（ブディスト）ですよね？
バイニング　仏教に興味を持っているのだと思います。
皇太子　はい、ブライス氏には会います。とても好きです。物知りで楽しい人です。
元帥　お父上のように日本中を旅行されたことがおありですか？
　（殿下はこれにお答えになろうとしていたが元帥は待てずに、続けた）
　キーヨオトーに行かれたことはありますか？
　（殿下がキョトンとされているのに元帥は辛抱できなくてもう一度くり返した）
　キーヨオトー？
　私はできるだけ遠慮がちに小声で、京都というと、殿下はすぐに「はい、一度、二年前に行きました」とおっしゃった。
元帥　京都は気に入られましたか。
皇太子　はい、けれども、東京ほどではありません。
元帥　うん、それはわかります。東京は美しい街です——というか、戦禍から立ち直った時にはそうなるでしょう。どの大学に進まれるのですか？
皇太子　決めていません。
元帥　どうして決めないのですか？（間）あなたのお友だちはどこの大学に行きたがっているんですか？　東京大学？　早稲田？

皇太子　東京と学習院です。
元帥　そうお決めになったら、お父上にお話なさい。あなたのご希望には多大の留意を払われるだろうと確信しております。
皇太子　あなたはどの大学に行かれたのですか？
元帥　ウエスト・ポイントに行きました。
皇太子　ウエスト・ポイント？
元帥　軍事学校です。
皇太子　あー、そう、そう、そう。
元帥　いつかご覧になりたいと思われることでしょう。いつ、お父上のように世界を旅行しようと思っていらっしゃるんですか？
皇太子　（とてもチャーミングに笑いながら）わかりません。
元帥　世界を見るのはいいことです。合衆国や英国をお訪ねになるといい。外国の大学で勉強されるといい。アメリカには、ハーバード、エール、プリンストンが、英国にはオックスフォードとケンブリッジがあります。世界は狭くなりつつあります。
　殿下はこれがおわかりにならなかったので、元帥がご説明申し上げたのだが、私がよくやるように説明しすぎてしまった。そこで、殿下は「はい、はい、わかりました」
元帥　他の国々を見、他の人々を知り、理解し、友人になるというのはいいことです。
皇太子　はい、私もそう思います。
元帥　私にも息子が一人おります。あなたより年下です。
皇太子　いくつですか？
元帥　十一歳です。ちょっと学年が遅れていて、六年生になったところです。
皇太子　六年生、ああ、そうですか。（殿下はよくわかったというふうにうなずかれた）
元帥　彼はあなたとは正反対で、自分の国を見たことがないのです。

皇太子　なぜですか？
元帥　フィリピンで生まれ、それ以来、私が忙しすぎて、アメリカに連れて行く暇がないのです。
皇太子　ああ、そうですか。わかります。
元帥　息子は甘い物が好きで、私もそうなんだが、ここにキャンディがあります。（私に向かって）殿下は、このキャンディ一箱を差しあげることをお許し下さるだろうか？
皇太子　どうもありがとう。
　キャンディ（アーモンド・ロッカ）は元帥の手から殿下の手に渡った。
元帥　あなたは外見以上に、いろんな点でお父上に似ていらっしゃる。（これは、私が殿下にご説明申し上げなければならなかった）
（私に）殿下をお連れ下さってありがとう。
バイニング　これは、まさに歴史的会見だったと思います。ありがとうございました。
　私は立ちあがり、殿下もそうされた。
　元帥は「さようなら、サー。おいで下さってありがとう」といった。二人は握手をされ、殿下はとても上手にお礼とさようならをおっしゃった。

(95)『皇太子の窓』二九〇頁
(96)『ジョオジ五世伝と帝室論』一五二頁
(97)『皇太子の窓』二九二頁
(98)同三〇七〜三一七頁
(99)エリザベス・グレイ・バイニング「皇太子殿下の御教育」（『昭和天皇の時代「文藝春秋」にみる昭和史・別巻』、文藝春秋、一九八九年）六一六頁
(100)一九八七年九月二十八日の記者会見で「（バイニングとの）思い出としては、いろいろありますが、軽井沢で泊めていただいた3日間が、思い出深いものです」と答えている（『新天皇家の自画像』五七七頁）。
(101)『昭和天皇拝謁記　初代宮内庁長官田島道治の記録　6　田島道治日記』八〇頁

(102)『テニスと私』二三頁
(103)『皇太子殿下・立太子記念御写真帖』五八〜五九頁
(104)『昭和天皇拝謁記　初代宮内庁長官田島道治の記録　6　田島道治日記』八八頁
(105)「特集日本の皇太子」四九頁。皇室記者の藤樫準二が青年皇太子の問題点として指摘している。
(106)一九五〇年一月二日の発言(『昭和天皇拝謁記　初代宮内庁長官田島道治の記録　1　拝謁記1　昭和二四年二月〜二五年九月』七八頁)
(107)『知られざる天皇明仁』八八頁
(108)『皇太子の窓』三四七〜三五〇頁
(109)『知られざる天皇明仁』九五頁
(110)『入江相政日記』第二巻三六一頁
(111)『皇太子の窓』三五二頁
(112)『知られざる天皇明仁』九七頁
(113)同
(114)高橋紘『人間　昭和天皇』(下)(講談社、二〇一一年)二一〇頁
(115)『皇太子の窓』三五八頁
(116)『慈愛のひと　美智子皇后』一〇六〜一〇七頁
(117)「三光町時代の読書」『歩み　皇后陛下お言葉集　改訂増補版』三九七〜三九九頁
(118)同四〇〇頁
(119)『皇后の真実』二〇一頁
(120)『昭和天皇拝謁記　初代宮内庁長官田島道治の記録　6　田島道治日記』一〇四頁
(121)『知られざる天皇明仁』三五頁
(122)『皇太子殿下・立太子記念御写真帖』六九頁
(123)『昭和天皇拝謁記　初代宮内庁長官田島道治の記録　1　拝謁記1　昭和二四年二月〜二五年九月』一一三頁

(124)『昭和天皇拝謁記　初代宮内庁長官田島道治の記録　4　拝謁記4　昭和二七年七月〜二八年四月』二〇六〜二〇七頁
(125)『田島道治　昭和に「奉公」した生涯』二七五〜二七六頁
(126)田島道治の『拝謁記』一九五〇年八月二十七日の条に「軽井沢に御用邸あらばとの仰せ程、御気に入りの様子」との記述がある(『昭和天皇拝謁記　初代宮内庁長官田島道治の記録　1　拝謁記1　昭和二四年二月〜二五年九月』一九七頁)。
(127)同二〇一、二〇三頁
(128)『アルバム　小泉信三』一一二〜一一三頁

⊙「御進講覚書」(全文)

昭和二十五年四月廿四日

今日から始めて経済学の極めて一般的なる要項を御進講申上げることに致しますが、私のこの講義の目的は単に経済学の知識をお話し申上る丈けでなく、皇太子としてお弁まへになって然るべき社会的事物一般に干する知識或は御心得に及ぶつもりでありますから、時として経済学以外の問題にも亘って申上ることが度々ありますことゝ存じます。何卒そのお積もりで御聴きを願ひたく存じます。

凡べての御進講に先だち、常に殿下にくり返し御考へを願はねばならぬことは、今日の日本と日本の皇室の御位置及び其責任といふことであります。この事はすでに一度昨年申上げたことでありますが、くり返して申上ます。

近世の歴史を顧るに、戦争があって勝敗が決すると、多くの場合、敗戦国に於ては民心が王室をはなれ、或は怨み、君主制がそこに終りを告げるのが通則であります。第一に一八七〇年に於ける普仏戦争、戦争は夏起ったのであるが、九月にセダンの会戦で仏が大敗すると、仏の帝政は廃せられて共和制が布告されました。第一次世界戦争では、ロシア、ドイツ、オウストリヤといふ三大大帝国の皇帝は皆な位を逐はれ、ロシヤ皇帝の如きは言ふに忍びざる最期を遂げました。また、第二次大戦に於てもイタリヤは結局王政を廃して共和制となりました。諸国の実例は皆なこの如くであるにも拘らず、ひとり日本は例外をなし、悲むべき敗戦にも拘らず、民心は皇室をはなれぬのみか、或意味に於ては皇室と人民とは却て相近づき相親しむに至ったといふことは、これは殿下に於て特と御考へにならねばならぬことであると存じます。責任論からいへば、陛下は大元帥であられますから、開戦に対して陛下に御責任がないとは申されぬ。それは陛下御自身が何人よりも強くお感じになってゐると思ひます。それにも拘らず、民心が皇室をはなれず、況や之に背くといふ如きことの思ひも及ばざるは何故であるか。一には長い歴史でありますが、その大半は陛下の御君徳によるものであります。若しも日本の敗戦に際して日本の君主制といふものがそれと共に崩れるといふが如きことがありましたならば、日本は拾収すべからざる混乱と動揺とに陥ったであらうと思ひます。幸ひにもその事なくして、宛もアメリカ人が国旗を見て粛然として容を正すやうに日本人民が皇室を仰いで襟を正しもし茲に心の喜びと和やかさとの泉源を感じて、国民的統合を全うすることを得たのは、日本の為め大なる幸福としなければなりませぬ。私どもが天皇制の護持といふことをいふのは皇室の御為めに申すのではなくて、日本といふ国の為めに申すのであります。さうしてその日本の天皇制が陛下の君徳の厚きによって守護せられたのであります。終戦前は今日とちがひ、陛下直接民衆にお接しになります機会は極めて少なかったにも拘らず、国民は誰れいふとなく、陛下が平和を愛好し給ふこと、学問芸術を御尊重になりますこと、天皇としての義務に忠なること、人に対する思ひ遣りの深くお出でになりますことを存じ上げて居り、この事が敗戦といふ日本の最大不幸に際しての混乱動揺を最小限に止めさせた所以であると存じます。

殿下に於てこの事を深くお考へになり、皇太子として、将来の君主としての責任を御反省になることは殿下の些かも怠る可らざる義務であることをよく御考へにならねばなりませぬ。

殿下はお仕合せにも陛下の場合とちがひお父上が御壮健であられます故、皇太子としての御勉強に専念遊さる時間を多く御持ちになる次第でありますから、よくよくこの君徳といふことについて御考へになっていたゞきたいと存じます。新憲法によって天皇は政事に干与しないことになって居りますが、而かも何等の発言をなさらずとも、君主の人格その識見は自ら国の政治によくも悪るくも影響するのであり、殿下の御勉強とは修養とは日本の明日の国運を左右するものと御承知ありたし。

注意すべき行儀作法。

気品とディグニチイは間然すべきなし。
To pay attention to others
人の顔を見て話をきくこと、人の顔を見て物を言ふこと。(人から物を貰ったりした場合等の注意)
Good manner の模範たれ。

(129)『小泉信三全集 25』(上)(文藝春秋、一九七二年)四三二頁
(130)『皇太子の窓』三七八〜三七九頁
(131)『昭和天皇拝謁記 初代宮内庁長官田島道治の記録 6 田島道治日記』一二二頁
(132)『昭和天皇拝謁記 初代宮内庁長官田島道治の記録 1 拝謁記1 昭和二四年二月〜二五年九月』二〇〇頁
(133)『今上天皇 つくらざる尊厳』一四二頁
(134)『知られざる天皇明仁』一〇二頁。十一項目は①監禁されていること、即ち、自由に解放されないこと②独り暮らしで、肉親または同地位の者と居を同じくしないこと③見物的な気分で見られること④ジャーナリストにウソを書かれること⑤世間体をいつも考えなければならないこと⑥婦人に接する機会が僅少なこと⑦理想を持てないこと⑧皇嗣の必然として、自分の姉妹のように将来における自由の保証がなく、かえって束縛されることの多くなること⑨過大視されること⑩生活が単調になるに伴って、自分の生活が自分にとってつらくなること⑪友または外部の者との交友関係に関すること。
(135)『皇太子の窓』三八八頁
(136)『皇太子殿下・立太子記念御写真帖』一四三頁
(137)『皇太子の窓』四一二〜四一三頁

第5章 成長への旅立ち

(1)『天皇記者三十年』六一〜六五頁
(紙面インタビュー全文)
(一)ご勉学

―お好きな学科は……。

答え　語学(英・仏)、生物、歴史が好きです。

―将来とくに勉強なさりたい学科は、なんでしょうか。お父上陛下のように、学者として、なにか専攻したいご希望はおありでしょうか。

答え　将来なにか勉強したいと思いますが、まだ特になにを専攻するかは決めていません。

―現在どんな新聞、雑誌などをお読みですか。最近読まれたもので、特に印象に残っているものは……。

答え　新聞は、いろいろ見ています。雑誌は『リーダース〔ズ〕・ダイジェスト』『文芸春秋』『中央公論』『科学朝日』『採集と飼育』『ライフ』『ロンドン・ニューズ』などを読んでいます。本は最近では『月曜物語』(ドーデー著)『狭き門』『ソビエト紀行』(ジイド著)『今の日本』(小泉信三著)を読みました。それぞれ面白く思いました。

―バイニング先生の、どんな点に感心されましたか?

答え　信頼すべき方だと思いました。

(二)スポーツ

―どんなものをなされますか。特にお好きなものは……。

答え　乗馬、テニス、スキー、卓球、水泳などが好きです。

―現在とくに熱中されているスポーツは、その理由は……。

答え　乗馬です。馬術部員として責任を感じていますから。

―職業野球を、どうお思いですか?

答え　数回見ましたが、面白いと思いました。

―プロ、ノンプロへのご感想は?

答え　それぞれに意味あるものと思います。

―スポーツマン・シップについて……。

答え　常にスポーツマン・シップの神髄を把握したいと思っています。

(三)芸術、趣味、娯楽
—芸術のなかでは、なにがお好きですか?
答え　音楽、美術、聞いたり見たりして楽しく思います。
—小説は、お読みですか?
答え　読みますが、なかなか思うほどに暇がありません。
—短歌は……。
答え　好きです。
—趣味、娯楽では……。
答え　音楽、将棋、トランプなどもします。
—映画や音楽などでは、どんなものを好まれますか?
答え　映画も、ときどき見ます。音楽はベートーベンやシューベルトなどの古典をおもに聞きます。
—マスコットは、おありですか。
答え　ありません。
(四)ご希望
(この項については半分だけお答えがあり、国内旅行で一番好きなところや、学生生活、日常生活で改善したい点などは沈黙された)

—海外に行かれたいですか?

答え　行ってみたいと思います。

—行かれるとしたら、どこに……。

答え　たくさんあります。

—英語を通じてご覧になったアメリカ、またはヨーロッパについて……。

答え　民主主義の発達について、いろいろ学ぶところが多くあると思います。
(五)ご理想

（六問中、お答えはたった一つ。まだ、それほどハッキリしないのだろうし、殿下という特別の立場における慎重さにもよるのだろう）

—若い世代に対するお言葉なり、ご感想を……。

答え　お互いにしっかり勉強して、世界平和のために努めましょう。

(2)『昭和をつくった明治人』一七一頁
(3)藤樫準二『天皇とともに五十年』（毎日新聞社、一九七七年）七三頁
(4)『昭和天皇実録　第十二』（東京書籍、二〇一七年）一九一頁
(5)『テニスと私』三九〜四〇頁
(6)同四七〜五一頁、野村雄三「『清明寮』の思い出」、飯田喜四郎「目白清明寮について」（学習院大学史料館紀要二〇一六年三月）二一〜五頁、『學習院百年史　第三編』二五七〜二五八頁
(7)筆者取材
(8)『安倍能成　戦後の自叙伝』一八八〜一八九頁
(9)『皇太子殿下・立太子記念御写真帖』一六〇〜一六一頁
(10)『皇太子同妃両殿下御歌集　ともしび』二一一〜二二二頁
(11)『知られざる天皇明仁』一一八〜一二〇頁
(12)七月三日の田島の日記（『昭和天皇拝謁記　初代宮内庁長官田島道治の記録6　田島道治日記』一六九頁）
(13)『昭和天皇拝謁記　初代宮内庁長官田島道治の記録2　拝謁記2　昭和二五年一〇月〜二六年一〇月』（岩波書店、二〇二二年）一三七、一四八頁
(14)同一三七〜一三八頁
(15)同一九二頁
(16)同一七一頁
(17)「小泉信三の英文書簡」（訳・三田千代）（「文化総合出版「泉」一九八三年五月十一日号）七九頁
(18)『昭和天皇拝謁記　初代宮内庁長官田島道治の記録6　田島道治日記』一八二頁

(19)同一八七頁
(20)『昭和天皇拝謁記　初代宮内庁長官田島道治の記録　2　拝謁記2　昭和二五年一〇月～二六年一〇月』二三二頁
(21)同二五二～二五三頁
(22)『慈愛のひと　美智子皇后』一一四頁。詩の全文は、むく鳥は／せんだんの実／むくの木かげ／むく鳥は／夢に生きて／夢に死ぬ／とび去らずにとび去らずに／じっとしていて欲しい／さえずってほしい／夢に生きたお前の羽音の去らぬうちに／もう一度夢をふり返り／むくの木かげに／十六の年を忘れよう／むく鳥は／せんだんの実／むくの木かげ……／夢に生きて　夢に死ぬ
(23)同一一五～一一六頁
(24)矢村博彦「打出の小槌」(〈御学友アンケート〉新天皇陛下の思い出)六二九～六三〇頁。学友の矢村は「高等科二年の時」と書いているが、「三年」の間違い。
(25)『小泉信三全集　25』(上)四七二頁
(26)安倍能成、R・H・ブライス「皇太子の教育はどうあるべきか」(婦人公論一九五二年一月号)
(27)『知られざる天皇明仁』一二六～一二七頁
(28)『昭和天皇拝謁記　初代宮内庁長官田島道治の記録　6　田島道治日記』二〇〇～二〇一頁
(29)『昭和天皇拝謁記　初代宮内庁長官田島道治の記録　3　拝謁記3　昭和二六年一一月～二七年六月』(岩波書店、二〇二二年)五四～五五頁
(30)『昭和天皇拝謁記　初代宮内庁長官田島道治の記録　7　関連資料』五五頁
(31)『小泉信三全集　別巻』(文藝春秋、一九七〇年)三〇五頁
(32)『知られざる天皇明仁』四四～四七、一二七～一二九頁
(33)同一二九頁
(34)『新天皇家の自画像』一九五頁
(35)「小泉信三の英文書簡」八〇頁

(36)『昭和天皇拝謁記　初代宮内庁長官田島道治の記録　7　関連資料』七八頁
(37)『昭和天皇拝謁記　初代宮内庁長官田島道治の記録　3　拝謁記3　昭和二六年一一月～二七年六月』九七～一〇二頁
(38)『昭和天皇拝謁記　初代宮内庁長官田島道治の記録　6　田島道治日記』二〇八～二一〇頁
(39)『小泉信三全集　25』(上)四八六～四八七頁
(40)「ジミーと呼ばれた頃」一八六頁
(41)『天皇への道』三四五～三四六頁
(42)波多野勝『明仁皇太子エリザベス女王戴冠式列席記』(草思社、二〇一二年)一一七～一一八頁
(43)『昭和天皇実録　第十二』三六七～三七〇頁
(44)『昭和天皇拝謁記　初代宮内庁長官田島道治の記録　3　拝謁記3　昭和二六年一一月～二七年六月』二三五～二三七頁
(45)岩下恵子「美智子さまと過ごした軽井沢の思い出」(週刊平凡一九六三年八月八日号)
(46)『明仁皇太子エリザベス女王戴冠式列席記』一二四頁
(47)同一三二～一三三頁
(48)入江為年監修、朝日新聞社編『入江相政日記』第三巻(朝日新聞社、一九九〇年)五七～五八頁
(49)伊東和雄「イデオロギー抜き」(〈御学友アンケート〉新天皇陛下の思い出)六三三～六三四頁
(50)「本社記者座談会　そこが聞きたい8　この頃の皇太子さま」(週刊朝日一九五二年十月二十六日号)
(51)『昭和天皇拝謁記　初代宮内庁長官田島道治の記録　4　拝謁記4　昭和二七年七月～二八年四月』(岩波書店、二〇二二年)五四頁
(52)一九五二年十一月二日付け時事新報。明仁親王が皇太子だった時代の記者会見・文書回答をほぼ網羅している『新天皇家の自画像』にはこのインタビューは掲載されていない。全文は次の通り。
【第一問】ご身長、ご体重についてお答え下さい
―身長は一六四・八チセン、体重は五一・七キロです

【第二問】お好きな食べもの、おきらいな食べものを三つずつおあげ下さい
―洋食はたいてい好きです、和食ではトロロイモがとくに好きです、きらいなものはレンコン！
【第三問】セビロの服地の色、ネクタイのガラなどはご自分でお選びになりますか
―もちろん、自分でも選びます
【第四問】外遊(留学も含めて)のご希望がおありですか、お出かけになるとすればどこへ行かれますか
―いずれは行きたい希望です、できるだけ広く世界各国を見学したいと思います
【第五問】学業で専攻なさりたい課目はなんですか
―いまは学習院大学政経学部の政治学科の学生です
【第六問】音楽はどういうものがお好きですか
―ピアノ曲です
【第七問】最近ご覧になつた映画について
―「パリの空の下セーヌは流れる」と、古い映画ですが機会があつて「会議は踊る」を見ました、ともにおもしろく見ました
【第八問】最近読んだ本はなんですか
―ドストエフスキーの「カラマゾフの兄弟」カミュの「異邦人」
【第九問】新聞では主としてどの面にお目を通されますか
―国際情勢の記事はとくに気をつけて読んでいます
【第十問】ラジオではどういう番組を聞かれますか
―時間の関係でなかなか聞けませんが、ニュースのほかには音楽などを聞きます
【第十一問】流行歌をお聞きになつたことはありますか
―あります
【第十二問】雑誌はどんなものをご覧になりますか
―文芸春秋、リーダーズ・ダイジェスト、中央公論などをときどき読みます

【第十三問】これまでの地方ご旅行で、一番印象に残っていることはなんですか
―それぞれによい印象を受けています
【第十四問】カメラがお好きでいらっしゃるそうですが、ご自分で現像、焼付、引伸をなさいますか
―写真はうつしますが、現像その他は自分ではしていません
【第十五問】スポーツはテニスと乗馬とどちらがお好きですか
―どちらも好きです

(53)「進路をきく　これからの皇室」(一九七九年一月四日付けサンケイ新聞朝刊)
(54)「小泉信三の英文書簡」八〇頁
(55)『千代田城――宮廷記者四十年の記録』一四九〜一五〇頁
(56)一九五二年十一月十一日付け東京新聞夕刊
(57)『昭和天皇拝謁記　初代宮内庁長官田島道治の記録　6　田島道治日記』二四六頁
(58)同二四八頁
(59)『明仁皇太子エリザベス女王戴冠式列席記』一二九〜一三〇頁
(60)『テニスと私』四七頁
(61)『今上天皇　つくらざる尊厳』一六二〜一六三頁
(62)『テニスと私』四七〜四八頁
(63)『今上天皇　つくらざる尊厳』一六四頁
(64)『明仁皇太子エリザベス女王戴冠式列席記』一四九〜一五〇頁
(65)一九五二年十二月十六日付け読売新聞夕刊
(66)『昭和天皇拝謁記　初代宮内庁長官田島道治の記録　4　拝謁記4　昭和二七年七月〜二八年四月』七四頁
(67)『明仁皇太子エリザベス女王戴冠式列席記』一四一〜一四二頁
(68)『ジョオジ五世伝と帝室論』一六一頁
(69)『學習院百年史　第三編』一一頁

(70)星野甲子久「皇室記者33年の取材ノートから」(知識一九八六年一月号)
(71)「皇太子のお妃さま」(週刊サンケイ一九五三年一月十一日号)
(72)『皇太子同妃両殿下御歌集　ともしび』二三頁
(73)『入江相政日記』第三巻七六頁
(74)第15回国会衆議院外務委員会第5号(昭和27年12月3日)、同第18号(同28年2月18日)、河西秀哉「「新生日本」の出発と皇太子外遊」(年報・日本現代史九号、二〇〇四年)一一九頁
(75)『昭和天皇拝謁記　初代宮内庁長官田島道治の記録　4　拝謁記4　昭和二七年七月～二八年四月』一六二頁
(76)『千代田城――宮廷記者四十年の記録』一五一頁
(77)吉川重国『戴冠紀行』(毎日新聞社、一九五四年)四～五頁
(78)同六頁
(79)同八頁
(80)『昭和天皇拝謁記　初代宮内庁長官田島道治の記録　7　関連資料』八四頁
(81)『戴冠紀行』一〇頁
(82)同一六頁
(83)三谷隆信『回顧録』(私家版、一九八〇年)二六四～二六五頁、『戴冠紀行』二三頁
(84)『戴冠紀行』二七頁
(85)『天皇とわたし』二二九～二三〇頁
(86)『明仁皇太子エリザベス女王戴冠式列席記』二〇一～二〇二頁
(87)『戴冠紀行』三四～三六頁
(88)『皇后陛下美智子さま　心のかけ橋』三〇～三一頁
(89)『皇后陛下　美智子さま　ご還暦記念写真集』八六頁
(90)島多代「時代の証言者　絵本と生きる」(7)(二〇一四年五月八日付け読売新聞朝刊)
(91)主な式典におけることば(平成10年)皇后陛下のおことば　聖心女子大学創立50周年記念式典　平成10年10

月23日(金)(聖心女子大学)(宮内庁ホームページ)
(92)『戴冠紀行』三八～三九頁
(93)『回顧録』二六八頁
(94)『朝海浩一郎日記』(千倉書房、二〇一九年)二〇八頁
(95)『回顧録』二六九頁
(96)同二七〇頁
(97)保阪正康「平成の天皇皇后両陛下大いに語る」(文藝春秋二〇二三年一月号)一〇八頁
(98)『戴冠紀行』五〇～五一頁
(99)「天皇とともに五十年」二三三～二三四頁
(100)『戴冠紀行』五二頁
(101)『昭和天皇拝謁記　初代宮内庁長官田島道治の記録　5　拝謁記5　昭和二八年五月～二八年一二月』(岩波書店、二〇二二年)一二～一三頁
(102)『回顧録』二七四頁
(103)横川信義「皇太子の評判」『「文藝春秋」にみる昭和史』第二巻(文藝春秋、一九八九年)二五六頁
(104)『小泉信三全集　25』(上)五一九頁
(105)『戴冠紀行』八三頁
(106)『皇太子同妃両殿下御歌集　ともしび』二七頁
(107)『戴冠紀行』九〇頁
(108)天皇に即位して以降、宮内庁幹部に語った話。筆者取材。
(109)『回顧録』二八一頁
(110)「皇太子の評判」二五七頁
(111)「平成の天皇皇后両陛下大いに語る」一一〇頁
(112)『戴冠紀行』九三～九五頁

(113)同九八頁
(114)『昭和天皇拝謁記　初代宮内庁長官田島道治の記録　7　関連資料』六六頁
(115)『明仁皇太子エリザベス女王戴冠式列席記』二四九〜二五〇頁
(116)『戴冠紀行』一〇五頁
(117)同一一一頁
(118)同一二二頁
(119)『回顧録』二九三頁
(120)『戴冠紀行』一二七頁
(121)同一三六頁
(122)一九五三年七月三日付け書簡、『昭和天皇拝謁記　初代宮内庁長官田島道治の記録　7　関連資料』八九頁
(123)同六七頁
(124)『昭和天皇拝謁記　初代宮内庁長官田島道治の記録　5　拝謁記5　昭和二八年五月〜二八年一二月』一〇〇〜一〇三頁
(125)『昭和天皇拝謁記　初代宮内庁長官田島道治の記録　7　関連資料』六九〜七〇頁
(126)『戴冠紀行』一六〇頁
(127)同一六三〜一六五頁
(128)『皇太子同妃両殿下御歌集　ともしび』二八頁
(129)『戴冠紀行』一六六〜一六七頁
(130)同一七一〜一七二頁
(131)『回顧録』三〇三頁
(132)『戴冠紀行』一七五〜一七七頁
(133)同一八二頁
(134)同一八八頁

(135)同一九七頁
(136)同二〇〇頁
(137)同二〇九頁
(138)『回顧録』三一五頁
(139)『昭和天皇拝謁記　初代宮内庁長官田島道治の記録　7　関連資料』七三頁
(140)『戴冠紀行』二二九頁
(141)「「新生日本」の出発と皇太子外遊」一二六頁
(142)『戴冠紀行』二三九頁
(143)『天皇とわたし』二二五頁
(144)『戴冠紀行』同二四一頁
(145)『小泉信三全集　22』(外遊日記)(文藝春秋、一九六八年)四〇〇~四〇一頁
(146)同四〇一頁
(147)同四〇二頁
(148)『戴冠紀行』二四三頁
(149)『天皇とわたし』二四八頁
(150)『戴冠紀行』二四九頁
(151)同二七二頁
(152)『皇太子同妃両殿下御歌集　ともしび』三〇~三一頁
(153)『戴冠紀行』二七七頁
(154)同二九一頁
(155)『入江相政日記』第三巻九五頁
(156)『新天皇家の自画像』一九七頁
(157)『昭和天皇拝謁記　初代宮内庁長官田島道治の記録　5　拝謁記5　昭和二八年五月~二八年一二月』一八二頁

井上 亮
ジャーナリスト。1961年大阪府生まれ。全国紙記者として皇室、歴史問題などの分野を担当。元宮内庁長官・富田朝彦の「富田メモ」のスクープ報道で2006年度新聞協会賞を受賞。「歴史家の目を併せ持ったジャーナリスト」として、2022年度日本記者クラブ賞を受賞。2024年4月に新聞社を退職。著書に『天皇と葬儀』(新潮選書)、『熱風の日本史』(日本経済新聞出版)、『昭和天皇は何と戦っていたのか』(小学館)、『天皇の戦争宝庫』(ちくま新書)、『象徴天皇の旅』(平凡社新書)など。

比翼の象徴 明仁・美智子伝 上 戦争と新生日本

2024年7月25日 第1刷発行

著 者 井上 亮(いのうえ まこと)

発行者 坂本政謙

発行所 株式会社 岩波書店
〒101-8002 東京都千代田区一ツ橋2-5-5
電話案内 03-5210-4000
https://www.iwanami.co.jp/

印刷・精興社 製本・牧製本

ISBN 978-4-00-024555-5 Printed in Japan